MODERN HUMANITIES RESEARCH ASSOCIATION
CRITICAL TEXTS
VOLUME 48

AMMAESTRAMENTI E RICORDI
DIFESE
PANEGIRICO
ISABELLA SORI

Ammaestramenti e ricordi,

circa a' buoni costumi che deve insegnare una ben creata madre ad una figlia, da citella, d'accasata e da vedova, [...] con una particolare aggionta di dodeci Difese [...] e nel fine un Panegirico (1628)

by
Isabella Sori

Edited by
Helena Sanson

Modern Humanities Research Association
Critical Texts 48
2018

Published by

The Modern Humanities Research Association
Salisbury House
Station Road
Cambridge CB1 2LA
United Kingdom

First published 2018

ISBN 978-1-78188-151-4

CONTENTS

For my parents,
Britt-Marie Göransson and Elio Sanson

ACKNOWLEDGEMENTS

I am immensely grateful to the Leverhulme Trust for their generous support, in the form of a Philip Leverhulme Prize, which has allowed me to prepare this edition as well as working on a number of other scholarly projects over the last few years.

I owe especial thanks to my academic editor, Jane Everson, for her careful reading and useful suggestions. Warm thanks also to Francesco Lucioli, as ever, for sharing his expertise and for his useful comments on the text, and, above all, his friendship. I am very grateful to Brian Richardson for his unfailing kindness and invaluable knowledge, and for his advice on preparing this text. A special thank you to Ruggero Marro and the Biblioteca Civica Aprosiana of Ventimiglia, for generously providing me with digital copies of Sori's *Ammaestramenti e ricordi*, for granting permission to reproduce parts of the text, and for welcoming me so warmly during my visit to Ventimiglia. Roberto Livraghi has enthusiastically shared his expertise in the history of the city of Alessandria and uncovered what few traces have remained of Isabella and her family in local archives: I am sincerely grateful for his time and dedication. Marcello Barbato and Paolo Procaccioli have kindly helped in trying to solve some obscure lexical points. I have also similarly benefited from Diego Zancani's philological expertise and his very kind advice on minute philological questions. I am indebted to Antonio Lanza for his precious help in clarifying some opaque passages in the text. Thank you also to Alessandra Ferraresi and Chiara Porqueddu for their generous help in local archives tracking down the identity of some elusive ladies of Pavia mentioned by Isabella Sori, and to Nicola Gardini for help with the final classical references that stubbornly refused to reveal themselves. I am very grateful to Richard Cook, Lucy Hosker, and Paul Howard for their meticulous reading and useful comments.

For their help and assistance, I would like to thank the staff at the following institutions and libraries where I conducted research for my project: Cambridge University Library (Rare Books); British Library London; Biblioteca Nazionale Universitaria, Biblioteca del Centro Teologico, and Biblioteca del Seminario Arcivescovile in Turin; Biblioteca Civica Bertoliana in Vicenza (in particular Oreste Palmiero); Biblioteca Civica in Padua (in particular Vincenza Cinzia Dovito and Mariella Magliani); Biblioteca Nazionale Marciana in Venice; Biblioteca Nazionale Braidense in Milan; Biblioteca Nazionale Centrale in Florence. I am also grateful to Aimee Calfin at the Getty Research Institute for her assistance in facilitating access to a rare text.

HELENA SANSON

LIST OF FIGURES

The *Ammaestramenti e ricordi,*
Difese, and *Panegirico* (1628)
by Isabella Sori 'Alessandrina':
A Lost Voice from Seventeenth-Century Italy

> Donne, io conchiudo in somma, ch'ogni etate
> Molte ha di voi degne d'istoria avute;
> Ma per invidia di scrittori state
> Non sete dopo morte conosciute:
> Il che più non sarà, poi che voi fate
> Per voi stesse immortal vostra virtute.
> (Ariosto, *Orlando furioso*, XXXVII, 24. 1–6)

Preface

In his *Annali* of the city of Alessandria published in 1666, under his entry for the year 1626, Girolamo Ghilini wrote:

> L'anno MDCXXVI cominciò molto calamitoso e miserabile, non solo alla città di Alessandria, ma anche agli altri popoli dello Stato di Milano: poichè il Duca di Feria li mandò ordine che dessero ogni giorno il soccorso, cioè una certa porzione di danari alla soldatesca di questo presidio; perciò, vedendo gli alessandrini l'impossibilità di potere sostenere questo gravissimo carico, procurorno di sottrarsene di non darlo: e perché premevano sopra di ciò li deputati al governo, di questa città, furono i medesimi assediati dai soldati del presidio [...] fin a tanto che fecero risoluzione di consentir a quanto era stato ordinato dal Duca di Feria; onde cominciarono alli 17 di gennaio a soccorrere con danno inestimabile di tutta questa povera patria che ogni giorno s'impoveriva col mezzo de' debiti che faceva, pigliando in prestito i danari con l'interesse di sette per cento, per soccorrere la soldatesca qui posta in alloggio. Frattanto, continuando tuttavia le turbulenze militari, attesero a passare per Alessandria le compagnie della cavalleria alemanna, le quali vennero a pigliar alloggiamento nel contado di questa città.[1]

These were indeed still 'anni calamitosi e miserabili' for the Italian peninsula. With the peace of Cateau Cambrésis in 1559, the Spanish hegemony had grown

---

[1]   Girolamo Ghilini, *Annali di Alessandria, overo le cose accadute in essa città nel suo e circonvicino territorio dall'anno dell'origine sua sino al MDCLIX* (Milan: Gioseffo Marelli, 1666), 1626. 1, p. 208.

stronger and from that moment on, for more than a century and a half, Spain exerted more or less direct rule over various Italian states, including the Duchy of Milan, to which Alessandria belonged.[2] In the nearby Duchy of Savoy, after the victory of St Quentin in 1557, Emanuele Filiberto regained power and was succeeded by his son Carlo Emanuele in 1580. Spanish rule brought a period of relative stability after a long period of unrest. But the Duchy of Savoy continued to act as the balance of power between France and Spain, and was often a battlefield between the two political powers.

Destruction was not only brought about by war: in the month of April of that same year, 1626, torrential rainfall caused the river Tanaro to burst its banks and, 'così altiero e gonfio', it destroyed part of Alessandria's city walls in the 'quartiere' Bergoglio, causing 'molti altri danni'.[3] The following year, in October, another flood, even more violent than the previous one, swept away '120 braccia' of the walls in the same part of the city.[4] The year 1628, too, as Ghilini recorded, 'cominciò con preparamenti di guerra e di munizioni':[5] the Duke of Savoy, allied with the French, had occupied part of Monferrato at the end of March, then the town of Alba, and finally 'fece il primo giorno di giugno con una mina volar in aria il Castello di Moncalvo e di questa maniera se lo prese',[6] while the Spanish had first laid siege to Nizza Monferrato and then Casale, under the leadership respectively of the governor of Milan Gonzalo Fernández de Córdoba and of the Genoese Ambrogio Spinola. This was the second war of Monferrato, which broke out after Vincenzo II Gonzaga, duke of Mantua and Monferrato, had died leaving no direct descendants. Ghilini's chronicle diligently kept record of the death toll and the ravages on both sides: during the siege of Nizza Monferrato 'vi restarono morti più di quattrocento de' nostri', and Casale, after having succumbed to the Spanish, 'ne' primi impeti fu da' soldati saccheggiata [...] e si commisero altre stravaganze solite a commettersi da loro nell'entrar per forza in una piazza al rendersi ostinata'.[7]

Alessandria is about 25 kilometres from Nizza Monferrato and 35 kilometres from Casale. The war was not so very distant, then, when a young girl, in the same months and years, devoted her time to composing some short treatises which were later collected and given to the presses. This was her first and only work, or at least the only work by her that has survived, as far as we know. The long title reads:

---

[2]   On Alessandria under Spanish rule, see Corrado Ludovici, 'Alessandria sotto la dominazione spagnola (1535–1707). Vita politica, economica, sociale, culturale', *Rivista di Storia Arte e Archeologia della provincia di Alessandria*, 66–67 (1957–58), 3–139.
[3]   Ghilini, *Annali di Alessandria*, 1626. 6, p. 209.
[4]   Ghilini, *Annali di Alessandria*, 1626. 15, p. 210.
[5]   Ghilini, *Annali di Alessandria*, 1626. 15, p. 210.
[6]   Ghilini, *Annali di Alessandria*, 1628. 3, p. 211.
[7]   Ghilini, *Annali di Alessandria*, 1628. 3–6, p. 211.

Ammaestramenti e ricordi, circa a' buoni costumi che deve insegnare una ben creata madre ad una figlia, da citella, d'accasata e da vedova, accioche sia onesta. Corretti et accresciuti, e del vestire e dell'imprese più lecite negli stati sudetti. Divisi in dodeci lettere, da Isabella Sori alessandrina. Con una particolare aggionta di dodeci Difese, fatte contro alcuni sinistri giudicii, fatti sopra degli medemi Ammaestramenti e del sesso donnesco. E nel fine un Panegirico delle cose più degne dell'illustrissima città d'Alessandria. Et di molti pelegrini ingegni usciti da essa.[8]

The only known copy of the text (again, to the best of our current knowledge) is held at the Biblioteca Aprosiana of Ventimiglia, in the 'libraria' of Father Angelico Aprosio (1607–1681), man of letters and bibliophile, together with the thousands of other printed works and manuscripts that the Agostinian friar collected throughout his life.[9]

As the long title tells us, the volume in question is composed of three short treatises: the *Ammaestramenti e ricordi*, structured as if they were twelve letters written by a mother to her daughter, followed by *Dodeci difese* of the female sex, in which the voice of the young author comes across without any filter, and then a *Panegirico* of the city of Alessandria, which, in line with other works of this kind, is imbued with a celebratory and encomiastic spirit. The surviving copy of the *Ammaestramenti e ricordi* is, as we shall see, a version 'corretta e accresciuta' of a previous one, which, to the best of our knowledge, has not survived: the original text may have been lost forever, or may still be waiting to be rediscovered in a library somewhere.

The author of the three treatises, we read on the title page, was Isabella Sori. For more than a century, as we shall see, Sori was cited as an example of a learned woman in a number of repertories and catalogues of illustrious men and women of letters, and was then also remembered in nineteenth-century scholarly studies on Alessandria. After that, the author and her work fell into oblivion.

[8] Isabella Sori, *Ammaestramenti e ricordi, circa a' buoni costumi che deve insegnare una ben creata madre ad una figlia, da citella, d'accasata e da vedova, acciò che sia onesta. Corretti et accresciuti, e del vestire e dell'imprese più lecite negli stati sudetti. Divisi in dodeci lettere, da Isabella Sori alessandrina. Con una particolare aggionta di dodeci Difese, fatte contro alcuni sinistri giudicii, fatti sopra degli medemi Ammaestramenti e del sesso donnesco. E nel fine un Panegirico delle cose più degne dell'illustrissima città d'Alessandria. Et di molti pelegrini ingegni usciti da essa* (Pavia: Giovanni Maria Magri, 1628). Henceforth, references to the three texts by Sori will be given as *Ammaestramenti e ricordi*, *Difese*, or *Panegirico*, followed by the page number of the original edition (the original pagination is given between square brackets in the body of the text of the present edition).
[9] On the Biblioteca Aprosiana and its rich holdings, see Bartolomeo Durante and Alberto Massara, *La Biblioteca Aprosiana* (Cavallermaggiore: Gribaudo, 1994).

Isabella Sori: Her Life and Her Times

We know very little about Isabella Sori and her family. What we do know is what we can glean from her own works, the works of her father, physician and man of letters Giovanni Battista Sori, and the surviving archival documents, which are few and far between. As the last name Sori (also recorded as Soris or de Soris) indicates, the family was originally from the town of Sora, at the time part of the Kingdom of Naples, today in the Lazio region, near Frosinone. From Sora, part of the family moved to Genoa, Savona, Spain (to Madrid), and to Alessandria. A number of physicians and surgeons are recorded in the Sori family, most notably Giovanni Battista Sori himself, who was a member of the 'Consiglio dei medici' of Alessandria and who, as we shall see, published a number of works, especially on medicine. The uncle of Isabella's grandfather, Giacomo Sori, was also a physician, as was a distant relative, Sorano Sori (*Difese*, p. 45).

In the *Difese*, Isabella Sori states that she was thirteen at the time she was composing her texts, and invites her readers (and especially her detractors) not to be surprised at the fact that a girl of her age 'abbia alcuni pochi e rozzi ammaestramenti stampato' (*Difese*, p. 17). Modern readers, too, cannot fail to be struck by the level of erudition of the text, with its numerous quotations from a rich variety of works and genres. The initial sense of disbelief might tempt us to join her detractors from four hundred years ago and lead us to believe that Isabella Sori never existed, or that a male author is in fact hiding behind her name. One might even wonder whether her own father, rather than Isabella Sori herself, was the real author of the text. If the mistrust of seventeenth-century critics stemmed chiefly from a widespread misogynistic sentiment, the caution of the modern reader comes rather from the author's declared age, together with an awareness of the limited education available to women at the time. But to avoid forcibly imposing on the text a perspective based on prejudice and suspicion that risks diminishing, if not altogether denying, the originality and uniqueness of her writings, we shall, at least for now, leave aside the question of their authorship and the plausibility of such a young author having composed them, and rather give the thirteen-year-old Isabella Sori the benefit of the doubt. Instead, we shall try and reconstruct the evidence we can gather from either her own writings or other sources of the time.

The few documents about the Sori family that are held in local archives tell us that between 1614 and 1627 the Soris lived in the jurisdiction of the urban parish of SS. Pietro e Dalmazzo in Alessandria. Before and after those dates, there are no other documents about them. In the *Liber Baptismorum Ecclesiae Parochialis SS. Petri et Dalmatii* we read that Isabella Sori's mother was called Geronima (Girolama) and that she and her husband had, during their time in Alessandria, seven children, all baptized in the same parish:[10] Giacomo Francesco (born in November 1614), Angela Caterina (born in June 1616), Anna Maria (born in April 1618), Clara (born in February 1620), Giovanni Stefano (born in February 1622), Clara Lucia (born in October 1624), and Giovanni Giacomo (born in November 1627).[11] There is no trace, however, of Isabella's birth, even after the examination of the archival records going back to 1600. If we believe the information about her age in the *Difese*, and taking into consideration the fact that, as we shall see, the text was probably written sometime between 1626 and 1628, Sori would have been born at some point between 1613 and 1615. But the absence of any documents concerning her birth might suggest that her parents had moved to the parish of San Dalmazzo before November 1614, when Giacomo Francesco was born, from another parish or another town. Isabella would then have been born at the very latest in 1613, or perhaps before, but elsewhere. In 1628, upon publication of the *Ammaestramenti e ricordi*, rather than its composition, she must have been at least fifteen years old, if not older.

The Spanish names of some of the godparents of Sori's brothers and sisters, such as 'donna Caterina Lopez', 'Maria Maddalena Lopez', and 'donna Laura', daughter of a 'don Diego de Ollea', suggest close ties between the Sori family and the local Spanish community, among them soldiers and administrators. This community was particularly strong in the 'quartiere' of San Dalmazzo, and worshipped at the Church of Santa Maria del Carmine. Giovanni Battista Sori's sister, Caterina Sori, was, as we read in the *Panegirico* (p. 57), 'virtuosissima nelle lettere e ne l'ago' and had been already for several years 'vicepriora della Confraternita della Casa Grande' (*Sancta Maria Domus Magnae*), at the heart of the parish of SS. Pietro e Dalmazzo. Caterina Sori had been invested with this role of responsibility for 'molti lustri', we read in the text, perhaps even before the arrival of her brother Giovanni Battista, who might have been encouraged to move to Alessandria because of her.

Further information about the Sori family and their social and cultural background can be gathered from the works by Giovanni Battista Sori that were given to the presses. We find:

---

[10] It has not been possible to find any more information on Giovanni Battista's and Girolama's wedding because the *Liber Matrimoniorum* of the parish begins in 1615, by which year the first children of the couple were already born. See APSMC-AL, Archivio Parrocchia Santa Maria del Carmine, Alessandria, *Libri della Parrocchia dei Santi Pietro e Dalmazzo. Liber Matrimoniorum Ecclesiae Parochialis SS. Petri et Dalmatii, Alexandriae*, vol. I, *ab anno 1615 usque ad annum 1728*. I owe this information to Roberto Livraghi. I am very grateful for his kind availability and help in examining the documents preserved in the archives of the city of Alessandria, trying to find traces of Isabella and her family.

[11] APSMC-AL, Archivio Parrocchia Santa Maria del Carmine, Alessandria, *Libri della Parrocchia dei Santi Pietro e Dalmazzo. Liber Baptismorum Ecclesiae Parochialis SS. Petri et Dalmatii, Alexandriae*, vol. II, *ab anno 1608 usque ad annum 1699* (passim).

— Interrogatorio di flobotomia [...], nel quale si dichiara il modo che deve tenere il fisico, per interrogare il flobotomista [...] Opera giovevole a tutti, & a professori di flobotomia molto necessaria (Milan: Graziadio Ferioli, 1615)
— Aforismi d'Hippocrate, tradotti in volgare (Milan: Pandolfo Malatesta, [1615])[12]
— Curioso, compendioso, et utilissimo trattato circa il reggimento, & conservatione della sanità (Pavia: Giacomo Ardizzoni, 1616)[13]
— Consigli, et avisi più suttili dell'arte di chirurgia, dotti, prattici, curiosi, & necessarij a' chirurghi. Col modo di far giudicij ne' mali, una tassa dell'honorario loro, delle fontanelle, del morbo gallico, & gli aforismi toccanti alla chirurgia. Con la virtù de gli olij, unguenti, e ceroti appartenenti ad essa (Milan: Carlo Antonio Malatesta, 1628)
— Tesoro di chirurgia di Gio. Battista Soris [...] Nel quale si contengono nove libri (Pavia: eredi di Giovanni Maria Magri, 1632) [posthumous]

In the *Consigli, et avisi* we read that another physician, Pietro Lopez, was Giovanni Battista Sori's brother-in-law,[14] and that 'Martinez Bighera, chirurgo dell'Ospitale de' spagnoli di questa città' had been Sori's 'secondo precettore'.[15] The surgeon Biorgio, 'dell'Ospitale d'italiani, detto di S. Antonio', was another brother-in-law, whilst Francesco Sori, 'chirurgo in Savona', was Sori's uncle.[16] We also learn that Giovanni Battista had been 'chirurgo' at the 'Ospitale de' Taliani',[17] and that Iacobo (Giacomo) Sori, mentioned earlier, was an uncle of one of his uncles, and the author of a treatise on ulcers cited also by the Sicilian physician and philosopher Giovanni Filippo Ingrassia in Book 1 of his *Tropologia*.[18] It might be worth noting here that Giovanni Battista Sori himself is sometimes referred to, in subsequent historical sources, as Giacomo

---

[12] Isabella Sori recalls in her *Difese*, p. 37, that her father had translated the *Aforismi* by Hippocrates. The *Aforismi* by Giovanni Battista Sori are mentioned in Filippo Argelati, *Biblioteca degli volgarizzatori, o sia notizia dall'opere volgarizzate d'autori, che scrissero in lingue morte prima del secolo XV. Opera postuma [...]. Coll'addizioni, e correzioni di Angelo Teodoro Villa milanese*, 4 vols (Milano: Federico Agnelli, 1767), II, p. 253, and n., where we read: 'Dalla lettera dedicatoria del traduttore a Francesco Varti si comprende essere stata la stampa di questo libro l'anno 1615. Dice l'aver tradotto questi *Aforismi*, perché da essi possa esser inteso il suo *Interrogatorio di Flobotomia*, che in più volumi era per dar alle stampe, e che coll'occasione di portarsi a Milano per pubblicare un suo *Reggimento di Sanità assai curioso*, si rivolvette di far imprimere anche questa sua fatica, alla quale prestò aiuto il signor Orati collegiato d'Alessandria. Precede la vita d'Ippocrate e gli aforismi sono LXXII'.
[13] Sori herself refers to this text in her *Ammaestramenti e ricordi*, p. 37: 'così il mio genitore nel suo *Reggimento di sanità*, al capitolo delle passioni dell'animo'.
[14] Sori, *Consigli, et avisi*, p. 136.
[15] Sori, *Consigli, et avisi*, p. 109.
[16] Sori, *Consigli, et avisi*, pp. 104 and 106.
[17] Sori, *Consigli, et avisi*, p. 102.
[18] Sori, *Consigli, et avisi*, p. 97. Isabella provides the very same piece of information in her *Difese*, p. 45: 'per seguire i miei antecessori, dico Iacomo Sori, medico e dottor chirurgo lodato da l'Ingrassia nelle *Tropologie*, libro 1, capitolo de *Collegium medicorum*', but says that he was 'zio di mio nono'.

Sori, either because this is how he was commonly known, or because later sources confuse him with his ancestor.[19] In his *Consigli, et avisi*, Sori informs us that in the second book of the *Cirugia universal* by the Spanish Juan Fragoso there is reference to a 'commendatore Solis, o sia Soris, affinato de' miei antecessori', who had died in Madrid.[20] He also remembers Sorano Sori, 'medico famosissimo', as Isabella herself does in the *Difese* (p. 65), calling him 'primo de' nostri antecessori'.

As for Isabella Sori herself, the only trace of her existence found in local archives is in the *Liber Matrimoniorum* of the parish of SS. Pietro and Dalmazzo, where it is recorded that, on 30 April 1631, 'Isabella de Soris', daughter of Giovanni Battista (still alive at the time, because we do not find the abbreviation 'f.q.', *filia quondam*), married a certain Giovanni Fragiallo, '*diocesanus Sarsanensis*',[21] that is, from the diocese of Sarzana, a small town today in the province of La Spezia, in Liguria. By that time, in light of what we saw earlier, Isabella Sori must have been eighteen years of age, or older. The bride and groom were married *per verba de presenti*, before two witnesses and with the blessing of the parish priest who compiled the register, a certain B. Bardo, after the necessary background information on the groom had been acquired from his native parish and the upcoming marriage had been announced at Mass on three Sundays, following the requirements of the ecclesiastical authorities after the Council of Trent.[22] No further evidence of Isabella Sori's life has surfaced so far. Her name does not appear in the *Liber Mortuorum* of the same parish,[23] which might indicate that perhaps the married couple moved

---

[19] See, for example, Gioanni-Giacomo Bonino, *Biografia medica piemontese*, 2 vols (Turin: Tipografia Bianco, 1824–25), I (1824), p. 362, in which Giacomo Sori, 'dottore in medicina e chirugo maggiore dello spedale di Alessandria sua patria, fioriva verso il principio del secolo XVII, ed ebbe fama di operatore valente', is presented as the author of the works listed here. The confusion comes perhaps from previous works, such as Girolamo Ghilini's *Annali*, where we read: 'Giacomo Sori ha dato alla stampa opere di chirurgia' (p. 223).

[20] Sori, *Consigli, et avisi*, p. 79. Isabella Sori gives the same information, and the same reference to the Spanish Juan Fragoso and his *Cirugia universal* in her *Panegirico*, p. 62.

[21] APSMC-AL, Archivio Parrocchia Santa Maria del Carmine, Alessandria, *Libri della Parrocchia dei Santi Pietro e Dalmazzo. Liber Matrimoniorum Ecclesiae Parochialis SS. Petri et Dalmatii, Alexandriae*, vol. I, *ab anno 1615 usque ad annum 1728* (entry 13, 30 April 1631).

[22] On the rules, controls, and registration of marriage introduced by the Council of Trent (the marriage reform decree was known, from its opening words, as *Tametsi*), see Daniela Lombardi, 'Marriage in Italy', in *Marriage in Europe, 1400–1800*, ed. by Silvana Seidel Menchi (with the collaboration of Emlyn Eisenach) (Toronto: University of Toronto Press, 2016), pp. 94–121 (esp. pp. 102–05). See also Ead., *Matrimoni di antico regime* (Bologna: Il Mulino, 2001), pp. 109–18 and *Storia del matrimonio: dal Medioevo ad oggi* (Bologna: Il Mulino, 2008), pp. 97–108.

[23] APSMC-AL, Archivio Parrocchia Santa Maria del Carmine, Alessandria, *Libri della Parrocchia dei Santi Pietro e Dalmazzo. Liber Mortuorum Ecclesiae Parochialis SS. Petri et Dalmatii, Alexandriae*: vol. I, *ab anno 1636 usque ad annum 1717*.

elsewhere.[24] It is likely that Isabella's 'career' as a woman of letters came to an end with her marriage, since no further writings by her have come down to us.

In the closing pages of her *Panegirico*, as we shall see, she seems to hint at an intention to compose a more detailed and extended work praising illustrious women (*Panegirico*, pp. 66 and 70); however, whether this intention ever materialized into something concrete cannot be established. The responsibilities of a married woman's life might have taken over. It was not unusual for marriage to curtail the aspirations of a woman writer. Perhaps Isabella's own life, from that moment on, followed in practice the same 'ammaestramenti' that she herself had laid out for her readers in her treatise. We simply do not know.

Isabella Sori's Education and Studies: Hypotheses

Since we have no first-hand information concerning Isabella Sori's own studies and education, we can only attempt to formulate some hypotheses based on what we can read in her own writings, and on what we can infer from the types of historical and literary sources that she made use of when composing the *Ammaestramenti e ricordi*, the *Difese*, and the *Panegirico*. A first hint might be found in what Sori writes about her aunt Caterina Sori. She describes her as: 'mia zia et *maestra onorandissima*, virtuosissima nelle lettere e ne l'ago, [...] vedova prudente, pia et pudica' (*Panegirico*, p. 57). The 'vice-priora' of the Casa Grande di Alessandria, 'virtuosissima nelle lettere', might have been her teacher in the early years, although the possessive might simply refer only to the kinship name, and not necessarily to the title *maestra onorandissima*.[25]

In the *Ammaestramenti e ricordi*, Isabella Sori deals briefly with the question of the acquisition of reading and writing by the 'citella', observations which, once again, might reflect some of her own experiences: the child should learn to read from the age of five or six and should be permitted to continue in this task 'senza interromperla in altro' (*Ammaestramenti e ricordi*, p. 10). From that moment until the age of ten, provided she already knows how to 'leggere distintamente le lezioni delle buone lettere', she must learn to write, 'virtù dalla quale ne nasce molto bene [...] per tenere i conti della casa, senza commettere

---

[24] Fragiallo and Sori might have moved to the groom's town of residence, although no firm evidence has surfaced, at least so far, to corroborate this hypothesis. I am grateful to Maria Vittoria Petacco for her help with searching through the documents held at the Archivio Storico Diocesano di Sarzana (Diocesi della Spezia-Sarzana-Brugnato).

[25] The exact date of the constitution of the lay confraternity of the Casa Grande di Alessandria is unknown, but a church attached to the confraternity is documented from 1486. The first free school, for poor children, in Alessandria was linked to the Casa Grande, following a bequest by Cristoforo Scoglia and Francesca Accaresana in 1642. The school opened only five years later, in 1647. See Francesco Gasparolo, 'Notizie delle Confraternite di Alessandria e delle loro chiese', *Rivista di storia, arte, archeologia, Casale*, 19 (1921), 205–61 and 323–87.

i secreti ad altri' (*Ammaestramenti e ricordi*, p. 11). The acquisition of the skill of writing (which was not always a given for the female sex) is pragmatically linked to the fact that the young girl would have to contribute to the running of the household in her adult life.

There are other aspects of the education of the 'citella' which are particularly interesting for us and which might also reflect Sori's own experience. We read that the young girl must learn the 'buone lettere' and attend a school outside her home: 'sol venuta da scuola, nel resto del tempo che le avanza giornalmente', her mother will ensure that the young girl repeats 'le lezioni udite et studiate' and reads 'or uno o altro libro di essempi virtuosi e necessari alla salute de l'anima e al viver civile' (*Ammaestramenti e ricordi*, p. 10).[26] The type of 'scuola' Sori describes might be the kind of instruction imparted by paid female teachers in their own home. Widows or women of limited means acted as childminders while also imparting the rudiments of literacy, prayers and songs, as well as Christian doctrine by rote, to children of both sexes, aged from three or four to seven, or even older in the case of girls. These teaching environments were 'qualcosa di ibrido, che poteva fungere da scuola, da luogo di custodia e/o centro di addestramento al lavoro manuale'.[27]

The choice of a suitable teacher is often touched upon by moralists in works of conduct. Sori herself writes that the 'prudente madre' should always 'essaminare i costumi della maestra' (*Ammaestramenti e ricordi*, p. 10). Giovanni Battista and Girolama might have been fortunate in this sense, as they were presumably able to count on Isabella's aunt, Caterina Sori, for help with Isabella's education. Besides, as we have seen, the 'vicepriora' was also 'maestra ne l'ago', skilled in sewing and embroidering, another important practical skill that is listed in the *Ammaestramenti e ricordi* as part of the training of the young girl: she has to 'pigliar lezioni d'ago e far lavori d'intaglio e ricami' (*Ammaestramenti e ricordi*, p. 12). But at the age of ten, she should not attend school any more: she must now instead devote the hours during which 'solea esser dalla maestra' (*Ammaestramenti e ricordi*, p. 13) to various domestic chores, and must rarely leave the house, in preparation for her future role as wife and mother.

Clearly, Isabella Sori's own education and studies must have entailed more than what is laid out in the text, extending to a further stage and level

---

[26] Other conduct literature texts give more specific information as to the kind of readings and authors that are suitable for young girls. See, for instance, Lodovico Dolce's *Dialogo* [...] *della institution delle donne* (Venice: Gabriele Giolito, 1545), fols 21^v–22^r, or Orazio Lombardelli and his *Dell'uffizio della donna maritata. Capi centoottanta* (Florence: Giorgio Marescotti, 1583), 'capo' 145.

[27] Marina Roggero, *L'alfabeto conquistato: apprendere e insegnare nell'Italia fra Sette e Ottocento* (Bologna: Il Mulino, 1999), p. 256. See also Gabriella Zarri, *Recinti: donne, clausura e matrimonio nella prima età moderna* (Bologna: Il Mulino, 2000), pp. 181–82. The level of instruction of these *magistre* varied and was at times very limited. In extreme cases, they were only semi-literate and taught pupils to read by memory.

of reading and writing skills that would later allow her to compose her treatises. Unfortunately, this is not touched upon in the *Ammaestramenti e ricordi*, and no further documents exist on the subject. We can therefore only continue working on assumptions. The first of these is that the broader family context would have been important for Isabella Sori's intellectual and literary formation. She must have been guided in her studies by her father who, as we shall see, according to some sources, had acted as her tutor. Fathers — or other male figures in the family or among family friends — were instrumental in deciding whether their daughters could and should have access to education, and in supporting their studies. Laura Cereta (1469–1499), for example, had returned to live at home at the age of nine after spending two years in a convent, where she had mastered the rudiments of reading and writing. Her father then continued her education and she applied herself to the study of grammar and rhetoric. The first teacher of Cassandra Fedele (1465?–1558) was her father Angelo. Having become proficient in Latin by the age of twelve, she was then tutored by the renowned scholar of classical literature and rhetoric Gasparino Borro, with whom she studied Greek, philosophy, the sciences, and dialectics. Olympia Morata (1526–1555) was well versed in the classical languages thanks to the instruction she received from her father, Fulvio Pellegrino Morato, a university professor trained in classical literature, which meant that by the age of twelve she was fluent in both Latin and Greek. At the age of fourteen, in 1540, she became a study companion to the young Anna d'Este, daughter of Renée of France and Duke Ercole II, at the Court of Ferrara. Moderata Fonte, that is, Modesta Pozzo (1555–1592), after spending a long period in the convent of Santa Marta in Venice, studied Latin thanks to her maternal grandfather and her brother. Lucrezia Marinelli (1571–1653), whom Sori explicitly mentions in her writings, was also the daughter of a physician and a man of letters, Giovanni Marinelli, who had strongly encouraged his daughter in her studies. Marinelli had also been supported in her studies by her brother, Curzio, as well as by the physician Lucio Scarano, a friend of the family.

Giovanni Battista Sori might plausibly have played a similar role in his daughter Isabella's life. In Alessandria at that time the example of young Lavinia Guasco was still very much alive. Lavinia was the daughter of man of letters and politician Annibal Guasco (1540–1619). Her achievements in life had very much been the outcome of the excellent education her father had offered her, as we learn from his 1586 *Ragionamento [...] a D. Lavinia sua figliuola, della maniera del governarsi ella in corte; andando per Dama alla Serenissima Infante D. Caterina, Duchessa di Savoia.*[28] In her *Panegirico*, Isabella Sori includes Lavinia

---

[28] For a modern edition, see Annibal Guasco, 'Ragionamento a D. Lavinia sua figliuola, della maniera del governarsi ella in corte; andando per Dama alla Serenissima Infante D. Caterina, Duchessa di Savoia (1586)', ed. by Helena Sanson, *Letteratura Italiana Antica*, 11

Guasco among the illustrious women of Alessandria, describing her as worthy of 'lodi, sì per la sua rara bellezza e belle fatezze, grazia singolare et onestà, come valore nel comporre e scriver lettere' (*Panegirico*, p. 64). Born in 1574, Lavinia Guasco had been educated by excellent tutors in Pavia, the renowned university town where Annibal Guasco had moved with his family in order to make sure that his son Francesco and his nephew could be educated by the best teachers. But Lavinia had revealed herself to be no less gifted than her brother, and Guasco had therefore decided to invest in her studies, hiring several tutors for her, as well as devoting his own time and energy to tutoring her directly. Guasco had high hopes for her and a well-defined plan: he envisaged for her a future as personal secretary to a prominent aristocratic female figure. His efforts were not in vain: Lavinia was chosen as one of the maids-of-honour of the Infanta Catalina Micaela of Spain, one of the daughters of Philip II, and spouse of the Duke of Savoy Carlo Emanuele I from 1585. When Catalina moved to the court of Turin after her marriage, little Lavinia, aged only eleven, joined her entourage. Guasco then wrote for her his *Ragionamento*, a text on conduct at court that was meant to assist her and guide her in her new existence away from home. Her stay at the court of Turin proved successful and fruitful not only for her, but for her entire family, bringing prestige and the opportunity to develop excellent connections. Lavinia eventually married the aristocrat Guido Langosco from Pavia and became a countess. In the same years when Isabella was composing the *Panegirico*, Lavinia, now widowed, moved to Milan with her daughter Margherita, also an illustrious woman of the time, having been herself one of the maids-of-honour of the Infantas Maria and Margherita (who had married Francesco Gonzaga in 1608), two of Catalina's and Carlo Emanuele's daughters.

Guasco's family was not noble, but was nonetheless higher on the social ladder than the physician Giovanni Battista Sori. And Lavinia Guasco's mother, Laura Bellone, had influential family relations. Sori might nevertheless have nurtured similarly high hopes for Isabella's destiny, or might have aimed to promote her as a young literary prodigy of some kind, also for the benefit of the

---

(2010), 61–140 (for a discussion and analysis of the text, see in particular pp. 61–99). Another edition of the text was published in 2012, as *Sotto il segno di Chirone. Il Ragionamento di Annibale Guasco alla figlia Lavinia*, ed. by Luisella Giachino, with an introduction by Blythe Alice Raviola (Turin: Nino Aragno), but it does not mention the earlier 2010 edition. For an English translation (without the original Italian), see Annibal Guasco, *Discourse to Lady Lavinia his Daughter*, ed. by Peggy Osborn (Chicago: University of Chicago Press, 2003). On the *Ragionamento*, see also Bruno Ferrero, 'Il *Ragionamento* di Annibale Guasco. Una lettera d'*institutio* all'ombra della *Civil Conversazione*', in *Stefano Guazzo e Casale tra Cinquecento e Seicento, Atti del Convegno di studi nel quarto centenario della morte, Casale Monferrato, 22–23 ottobre 1993*, ed. by Daniela Ferrari (Rome: Bulzoni, 1997), pp. 357–74; Alexandra Coller, 'How to Succeed at Court: Annibal Guasco's Advice to His Daughter Lavinia and Renaissance Manuals of Conduct', *California Italian Studies*, 4.2 (2013), 1–31.

entire family. The only certainty we have is that, if we take into consideration the number and the variety of works she seems to have had familiarity with and to have used with a certain ease in composing her treatises, it is clear that her level of instruction was highly unusual, especially for a representative of the female sex, and even more so considering her age. Giovanni Battista Sori might have been as motivated a teacher to Isabella as Guasco had been to Lavinia. Yet Isabella did not escape the insidious attacks of some unidentified male critics at a time when the literary climate surrounding learned women and female writers had changed and become noticeably less welcoming.

Isabella Sori's Writings *After* Isabella Sori

The British scholar Virginia Cox writes that 'For the bulk of the seventeenth century, from, say 1620 to 1690, women were effectively nearly invisible in Italian literary culture, publishing, if at all, mainly in provincial centers, in editions that disappeared without notice'.[29] With the exception of very few works from the first half of the century, such as *La vita di Maria Vergine* by Lucrezia Marinelli and the *Scanderbeide* by Margherita Sarrocchi, Cox explains, 'it is difficult to think of a single female-authored work that received a second edition in the seventeenth century'.[30] Inevitably, the attention of their contemporaries (then, as today) turned above all to those female figures who seemed to be more overtly unconventional or controversial, or whose literary fame derived from their success in other fields, for instance as actresses, such as Isabella Andreini (1562–1604), or singers, such as Margherita Costa (*c.* 1600–1657).

But literary success depends also on readers' expectations and tastes, as well as on the editorial and promotional strategies that underpin the publishing market and industry. In this respect, Isabella Sori was at a disadvantage. To start with, she was active in a more provincial context compared to those in which other female writers lived and operated: Alessandria was not Venice, nor was it Rome. We do not know whether Isabella Sori, due to her age and her status, could avail herself of a useful network of social and literary connections of her own, as had been the case — despite being locked up within the convent walls — with the nun Arcangela Tarabotti, active in Venice little more than a decade after the publication of the *Ammaestramenti e ricordi*.

The profession of Isabella's father would have guaranteed the family a certain social standing and a certain standard of living, but he was not a prominent figure within courtly contexts. If Isabella's incursion onto the literary stage seems to have been a fleeting one, the memory of her and her writings did

---

[29] Virginia Cox, *Women's Writing in Italy, 1400–1650* (Baltimore: Johns Hopkins University Press, 2008), p. 222.
[30] Cox, *Women's Writing*, p. 222.

in fact persist, albeit sporadically, for over a century. Discussing women's constancy in his *Grillaia* of 1668,[31] the otherwise misogynistic Father Aprosio quotes an entire passage, word for word, from Sori's 'Difesa settima', prefacing the passage with praise for Sori and her writings:

> Sono costanti le donne, e grandissimi esempi di costanza in esse ritrovansi. Io aggiugnerei qui ciò che ne scrive Isabella Sori alessandrina, giovane molto erudita, ed a cui molto più che ad alcun altro che se l'allaccia sono tenute le donne, non tanto per le *Difese*, che da per tutto spirano modestia, come a nobil donna si conviene, quanto per gli *Ammaestramenti, e ricordi circa i buoni costumi che deve insegnare una ben creata madre ad una figlia, da zitella, da accasata e da vedova, accioché sia onesta*, ma temo che da altri non s'abbia da per sospetto il di lei giudicio, ancorché lontan affatto da ogni passione.[32]

Further seventeenth-century testimony can be found in two works by man of letters Giuliano Porta. In his *L'Alessandrina Tetracty, ovvero la Quatternità d'Alessandria descritta, annalliggiata, illustrata e celebrata* (1670), Isabella Sori is the only female figure among the 'alessandrini illustrati', although, due to an unfortunate typographical error, she is presented as Gori, instead of Sori: 'Isabella Gori mandò in luce ammaestramenti per le donne, dodeci diffese per il sesso donnesco, ed un panegirico della patria'.[33] And in his *Esemplari, e simolacri dignissimi delle virtù, stimoli, potenti alle medeme. Cioè eroi, campioni, e personaggi celeberrimi alessandrini* (1693), we read:

> Isabella Sori, virtuosissima signora, dotata da Iddio e dalla natura di buon talento, diedesi a leggere ed osservare i buoni costumi da essercitarsi, quali poscia, sì per giovare, come anche per seguire alcuni suoi antenati di casata Sori, che diedero alle stampe, lasciò uscir in luce in forma di *Lettere*, che sono dodeci. E perché sopra essi *Ammaestramenti, e ricordi circa a' buoni costumi del sesso donesco* furono fatti alcuni sinistri giudicî, ella fece *Dodeci*

---

[31] Scipio Glareano (Angelico Aprosio), *La Grillaia, curiosità erudite* (Naples: Novello de Bonis, 1668).

[32] Glareano, *La Grillaia*, p. 29. It is worth remembering that Aprosio had been the protagonist of an unfortunate polemic with the Venetian nun Arcangela Tarabotti, on which see Emilia Biga, *Una polemica antifemminista del '600. La Maschera scoperta di Angelico Aprosio* (Ventimiglia: Civica biblioteca Aprosiana, 1989). In the summer of 1644 he had composed (under the pseudonym Filofilo Misoponero) a viciously misogynistic attack, *La Maschera scoperta*, against Tarabotti's *Antisatira*, published with her initials only in July of the same year in Venice, and in turn a rebuttal of Francesco Buoninsegni's *Contro 'l lusso donnesco, satira menippea*. Besides the trite and commonplace criticisms of the female sex which populate these kinds of works, Aprosio's *La Maschera scoperta* also launched venomous personal attacks against Tarabotti herself, tainting her morality and reputation. The manuscript of *La Maschera scoperta* ultimately remained unpublished following Tarabotti's strong opposition to seeing the work in print.

[33] Giuliano Porta, *L'Alessandrina Tetracty, ovvero la Quatternità d'Alessandria descritta, annalliggiata, illustrata e celebrata. Opera da varij auttori estratta* (Milan: stampa Archiepiscopale, 1670), p. 227. Her name is given correctly in the final index, pp. 241–42.

difese contra, che si stamparono. Mandò ancora in luce, per condescendere all'amore della patria, *Panegirico d'Alessandria*.[34]

In the following century, Sori features in Marcello Alberti's *Istoria delle donne scienziate* (1740),[35] and in Giovanni Antonio Ranza's *Poesie e memorie di donne letterate che fiorirono negli stati di S.S.R.M. il Re di Sardegna* (1769).[36] She is praised as a skilled orator for her *Panegirico* in the anonymous *Pregio della donna ove si notano alcune donne de' tempi antichi, mezzani, del presente secolo, e viventi celebri in virtù, e scienza* (1783).[37] In the first of the five volumes of Cesare Orlandi's *Delle città d'Italia e sue isole adiacenti compendiose notizie sacre, e profane compilate* (1770), the information is slightly more detailed, but follows Porta's text quite closely:

> Isabella Sori virtuosissima donna nata in Alessandria [...], essendo stata da Dio fornita di spirito elevato e di un amore sorprendente alle scienze, fu per molta erudizione e buon gusto in comporre, la gloria del suo sesso, e l'ammirazione de' dotti. Chiara testimonianza del di lei sapere fanno l'opere da essa date alle stampe, cioè *Ammaestramenti e ricordi circa a' buoni costumi del sesso donnesco*. E perché sopra un tal libro, scritto a forma di lettere (che di dodici al numero ascendono) si fe' da taluno sinistro giudizio, ella compose altrettante difese, che si pubblicarono similmente a stampa. Mossa poi Isabella dall'amor sincero, che portava alla patria, un nobilissimo *Panegirico di Alessandria* s'indusse a stampare.[38]

By contrast, there is no mention of Isabella Sori in the *Prospetto biografico delle donne italiane rinomate in letteratura dal secolo decimoquarto fino a' giorni nostri* (1824) by Ginevra Canonici Fachini,[39] or in the *Biblioteca femminile*

---

[34] Giuliano Porta, *Esemplari, e simolacri dignissimi delle virtù, stimoli, potenti alle medeme. Cioè eroi, campioni, e personaggi celeberrimi alessandrini, qui rassembrano teatro nobilissimo* (Milan: eredi Ghisolfi, 1693), pp. 150–51.

[35] Marcello Alberti, *Istoria delle donne scienziate* (Naples: Felice Mosca, 1740), p. 55: 'Isabella Sori d'Alessandria in Lombardia ha dato alle stampe: *Panegirico* in lode della sua Patria. Vedi Giuliano Porta'.

[36] Giovanni Antonio Ranza, *Poesie e memorie di donne letterate che fiorirono negli stati di S.S.R.M. il Re di Sardegna, raccolte, e date in luce ora la prima volta, con alcune antiche, e moderne poetiche iscrizioni di nobili donne vercellesi, non più pubblicate* (Vercelli: Giuseppe Panialis, 1769), p. 61: 'Isabella Sori alessandrina diede alle stampe un Panegirico in lode della sua patria. L'Alberti pag. 55 cita intorno ad essa Giuliano Porta'.

[37] *Pregio della donna ove si notano alcune donne de' tempi antichi, mezzani, del presente secolo, e viventi celebri in virtù, e scienza* (Turin: nella Stamperia Reale, presso Bernardino Tonso libraio in Dora Grossa, 1783), p. 47: 'Isabella Sori [...] della città di Alessandria presso il Tanaro [...] si distinse [...] nell'oratoria, avendo dato alla luce un bel panegirico in lode della sua patria'.

[38] Cesare Orlandi, *Delle città d'Italia e sue isole adiacenti compendiose notizie sacre, e profane compilate*, 5 vols (Perugia: nella stamperia augusta, presso Mario Riginaldi, 1770), I, p. 289.

[39] Ginevra Canonici Fachini, *Prospetto biografico delle donne italiane rinomate in letteratura dal secolo decimoquarto fino a' giorni nostri* (Venice: tipografia di Alvisopoli, 1824).

italiana del Conte Leopoldo Ferri (1842), or the *Aggiunte* by Enrico Castreca Brunetti (1844).[40] By the second half of the nineteenth century, the memory of Isabella's erudition is confined only to historical repertories of the city of Alessandria. Carlo A-Valle, in the fourth volume of his *Storia di Alessandria dalle origini ad oggi*, cites Sori, giving reference also to previous works that had preserved her name, and adding (perhaps as his own interpretations of the facts, or perhaps having had access to some other documents) that she had been tutored by her own father:[41]

> Sori (Isabella): figliuola di Giacomo[42] amò le scienze e le lettere: *e vi fu educata dal padre medesimo* [my italics]. Il suo ingegno era grande: epperò fu la gloria del suo sesso verso la metà del secolo decimosettimo. L'Alberti, il Ranza, l'Orlandi e molti altri dotti scrittori ne parlano con lode. D'Isabella Sori si hanno gli *Ammaestramenti sul Buon Costume delle Donne* e il *Panegirico d'Alessandria*. Le sue lettere sull'educazione femminile vennero addentate da un critico indiscreto: ma ella se ne seppe difendere con risposte spiritose ed erudite. Isabella Sori fu dell'Accademia degli Immobili e lasciò in Alessandria e fuori un nome celebratissimo.[43]

A new piece of information, offered here by A-Valle as a given fact, is that Sori was a member of the Accademia degli Immobili of Alessandria. The truth is that, besides some well-documented instances which prove that some women *did* belong to literary academies in the early modern period,[44] scholars and men of letters in the eighteenth and nineteenth centuries at times attributed academic affiliations to female figures without any real evidence. A-Valle might, in this case too, have had access to documents that are now lost to us, but nonetheless this piece of information must be taken with a pinch of salt.

It is only in 1992 that Isabella Sori was recovered from oblivion thanks to

---

[40] Pietro Leopoldo Ferri, *Biblioteca femminile italiana, raccolta, posseduta e descritta* (Padua: Tipografia Crescini, 1842); Enrico Castreca Brunetti, *Aggiunte alla Biblioteca femminile italiana del Conte P. Leopoldo Ferri* (Rome: Tipografia delle Belle Arti, 1844).

[41] Isabella Sori is also remembered in Vincenzo Malacarne, *Delle opere de' medici, e de' cerusici che nacquero, o fiorirono prima del secolo XVI negli Stati della Real Casa di Savoia*, 2 vols (Turin: nella Stamperia Reale, 1786), p. 6; Cesare Mantelli, *Piccola biografia di donne illustri alessandrine* (Alessandria: Guidetti, 1837), pp. 115–16 (also in facsimile edition, ed. by Anna Cavalli (Alessandria: iGrafismiBoccassi, 2002)); and Carlo Novellis, *Dizionario delle donne celebri piemontesi* (Turin: Presso i principali librai, 1853), p. 255 (also in facsimile edition, Sala Bolognese: Arnaldo Forni Editore, 2001).

[42] As we saw earlier, A-Valle is not the only source to give the name of Sori's father as Giacomo. But on the same page, under 'Sori, Giovanni Battista', A-Valle specifies that this is Sori's father. Rather than an oversight, it might imply, as suggested earlier, that Giovanni Battista was perhaps known as Giacomo.

[43] Carlo A-Valle, *Storia di Alessandria dalle origini ad oggi*, 4 vols (Turin: Fratelli Faletti, 1854–55), IV (1855), p. 533.

[44] See on this Virginia Cox, 'Members, Muses, Mascots: Women and Italian Academies', in *The Italian Academies 1525-1700: Networks of Culture, Innovation and Dissent*, ed. by Jane E. Everson, Denis V. Reidy, and Lisa Sampson (Cambridge: Legenda, 2016), pp. 132–63 (p. 134).

the scholar Delmo Maestri, also from Alessandria, who devoted to her 'galateo femminile in forma di lettere' a long article.[45] Maestri observed: 'Dipende dalla chiave di lettura l'apprezzamento di un'opera e se in questa cercassimo originalità di concetti o alto stile, rimarremmo delusi',[46] going on to specify that the interest of Sori's works lies above all in the fact that they offer:

> la testimonianza di una mentalità e di un'educazione, il colore del tempo, il modesto orgoglio di una puntigliosa letterata, la sua difesa della parità fra uomo e donna, anche se non ben argomentata e contraddittoria ed entro i limiti di una religiosità e di una socialità molto preoccupate dalle apparenze e di fissare regole e distinzioni formali.[47]

Another scholar, Bartolomeo Durante, has also devoted his attention to Isabella Sori,[48] presenting her as one of those female figures who produced works that seem to be, 'almeno nella forma, ideologicamente più convergenti con le postazioni intellettuali aprosiane', at least with reference to the *Ammaestramenti e ricordi*, which, as we shall see, express more conservative positions and ideas than the *Difese*.[49]

Isabella Sori is also included in Virginia Cox's study on Italian women writers between the fifteenth and the first half of the seventeenth centuries. She is mentioned in a chapter that highlights the misogynistic turn which took place in Italy's cultural life starting from the first decades of the Seicento, and which is reflected in the fact that a growing number of seventeenth-century writings by women 'frequently betray a sense of beleagueredness or defiance'.[50] This is because these women found themselves obliged to respond to, or defend themselves from, the attacks of detractors, both well known and less well known, or even wholly anonymous. According to Cox, the reasons for this marginalization of women writers lie in changing literary tastes, with Petrarchism being replaced by the Baroque literary style, which did not lend itself so easily to upholding modesty and decorum, both essential requirements

---

[45] Delmo Maestri, 'Isabella Sori: una scrittrice alessandrina del Seicento', *Critica letteraria*, 21–22 (79) (1993), 225–41 (p. 225).
[46] Maestri, 'Isabella Sori', pp. 225–26.
[47] Maestri, 'Isabella Sori', p. 226.
[48] See http://www.cultura-barocca.com [last accessed 16 March 2018]. Durante also briefly discusses Sori and her writings in his *L'Aprosiana Sconosciuta: splendore, declino e segreti d'una grande 'Libraria' tra la Battaglia di San Pietro di Camporosso (1672) e la 'Strage del Convento' (1748)* (Pinerolo: Alzani, 2008), 'Appendice 1', pp. 71–72.
[49] Durante points out that Sori's text presents some affinities with the *Ginipedia overo Avvertimenti civili per donna nubile* by Vincenzo Nolfi, published in 1631, only a few years after Sori's treatise. On the *Ginipedia*, see Silvia Evangelisti, 'Vincenzo Nolfi's *Ginipedia* (1631): Household Management and Civic Femininity in Seventeenth-Century Italy', in *Conduct Literature for and About Women in Italy, 1470–1900: Prescribing and Describing Life*, ed. by Helena Sanson and Francesco Lucioli (Paris: Classiques Garnier, 2016), pp. 63–80.
[50] Cox, *Women's Writing in Italy*, p. 205.

for the female writer.[51] In seventeenth-century Italy, the elimination of the '"respectable" woman and noblewoman from the literary scene' must be linked also to the diminishing number of prominent female patrons,[52] which in turn was caused by the decline of the courts as centres of literary production and consumption. The decline of women writers during the century is visible not only in terms of numbers, but also in terms of the *kind* of writers. Indeed, those women who did write and publish were less integrated in their own cultural context than those from the previous century had been, and correspondingly their works enjoyed less circulation, appreciation, and visibility. This is why the paradigmatic figure of the woman of letters that had prevailed from the fifteenth century onwards, of the 'honest woman of good family, socially integrated and conventional in her mores',[53] became increasingly rare. Among the few exceptions Cox includes the Florentine patrician Barbara Tagliamochi and Isabella Sori, whom she presents, perhaps too generously, considering what the archival sources have revealed, as belonging to the 'minor nobility'.[54]

What Isabella Sori has left us is a document whose value derives not from the quality of its style or the elegance of its language, but rather from its immediacy and liveliness, from its ability to offer a glimpse into the everyday life of seventeenth-century Italy. This is what Sori achieves through the detailed remarks in her *Ammaestramenti e ricordi*, but also through her unfiltered expression of female indignation in her *Difese*, and through her *Panegirico*, a cross between an idealized portrait and a historical document of the city of Alessandria.

The *Ammaestramenti e ricordi*, *Difese*, and *Panegirico*: Context and Composition

We saw earlier that Sori's text comprises three separate works. The first, the *Ammaestramenti e ricordi*, is an example of that rich production of conduct literature that aimed to define the role and behaviour of women in society across the centuries. This included 'a wide range of admonitory, instructional and prescriptive texts that advise on the right attitudes and proper behaviour, focusing on the regulations of the body as much as of the mind'.[55] Among the

---

[51] For a more detailed discussion of this decline, see Virginia Cox, *The Prodigious Muse: Women's Writing in Counter-Reformation Italy* (Baltimore: The Johns Hopkins University Press, 2011), pp. 45–50.

[52] Cox, *Women's Writing in Italy*, p. 206.

[53] Cox, *Women's Writing in Italy*, p. 206.

[54] Cox, *Women's Writing in Italy*, p. 206.

[55] William St Clair and Irmgard Maassen, 'General Introduction', in *Conduct Literature for Women, 1500–1640*, ed. by William St Clair and Irmgard Maassen, 6 vols (London: Pickering & Chatto, 2000), I, p. ix–xli.

topics Sori touches upon in her treatise we find, to mention just a few, precepts and advice on education, reading and writing, everyday conduct, how to relate to others in behaviour and conversation, how to walk in the street and how to dress, table manners, conduct in church, the choice of a husband, conjugal life, motherhood, household management, and widowhood.[56]

In the Italian context, authors of works of conduct were mostly men, at least until the end of the eighteenth century, when we find the first names of female authors appearing. But it is especially in the post-Unification period that we see a proliferation of women who wrote and published on the subject, writing for both female and male readers, progressively appropriating the formerly male-dominated tradition. Women authors then also started to incorporate new figures in their works, reflecting changes in social reality by covering a wider range of roles for women that went beyond the traditional path of marriage and motherhood.[57] The works by the Venetians Moderata Fonte and Lucrezia Marinelli at the beginning of the seventeenth century, respectively *Il merito delle donne* and *Le nobiltà, et eccellenze delle donne* (both published in 1600), should be considered examples of the rich literary output within the *Querelle des femmes* debates on the superiority and inferiority of women vis-à-vis men, rather than didactic and prescriptive works on conduct as such.[58] In this respect, Sori's 1628 *Ammaestramenti e ricordi* can be considered the first example of a work on conduct composed *by* a woman *for* other women.

---

[56] For an outline of this type of production, its features and aims, see Helena Sanson, 'Women and Conduct in the Italian Tradition, 1470–1900: An Overview', in Sanson and Lucioli (eds), *Conduct Literature for and about Women in Italy*, pp. 9–38.

[57] See on this Lucy Hosker, 'The Spinster in the Works of Neera and Matilde Serao: Other or Mother?', in *Women and Gender in Post-Unification Italy: Between Private and Public Spheres*, ed. by Katherine Mitchell and Helena Sanson (Oxford: Peter Lang, 2013), pp. 67–91; Ead., *'Donne sole' in Post-Unification Italy: The Works of Tommasina Guidi and Emilia Nevers*, unpublished PhD dissertation (University of Cambridge, 2015); and Ead., 'The Structures of Conduct Literature in Post-Unification Italy: La Marchesa Colombi's *La gente per bene*, Anna Vertua Gentile's *Come devo comportarmi?*, and Matilde Serao's *Saper vivere*', in Sanson and Lucioli (eds), *Conduct Literature for and about Women in Italy*, pp. 159–83.

[58] Among the many critical studies on the *Querelle* in the Italian context, see, for example, Conor Fahy, 'Three Early Renaissance Treatises on Women', *Italian Studies*, 11.1 (1956), 30–55; Pamela Benson, *The Invention of the Renaissance Woman: The Challenge of Female Independence in the Literature and Thought of Italy and England* (University Park: Pennsylvania State University Press, 1992); Paola Malpezzi Price and Christine Ristaino, *Lucrezia Marinella and the 'Querelle des Femmes' in Seventeenth-Century Italy* (Madison: Fairleigh Dickinson University Press, 2008); Androniki Dialeti, 'The Publisher Gabriele Giolito de' Ferrari, Female Readers, and the Debate about Women in Sixteenth-Century Italy', *Renaissance and Reformation*, 28.4 (2004), 5–32. On the *Querelle* in the European context, see *Die europäische Querelle des Femmes. Geschlechterdebatten seit dem 15. Jahrhundert*, ed. by Gisela Bock and Margarete Zimmermann (Stuttgart: Metzler, 1997); Margarete Zimmermann, 'La "Querelle des Femmes" come paradigma culturale', in *Tempi e spazi di vita femminile tra medioevo ed età moderna*, ed. by Silvana Seidel Menchi, Anne Jacobson Schutte, and Thomas Kuehn (Bologna: Il Mulino, 1999), pp. 157–73.

The *Ammaestramenti e ricordi* had a number of well-known sixteenth-century predecessors, such as the *Epistola che dee tenere una donna vedova* (1524) by Giovan Giorgio Trissino, or the *Dialogo* [...] *della institution delle donne, secondo li stati che cadono nella vita humana* (1545) by Lodovico Dolce,[59] an adaptation-translation-plagiarism of the original Latin treatise *De institutione foeminae Christianae* by the Spanish humanist Juan Luis Vives (first published in 1524 and then again, revised and expanded, in 1538).[60] In the second half of the century we find also *La vedova* (1570) by Orazio Fusco,[61] the *Ornamenti della gentildonna vedova* (1574) by Giulio Cesare Cabei,[62] the *Institutione d'ogni stato lodevole delle donne christiana* (1575) by Agostino Valier,[63] the *Dialoghi del matrimonio e vita vedovile* (1578) by Bernardo Trotto, the *Ragionamento* [...] *a D. Lavinia sua figliuola, della maniera del governarsi ella in corte* (1586), mentioned earlier, by Annibal Guasco, the *De gli stati virginali, maritale, e vedovile* (1586) by Onofrio Zarrabini, and the *Institutione della sposa* by Pietro Belmonti (1587).[64] Isabella Sori, as we shall see, was familiar with some of these

---

[59] For a modern edition of the text, see Lodovico Dolce *Dialogo della institution delle donne, secondo li tre stati che cadono nella vita umana* (1545), ed. by Helena Sanson (Cambridge: MHRA, 2015). For a discussion and analysis of the text, see Helena Sanson, 'Teaching and Learning Conduct in Lodovico Dolce's *Dialogo della instituzion delle donne* (1545): An "Original" Plagiarism?', in Dolce, *Dialogo*, pp. 1–68; Ead., 'Dorotea a lezione di "creanza" nel *Dialogo* [...] *della institution delle donne* (1545) del Dolce', in *Per Lodovico Dolce. Miscellanea di Studi. I. Passioni e competenze del letterato*, ed. by Paolo Marini and Paolo Procaccioli (Manziana (Rome): Vecchiarelli, 2016), pp. 245–69. See also Adriana Chemello, 'L'*Institution delle donne* di Lodovico Dolce ossia l'"insegnar virtù et honesti costumi alla Donna"', in *Trattati scientifici nel Veneto fra il XV e XVI secolo* (Vicenza: Neri Pozza, 1985), pp. 103–34.

[60] Juan Luis Vives, *De institutione foeminae Christianae* [...] *libri tres*, [...] *vere Christiani, Christianae in primis virgini, deinde maritae, postremo viduae* (Antwerp: apud Michaelem Hillenium Hoochstratanum, 1524); Id., *De institutione foeminae Christianae ad Inclytam D. Catharinam Hispanam Angliae Reginam, Libri tres* (Basel: per Robertum Winter, 1538). For a modern edition of the text in English translation, see *The Education of a Christian Woman: A Sixteenth-Century Manual*, ed. and trans. by Charles Fantazzi (Chicago: University of Chicago Press, 2000). The *De institutione* had been commissioned from Vives by Catherine of Aragon (1485–1536), queen of England, for her daughter Mary. It was very popular also thanks to its subsequent translations into the main European languages. In Italy, it had a literal translation in 1546, in Venice, and then another in Milan in 1561, neither of which had the same success as Dolce's adaptation.

[61] Fusco's *La vedova* stands out among other works of conduct for the pro-women stance it adopts. See Helena Sanson, 'Widowhood and Conduct in Late-Sixteenth Century Italy: The Unusual Case of *La vedova del Fusco* (1570)', *The Italianist*, 35 (2015), 1–26.

[62] See Helena Sanson, 'Conduct for the *Real* Widow: Giulio Cesare Cabei's *Ornamenti della gentildonna vedova* (1574)', in *Conduct Literature for and about Women in Italy*, ed. by Sanson and Lucioli, pp. 41–62.

[63] For a modern edition, see Agostino Valier, *Instituzione d'ogni stato lodevole delle donne cristiane* and *Ricordi di Monsignor Agostino alle monache nella sua visitazione fatta l'anno del santissimo Giubileo 1575*, ed. by Francesco Lucioli (Cambridge: MHRA, 2015).

[64] For a modern edition, see Pietro Belmonti, 'L'*Instituzione della sposa del cavalier Pietro Belmonte ariminese* (1587)', ed. by Helena Sanson, *Letteratura Italiana Antica*, 9 (2008), 17–76

works, although it is also worth remembering that the advice and precepts they offered can be traced further back in time, to biblical, classical, and patristic sources, as well as earlier vernacular works of conduct literature.

It must be noted that conduct texts from the second half of the sixteenth century onwards seem to embody 'una nuova nozione del tempo',[65] inasmuch as they focus more closely on specific gestures and events in the day of the 'virtuous' woman, from the moment she gets up, to her prayers and readings, to the (limited) moments spent outside the house, and the duties and responsibilities of her domestic life: it is indeed this 'processo di differenziazione e specializzazione, [che si] rifrange in una vasta casistica',[66] clearly reflected also in the *Ammaestramenti e ricordi*, that makes Sori's treatise, with its detailed information, a lively and original insight into the day-to-day existence of a woman in seventeenth-century Alessandria.

The existing copy of the *Ammaestramenti e ricordi* has its own title page (Fig. 1), and its own pagination, and is bound together in the same volume with the *Difese* and the *Panegirico*, which share a second, common title page (Fig. 2), with continuous pagination. The rarity of Isabella Sori's work is confirmed by the fact that it is not listed in the detailed repertory of the *Edizioni pavesi del Seicento*.[67] It is one of the few works printed before 1630 by Giovanni Maria Magri (only another three are recorded before that date), whose printing presses would later become more prolific in the hands of his heirs.[68] The dedication, dated 25 November 1628, by Magri himself, is addressed to the Milanese lady Prudenzia Origoni Picenardi, daughter of the president of the Senate of Milan, Ottaviano Picenardi, and wife of Gian Battista Origoni, cavalry captain and one of the sixty decurions who formed the 'Consiglio maggiore' of the city.[69] The name and status of Prudenzia Origoni Picenardi, Magri writes, were intended to instantly confer prestige on Sori's three treatises and to shield them from the attacks of invidious critics:

> Disdicevole non poco sarebbe che questo sì vago et sì ameno giardino degli *Ammaestramenti, Ricordi, Difese*, et *Panegirico*, fabricato nel basso terreno della mia stampa, per opera della non mai a bastanza lodata et

---

(for a discussion and analysis of the text, see in particular pp. 17–34).

[65] Adriano Prosperi, 'Riforma cattolica, controriforma, disciplinamento sociale', *Storia dell'Italia religiosa*, ed. by Gabriele De Rosa, Tullio Gregory, and André Vauchez, 3 vols (Bari: Laterza, 1993–95), II (1994), pp. 3–48 (p. 46).

[66] Maestri, 'Isabella Sori', p. 228.

[67] *Edizioni pavesi del Seicento. Il primo trentennio*, ed. by Elisa Grignani and Carla Mazzoleni (Milan: Cisalpino, 2000).

[68] On Giovanni Maria Magri, see *Edizioni pavesi del Seicento. Il primo trentennio*, ed. by Grignani and Mazzoleni, p. 535. For the subsequent period, from 1631 onwards, see *Edizioni pavesi del Seicento 1631–1700*, ed. by Luisa Erba, Elisa Grignani, and Carla Mazzoleni (Milan: Cisalpino, 2003), passim (see also the 'Tavole Iconografiche', pp. 327–453).

[69] On this, see below, *Ammaestramenti e ricordi*, n. 1.

virtuosissima signora Isabella Sori alessandrina, non meno di ben mille
fiori di vari concetti et sentenziosi detti adorno, di quello sia di morali et
utili frutti tutto ripieno, dovesse, comparendo nel teatro del mondo, esporsi
senza siepe ad evidente et manifesto pericolo d'essere dall'altrui invidioso
livore mal concio et peggio trattato. (*Ammaestramenti e ricordi*, pp. 3–4)

Entrusting the text to the protection of Prudenzia Origoni Picenardi was,
in this instance, not a mere pre-emptive formula; Isabella Sori's writings
had already been the object of attacks by critics whom Magri describes as
contemporary 'Zoili, Momi et Aristarchi' (p. 4). As we saw earlier, Sori had
initially composed a first version of the *Ammaestramenti e ricordi*, which had
then seemingly circulated in print (this point is not altogether clear), only to be
criticized by 'ingegni ligi, ma da passione spenti' who had sought to 'oscurarli'
(*Difese*, p. 7). The 'ammaestramenti' in the version now available are presented
as being 'corretti et accresciuti', and were published in 1628, accompanied also
by *Dodeci Difese*, composed by Sori to defend herself, and the entire female sex,
from these attacks. In her note 'A chi è per leggere' that prefaces the *Difese*, Sori
explicitly refers, as we shall see, to the damage that these unfair criticisms could
have caused to her reputation, thereby justifying her need to react. In the note
'Alle onorate donne' (Fig. 3) she justifies the transgressive act of taking up the
pen to write and to publish her works by citing her desire to help other women
avoid the temptations they might risk falling prey to, because of their intrinsic
weakness and ingenuous nature:

Tra le volgari prose (a consolazione delle onoratissime donne) scritte niuna
ve n'ha che da voi più debba tenersi cara della presente, ch'insegna i modi di
farvi avviste nei lacci del mondo et ovviare gl'inganni suoi. Però leggetela,
et voi stesse, discorrendo dell'infelicità di molte, diventate sempre più
prudenti. (*Ammaestramenti e ricordi*, p. 5)

This note to her female readers must have been written specifically for the 1628
volume, and was not part of the first version of the *Ammaestramenti e ricordi*,
given that Sori hints at the *Difese* she subsequently added to her original text in
order to defend herself against those who had accused her of presumptuousness.
In fact, she explains, other women had been even more daring than she had:
'E se per ultimo, anche come tale, lor parerà aver a cose più difficili di quello
par si convenga alzato la mente, neanche mi biasmino, poiché altre molte a più
elevarono, come dirò nelle *Difese*' (*Ammaestramenti e ricordi*, p. 5).

It is not possible to establish exactly when the first version of the
Ammaestramenti e ricordi was composed. Judging by the tenor of this initial
note (and, even more so, by that of the *Difese*), Sori reacted quite promptly to the
attacks of her detractors. In the last pages of the *Panegirico* she returns to the
criticisms she had to face, offering us some further, possible hints. She writes
that she preferred not to reply to a certain 'signor Ferro di Tortona', who, in his

writings, had launched a misogynistic attack against the female sex:

> per modestia mia non rispondo, ch'altrimenti ben saprei trovar non solo
> materia per difender il sesso dall'accuse, fuori che le impugnate nelle
> mie *Difese*, ma anco saprei provare il contrario, cioè che anzi gl'uomini,
> salvando chi merita, sono gl'immersi nelle qualità ch'egli ha detto. (*Difese*,
> p. 60)

Sori might be referring here to Father Ambrogio Ferro, from Tortona, author
of the *Ritratto d'amore, e martello delle femmine, nel quale si discorre contro
l'amor sensuale, e le femmine mondane. Opera curiosa e dilettevole*, published
in Tortona in 1627.[70] Ferro's text is not traceable on online catalogues, nor in
paper catalogues consulted so far. But we find a reference to his treatise in the
Biblioteca volante, the rich bibliographical repertory (published from 1677)
compiled by the Florentine Giovanni Cinelli Calvoli, and later continued by
Apostolo Zeno and Angelo Calogerà.[71] Could Ferro also have been one of Sori's
detractors, besides having criticized women more broadly? Had he accused her
of having 'a cose più difficili di quello par si convenga alzato la mente'?

Once we start reading Sori's text, we can of course see why her literary
enterprise attracted the hostility of some misogynistic critics. The work is
dense, especially as far as the first two treatises are concerned, peppered with
quotations and references of various kinds, drawn from an impressive array of
sources, literary and non-literary, classical and contemporary, Latin, vernacular,
and Spanish. Such an unabashed display of female erudition was bound to be
frowned upon and raise concern.

Clearly, works of conduct such as Sori's *Ammaestramenti e ricordi* need to
be approached in this respect with some caution. To start with, it is not always
clear whether it is the original 'voice' of the author which is encapsulated in the
text (and which could therefore be revealing of the actual readings undertaken
by the author himself or herself), or whether it is rather the 'voice' of tradition
in a broader sense, including that of other authors who had already written on
the subject previously. I am referring here to two interconnected, but distinct
issues. The first is the fact that moralists and educationalists might make use
of content and material from previous texts, including original works in other
languages, without explicitly acknowledging their sources. Works of this
kind seem to tread a fine line at times between 'imitating' and 'plagiarizing'.
A case in point is Dolce's *Dialogo* [...] *della institution delle donne*, in which
the Venetian polygraph fails to acknowledge his direct source, Vives's *De

---

[70] Ambrogio Ferro, *Ritratto d'amore, e martello delle femmine nel qual si discorre contro
l'amor sensuale, e le femmine mondane. Opera curiosa e dilettevole* (Tortona: Pietro
Giovanni Calenzano, et Eliseo Viola compagni, 1627).

[71] In the seventeenth-century edition by Angelo Calogerà of the *Biblioteca volante* in four
volumes (Venice: Giambattista Albrizzi, 1734–47), the reference is in vol. II, p. 314.

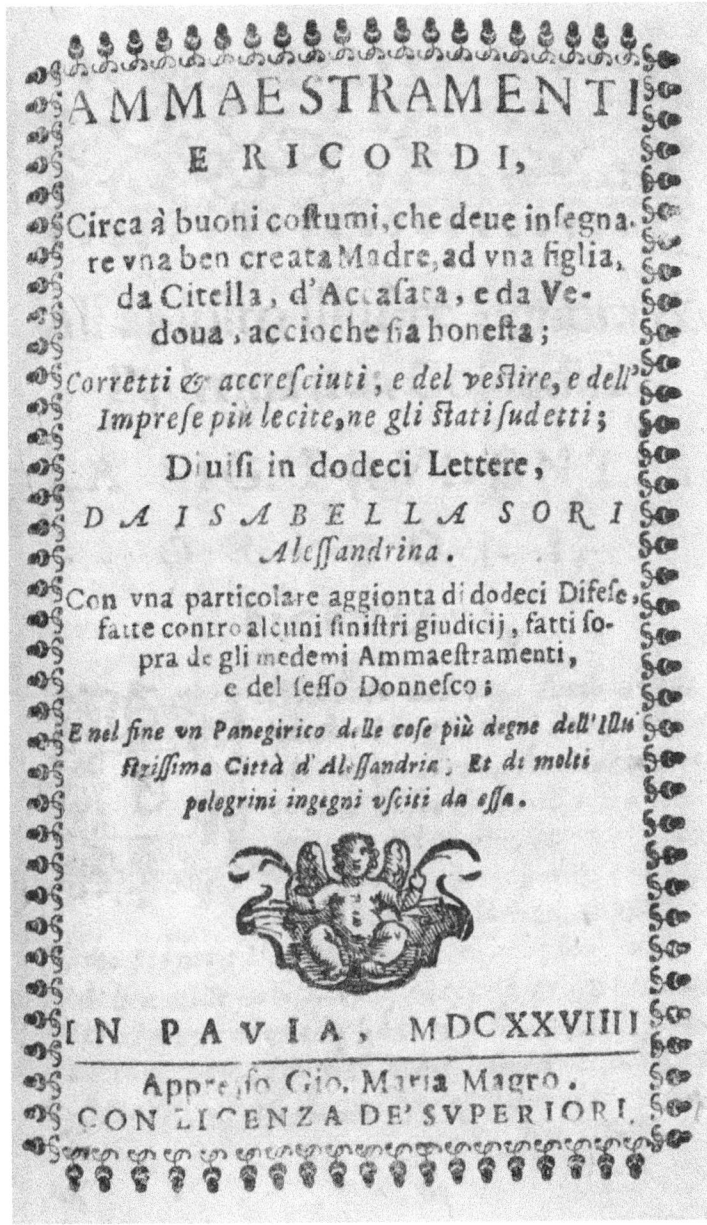

AMMAESTRAMENTI E RICORDI,

Circa à buoni coſtumi, che deue inſegna-
re vna ben creata Madre, ad vna figlia,
da Citella, d'Accaſata, e da Ve-
doua, accioche ſia honeſta;

Corretti & accreſciuti, e del veſtire, e dell'
Impreſe più lecite, ne gli ſtati ſudetti;

Diuiſi in dodeci Lettere,

D A I S A B E L L A   S O R I
Aleſſandrina.

Con vna particolare aggionta di dodeci Difeſe,
fatte contro alcuni ſiniſtri giudicij, fatti ſo-
pra de gli medemi Ammaeſtramenti,
e del ſeſſo Donneſco;

E nel fine vn Panegirico delle coſe più degne dell'Illu-
ſtriſſima Città d'Aleſſandria, Et di molti
polegrini ingegni vſciti da eſſa.

IN PAVIA, MDCXXVIIII

Appreſſo Gio. Maria Magro.
CON LICENZA DE' SVPERIORI.

FIG. 1. Title page of Isabella Sori's text, which contains the *Ammaestramenti e ricordi*, her *Difese*, and the *Panegirico*. The *Ammaestramenti e ricordi* has its own pagination, and is bound together in the same volume with the *Difese* and the *Panegirico*.

DIFESE
DELLA MEDESIMA
ISABELLA SORI
ALESSANDRINA,

Contra alcuni giudici fopra de gli Am-
maeftramenti di lei, e del feffo don-
nefco, finiftramente fatti,

*E nel fine vn Panegirico come hò detto nel
Frontifpicio delle Lettere.*

IN PAVIA, MDCXXVIII.

APPRESSO GIO MARIA MAGRO,
CON LICENZA DE'SVPERIORI.

FIG. 2. After a first general title page, the *Difese* and the *Panegirico* share a second, common title page: *Difese [...] contra alcuni giudici sopra de gli Ammaestramenti di lei, e del sesso donnesco [...] e nel fine un Panegirico.* The texts of the two treatises have continuous pagination.

5

Alle honorate Donne.

Rà le volgari Profe (à confola-
tione delle honoratiffime Donne) fcritte, niuna ve n'hà , che
da voi più debba tenerfi cara
della prefente, ch'infegna i modi di farui auuifte ne i lacci del
mondo, & ouuiate gl'inganni fuoi . Però leggetela, & voi fteffe, difcorrendo dell'infelicità
di molte diuentate fempre più prudenti . Ne
leggendo vi merauigliate ch'io mi fia tanto
feruito nella teffitura loro delle Tragedie, perche frà le cofe ritrouate , come dice il Giraldi
nel Prologo della fua Cleopatra da gli antichi
per infegnare i buoni coftumi al mondo nulla
ve n'hà , che più gioui ch'effe, che purgano da
vitij gli animi mortali, e gl'inchinano alla virtù . Ne fi marauiglino, ò mi biafmino altre,
con dir, che v'habbia pofto poco del mio , che
non è da biafimare, dice il Guazzo nel lib. 2.
della Ciuil Conuerfat. Io ftudio di quelli, i quali imitando le Api colgono il mele da diuerfi
fiori, e non lafciando cadere à terra fentenza
                                    degna

FIG. 3. Isabella Sori, *Ammaestramenti e ricordi*, p. 5. In the note 'Alle onorate donne', Sori justifies the transgressive act of taking up her pen to write and publish her works by citing her desire to make women 'avviste nei lacci del mondo'.

institutione foeminae Christianae. Instead, in his vernacular rendering, Dolce replaces the original Latin didactic treatise with the livelier and trendier form of a dialogue between two fictional characters, a choice that no doubt contributed to the popularity of the work: it had a revised and expanded edition in 1547, followed by others in 1553, 1559, 1560, until the 1622 edition, entitled *De gli ammaestramenti pregiatissimi*, in which the text is restored to its original form of a didactic treatise. As we shall see, this is the edition of Dolce's text to which Sori had access. Nonetheless, even in such instances, we should not forget how our modern concept of 'plagiarism' does not necessarily reflect the concept of 'imitation' in past centuries, which implies a certain reverence towards previous authors and their works. Authors of works of conduct seem to pride themselves on inscribing their writings in a longer tradition, displaying, more or less openly, their knowledge of the past and their ability to make use of it, in terms of content, form, and style. Incorporating the wisdom of past authors and works into one's own advice on conduct confers lustre and validation. This point is explicitly discussed by Sori when she tells her readers:

> Né si maraviglino, o mi biasmino altre, con dir che v'abbia posto poco del mio, ché non è da biasimare, dice il Guazzo nel libro 2 della *Civil conversatione*, lo studio di quelli i quali, imitando le api, colgono il mele da diversi fiori e, non lasciando cadere a terra sentenza degna di essempio, ne fanno memoria ne' scartafazzi loro per servirsene poi nello scrivere. (*Ammaestramenti e ricordi*, p. 5)

The image of the bee that produces its best nectar after visiting a range of different flowers is not new,[72] and reflects well the sense of repetition and the widespread practice of quoting freely from other authors without explicitly acknowledging the original source. Sori herself, though, makes no attempt to hide which authors and works she consulted in the composition of her text. On the contrary, these are so densely present in her writings, explicitly mentioned, alongside the precise sections, chapters, or even foliation of the different works, that their sheer number, variety, and level of detail might seem to limit the accessibility of the text, were it not for the fact that Sori's voice always manages to surface, in particular when the customs of her time are being vividly described in between one literary reference or quotation and another.

The second issue is linked to the possibility that authors of conduct literature might resort to encyclopaedic compilations, second-hand sources, so to speak, *florilegia* from which they could draw quotations, *sententiae*, *exempla*, and anecdotes useful for illustrating or supporting their views on the topics they discuss.[73] But examining Sori's acknowledged sources, we hardly get the

---

[72] It is also used, for instance, by Gabriele Giolito in the first pages of the *Dialogo* [...] *della institution delle donne*, fol. 2ʳ, to illustrate Dolce's way of working.

[73] On both questions, see, for example, Paolo Cherchi, *Polimatia di riuso. Mezzo secolo di*

sense that she prepared the text by resorting to *florilegia*, except perhaps very occasionally when quoting classical Latin and Greek authors. The variety and originality of her sources, as well as the way she cites them and uses them in her texts, seem to suggest, rather, that she had direct access to the actual volumes from which she quotes.[74]

The sources mentioned in Sori's writings are numerous and range across different genres. We find the Greek and Latin classics, which one would normally expect to find in works on female conduct (e.g. Plutarch), as well as authors of spiritual and devotional texts (e.g. Barbieri, Granada). References to the Bible and the Church Fathers, which are usually quite commonplace in works on conduct,[75] are comparatively rare in Sori's case. This might be because the previous version of the *Ammaestramenti e ricordi*, we seem to understand from a passage in the *Difese*, had been censored. Quotations from the Church Fathers and other *auctoritates* had been removed, since familiarity with theological readings was deemed inappropriate for a woman:

> Aggiongo di più che queste mie composizioni erano molto più ricche di auttorità, massima de' dottori di Santa Chiesa, come dall'originale si può vedere, e molt'altre cose curiose che sono state levate da' superiori che, per così potere, si è compiacciuto, arguendo non più, se non che non conviene che le femine s'internino nella profonda scienza di teologia. (*Difese*, pp. 60–61)

If we find few patristic 'auttorità' used in the text, vernacular classical works, such as Petrarch's *Rime* and *Trionfi*, are instead quoted frequently, especially the *Rime* (29 occurrences in total across the three treatises), which continued to be appreciated by readers of both sexes. This is equally the case with Ariosto's *Orlando furioso* and Tasso's *Gerusalemmme*. The *Furioso*, in particular, is quoted 58 times in total, 38 in the *Ammaestramenti e ricordi*, and 20 in the *Difese* and the *Panegirico*. Indeed, early on, ever since its very first editions, Ariosto's masterpiece had been interpreted and read by moralists and commentators either in a misogynistic or philogynistic light. The very same passages and episodes, the words pronounced by the characters, or the words

---

plagio (1539–1589) (Rome: Bulzoni, 1998) and *Scritture di scritture. Testi, generi, modelli nel Rinascimento*, ed. by Giancarlo Mazzacurati and Michel Plaisance, 3 vols (Rome: Bulzoni, 1987).

[74] For more details on the dates and publication history of the texts mentioned by Sori, as well as the possible editions she may have consulted, see the footnotes to the *Ammaestramenti e ricordi, Difese*, and *Panegirico*.

[75] See, for example, Giulio Cesare Cabei's *Ornamenti della gentil donna vedova. Opera [...] Nella quale ordinatamente si tratta di tutte le cose necessarie allo stato vedovile; onde potrà farsi adorno d'ogni habito virtuoso, & honorato* (Venice: Cristoforo Zanetti, 1574), or the *Dialoghi del matrimonio, e vita vedovile* by Bernardo Trotto (Turin: Francesco Dolce, 1578), both mentioned earlier, in which we find numerous references to the Church Fathers and their views, which were prevalently misogynous.

of the poet himself in the cantos, could lend themselves to a double reading: 'Il poema ariostesco può così divenire un repertorio utile per poter affrontare, da punti di vista opposti, [...] il dibattito sulla donna, la sua natura e le sue qualità'.[76] This use of the *Furioso* can be seen in the writings of those male and female authors who contributed, at different times and in different manners, to the lively debate on the inferiority and superiority of women. One case in point is Giuseppe Passi, who used the *Furioso* to demonstrate how women were corrupt and prone to vice, only to be rebuffed by Lucrezia Marinelli, who, in her *Le nobiltà, et eccellenze delle donne*, cleverly turned this interpretation upside down, 'facendo del poema ariostesco un prontuario di modelli pratici utile ad esemplificare non soltanto le virtù femminili, ma anche i vizi maschili'.[77]

Sori aligns herself with the philogynistic readers of the *Furioso*: in the *Difese*, the lines of the poem she cites legitimize and defend women to the point that she feels it is unnecessary to discuss the 'diffetti e mancamenti' (this is, of course, the subtitle of Marinelli's own work) of men. Not only had Lucrezia Marinelli said enough about them already, Sori writes, but so had Ariosto himself by providing in his poem a gallery of blameworthy male characters: 'Teseo, Giasone, Bireno, et altri milli, vedi nel canto 4' (*Difese*, p. 26). In the *Ammaestramenti e ricordi*, Sori uses the lines, characters, and episodes of the *Furioso* to support women per se, but also more broadly as a catalogue of appropriate female models of conduct, embodying a specific moral value. The episodes and characters of the *Furioso* are morally charged *exempla* of that 'theatrum mundi' that the poem represents. Ariosto and his *Furioso* become for Sori a sort of *ipse dixit* on female conduct, an authoritative source from which she could draw *sententiae* and *exempla* to support her views. Clearly, this kind of interpretation required, to start with, a suitable selection of episodes and characters (and hence detailed knowledge of the poem), as well as the ability to provide a critical reading of it. The popularity of the poem and the vicissitudes of its characters allowed Sori to establish a certain complicity with the female readers of her treatises. As is known, despite male moralists including the *Orlando furioso* among the 'libri perniciosi' for the female sex, since its 'amori' and 'armi' fuelled their already overactive imaginations, the poem nevertheless had a wide and avid female audience.

---

[76] See on this Francesco Lucioli, 'L'*Orlando furioso* nel dibattito sulla donna in Italia in età moderna', *Italianistica*, 47.1 (2018), 99–129. On the dual, at times even opposite, reading of the lines, characters, and episodes of the *Furioso*, albeit applied to an allegorical interpretation of the poem, see Klaus Hempfer, *Letture discrepanti. La ricezione dell''Orlando Furioso' nel Cinquecento. Lo studio della ricezione storica come euristica dell'interpretazione* (Modena: Panini, 2004).

[77] Lucioli, 'L'*Orlando furioso* nel dibattito sulla donna', p. 125. On the polemic Passi-Marinelli, see Stephen Kolsky, 'Moderata Fonte, Lucrezia Marinella, Giuseppe Passi: An Early Seventeenth-Century Feminist Controversy', *Modern Language Review*, 96 (2001), 973–89.

The women for whom Sori was writing would have understood the references to the *Furioso* disseminated in her writings, just as they would have been likely to understand those pertaining to the world of theatre. We cannot fail to notice how Sori, especially in the *Ammaestramenti e ricordi*, uses the plots and characters of contemporary plays as *exempla* for her readers, with regard to specific topics related to female conduct and life experience.[78] We find references to and quotations taken from comedies (*Capitano Spavento*), pastoral plays (*I Falsi dei, Gratiana, Amaranta*), pastoral tragicomedies (*Il pastor fido*), and, above all, tragedies (*Acripanda, Cleopatra, Arrenopia, Euphimia, Hippolito, La Hadriana, Canace, Il re Torrismondo*). Sori openly declares her debt towards theatrical writings, especially towards tragedies, in the very first lines of the *Ammaestramenti e ricordi*:

> Né leggendo vi meravigliate ch'io mi sia tanto servita nella tessitura loro delle tragedie, perché fra le cose ritrovate, come dice il Giraldi nel prologo della sua *Cleopatra*, dagli antichi per insegnare i buoni costumi al mondo nulla ve n'ha che più giovi ch'esse che purgano da' vizi gli animi mortali e gl'inchinano alla virtù. (p. 5)

If we then consult what Giovan Battista Giraldi Cinzio wrote in the prologue of his *Cleopatra*, we find that:

> Fra le cose trovate dagli antichi
> per insegnare i buon costumi al mondo
> nulla ve n'ha che più diletti e giovi,
> che le favole ben condutte in scena,
> e benché d'esse sian varie le sorti,
> fra quelle nondimen di maggior loda
> ottiene la tragedia il primo luoco.
> [...]
> Che s'ella imita le reali azioni
> con quella gravità, con quel decoro
> onde compassion ne nasca e orrore,
> purga da' vizii gli animi mortali

---

[78] This is a two-way interdependence, since conduct literature for and about women can be transposed onto the stage, even though the models of behaviours it promotes can sometimes be subverted. See Bernadette Majorana, 'Finzioni, imitazioni, azioni: donne e teatro', in *Donne, disciplina, creanza cristiana al XV al XVII secolo: studi e testi a* stampa, ed. by Gabriella Zarri (Rome: Edizioni di Storia e Letteratura, 1996), pp. 121–39. On women in early modern Italian theatre, see Alexandra Coller, *Women, Rhetoric, and Drama in Early Modern Italy* (New York and London: Routledge, 2017), in particular chapters 1 and 2 on female protagonists in male-authored dramas. On women's role in tragedy, see Alessandro Bianchi, *Alterità ed equivalenza: modelli femminili nella tragedia italiana del Cinquecento* (Milan: Unicopli, 2007).

E lor face bramar sol la virtute,
veggendo che fin facciano coloro,
che in tutto buon non sono, o in tutto rei.[79]

Tragedy is a means to 'insegnare i buon costumi al mondo', a 'favola' which,
when brought to life by the appropriate *mise en scène*, can teach and instruct,
imitating reality and everyday life, warning those who 'in tutto buon non sono
o in tutto rei' of the potential consequences of their behaviour, and encouraging
them to follow the path of virtue and compassion. In seventeenth-century Italy,
it is worth pointing out, the Jesuits promoted in their 'collegi' a pedagogical
kind of theatre in which the text being acted out on stage was not reduced
to a mere pretence or an illusion of reality. It was instead firmly grounded in
reality: it observed and studied this reality, aiming to teach the audience how to
live in the world, thereby generating a pedagogical type of theatre with a clear
spiritual and moral purpose.[80] The same principle seems to drive Sori when
she uses theatrical or literary characters and episodes as positive or negative
exempla, seeking to make her female readers 'avviste nei lacci del mondo et
ovviare gl'inganni suoi', guiding them in their choices, and teaching them how
to conduct themselves in different circumstances.

One of the tragedies that Sori cites most frequently is the *Acripanda* by
Antonio Decio da Orte. This is an example of a Baroque tragedy which is
ethically engaged, imbued with literary echoes from Tasso and Petrarch,
and in which love and death come to be closely intertwined in the sudden
overwhelming passion of the Egyptian King Ussimano for the young princess
Acripanda, leading to the assassination of the king's first wife. Also quoted
often is the *Arrenopia* by Giraldi Cinzio, which stages the victimization of a
young woman: the king of Ireland, Astazio, wants to kill his wife Arrenopia,
because he is in love with another woman. And, of course, among the theatrical
sources often cited by Sori (16 times in total) to support her views and precepts,
we find the *Pastor fido*, the most popular, admired, and extensively discussed
play of seventeenth-century Italy, a pastoral tragicomedy. Like the *Furioso*, the
Pastor fido, too, with its numerous and intricate stories, becomes for Sori a
rich source of *exempla*, used to guide and warn her readers. And again, as with
Ariosto's successful poem, the popularity and fortune of the *Pastor fido* allowed
for a common ground of references and allusions that Sori could share with her
readership.

As for the three masterpieces on manners, conduct, and civility of sixteenth-

---

[79] Giovan Battista Giraldi Cinzio, *Cleopatra. Tragedia* (Venice: Giulio Cesare Cagnacini,
1583), p. 7.
[80] See on this Giovanna Zanlonghi, *Teatri di formazione. Actio, parola e immagine nella
scena gesuitica del Sei-Settecento* (Milan: Vita e pensiero, 2002) and Ead., 'Il teatro nella
pedagogia gesuitica: una "scuola di virtù"', in *I Gesuiti e la 'Ratio studiorum'*, ed. by Manfred
Hinz, Roberto Righi, and Danilo Zardin (Rome: Bulzoni, 2004), pp. 159–90.

century Italy, references are relatively scarce. We find only one explicit reference in Sori's writings to the *Libro del Cortegiano* by Castiglione, and a few to the *Galateo* by Monsignor Della Casa (Sori seems to have a preference for his *Trattato de gli uffici communi*), whereas there is a more obvious debt to *La civil conversatione* by Stefano Guazzo, who was from the nearby town of Casal Monferrato. In terms of content, Sori draws particularly from Book III of Guazzo's work, in which the characters of the Cavaliere and Annibale discuss the education and upbringing of young girls,[81] their life in the cloisters or at court, the dowry, relations between husband and wife, widowhood, clothing, jewellery, and make-up. These are all topics that Sori, too, touches upon in the *Ammaestramenti e ricordi*, and we can find similarities between the texts.

Several treatises for and about women are mentioned in Sori's writings, starting from Boccaccio's *De mulieribus claris* (in the vernacular translation by Giuseppe Betussi), Dolce's *Dialogo* [...] *della institution delle donne* (quoted, as mentioned earlier, in its 1622 edition), *I donneschi diffetti* and *Dello stato maritale* by Giuseppe Passi, as well as treatises by Alessandro Piccolomini, Sabba da Castiglione, and Tomaso Garzoni. Particularly interesting is the use Sori makes of the *Dialogo d'amore* attributed to Boccaccio and *I Donneschi trofei* by Antonio Maria Spelta, from Pavia, seemingly one of her favourite sources. She also mentions the 'libro in difesa delle donne' by Lucrezia Marinelli, that is, *Le nobiltà, et eccellenze delle donne*, which, as we saw, was intended as a reply to Passi's misogynistic *I donneschi diffetti*. There are occasional affinities between Marinelli's treatise and Sori's *Difese*, in terms of content and also of authors and sources mentioned. This does not mean, however, that we should consider Sori's writings, specifically her *Difese*, as being a direct descendant of Marinelli's work. The *Difese* is a less elaborate, developed, and extensive text in terms of both structure and content. Although Marinelli makes use of '[l]'autorità de' poeti et de' prosatori',[82] and although several authors and works mentioned by Sori also feature in *Le nobiltà, et eccellenze delle donne* (such as Tasso, with his *Torrismondo* and the *Gerusalemme*, Petrarch, the debate on marriage between Ercole and Torquato Tasso, Guarini and his *Pastor fido*, Ariosto and the *Orlando furioso*), this was a commonplace repertoire of sources for authors writing for and about women at the time. Similarly, Marinelli expresses the same view as Sori when she writes that women are the victims of invidious men who seek to stop them from fully expressing their talents and devoting themselves to

---

[81] On women and Book III of *La civil conversatione*, see Daniela Frigo, 'Civil *conversatione* e pratica del mondo: le relazioni domestiche', in *Stefano Guazzo e La Civil Conversazione*, ed. by Giorgio Patrizi (Rome: Bulzoni, 1993), pp. 121–46.

[82] The first edition of Lucrezia Marinelli, *Le nobiltà, et eccellenze delle donne, co' difetti e mancamenti de gli huomini. Discorso* [...] *in due parti diviso* was published in Venice by Giovanni Battista Ciotti in 1600. I quote from the second edition of the text, revised and expanded, published in 1601, also by Ciotti, p. 5. See below, *Difese*, n. 44.

intellectual pursuits, for fear of being surpassed. But this judgement, in turn, has a common source for both authors, namely a well-known passage in the *Orlando furioso*. Marinelli is not, incidentally, the only woman writer cited by Sori, who also quotes directly from Isabella Andreini's *Lettere*, praising them as 'stupendissime' (Sori, *Difese*, p. 16), and refers to, though she does not quote from, Vittoria Colonna, Laura and Isotta Nogarola, Laura Terracina, Ersilia Spolverina, Laura Cereta, Laura Brenzoni Schioppo, and Giuliana Morella. We find no mention, however, of the Venetian Moderata Fonte.

Sori makes use of a variety of letters, including those by Guazzo and Antonio de Guevara, as well as treatises, dialogues, apologies, and discourses, all of which are concerned with offering wisdom and 'avvertimenti' for good and civilized living (e.g. Tasso's *Discorso del maritarsi*, or Romei's *Discorsi*), or with defining suitable conduct for women. Last but not least, Sori avails herself of encyclopaedic compilations (e.g. such as Pedro Mexía and his *La selva di varia lettione*), repertories of 'imprese' (frequently cited is Paolo Arese and his *Imprese sacre*, specifically in the 1625 edition in three books), monumental histories of Italy or Italian states and cities (e.g. by Francesco Guicciardini, Paolo Morigia, and Scipione Mazzella), and travel writing texts (e.g. Johann Boehme and Girolamo Giglio). The works cited and quoted from in the *Ammaestramenti e ricordi*, the *Difese*, and the *Panegirico* reflect also the prevailing tastes and preferences of Sori's time in terms of book production and readership: we can almost visualize the different volumes aligned on the bookshelves or piled up on the desk in the Sori household, a virtual 'libraria' preserved in time for us.

A further consideration must be made concerning the language of the works from which Sori cites: we find original vernacular texts and translations into the vernacular, as well as Latin and Spanish works that had not yet been translated into Italian. Examples of such works include the *Dialogo, en laude de las mugeres* by Juan de Espinosa, the *Pantheologia* by Raniero Giordani, the nine books of the *Dictorum factorumque memorabilium ad Petrum filium* by Battista Fregoso, as well as specialized texts such as the *Iatrapologia* by Giovanni Filippo Ingrassia, and the nine books of the *Ad Eustathium filium* by Oribasius. These works could only have been consulted in their original versions. Sori's father might have helped her in this instance, too, or perhaps Sori herself had some knowledge of Spanish, given that Alessandria was under Spanish rule at the time and that the extended Sori family comprised also some relatives of Spanish origin. Similarly, Sori might have acquired some Latin, perhaps enough to be able to read some texts. On the other hand, the use of Latin preserved in her writings is limited to very brief citations, not to mention the fact that in the *Ammaestramenti e ricordi* we find the adverbial form 'massima' for 'massime', and other errors in the Latin itself (though, of course, typographical errors in composing the text cannot be ruled out).

Considering the role that her father, a physician and man of letters, must have played in her education, it is not surprising to find medical works among Isabella Sori's sources (Oribasius, Marinelli, Ingrassia, Mercurio, Bairo), or examples of *Regimina sanitatis* (one by Arnaldo da Villanova,[83] as well as another by Sori's father). In this respect, a comparison between the writings of Isabella Sori and those of her father might be useful in helping us understand her *modus operandi* in composing her works. If we consult the *Curioso, compendioso, et utilissimo trattato circa il reggimento, & conservatione della sanità* of 1616, which deals with 'il sano vivere' and is meant for a wider public, including non-specialists,[84] we immediately see that some of the sources mentioned by Giovanni Battista Sori are also cited by Isabella years later in the *Ammaestramenti e ricordi*. If we look at the 'Tavola degli autori citati' (fols 6^r–7^r) and the body of the text itself, we find, for example, Lodovico Ariosto, Francesco Andreini, Boccaccio, Cesare Caporali, Cecco d'Ascoli, Antonio Decio, Monsignor Della Casa, Lodovico Dolce, Juan Fragoso, Luis de Granada, Giovan Battista Guarini, Antonio de Guevara, Tomaso Garzoni, Pedro Mexía, Giuseppe Passi, Petrarch, Annibale Romei, Giuseppe Rosaccio, Jacopo Sannazaro, Antonio Maria Spelta, Torquato Tasso, Tomás de Trujillo, Greek and Latin classical sources such as Aristotle, Homer, Ovid, Pliny, Xenophon, and, of course, authors of *Regimina sanitatis* and medical texts, such as Arnaldo da Villanova, Giovanni Marinelli, Bernardo di Gordonio, Girolamo Mercurio, and Raniero Giordani. Sori's *Consigli, et avisi*, which were published in the same year as the *Ammaestramenti e ricordi*, in 1628, are similarly revealing: here, we find again authors such as Mercurio, Dante, Ariosto, Cecco d'Ascoli, Boccaccio, Guevara, Fragoso, Guazzo, Romei, Arnaldo da Villanova, Garzoni, as well as Girolamo Menghi with his *Compendio dell'arte essorcistica*, all also mentioned in Isabella Sori's writings.

Similar considerations can be made with reference to another work by Sori's father, the *Tesoro di Chirurgia*, published in Pavia, by the Magri printing presses, in 1632. The work is posthumous: the dedicatory letter by the printer, dated 8 March, tells us that Sori had been 'ricevuto in cielo',[85] and in the short preface by Sori himself we read that he dedicated his work to his sons Giovanni Stefano and Giovanni Giacomo, who, although still very young at the time, were perhaps already destined for the medical profession in the mind of their father. The last of the nine books is specifically about the plague, how to diagnose it and to cure it, including advice 'ai chirurgi per preservarsi dalla peste' (and one cannot help but wonder whether Giovanni Battista Sori perhaps died trying to implement the remedies he was discussing in his treatise). In Sori's *Tesoro di*

---

[83] As we shall see, the author of the work cited by Sori is actually Maino de' Maineri, rather than Arnaldo da Villanova.

[84] It is dedicated to the governor of Alessandria, Rodrigo Orosco, and his wife Vittoria, whom Sori addresses directly throughout the text.

[85] Sori, *Tesoro*, fol. A2^v.

chirurgia, which is more technical in nature than his other works and which was meant for a readership of specialists, literary quotations are less frequent, but we nonetheless encounter Guazzo, Garzoni, Isabella Andreini, Sabba da Castiglione, and Johann Boehme.[86] A chronological reference in the body of the text helps clarify the exact year in which Sori's *Tesoro* was composed: 'E quest'anno 1628 è stato accettato il signor Bernardino Moizi, professore, di esser nel Consiglio de' nobili di questa città'.[87] It is the same period of time when Isabella Sori was publishing her *Ammaestramenti e ricordi*, together with the *Difese* and the *Panegirico*.

Sori must have had the use of her father's library for her readings and studies; access to a rich selection of works of different genres was, after all, an essential requirement for composing such treatises, in which the voice of tradition, the voice of past authors, and the author's voice are inextricably interwoven. In this respect, it must be noted that the references and quotations in Isabella Sori's writings are usually quite precise, indicating that she must have had the volumes to hand and consulted them directly. In other instances, some lines seem to be cited from memory, or the concept behind the lines of the original passage is offered rather than a citation word for word. Of course, the accuracy in providing some quotations and the ability to efficiently summarize others, not to mention the incredible richness and sheer variety of sources and readings that have fed into her work, perhaps inevitably seem to hint at something more than a very gifted young woman who single-handedly indulged in ambitious and far-ranging literary explorations: a guiding hand might have led her to the right volume, to the precise page and the precise quotation; the voice of a learned mentor or tutor might similarly resonate and conflate with hers in the printed words.

Turning now, for the moment, to the question of the precise date of composition of Isabella Sori's text, we can find some possible indirect evidence (a very small amount) in the *Panegirico*, when she presents some illustrious male and female figures of Alessandria, Milan, and Pavia. In her catalogue of illustrious women, we find Paola Tassi, that is, Paola Thurn und Taxis, who is presented as the widow of Giacomo Antonio Guasco and then spouse of 'Matteo Togneseia, nostro governatore', that is, Matteo Otañez, 'mastro di campo', governor of Alessandria and 'capitano generale' from 1625, who died in March 1627:

---

[86] At the end of the very short 'prefazione', we find the 'approvazione' by the physicians of the city of Alessandria, dated 24 August 1623, partly identical (also in terms of the date) to the one we find in the *Consigli, et avisi*. It also also specifies the total number of works composed by Giovanni Battista Sori ('autore di nove diligenze importanti a l'arte, come da l'opere sue mandate in luce si può vedere', fol. A4ᵛ), and how, in the month of December 1626, he was appointed surgeon of the Ospedale di Sant'Antonio.

[87] Sori, *Tesoro*, p. 13.

La signora Paola Tassi, albergo di benignità et altre virtù, per le quali
si meritò di esser agiogata al signor marchese Iacomo Antonio Guasco,
poi al signor Matteo Togneseia, nostro governatore, merita così ancora.
(*Panegirico*, pp. 65–66)

The syntax of the sentence and the apposition 'nostro governatore' would
seem to indicate that Otañez was still alive when Isabella was composing her
Panegirico, which must thus have been some time before March 1627. Earlier
in the text, we find another useful reference to help us establish a possible
terminus a quo for the composition of the text. Praising the members of the
'Collegio dei medici' of Alessandria, Sori recalls how they had treated the
wounds and ailments of important dignitaries: for instance, Niccolò Pozzo had
treated 'il signor Duca di Feria sotto Verrua', that is, the Spanish diplomat and
military commander Gómez Suárez de Figueroa y Córdoba, third duke of Feria
(also known as Gran Duque de Feria), governor of the State of Milan between
1618 and the first months of 1626 (and then again between 1631 and 1633), who
had taken part in the siege of Verrua in 1625. Sori does not refer to the Duke
of Feria as governor, which suggests that she might have been writing after the
month of April 1626, when the governor of Milan had already become Gonzalo
de Córdoba. We also know that Sori consulted the 1625 edition of the *Imprese
sacre* by Paolo Arese, bishop of Tortona (but originally from Cremona), whose
work was published in several volumes between 1613 and 1640, and whose third
volume, from which Isabella quotes, was printed in Milan only in 1625.

In any case, at the end of 1628 Sori's writings were printed together in one
small volume. Only two years later, Alessandria was struck by the plague, the
same plague which decimated the population of Milan, and which provides the
backdrop for Manzoni's *Promessi sposi*. Ghilini, once again, recalled:

Cominciò in questi tempi a discoprirsi in Alessandria la contagione, per la
morte che da essa cagionata seguì alli ventitrè di giugno in una persona,
e poi di quando in quando seguiva in altri, a segno tale che, essendosi
questo contagioso male dilatato, fece infiniti danni, e levò al mondo in
meno di quattro mesi quattro mila persone incirca, tra cittadini e forestieri;
spettacolo veramente degno di gran compassione, che fu similmente veduto
in tutta quasi la Lombardia, et in altre parti ancora, ma particolarmente
in Milano, dove ne morirono più di centoquarantamila; frutti portati per
causa della guerra nella povera et afflitta provinzia dello Stato di Milano
da' soldati Alemanni.[88]

As we saw earlier, in the following year, 1631, Isabella got married. With the
death of her father later that year or in 1632, the Sori family seems to vanish
without trace, at least from the documents recovered in local archives thus far.
What we have left are the writings of a father and daughter which reflect an

---

[88] Ghilini, *Annali*, 1630. 23, p. 215.

aspiration to stability and a well-defined 'vivere civile', in a seventeenth-century peninsula wracked by war, destruction, and disease.

The *Ammaestramenti e ricordi*: Conduct *for* Women *by* a Woman

The *Ammaestramenti e ricordi* is structured as a collection of twelve letters presented as if they had been written by a mother to her daughter, an epistolary 'ragionamento' of sorts (Fig. 4). This narrative strategy is not always kept up throughout the text (a point I shall return to), but nonetheless acts as a filter that allows the young author to make her voice heard, including on topics and issues that would otherwise have been beyond her reach, both because of her age and her lack of direct experience. This 'maternal' perspective is also, at least in part, encapsulated in the term 'ricordi' of the title: 'ricordi' can mean both 'ammonimento, avvertimento, avviso' as well as 'suggerimento, consiglio' (this meaning is no longer in use),[89] and may refer to concise annotations that reflect the actual memory of facts and circumstances experienced first-hand.

As we can see from the 'Tavola delle lettere' in the first pages of the text, Sori's 'libretto' is structured according to the traditional subdivision *ad status* of patristic origin, used since the Middle Ages by preachers in their sermons to address lay and religious women, the former being further subdivided into unmarried girls, married women, and widows. For each of these categories of lay women there is a corresponding male figure: the father, the husband, and the dead husband and his memory. This tripartite division, which traces a path of spiritual perfection for the female sex, with the virgin at the top of this 'hierarchical' order founded on chastity, is a central and recurrent feature of conduct literature texts. Some treatises deal with the three states, such as Lodovico Dolce's *Dialogo* [...] *della institution delle donne* or Onofrio Zarrabini's *De gli stati virginali*, whereas other moralists focus on one status alone (e.g. Trissino, Fusco, Cabei, Trotto).

Sori does not deal equally with these three different 'moments' in a woman's life, rather she concentrates much more on the 'citella', that is, the unmarried girl (the status that concerned her more directly and which she therefore knew best), in the first eight letters, before discussing the married woman in letter nine, and finally the widow in the tenth. After a first letter dedicated to the education of the 'citella', which, as we have seen, might reflect, at least in part, Sori's own education and initial studies, the following letters focus on the 'creanze' that the young girl, 'la modesta figlia', must learn in order to live in society. By the term 'creanza' (from Spanish *crianza*) is meant the behaviour and conduct to be adopted in certain circumstances or towards certain people, which 'caratterizzano una persona individuandone il tipo di educazione

---

[89] Salvatore Battaglia (and Giorgio Bárberi Squarotti), *Grande dizionario della lingua italiana*, 21 vols (Turin: UTET, 1961–2001), s.v. 'ricordo'. Henceforth *GDLI*.

ricevuta, la disciplina e l'ordine interiore secondo cui si opera', as well as 'l'insieme dei modi, delle maniere, degli atteggiamenti che, nel comportamento di una persona, rispondono alle norme di gentilezza, di cortesia, di urbanità, di garbatezza, di distinzione, in uso fra le persone beneducate'.[90] Castiglione, among others, used the term 'creanza' with the meaning (now no longer in use) of 'sistema, metodo di educazione, di ammaestramento'.

'Creanza', for Isabella Sori, is also something else entirely, namely a way of defending oneself from possible detractors. This is because the young girl, both in her domestic and more 'public' life, is immersed in a context replete with suspicion. There is a constant concern for the opinions other people might have about her (and the same is also true for both the married woman and the widow), as well as the way she might be judged by them. From the second letter onwards, the text develops as a 'galateo costantemente inteso al non fare',[91] as Delmo Maestri termed it, in which women's suitable conduct is defined in the negative, so to speak, by means of an incessant series of negative imperatives, and therefore on the basis of what women should *not* do.

If the *Galateo* by Della Casa, mentioned earlier, is a model for this kind of literary genre, at some point we notice a shift in works of this type, whereby control of one's behaviour, acts, and gestures is no longer dictated 'dalla ricerca di un modello armonioso di umanità signorile e dal volersi rapportare agli altri nel rispetto della convivenza', as was the case with *Il libro del Cortegiano*, but rather by the desire to protect oneself from other people's envy, gossip, and suspicion.[92] A clear example of this new trend is, as Maestri explains, the *Dissimulazione onesta* by the Neapolitan Torquato Accetto, published only a few years after the *Ammaestramenti e ricordi*, in 1641:[93] 'La dissimulazione' — we read — 'è una industria di non far veder le cose come sono. Si simula quello che non è, si dissimula quello ch'è'.[94] Dissimulation is also a key word in Sori's own *Ammaestramenti e ricordi*: she is almost like a soldier in the trenches studying her enemy's moves, trying to anticipate and prevent them. The enemy is anybody who can harm a woman's reputation. Dissimulation becomes a weapon of self-defence.

In her *Ammaestramenti e ricordi* Sori is far from unconventional. On the contrary, under Spanish rule, Italian women experienced a period of 'grande reclusione', because of the aftermath of the Counter-Reformation and as a result of the Spanish culture of honour:[95] Sori's text seems to reflect and agree

---

[90] *GDLI*, s.v. 'creanza'.

[91] Maestri, 'Isabella Sori', p. 229.

[92] Maestri, 'Isabella Sori', p. 229.

[93] For a modern edition, see Torquato Accetto, *Della dissimulazione onesta*, ed. by Salvatore Nigro (Genoa: Costa & Nolan, 1983).

[94] Accetto, *Della dissimulazione onesta*, pp. 50–51.

[95] Elena Brambilla, 'Dalle "conversazioni" ai salotti letterari', in *Salotti e ruolo femminile in Italia tra fine Seicento e primo Novecento*, ed. by Maria Luisa Betri and Elena Brambilla

with the restrictive measures imposed by society on the female sex. Her first preoccupation is the 'conversare' of the young girl, that is, her way of engaging with other people more broadly and interacting in conversation. The 'citella' in the *Ammaestramenti e ricordi* is not entirely defined by silence as the ideal 'verbal conduct', which is often the case in other works of this literary genre,[96] but she still needs to regulate and modulate her use of words, her speech and conversation, according to time and place, the person she is talking to, and the topics she is discussing. The pragmatics of her discourse should also try to deflect and prevent possible prejudice regarding women's use (and abuse) of language: she should speak slowly, and speak very little, without interrupting, and must use suitable forms of address and greetings (these kinds of remarks are, incidentally, valuable attestations of the everyday language of the time).

The conversation of the 'citella', as well as her 'andar per via', her table manners, or the way she behaves when she is sitting with other people near the fire, her gestures and her movements, are also the object of discussion; they must all be disciplined and controlled. Medieval and Renaissance Christian doctrine stressed the principle according to which one's external behaviour and countenance could reveal one's internal spiritual impulses. The body and the soul, the *foris* and the *intra*, are in strict symbiosis, and thus to discipline one's body and exert control over one's external physical manifestations also means to exert effective control over the impulses of the soul:[97] 'la realtà interiore vien detta rivelata dalla positura corporale, attraverso una comunicazione cui si attribuiscono le proprietà d'un intero discorso dimostrativo'.[98] No gesturing with one's hands, then, nor incessant looking around. Uncontrolled gestures and movements deplorably equate humans with animals.[99] What a woman needs, instead, what she must embody, is a sense of equilibrium, balance, and proportion: her ideal posture, which announces modesty and chastity, is summarized by '[o]cchi bassi e capo chino', which are the 'due gesti che qualificano per antonomasia una condotta, la quale, pur appartenendo a un modo urbano di vivere fu ascritta a un progetto di perfezione morale e perciò etichettata di creanza cristiana'.[100]

The precepts laid out in the *Galateo* by Giovanni Della Casa are an important

---

(Venice: Marsilio, 2004), pp. 545–52 (pp. 547–48).

[96] On women and silence, see Helena Sanson, '*Ornamentum mulieri breviloquentia*: donne, silenzi, parole nell'Italia del Cinquecento', *The Italianist*, 23.2 (2003), 194–244.

[97] See Dilwyn Knox, '"Disciplina": The Monastic and Clerical Origins of European Civility', in *Renaissance Society and Culture: Essays in Honor of Eugene F. Rice, Jr.*, ed. by John Monfasani and Ronald G. Musto (New York: Italica Press, 1991), pp. 107–35.

[98] Giovanni Pozzi, 'Occhi bassi', in *Thematologie des Kleinen: petits thèmes littéraires*, ed. by Edgar Marsch and Giovanni Pozzi (Freiburg: Universitätsverlag, 1986), pp. 161–211 (p. 179).

[99] Jean-Claude Schmitt, *La Raison des gestes dans l'Occident médiéval* (Paris: Gallimard, 1990), p. 362.

[100] Pozzi, 'Occhi bassi', p. 161.

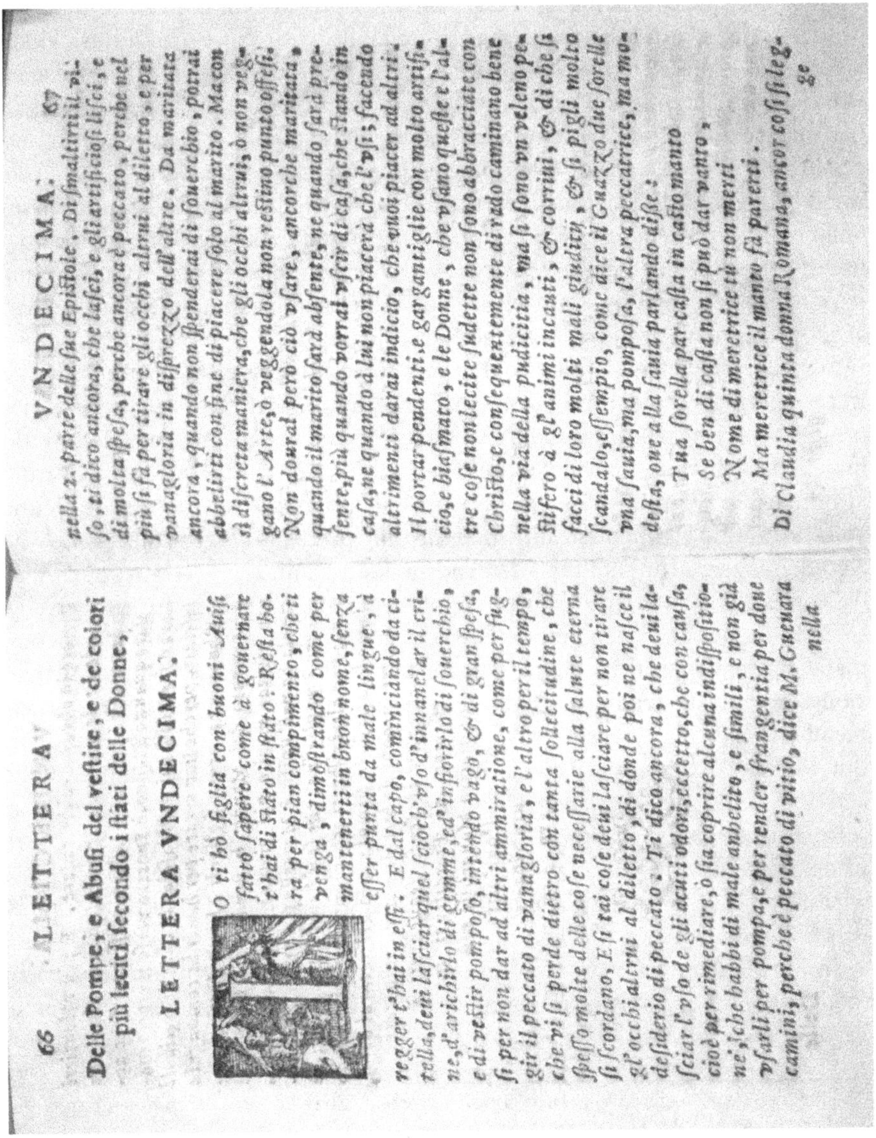

66   A LETTERA

Delle Pompe, e Abusi del vestire, e de' colori più leciti secondo i stati delle Donne,

LETTERA VNDECIMA.

HO ti hò figlia con buoni auisi fatto sapere come à gouernare t'hai di stato in stato. Resta hora per pian compimento, che ti venga, dimostrando come per mantenerti in buon nome, senza esser preda a male lingue, à regger t'hai in essi. E dal capo, cominciando da citrella, deui lasciar quel scioch'vso d'innanelar il crine, d'arichirlo di gemme, ed'insorirlo di souerchio, e di vestir pomposo, intendo vago, & di gran spesa, si per non dar ad altri ammiratione, come per fuggir il peccato di vanagloria, e l'altro per il tempo, che vi si perde dietro con tanta sollecitudine, che spesso molte delle cose necessarie alla salute eterna si scordano. E si tai cose deui lasciare per non tirare gl'occhi altrui al diletto, di donde poi ne nasce il desiderio di peccato. Ti dico ancora, che deui lasciar l'vso de gli acuti odori, eccetto, che con causa cioè per rimediare, o sia coprire alcuna indispositione, che habbi di male anhelito, e simili, e non già vsarli per pompa, e per tender frangentia per dome camini, perche è peccato di vitio, dice M. Gaenara nella

67   VNDECIMA.

nella 2. parte delle sue Epistole. Di ma tirti il viso, ti dico ancora, che lasci, e gli artificiosi lisci, e di molta spesa, perche ancora è peccato, perche nel più si fa per tirare gli occhi altrui al diletto, e per vanagloria in dispreggio dell'altre. Da maritata ancora, quando non spenderai di souerchio, potrai abbellirti con fine di piacere solo al marito. Ma con si discreta maniera, che gli occhi altrui, ò non veggano l'Arte, ò veggendola non vestino punto offesi. Non dourai però ciò vsare, ancorche maritata, quando il marito sarà absente, ne quando sarà presente, più quando vorrai vscir di casa, che stando in casa, ne quando à lui non piacerà che l'vsi; faccendo altrimenti darai indicio, che vuoi piacer ad altri. Il portar pendenti, e gargantiglie con molto artificio, e biasimato, e le Donne, che vsano queste t'allettre cose non lecite sudette non sono abbracciate con Christo, e conseguentemente di rado caminano bene nella via della pudicitia, ma si sono vn veleno penetrifero à gl'animi incauti, & corrini, & di che si facci di loro molti mali giuditi, & si pigli molto scandalo, essempio, come dice il Guazzo due sorelle vna sauia, ma pompofa, l'altra peccatrice, ma modesta, ou'e alla sauia parlando disse:

Tua sorella par casta in casto manto
Se ben di casta non si può dar vanto.
Nome di meretrice ti non merti
Ma meretrice il manto fà parerti.

Di Claudia quinta donna Romana, ancor così legge-

FIG. 4. Isabella Sori, *Ammaestramenti e ricordi*, pp. 66–67. The *Ammaestramenti e ricordi* is structured as a collection of twelve letters presented as if they had been written by a mother to her daughter, as we can see here in the opening sentences of the 'Lettera undecima', on women's clothing.

element of the 'creanza' that Sori expounds and presents for her 'citella' in terms of interactions with others and the 'vivere civile' with those around us, which is a crucial expression of that broader process of the civilization of the Western world of which Sori's work is a testimony at the micro-level.[101] She includes in her treatise observations and remarks on the human body and movements and gestures in the presence of other people, portraying them at times with crude realism; the long list of negative imperatives in the third letter that discusses table manners is a case in point. We are presented with questions such as the use of cutlery or one's hands when eating, sharing food and plates with others, making unpleasant noises, as well as deplorable customs that should be avoided at all costs, such as picking one's teeth or spitting.

Sori's precious first-hand remarks extend to other aspects of everyday life in the seventeenth century. We learn, for instance, that, if pastimes or games (such as playing cards) are not suitable for the female sex, women could nonetheless attend 'qualche virtuosa lezione di Academia, quando vi vanno altre maggiori', and in Alessandria, Sori tells us, 'qui le nostre signore alcuna volta vi vanno' (*Ammaestramenti e ricordi*, p. 22). The reference is to the Accademia degli Immobili di Alessandria, founded in 1562 (certain sources, as we saw earlier, had even attributed membership of the academy to Sori herself). In addition to being members-only, and usually male-only, debating societies, many academies of the time also had a public dimension, which meant that, alongside private readings or discussions of literary compositions by their members, they also staged plays, gave public lectures, or organized concerts. But whereas the 'more private activities were all-male, [...] their more public activities were often conceived with a mixed audience in mind'.[102] Indeed Sori seems to be referring here to these 'public' activities, specifically to lectures whose content was also suitable for a female audience. It is difficult to establish whether women attended such public lectures,[103] which is why Sori's testimony is precious evidence in this regard.

In her 'Lettera sesta', Sori also offers a vivid and colourful description of the habits and customs of religious devotion, and useful lessons on etiquette when attending Mass.[104] We can picture the young girl walking to church at

---

[101] The traditional reference is of course to Norbert Elias and his *Über den Prozess der Zivilisation*, 2 vols (Basel: Haus zum Falken, 1939).

[102] Cox, 'Members, Muses, Mascots', p. 151.

[103] On this point, see again Cox, 'Members, Muses, Mascots', p. 153.

[104] Earlier in the text ('Lettera seconda', pp. 23–24), Sori also touches briefly upon domestic practices of devotion and prayers. On this topic, see *Madonna and Miracles: The Holy Home in Renaissance Italy*, ed. by Maya Corry, Deborah Howard, and Mary Laven (Cambridge: The Fitzwilliam Museum, 2017); Abigail Brundin, Deborah Howard, and Mary Laven, *The Sacred Home in Renaissance Italy* (Oxford: Oxford University Press, 2018); and *Domestic Devotions in Early Modern Italy*, ed. by Maya Corry, Marco Faini, and Alessia Meneghin (Leiden: Brill, 2019).

quieter times of the day, veiled 'almeno fino al ciglio', using a side entrance, alone with her mother, without children, to avoid attracting attention, and especially without dogs, 'che portano un che di mal odore a chi li vede, oltre a l'esser d'interrompimento agli oranti' (*Ammaestramenti e ricordi*, p. 39). The social and sociable rather than the religious aspect of attending Mass comes alive for us. We learn that, while praying, only one hand should rest on one's chest, not both ('che è usanza vecchia'), and that, after making the sign of the cross using holy water, and kneeling towards the main altar, one should walk along the main nave to go and pray in different side chapels, according to one's devotion, unless it is time for Vespers (*Ammaestramenti e ricordi*, p. 39). Seventeenth-century Mass is indeed anything but a static experience. It is continuously animated by the comings and goings in the naves of the church of believers who push other believers to get to a chapel, attracting murmurs of disapproval for walking around noisily. Others speak too much, even though 'in chiesa si deve parlar poco e piano', or constantly look around, forgetting to sit down or stand up, or bow their heads, when the rite requires it, all of which are disruptive manifestations of vanity that attract attention and, inevitably, suspicion. This leads Sori to return once more to her overarching concern about reputation, and the need to prevent and pre-empt possible criticisms or grounds for 'sospizione': 'dobbiamo non solo aver l'occhio a mancar di colpa, ma anche dalla sospizione, perché, avendo l'onore il suo fondamento nella opinione del mondo, nasce, come dico, esser d'avertire di non far cosa che possa divertir tal opinione' (*Ammaestramenti e ricordi*, p. 42).

In some of her letters, Sori also touches upon family relations, among siblings (*Ammaestramenti e ricordi*, pp. 20–21) and between parents and children. Obedience, hierarchy, and seniority are the criteria that define these interactions. The focus is especially on the mother's role and authority, rather than the father's, particularly in light of the narrative device Sori adopts with her fictional epistolary discourse. The young girl must be kept in a position of total submission and obedience, of terror even: 'la discreta madre [...] deve ridur la figlia da tenera a termine che, solo col mirarla di mal occhio, triemi e l'intenda e, ancor che l'ami molto, non li deve mostrar, se non di rado, viso allegro' (*Ammaestramenti e ricordi*, pp. 21–22). Discipline and proper conduct must be imposed by resorting to physical punishments, if necessary. This is even encouraged when the issue at stake is the young girl's chastity, and therefore her honour, along with that of her family. From the age of twelve onwards, the mother should see that her daughter is not 'presa d'amore', a question Sori returns to more than once in the text. The 'Lettera quarta', for instance, stages a fictional 'model' monologue that a mother could avail herself of when she needs to find out whether her daughter has fallen in love with someone. If using admonitory *exempla* from works of literature or theatre does not work, she can resort to threats and punishments, with a crescendo of limitations being imposed on the young girl's freedom: she should not be allowed to converse with people who are less than trustworthy, or leave the house, unless to attend Mass, never alone, of course, and always going to different churches, so as to avoid creating any possible attachment. She should also be locked in her room, if need be. If the circumstances are serious, the mother must make sure her daughter sees reason by depriving her of any kind of distraction, replacing her favourite clothes, accessories, and ornaments with a humbling and punishing hair shirt, leaving her barefoot, removing all books that are not of the devotional kind, and searching her person and her room for compromising evidence. She should be kept busy constantly by making her recite prayers and assigning tasks that are difficult to fulfil. The aim is to avoid idleness at all costs. If need be, a mother should not shy away from beating her daughter (*Ammaestramenti e ricordi*, p. 29).

Modern readers will be aghast at the harsh and inflexible measures adopted and encouraged. Nonetheless, in the historical-cultural context of the time, when the perception of childhood and family relations was different from our own,[105] moralists and educationalists commonly espoused and promoted the principle according to which obedience and respect towards one's parents were paramount and needed to rest upon reverential fear. Discipline and the submission of children to their father's or mother's will ensured in turn their reverence and submission to God's will. In these terms, the use of discipline in the education of children could be interpreted as driven and inspired by love, inasmuch as resorting to physical punishments was even considered beneficial for children, a pre-requisite of sorts for their salvation and to protect them from sinning.[106]

As for the almost paranoid concern about the young girl's falling in love and giving in to sin and perdition, the well-known episodes of Paolo and Francesca or Olympia and Bireno are used as powerful warnings against the untold damage that uncontrollable passion could produce: this is why Sori even goes as far as suggesting a handbook of exorcism, the *Compendio dell'arte essorcistica* by Friar Girolamo Menghi (as we saw earlier, this work was part of Giovanni Battista Sori's library), to free the young girl from the traps of love, which is equated *de facto* to an evil spell or witchcraft. The quasi-obsession in preserving her chastity comes from the irrefutable fact that her future depends on it: besides marriage and motherhood few other destinies existed for her. Sori reminds us, along the lines of Guazzo in Book III of his *La civil conversatione*,

---

[105] See on this Philippe Ariès, *L'Enfant et la vie familiale sous l'Ancien Régime* (Paris: Plon, 1960).

[106] Alison P. Coudert, 'Educating Girls in Early Modern Europe and America', in *Childhood in the Middle Ages and the Renaissance: The Results of a Paradigm Shift in the History of Mentality*, ed. by Albrecht Classen (Berlin-New York: Walter de Gruyter, 2005), pp. 389–413.

that obedience and submission also defined a woman's life in the cloister and at court, the only alternatives to marriage. If the cloister is the young girl's destiny, then the mother needs to play an important role in helping her with the transition into her new existence, making sure she adapts, progressively, to the rules and customs she must abide by from that moment on, in the name of total obedience, continuous prayer, and unconditional acceptance of her superiors' orders and God's will (*Ammaestramenti e ricordi*, p. 43). The young girl should be supported if she is inclined to take the vows, but never forced against her will: 'se non si inchina, ancorché la madre ne abbi molte, non deve farvela inchinar per forza, ma lasciar fare a Dio, perché, così messe, disperansi e, se non diventano per gran melanconia tisiche o lunatiche, danno in peggio' (*Ammaestramenti e ricordi*, pp. 42–43). Sori refers here to the phenomenon of forced monachization,[107] whereby fathers and mothers, burdened by the financial pressures of large and unaffordable dowries needed to marry their daughters, chose for them instead a life in a convent, regardless of whether they had any inclination for life in religious orders. They were condemned by the 'tirannia paterna' to an existence that was an 'inferno monacale', to use the words of the Venetian Elena Cassandra Tarabotti (1604–1652), known as Suor Arcangela Tarabotti, locked up for life in the Benedictine convent of Sant'Anna in Venice when she was still very young.[108] The first of six daughters and eleven children, no doubt her physical disability played an important part in his father's decision to dispose of her more economically by making her a nun than by trying to arrange a marriage for her. The implacable laws that dictated the marriage market made the still considerable convent fee he had to pay more affordable than the large outlay for her dowry.

Not that life at court would be an easy option: 'Se non monaca, ma a corte inchina, è medemamente tenuta la madre di farli il debito saper prima, cioè che corte, per altro nome, vuol dir morte' (*Ammaestramenti e ricordi*, p. 44). 'Corte' equates to 'morte' in light of correspondence that radically overturns the idealized vision of the court that we know from Castiglione's *Libro del cortegiano*; it recalls instead that literary trend of works that were critical of

---

[107] Anne Jacobson Schutte, *By Force and Fear: Taking and Breaking Monastic Vows in Early Modern Europe* (Ithaca, NY: Cornell University Press, 2011).

[108] For a modern edition of these texts, see Arcangela Tarabotti, *L'Inferno monacale*, ed. by Francesca Medioli (Turin: Rosenberg & Sellier, 1990) and for the *Tirannia paterna* (which was published posthumously in 1654 with the title *La semplicità ingannata* and under the pseudonym Galerana Barcitotti), see *La semplicità ingannata: edizione critica e commentata*, ed. by Simona Bortot (Padua: Il poligrafo, 2007). See also Natalia Costa-Zalessow, 'Tarabotti's *La semplicità ingannata* and its Twentieth-Century Interpreters, with Unpublished Documents Regarding its Condemnation to the Index', *Italica*, 78 (2001), 314–25. In general on Tarabotti, see Emilio Zanette, *Suor Arcangela: monaca del Seicento veneziano* (Venice: Istituto di storia della società e dello Stato veneziano, 1960); *Arcangela Tarabotti: A Literary Nun in Baroque Venice*, ed. by Elissa Weaver (Ravenna: Longo, 2006).

the court, presenting it as a place of depravation, vice, and corruption, as well as never-ending evils and perils.[109] For instance, Tomaso Garzoni, one of the authors quoted by Sori in her writings, described the court, in discourse LXII on 'De' cortigiani e delle donne di corte insieme' of his *Piazza universale di tutte le professioni del mondo* (1585), as: 'un collegio d'uomini depravati, una raunanza di volpi maliziose, un teatro di pessimi satelliti, una scuola di corruttissimi costumi, et un rifugio di disonestissime ribalderie. [...] [I]n somma, tutta la disgrazia e tutto il mal del mondo versa in corte'.[110] Life at court also meant living far away from one's home, in a difficult and competitive environment, in which the young girl would have experienced 'incommodi' and quickly had to learn 'la diligenza nella servitù' (*Ammaestramenti e ricordi*, p. 45). That meant being able to anticipate and comply with the needs and whims of her mistress, once again embracing total obedience and submission. A compendium of useful precepts for life at court had been laid out in Annibal Guasco's *Ragionamento* [...] *a D. Lavinia*: Sori does not quote from this text directly, but she was well aware of the fame Lavinia had acquired from her role at the court of the Infanta Catalina, and includes her in the catalogue of illustrious women in her *Panegirico*, as we shall see, also on account of the fame she had acquired through her letter writing (*Difese*, p. 64).[111]

Sori not only speaks against forced monachization, but also against marriages arranged against the will of young girls, without taking into account their own good and solely for the financial benefit of their family. Marriage, the context of female obedience *par excellence*, is the subject of letters eight, nine, and ten, where she touches upon the moment when married life turns into the difficult state of widowhood. The 'Lettera ottava' is intended as a counterpart to the traditional tracts '*an uxor sit ducenda*', that is, a brief discussion of the qualities of a possible future husband. Parents should not be so inconsiderate as to propose 'un orco per un poco più di robba', or someone 'scostumato o diffettoso' (*Ammaestramenti e ricordi*, p. 49), but neither can the young girl refuse to marry 'un partito decente', unless she has taken a vow, or genuinely decided to embark upon a religious life. Given that she does not have total freedom of choice, she must comply with the wishes of her parents, who can resort (the mother in the first place) to punishments and threats to bend her will; characters and scenes from the plays of Isabella Andreini, from Guarini's

---

[109] On this literary trend for criticizing the court, see Denise Aricò, 'Corte rinascimentale a barocca', in *Luoghi della letteratura italiana*, ed. by Gian Mario Anselmi and Gino Ruozzi (Milan: Bruno Mondadori, 2003), pp. 169–79; Paola Ugolini, *Courtly Hell: Early Modern Italian Anti-Court Writings in Context* (unpublished PhD dissertation, New York University, 2011).

[110] Tomaso Garzoni, *La Piazza universale delle professioni del mondo*, ed. by Paolo Cherchi and Beatrice Collina, 2 vols (Turin: Einaudi), II, pp. 852–54.

[111] On this point, see below, *Panegirico*, n. 137.

Pastor fido, Giraldi Cinzio's *Arrenopia*, Luigi Groto's *La Hadriana*, or Ariosto's *Orlando furioso* act as warnings to Sori's young readers.

The section devoted to married life is perhaps less original, inasmuch as the conduct of the ideal wife depicted in these pages is the usual modest, devoted, obedient, respectful, patient, caring, and understanding female figure incessantly promoted since the biblical *Proverbs*. She is a chameleon who adapts to her husband's moods and needs. To meet the requirements of the bourgeois merchant classes, growing in prominence and wealth, the ideal wife must also be well trained in the management of the household, 'esperta e con maniere oneste et essemplari' (*Ammaestramenti e ricordi*, p. 52), productive and attentive, yet mindful of her limitations and respectful of her role, especially if she has brought only a limited dowry to her marriage. She is also an affectionate wife, but here too she must respect a golden mean and not display her affection with 'soverchia copia', especially not in public, under the gaze of other people, and therefore exposed to potential critics.

After a fleeting reference to raising children, the *Ammaestramenti e ricordi* then turns to discuss widowhood, the third and final *status* in a woman's life. This is a very delicate, vulnerable moment in her existence, when protecting herself against detractors becomes almost impossible. The widow is a 'continuo bersaglio delle pungenti lingue' (*Ammaestramenti e ricordi*, p. 60), and cannot escape other people's scrutiny and suspicion: 'par quasi che, quanto più si coprono la fronte et adombrano gli occhi col nero velo, che più acreschino negli animi altrui il desiderio di ricercare et di scoprire in esse i diffetti' (*Ammaestramenti e ricordi*, p. 59). Sori's debt to Book III of Guazzo's *La civil conversatione* is evident:

> ci basti di ricordare che infelicissimo è sopra tutti gli altri lo stato delle vedove, perché non solamente quelle che si mostrano licenziosette, ma eziandio le più saggie e più oneste sono un *continovo bersaglio delle pungenti lingue, e par quasi che quanto più le sventurate si cuoprono la fronte e adombrano gli occhi col nero velo, tanto più accrescano negli animi altrui il desiderio di ricercare e di scoprire in esse loro qualche difetto* [my italics].[112]

Widowhood is a far more dangerous condition for a woman to be in than that of nuns or married women: a widow, '[n]on essendo suggetta a marito, padre, madre, fratelli, né altri superiori', finds herself 'libera e assoluta signora di sé e di sua casa', and thus 'combattuta' (*Ammaestramenti e ricordi*, p. 64). This regained 'freedom' from the shackles of marriage by a woman who is not under direct male tutelage, has been sexually active, and could now presumably succumb to all sort of temptations and lasciviousness, is a recurrent *topos*

---

[112] See Guazzo, *La civil conversatione*, Book III, fols 231^v–32^r. I consulted the 1590 edition, *La civil conversatione* […] *divisa in quattro libri* (Venice: Altobello Salicato).

in conduct literature across the centuries. Clearly this view rested on the essentially misogynistic assumption that women are frail, intellectually and physically inferior, and inevitably prone to sin. The disruptive consequences of a woman's innate *imbecillitas*, dangerously let loose after her husband's death, raised a concern and unease among moralists and in society at large. But equally thorny was the issue of a widow's possible second marriage, particularly for its financial implications. The majority of conduct texts adopt quite a conservative position on this front, discouraging women from re-marrying, and urging them rather to lead a reclusive and pious existence in the name of their husband's memory. Only occasionally do some works seem to propose alternative views on widowhood and expound unusual theses, boldly upholding women's natural inclination to virtue and good, and denouncing the inequities and injustices the female sex has to endure in a patriarchal society.[113]

Beauty is a subject Isabella Sori deals with on more than one occasion in her writings, starting with the brief 'Lettera quinta', and then in the 'Lettera decima', 'undecima', and 'duodecima'. For women, beauty is one of the 'più potenti nostre fune', especially, Sori explains, between the ages of fifteen and twenty, 'che è il fiore della nostra vita', the best period for a woman to get married. If marriage is a woman's destiny, then beauty is of course a topic of fundamental importance. Beauty stems from a balanced blend of 'proporzionate fattezze, ben posti colori, aria et grazia' (*Ammaestramenti e ricordi*, p. 78), that is, of 'simmetria' and 'proporzione', supported by adequate colours (the subject of the 'Lettera undecima'). But 'l'apparenza della proporzione' also has to be supported by moral beauty and grace, by elegance in gesture and movement, in accordance with the correspondence *intra-foris* that we saw earlier. Otherwise beauty equates to nothing more than 'amaro frutto' and 'danno' (and the characters of Angelica and Olimpia act as the perfect *exempla* and a warning in this respect).

Yet, once again, it is above all in their historical testimony that Sori's writings reveal their value and, since dealing with beauty means discussing ornaments, make-up, clothing, and jewels, modern readers are offered in these 'lettere' an original insight into seventeenth-century fashions and customs.[114] From general considerations on the use of gloves (an accessory that reminds us that hands are part of the Petrarchan paradigm of beauty) and rings, to specific

---

[113] For an example of a more conservative text, see *Gli ornamenti della gentildonna vedova* (1574) by Giulio Cesare Cabei, whereas *La vedova* (1570) by Orazio Fusco upholds a more progressive view.

[114] On women's clothes, jewellery, accessories, and make-up in the sixteenth and seventeenth centuries, see Rosita Levi Pizetsky, 'La moda spagnola a Milano', in *Storia di Milano*, 17 vols (Milan: Fondazione Treccani degli Alfieri, 1953–66), x (1957), pp. 877–927, and Ead., *Storia del costume in Italia*, 5 vols (Milan: Istituto editoriale italiano, 1964–69), III (1966). See also Paola Venturelli, *Vestire e apparire: il sistema vestimentario femminile nella Milano spagnola (1539–1679)* (Rome: Bulzoni, 1999).

attention given to the use of clothing and ornaments according to one's social status, to fashions in hairdressing, perfumes, make-up, and jewellery, the advice and precepts in the *Ammaestramenti e ricordi* aim to ensure that women in all stages of their existence can 'mantener[s]i in buon nome, senza esser punta da male lingue' (*Ammaestramenti e ricordi*, p. 36). They are meant, once more, to prevent and pre-empt 'sospizione'. Accusations of vanity and excessive spending on clothing and jewellery are frequently launched against women in works of conduct (not only there, of course), and well before that, too, in biblical, classical, and patristic sources. The sumptuary laws that were enacted and enforced throughout the peninsula with the aim of curbing luxury and excessive spending were often aimed particularly at women.[115]

For historians of fashion, Sori's observations are hugely valuable: in her 'Lettera undecima' we are presented with an array of 'manigli', 'pendenti', 'gargantiglie', 'randelle', 'mendozze', 'mazacare', 'bindelli', 'manizze', 'tremolanti', and 'collari', which closely reflects the Spanish influence on the peninsula in terms of fashion and jewellery.[116] Colours, too, are given considerable attention: specific colours are suitable for a specific phase of a woman's existence and commensurate with her social status, and certain combinations of colours create a well-defined symbolism when associated with specific items of clothing and accessories. Mastering this apparently trivial knowledge is in fact part of the seventeenth-century 'galateo' of good manners that contribute to

---

[115] On sumptuary laws in Italy, see Levi Pizetsky, *Storia del costume in Italia*, III, pp. 123–25 and 263–84; Alan Hunt, *Governance of the Consuming Passions: A History of Sumptuary Laws* (Basingstoke: Macmillan Press, 1996); Catherine Kovesi Killerby, *Sumptuary Law in Italy 1200–1500* (Oxford: Clarendon Press, 2002); Diane Owen Hughes, *Sumptuary Law and Social Relations in Renaissance Italy: The Italian Renaissance. The Essential Readings*, ed. by Paula Findlen (Oxford: Blackwell, 2002); *La legislazione suntuaria: secoli XIII–XVI: Emilia Romagna*, ed. by Maria Giuseppina Muzzarelli (Rome: Ministero per i Beni e le attività culturali, Direzione generale per gli archivi, 2002); *Disciplinare il lusso: la legislazione suntuaria in Italia e in Europa tra medioevo ed età moderna*, ed. by Maria Giuseppina Muzzarelli and Antonella Campanini (Rome: Carocci, 2003); Federica Boldrini, '*An mulieribus licitum sit ornare*: Female Appearance as an Emerging Object of Juridical Regulation between the Middles Ages and the Early Modern Times', in *Conduct Literature for and about Women in Italy*, ed. by Sanson and Lucioli, pp. 207–26. Bibliography on clothing in the Renaissance is vast. See, for example, Ann Rosalind Jones and Peter Stallybrass, *Renaissance Clothing and the Materials of Memory* (Cambridge: Cambridge University Press, 2000); Eugenia Paulicelli, *Writing Fashion in Early Modern Italy: From Sprezzatura to Satire* (Farnham, Surrey; Burlington, VT: Ashgate, 2014).

[116] On jewels and precious stones, see Levi Pizetsky, *Storia del costume in Italia*, III, pp. 77–80; and Venturelli, *Vestire e apparire*. See also Paola Venturelli, *Gioielli e gioiellieri milanesi: storia, arte, moda: 1450–1630* (Milan: Silvana, 1996). See also the wealth of information on the subject of clothing, accessories, and jewellery presented in Chiara Porqueddu, *Il patriziato pavese in età spagnola: ruoli familiari, stile di vita, economia* (Milan: Edizioni Unicopli, 2012), especially chapters 2 and 5 (Part I) and chapters 3 and 4 (Part II), based on first-hand examination of the wills and dowries of aristocratic women from nearby Pavia.

a 'viver civile'. Choosing to wear certain colours or combinations of colours signalled to onlookers one's state of mind or intentions, in a complex semiotics that generated an 'enigma di vari colori, di cui la risoluzione era affidata a conoscitori di livree e divise'.[117] Sori makes use of well-known treatises on the subject, from the *Trattato de i colori nelle arme, nelle livree, et nelle divise*, by Jehan de Courtois, a herald in the service of Alfonso V of Aragona in fifteenth-century Naples, to Fulvio Pellegrino Morato's *Del significato de' colori*, and Cesare Ripa's 1593 edition of the *Iconologia*.

'Imprese', 'divise', 'livree', and the symbolism of colours and precious stones had been the objects of a rich literary production between the sixteenth and seventeenth centuries, to which gentlemen and gentlewomen resorted in making their choice of clothing; we also find, to mention but a few, the *Libellus de coloribus* (1528) by Antonio Tilesio, the *De coloribus* (1548) and the *De coloribus oculorum* (1559) by Simone Porzio, and the *Dialogo dei colori* (1565) by Lodovico Dolce. Considering the examples Sori uses in her text, she was also undoubtedly familiar with the refined symbolism of 'imprese', emblems, liveries, and colours that Ariosto himself had created in his *Furioso*, 'per i trattati delle imprese un codice sicuro, nel quale andavano a ricercare la conferma delle loro opinioni':[118] the colours of armour, crests, and surcoats are appropriately matched to the personalities and moods of his knights.

Finally, it is to the art form of the 'imprese', the symbols and mottoes of these heraldic devices, that Sori devotes her 'Lettera duodecima'. The 'imprese' were popular and fashionable across a range of fields, from decorating furniture and the interiors of houses, to the title pages of books, medals, jewels, and clothing.[119] Refined 'imprese' were sewn into women's dresses and military 'imprese' were devised and designed for warriors' surcoats, shields, helms, and crests. Sori's treatise picks up on this popular trend; she reviews and discusses a variety of flowers, plants, animals, birds, insects, precious stones, stars, and moons, explaining their meanings and connotations.[120]

---

[117] Abd-el-Kader Salza, 'Imprese e divise d'arme e d'amore nell'*Orlando furioso*, con notizia di alcuni trattati del '500 sui colori', in Id., *Studi sull'Ariosto* (Città di Castello: Lapi, 1914), pp. 310–63 (p. 320). Also still of use is Vittorio Cian, *Del significato dei colori e dei fiori nel Rinascimento italiano* (Turin: Roux, 1894).

[118] Abd-El-kader Salza, 'La letteratura delle *Imprese* e la fortuna di esse nel 500', in Id., *Luca Contile: uomo di lettere e di negozj del secolo XVI. Contributo alla storia della vita di corte e dei poligrafi del 500* (Florence: Tipografia Carnesecchi, 1903), pp. 205–49 (p. 209). See also Mario Praz, *Studi sul concettismo* (Milan: La cultura, 1934) and Levi Pizetsky, *Storia del costume in Italia*, III, pp. 217–23.

[119] On 'imprese' and emblems sewn into clothing and accessories, see Levi Pizetsky, *Storia del costume in Italia*, III, pp. 207–16.

[120] The engravings in the *Dialogo dell'imprese militari et amorose* (1559) by Paolo Giovio or the *Imprese illustri* by Girolamo Ruscelli (1566) reveal the extent and influence of this fashion at the time. More broadly on the 'imprese', see Mauda Bregoli-Russo, *L'impresa come ritratto del Rinascimento* (Naples: Loffredo, 1990); Armando Maggi, *Identità e impresa*

But before moving on to discuss Sori's *Difese*, there is an intriguing comparison to be made between some passages in the 'Lettera undecima' (and, occasionally, some sentences in the 'Lettera seconda', 'quinta', 'sesta', 'nona', and 'decima') of the *Ammaestramenti e ricordi* and another passage from a text by her own father, Giovan Battista Sori's *Curioso, compendioso, et utilissimo trattato*, published in 1616. In her 'Lettera quinta', discussing beauty, Isabella Sori explicitly mentions this treatise and specifically the chapter on the 'passioni dell'animo'. If we consult this chapter in the *Curioso, compendioso, et utilissimo trattato* and then continue reading the text, some twenty pages later we find a short passage in praise of the married women in Alessandria, 'le donne accasate', which is then followed by praise for a young woman, una 'vergine', namely the daughter of the Marquis Guasco.[121] For the benefit of our readers, the short eulogy has been transcribed in the Appendix to this edition. If we compare, for instance, the passage from the *Curioso, compendioso, et utilissimo trattato* (pp. 96–99) and parts of the 'Lettera undecima' in the *Ammaestramenti e ricordi* (pp. 69–70), the similarities are obvious, with at times almost word-for-word correspondence. In those few pages of her father's treatise we find what seems to be the initial trace of a reasoning on female conduct, referring to one person specifically, from which years later Isabella Sori might have drawn the inspiration to compose a more developed treatise meant for women more broadly. Or it might, of course, much more simply, be a case of interpolation, a useful passage in her father's text that she decided to 'copy and paste' into her own work. Either way, the 'ricordi' used in the title takes on an autobiographical connotation of some sort, with Isabella writing for the benefit of her female readers, but also sharing with them the 'ricordi', that is, condensed wisdom passed on to her from her father. The correspondence ends there, though. If Isabella Sori devotes her effort to defending women, her father launches into a vicious misogynistic attack against the female sex in the following pages, not unlike the venomous considerations that we find in Passi's *I donneschi diffetti*.

The affinities between these pages in Giovanni Battista Sori's work and parts of Isabella Sori's own 'Lettera undecima' bring us back to the broader question of the authorship of her writings. Sori's youth, we said, might create a sense of 'sospizione' as to whether it is actually possible that she wrote the treatises herself. Sceptical readers might be tempted to align themselves with Sori's own

---

rinascimentale (Ravenna: Longo, 1998); Guido Arbizzoni, «*Un nodo di parole e di cose*». *Storia e fortuna delle imprese* (Rome: Salerno Editrice, 2002).

[121] As for the identity of the young girl he praises, depending on the date of composition of his work, Giovanni Battista Sori might be referring in this instance to Damisella Clara, daughter of Giacomo Antonio Guasco (d.1615) and Paola Thurn und Taxis, or perhaps to one of the daughters of Francesco Guasco (d.1617) and Olimpia Pusterla, that is, Giulia and Clara Damisella. It might, of course, equally be a reference to another branch of the Guasco family.

detractors and be inclined to think that Isabella Sori's father (and/or another adult, perhaps?) was the one who actually wrote the text. How could such a young author, and a female author, for that matter, have been able to compose such a learned text? Could she really have been able to identify the right sources to use among the many volumes she was presented with, consult them and read them, understand and digest them, and then suitably select, arrange, and recompose them so as to create something new?

It is true that we have evidence of affinities, and at times even word-for-word quotations, between the texts produced by Giovanni Battista Sori and Isabella Sori. And there are strong similarities in the way they quote from their sources, in terms of style and in terms of the authors and texts they make use of. But, of course, we know from archival material that Isabella Sori existed and we know that contemporary sources, which were chronologically and geographically close to her, praised her erudition and her intellectual achievements, including her among the illustrious figures of Alessandria. In terms of language, the Italian used by Isabella Sori seems less accurate and less clear than her father's, and she states her shortcomings in this respect in the opening pages of her work. Clearly, comparing their language also needs to take into consideration possible changes and adaptations that the typographers themselves might have inserted, thus acting like filters between the language of the manuscript and that of the printed text.

But the truth is also that, other than scepticism, we have no definitive proof, in the absence of other documents that could support this view, to believe Sori did not write her text and attribute the treatise to someone else. A reasonable and plausible compromise which still grants the authorship of the treatises to Isabella Sori is to picture a domestic scene where father and daughter are sitting side by side in their study or library: we can imagine Isabella Sori supported and guided by her father in consulting the different volumes and composing her treatises. He helped her perhaps in choosing her readings, structuring the text, checking what she wrote, suggesting specific verse and prose quotations from the many volumes in their library, even dictating to her certain passages and verse. Perhaps a work that might have started off as some sort of training exercise in style and content eventually turned into something else. Isabella Sori perhaps read what her father had written, the two of them sometimes using the same books and sources. Picturing father and daughter working in this manner might explain also similarities in style and language, or in the way they quote their shared sources, as we can see if we consult Giovanni Battista Sori's *Curioso, compendioso, et utilissimo trattato* (see Fig. 5).

Conclusions as to the authorship of the text can be nothing more than assumptions and speculation. It is reasonable to assume that Isabella Sori must have received a standard of education and had a level of access to studies and books that was very uncommon at the time for a young woman, irrespective of her social class. Giovanni Battista Sori, a physician and man of letters, might have tutored his daughter himself, or made sure she had good tutors supporting her in her studies, as Annibal Guasco had done with little Lavinia, perhaps investing in her as one would invest in a 'project', an intellectual 'project' in this case, which might have brought prestige to the entire family. Had Giovanni Battista Sori even gone as far as to hope that Isabella might have a similar fate to Lavinia Guasco? He must have played an important role in allowing his daughter to study, and then in allowing her to compose and later publish her writings. We can also picture him dealing with the typographers in Pavia on behalf of his young daughter.

Some questions inevitably remain open. What was the extent of his involvement? Isabella used the volumes in her father's library, consulted them and quoted from them, but how far did her father guide her in her readings and tell her who and what to quote from? And how much of a hand did he have in the actual composition and writing of her text? Would it be possible to say that Isabella Sori's writings were co-written? Positing some sort of co-authorship could appease our 'suspizione', even though the exact nature, the quantity and quality, of her father's contribution cannot be established. The name 'Sori' on the frontispiece of this very rare volume — as well as in this modern edition — should then be taken to embody a subtler, or less straightforward, understanding of the concept of 'author'.

The fact remains that the treatises were published under Isabella Sori's name, that her father allowed the work to be printed and then circulate under her own name at a time when the stigma of print was still strong for women. An assumption that the text was entirely composed by Giovanni Battista Sori and then published under Isabella's name is therefore unjustified and unsupported, especially in light of the existence of those critics and detractors who are clearly mentioned in the text. Why would her father deliberately risk exposing her to such malicious attacks on her reputation, especially when the entire text is meant to guide a young girl in protecting her honour and defending her reputation on a day-to-day basis? And why would Ambrogio Ferro, Sori's own contemporary, have launched what we understand must have been a vicious attack against Isabella Sori and her writings, and women who wrote more generally, had he been aware that Giovanni Battista Sori was the actual author? Indeed, if that were the case, given the proximity of Tortona and Alessandria, one would expect such a scenario to be common knowledge.

Until concrete evidence surfaces and shows that Isabella did not write her treatises, it is fair and reasonable to attribute authorship of the work to her.

Entering the *Querelle des femmes*: Sori's *Difese*

Equally interesting and intriguing are the *Dodeci difese*, in which Sori offers an original contribution, 'al femminile', to the *Querelle des femmes* in the Italian context. Her text is a clear example of that 'embattledness that marked the experience of most literary women in this period, speaking on the situation of the intellectually ambitious woman as one of perpetual self-defense'.[122] The *Difese* developed, as we saw earlier, from Sori's need to respond to the attacks launched against her by certain 'malediche lingue' who had criticized her work. To silently ignore these 'giudicî [...] sinistramente fatti' and let them circulate without doing anything was not possible, especially for a young woman whose reputation could be easily damaged by these 'cicalecci' (*Difese*, p. 3). Yet the attacks she refers to had not only been personal, directed against the *Ammaestramenti e ricordi*, but also more broadly against the 'sesso donnesco', as the title page indicates. This is why in the *Difese* Sori briefly addresses twelve specific accusations brought against the female sex. She followed in the footsteps of Lucrezia Marinelli, who, as we have seen, had rebutted Giuseppe Passi's *I donneschi difetti* with her *Le nobiltà, et eccellenze delle donne*, and preceded by a few years Arcangela Tarabotti, who responded to Orazio Plata's *Che le donne non siano della spetie degli huomini* (1647) with her *Che le donne siano della spezie degli uomini*, carefully countering each of Plata's 'Inganni' with a 'Disinganno'.[123]

In Sori's text, the title of each *difesa* briefly encapsulates the accusation levelled against women, which is then shortly developed in the first lines of the text (Fig. 6). To this *pars destruens* is then opposed the rest of the *difesa*, which is entirely dedicated to the *pars costruens*. By making use, once again, of a rich web of literary references in support of her arguments, Sori intends to prove that the misogynistic accusations launched against women and the many common prejudices against them are simply unfounded. The sad truth, she explains, is that these accusations, even if false, are nonetheless dangerous for a woman, because they risk undermining her honour. This is why men and women need to react to these attacks differently: the implications and the consequences they

---

[122] Cox, *Women's Writing*, p. 211.

[123] See Galerana Barcitotti (Arcangela Tarabotti), *Che le donne siano della spezie degli uomini. Difesa delle donne [...] contra Orazio Plata, il traduttore di quei fogli che dicono: le donne non essere della spezie degli uomini* (Norimbergh: Iuvann Cherchenbergher, 1651; but for the place of publication, see Marino Parenti, *Dizionario dei luoghi di stampa falsi, inventati o supposti in opere di autori e traduttori italiani: con un'appendice sulla data 'Italia' e un saggio sui falsi luoghi italiani usati all'estero, o in Italia, da autori stranieri* (Florence: Sansoni, 1951), p. 153). For a modern edition of the text, see *Che le donne siano della spezie degli uomini: Women Are no less Rational than Men*, ed. by Letizia Panizza (London: Institute for Romance Studies, 1994) and *Che le donne siano della spezie degli uomini: un trattato proto-femminista del 17. secolo*, ed. by Susanna Mantioni (Capua: Artetetra, 2015).

FIG. 5. Giovanni Battista Sori, *Curioso, compendioso, et utilissimo trattato circa il reggimento, & conservatione della sanità* (Pavia: Giacomo Ardizzoni, 1616), pp. 66–67. There are similarities between Isabella Sori's treatises, in particular her *Ammaestramenti e ricordi*, and her father's own writings: here we can see similarities in style and in the way they quote their shared sources.

might have are not the same for the two sexes. It is usually believed, we read, that 'non si debba far conto delle mormorazioni nel rispondere a' detrattori' (*Difese*, p. 3). These are nothing more than dogs barking at the moon, of no relevance and of no consequence: as Tacitus wrote, paying attention to such criticisms entails giving them a meaning and importance they should not have, and, per se, do not have. Men can afford to ignore them and 'discacciarli queste importune mosche d'attorno col ventaglio di una acerba riprensione o inventiva' (*Difese*, p. 4), but women, for whom honour is their most precious possession, cannot allow even a shadow of a doubt or suspicion to tarnish their names, as irrelevant as such things might seem to be:

> dirò solo che in niun modo parmi che debba in noi donne aver luogo, e la ragione è che il nostro onore, il nostro bene, e quasi che non dissi l'esser nostro, dal buon nome e dalla buona fama dipende; e questa è per rispetto di noi tanto delicata che non vi è morsicatura così picciola che non le sia velenosa e la vita non le toglia, senza speranza di farla più risorger mai. Onde, se alle malediche lingue di sùbito non ci opponiamo e collo scudo di una costante difesa non ributtiamo le velenose saette de' detrattori, possiamo andarci a sepelir vive. (*Difese*, p. 4)

Men have endless ways to defend themselves, even in public, from attack and criticism, demonstrating their worth and knowledge, 'chiud[endo] la bocca senz'altro dire a' mormoratori' (*Difese*, p. 4). The 'pestilenti fiati dei mormoratori non possono appestar l'aria serena della loro buona fama' (*Difese*, p. 4), concludes Sori. Men can decide to ignore any criticism, like an elephant would ignore a small, pestering dog. Not women. They cannot ignore criticism or resort to silence as a defensive strategy, because they are not allowed to defend themselves and their reputation openly and publicly:

> Ma noi donne, che, quanto meno di noi stesse facciamo mostra fuori di casa siamo più lodate, et a⟨lle⟩ quali non è lecito neanche il favellare, nonché l'operare in publico, se non rispondiamo a' detrattori, se non ci risentiamo, se non ci difendiamo al meglio che si può, o colla penna o colla lingua, qual rimedio avremo a' nostri mali? E come non parerà che approviamo per vero quello che, tacendo, non dimonstriamo esser falso? Se tace in simili occasioni, l'uomo potrà attribuirseli ad altezza d'animo, per cui non degni qual generoso elefante prendersela con piccioli cagnolini, ancora che quelli lo vadano stuccicando, ma in noi altre donne, stimate di natura timide e per l'educazioni non dotte, chi non ascriverà ciò a viltà d'animo? O a poco sapere, quando anche non accetti per confessione il silenzio? (*Difese*, pp. 4–5)

Sori's words bitterly reflect the awareness of the moral double standard that was applied to men and women in everyday life. If men dismiss criticism, their choice is ascribed to 'altezza d'animo', whereas for women it would be a sign of 'viltà d'animo'. The ancients depicted the two gods of knowledge and science, male and female, differently. Apollo presented himself disarmed, with the lyre in his hand, whereas Pallas Athena ('Pallade') was a valiant warrior, ready for battle, armed head to toe, a shield in one hand, a spear in the other. They stand to indicate that both men and women can excel in the sciences, but with a crucial difference:

> gli uomini dotti possono star disarmati e non curarsi d'impugnare chi contradice alla dottrina loro, [...] la donna che avrà fatto qualche profitto nelle scienze, per essere più invidiata e men veduto il suo valore, dovrà sempre star armata e difendersi compitamente da chi pretenderà oltraggiarla. (*Difese*, pp. 5–6)

This is why Sori declares herself a 'seguace di Pallade' and decides to present herself to her readers 'in questo libretto armata per difendere non solo me, ma ancora tutte le altre donne in universale' (*Difese*, p. 7) against those who cannot accept, blinded as they are by either malicious envy or ignorance, that women are just as worthy and intellectually able as men. Sori's apparent initial modesty and resignation are diluted in these lines, and her words express rather a sense of pride for the enterprise she has decided to embark upon. She wages this battle on behalf of the entire female sex. Hers is a crusade fought to dismantle all possible falsities expressed by men against women in the name of 'la verità', which is bound to prevail:

> E quantunque per simili battaglie siano debolissime le mie forze, confido tuttavia che la verità, a cui non vi è chi possa resistere, sarà quella che mi somministrerà tal valore che saranno forzati i miei stessi avversari, per gagliardi che siano, a confessarsi vinti. (*Difese*, p. 6)

We find a clear echo of Marinelli's words here: in the first pages of *Le nobiltà, et eccellenze delle donne*, Sori states that she wants to show 'questa verità, la quale è che il sesso femminile [è] più nobile et eccellente di quello degli uomini', intending to prove 'con ragioni et essempi che ogni uomo, ancorché pertinace, sarà sforzato con la propria bocca a confermarla'.[124] Marinelli, too, recalled that men 'mossi dall'invidia che portano alle nobili azioni d'alcuno, con la mordace penna cercano d'offuscarle et anco d'annullarle', and that more specifically men of letters 'stimolati da odio o da fiero sdegno, con copiose menzogne vanno detraendo l'altrui fama et onore'.[125] Both Marinelli and Sori trace men's misogynistic jealousy back to Ariosto's claim in the opening stanzas of Canto xx of the *Orlando furioso* (and then again in the long praise of the female sex in Canto xxxvii): women have excelled in each art and each field they set their minds to, and if the world does not know much about their achievements, it is only because 'l'invidia o il non saper degli scrittori' have deliberately deprived them of their due.

Each of Sori's *Difese* is a shield raised in defence of herself and of all women.

---

124 Marinelli, *La nobiltà, et l'eccellenza delle donne*, p. 2.
125 Marinelli, *La nobiltà, et l'eccellenza delle donne*, pp. 1–2.

The first opens with a reference to the Neoplatonic school of thought that had been so prominent in the previous century: women's beauty, and therefore their goodness, elicits men's envy, causing them to maliciously 'porre un velo innanzi alla scena leggiadra della gloria donnesca' (*Difese*, p. 7). This explains the recent attacks against the *Ammaestramenti e ricordi*: they were launched by those 'ingegni ligi, ma da passione spenti', mentioned earlier, who were counting, as men often do, on women's magnanimity and their natural propensity, given their innate goodness, to forgive. This is why, Sori continues (adopting a formula we find also in Marinelli's treatise), men dare attribute, shamelessly and remorselessly, to the female sex 'molti de' mali che al mondo nascono et si patiscono' (*Difese*, p. 7). Yet, in so doing, they act against justice and against the law, because they offend and abuse someone who is worthier than they are.

The personal and the universal are closely linked in the 'Difesa seconda', where we read that Sori's detractors even went so far as to claim that she could not really have been be the author of the *Ammaestramenti e ricordi*, considering that in Alessandria and other cities there were 'molt'altre citelle e donne di più agio e di più età', of better social standing and more advanced years than her who had never attempted what she had done. Women were commonly deemed skilled 'all'ago, non alla penna' (*Difese*, p. 9). The attack *ad personam* is countered by Sori with pride, declaring her status of sufficient 'agio' to devote herself to literary pursuits, and stating that age was irrelevant, because she had been able to 'molto leggere e molto praticare con persone savie' (*Difese*, p. 10). And it was simply untrue that there were no other women who had devoted themselves to literary pursuits: these jealous critics simply never bothered to get hold of their works. Women are therefore 'abili all'ago et alla penna et a ogni altra virtù e nobil impresa' (*Difese*, p. 10). They are in no way inferior to men; on the contrary, they are superior to them. This second *difesa* goes on to become a kind of compendium of the *topoi* usually included in the texts of the *Querelle des femmes*,[126] to finally conclude that, if women are considered weak, delicate, and ill-suited to physical efforts and strenuous work, this is because, unlike men, they are not destined to 'opere servili', precisely because they are 'più degn[e] e più nobil[i]' (*Difese*, p. 13).

Sori skilfully overturns presumed proof of women's inferiority into its exact opposite by means of paradoxes. Treatises on the inferiority and superiority of women have often been considered refined exercises in style, wit, and eloquence rather than authentic expressions of misogyny or philogyny.[127] According to

---

[126] See Ian MacLean, *The Renaissance Notion of Woman: A Study in the Fortunes of Scholasticism and Medical Science in European Intellectual Life* (Cambridge: Cambridge University Press, 1980), pp. 90–92.

[127] See Francine Daenens, 'Superiore perché inferiore: il paradosso della superiorità della donna in alcuni trattati italiani del Cinquecento', in *Trasgressione tragica e norma domestica. Esemplari di tipologie femminili della letteratura europea*, ed. by Vanna Gentili

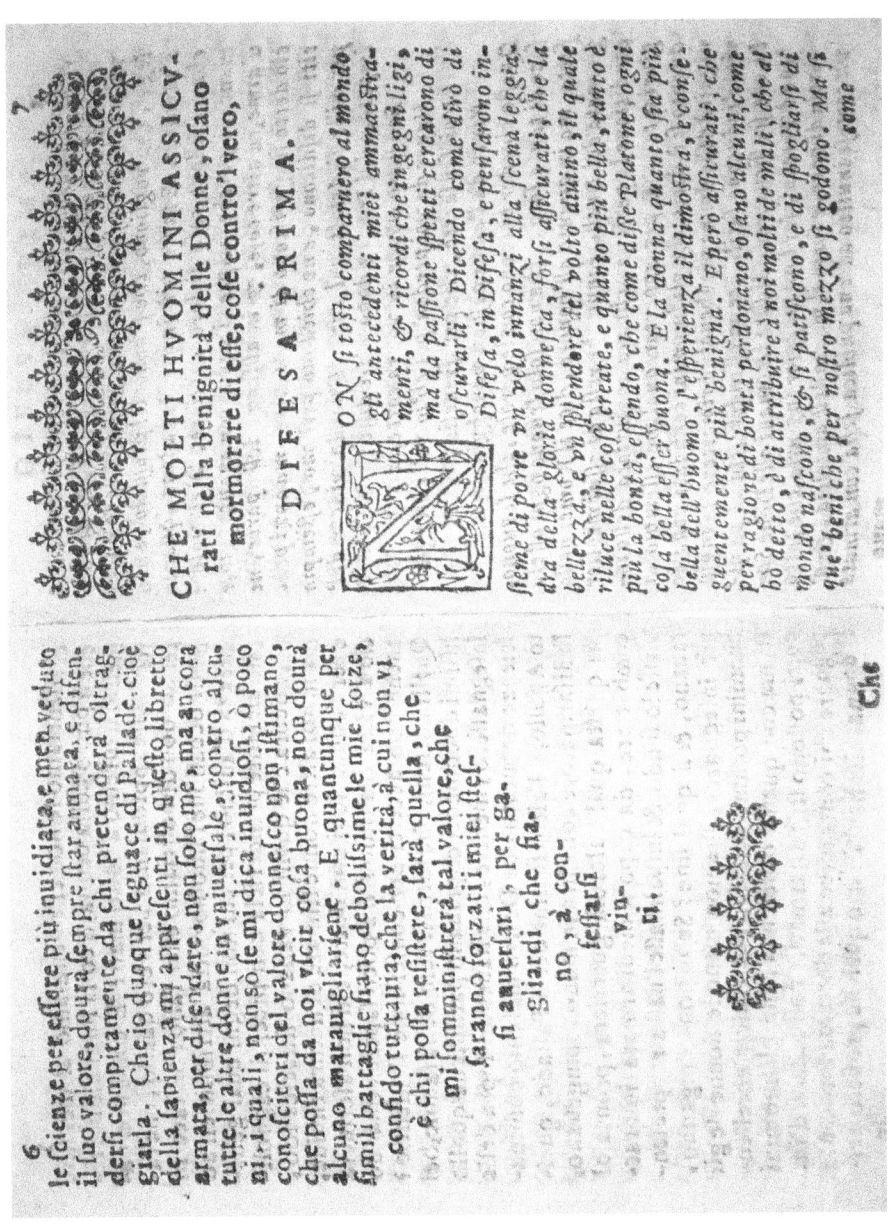

FIG. 6. Isabella Sori, *Difese* [...] *contra alcuni giudici sopra de gli Ammaestramenti di lei, e del sesso donnesco, sinistramente fatti*, pp. 6–7. In Sori's text, the title of each *Difesa* briefly encapsulates the accusation levelled against women, which is then developed briefly in the first few lines of the text. Here we see the opening of the 'Difesa prima'.

Maestri, Sori's *Difese* are 'un'esibizione di dialettica secentesca in verità poco riuscita',[128] but the fact is that, even though Sori's writings cannot compare in terms of structure or content with Marinelli's *Le nobiltà, et eccellenze delle donne*, we should perhaps shift our attention from the quality of the outcome to the intent behind the *Difese*. Sori openly declares her use of paradox when she states in the last lines of the second *difesa*: 'E tutto ciò sii detto da me non difinitivamente, ma per modo di disputa e per esercizio d'ingegno e per difesa dell'onor delle donne' (p. 14). Nevertheless, the rhetorical artifice does not as such automatically invalidate the content of the text; the *Querelle des femmes* works are not just empty or conventional documents that do not reflect in any way women's real status in society. For this reason, we cannot altogether dismiss their attempts to defy men's supremacy and existing social and gender roles.[129]

Women's intellect is then the subject of the third *difesa*, in which we are presented with a catalogue of historical, mythological, and literary female figures, from the Greek and Latin worlds, as well as contemporary figures, who excelled in this respect. Besides Nicostrata, inventor of the alphabet, the Sibyls, and Sappho, we find women of letters from the fifteenth and sixteenth centuries, such as the humanists Laura Cereta, Isotta and Laura Nogarola, the ever-present Vittoria Colonna, and then Laura Terracina, Ersilia Spolverina, Isabella Cortese, and, even closer to Sori's own time, Isabella Andreini and, of course, Lucrezia Marinelli. The reference to the young Veronese woman of letters Laura Brenzoni Schioppo is particularly interesting. Sori declares her affinity with her, because of their age and their literary endeavours, using her as an example to further shield herself against those who did not believe she had actually composed her treatise: 'Se tanto, dunque, seppe una giovinetta d'anni dieci, non durà parere impossibile che a' tempi nostri un'altra d'anni tredici abbia alcuni pochi e rozzi ammaestramenti stampato' (*Difese*, p. 17).

The subsequent *difese* deal with unfortunate slanders commonly directed against women. Sori rebuts the belief that it was the female sex, and Eve specifically who was responsible for the Fall of men and the entry of sin into the world ('Difesa quarta'), and states that it is not true that women cause brawls and bring ruin ('Difesa quinta'). On the contrary, this is what men commonly do: 'gonfi et boriosi', arrogant and presumptuous, they demand always to be loved, and, driven by insane jealousy, they constantly attack one another, only to blame women for their own mistakes, 'credendosi così coprire

---

(Rome: Edizioni di Storia e Letteratura, 1983), pp. 41–50, and Ead., 'Doxa e paradoxa: uso e strategia della retorica nel discorso sulla superiorità della donna', *Donnawomanfemme*, 25/26 (1985), 27–38 (special issue: *Sulla scrittura. Percorsi critici su testi letterari del XVI secolo*).

[128] Maestri, 'Isabella Sori', p. 235.
[129] Daenens, 'Superiore perché inferiore', p. 15.

la loro imbecillità' (*Difese*, p. 20). Equally unfounded are the claims that women have poor oratorical skills ('Difesa sesta'), are fickle in love and driven by self-interest and opportunism ('Difesa settima'), are unable and unsuited to protect their country and bear arms, given that they are weak, shy, and fearful ('Difesa ottava'), and are not cut out for public life ('Difesa nona'). These misogynistic accusations and prejudices are refuted by resorting, as is often the case with works of the *Querelle*, to a rich number of female *exempla* that embody valour, courage, sacrifice, and abnegation. Contrary to other such works, in which figures from the ancient past are most common, Sori also quotes in the *Difese* female regents from the present or very recent past, such as Margaret of Austria (1522–1586), illegitimate daughter of Charles V, Margaret of Austria (1480–1530), aunt of Charles V, Maria of Austria (1505–1558), sister of Charles V, and Isabella Clara Eugenia (1566–1633), archduchess of Austria, daughter of Philip II, all members of the powerful Spanish ruling family.

Sori also deals with more everyday matters, including the thorny issue of the dowry, which was among the greatest financial obligations that families with daughters had to face at the time. In the *Ammaestramenti e ricordi*, she firmly proclaims that a young bride should never displease or disobey her husband, especially if she had brought to her marriage only a small dowry, or no dowry at all. In the *Difese*, by contrast, she strongly upholds the abrogation of such a custom, of this 'abuso signore', as she calls it, which impoverished the bride's family and enriched that of the groom, creating an unjust and unbalanced system:

> Non basta che una giovine sii bella e ben acostumata, e governi la casa del marito e partorischi figlioli e servi esso, senza anche portarli dote; e così grande oggidì si usa che ne restano le case de' padri loro impoverite e l'altre s'arrichiscono. Depongasi questo abuso signore. (*Difese*, p. 34)

In the social fabric of the time, marriage was a business transaction, a complex amalgam of various elements, that took into consideration, among others, 'the amount of dowry [...], political implications, social considerations, such as antiquity of lineage, friendship, neighbourhood and existing marriages alliances, and personal factors, such as age, domestic virtues, physical attributes [...] and sexual reputation'.[130] Marriage was not simply a personal matter, but was crucial to the network of alliances which underlay a family's prosperity and prospects and which, in turn, formed the fabric of the loyalties, affection, and obligation that upheld civic institutions. Sori supports the abolition of the dowry brought by the bride to the groom's family and suggests, instead, that it should be replaced with a dowry brought by the groom himself, 'non si compri

---

[130] Trevor Dean and Kate Lowe, 'Introduction: Issues in the History of Marriage', in *Marriage in Italy, 1300–1650*, ed. by Trevor Dean and K. J. P. Lowe (Cambridge: Cambridge University Press, 1998), pp. 1–21 (pp. 16–17).

col dar dote i mariti, ma comprino essi le citelle, se le vogliono' (*Difese*, p. 34): a proposal that seems to be much more than a witty rhetorical use of the paradox.

In the last three *difese*, Sori returns to the question of women's intellectual capabilities, questioning whether they are able to teach and give good advice ('Difesa decima'), and addressing the paramount issue of women's chastity and honour ('Difesa undecima'). The last *difesa*, the longest of the twelve, is dedicated to women's 'nobiltà', going back to the accusations launched against her *Ammaestramenti e ricordi*. This is where we learn that Sori's rules on conduct had been judged too brief to be effective, but at the same time too much of an inappropriate display of erudition for a young woman: 'Altri han detto che non sta bene che una donzella abbi cotanta prattica con libri sì vari e di poesia' (*Difese*, p. 41). The term 'donzella' reveals how Sori's youth and unmarried status, not yet protected by the aura of respectability granted by marriage, made her literary prowess look even more inappropriate. In the eyes of her unforgiving critics, she should not have written about conjugal life, children, or widowhood, all topics of which she had no direct experience yet, and she should certainly not have touched upon such perilous subjects as love and passion. Above all, by writing 'libri sì vari e di poesia', she had exposed herself to an excess of critical attention, making herself vulnerable to those accusations of arrogance and pretentiousness that so often accompanied displays of erudition in the female sex.

Sori's defence is the same one used in the opening pages of the *Ammaestramenti e ricordi*: she composed her works to warn other young girls against 'gl'inganni altrui' by using 'luochi buoni et citati' (*Difese*, p. 42). To consider this inappropriate would imply that it was equally inappropriate for male moralists or preachers to deal with themes of love and passion in their own treatises; Paolo Arese, Francesco Panigarola, Sabba da Castiglione, or Antonio de Guevara (all 'Monsignori', men of faith), mentioned in the *Ammaestramenti e ricordi*, would then have to be considered lascivious, too.

There is a puzzling discrepancy between the conservative, almost oppressive views upheld by Sori in the *Ammaestramenti e ricordi*, and the audacious and outspoken tone she adopts in the *Difese*. She is not alone in this respect, of course. Boccaccio's stance in the *Corbaccio* is quite different (also because of the choice of literary genre, of course) from the approach he adopts to women in *De mulieribus claris*. Lucrezia Marinelli comes across quite differently in *Le nobiltà, et eccellenze delle donne* and in the *Essortationi alle donne et a gli altri, se a loro saranno a grado*, printed in 1645, almost half a century after her defence against the venomous *I donneschi diffetti*. Here, though, the discrepancy takes a different direction: contrary to the polemical stance of her earlier work, Marinelli's later treatise offers 'essortazioni e ricordi', brimming with traditional morality and intended to promote good living for women in the name of silence and 'retiratezza'. Marinelli discourages women from devoting themselves to a life of literary pursuits, since these are mere vanity and of little consolation, urging them instead to dedicate their time and efforts to running their household and raising their children. Yet, rather than a 'palinodia, vale a dire una ritrattazione di quanto precedentemente sostenuto e scritto', the *Essortationi* are pragmatically coming to terms with 'la *communis opinio* sulla donna: dall'immaginario al contingente, dai *verba* alle *res*'.[131] Marinelli retrospectively shares her experience of life with her readers, presenting women's status in society for what it is: limited, constrained, and filled with prejudices and jealousy. The 'ricordi, overo essortazioni' she lays out with 'la quiete dell'animo, e riposo e pace del corpo' will show a different 'verità' from the one she had previously battled to present in *Le nobiltà, et eccellenze delle donne*.[132]

Sori's path of awareness follows the opposite direction to that of Marinelli: acknowledging '[l]'infelicità di molte', she intends to give her readers the means to defend themselves from 'sospizione', and to make them 'prudenti' and 'avvist[e] nei lacci del mondo' and its 'inganni'. Only subsequently is she forced to respond with the *Difese* to those, like Ambrogio Ferro, who attacked her and the female sex. But if women need defending, and if they require advice against the 'inganni' of the world, it is also because the world has become increasingly corrupt: 'Non siamo più al tempo o fusse età de l'oro, nella quale non faceva bisogno studiar tanti ammaestramenti. Ora scorrono molte malvagitadi, per difendersi dalle quali non basta il saper molt'altre suttigliezze' (*Difese*, p. 42).

The final pages of the *Difese* provide a firm and proud declaration of Sori's own right, and indeed the right of all women, to education and to making their voices heard through their writings:

> Se, dunque, come si è dimostrato, sono le donne non meno ingegnose, né men abili ad ogni sorte di virtù che gli uomini, e questi tutto giorno compongono e mandano libri in stampa, perché dovrà stimarsi ciò impossibile ad una donna qual son io? E se ognuno nasce con desiderio di sapere, perché, per avventura, non può esser nato in me più ardente che in molt'altre donne nell'età nostra? Et se essendo nato meco tal desiderio, perché non doveva a tutta mia possanza alimentarlo? (*Difese*, p. 44)

Not only do women have the right to express their talent: they have an obligation to do so, since this talent is bestowed by God and nature. She explains:

---

[131] Adriana Chemello, 'Letteratura di condotta e vita delle donne nelle opere di Moderata Fonte e Lucrezia Marinelli', in *Conduct Literature for and about Women in Italy*, ed. by Sanson and Lucioli, pp. 137–58.

[132] Lucrezia Marinelli, *Essortationi alle donne et a gli altri, se a loro saranno a grado* (Venice: Francesco Valvasense, 1645), p. 107. For an English edition, see Lucrezia Marinelli, *Exhortations to Women and to Others if They Please*, ed. and trans. by Laura Benedetti (Toronto: Iter Inc., Centre for Reformation and Renaissance Studies, 2012).

Era ragione il farlo, però non volsi mancare di quel poco che potei, per non far torto a quel talento che Iddio e la natura mi diedero. Mi diedi dunque a leggere et osservare i buoni costumi da essercitarsi, e li lasciai poscia per giovare uscire a luce, in forma di lettere, come avete visto. Nelle quali non mi procacciai molto d'insegnare il vero modo di scriver lettere, perché so che è solamente dato a ingegni più intendenti di simil professione. (*Difese*, pp. 44–45)

In protesting this right and obligation, Sori concludes her *Difese*, first by dutifully placing her *Ammaestramenti e ricordi* firmly within the intellectual tradition of her family, of her 'antecessori', all physicians and surgeons, including her father Giovanni Battista, ''l mio genitore [...] che ha già fuori quattro volumi' (*Difese*, p. 45). And then, in a final rhetorical display of magnanimity, she even goes so far as to acknowledge the usefulness of the attacks she had to endure, because they allowed her to speak 'a guadagno e onore delle donne di valore' (*Difese*, p. 45). Not only did they fail in their deplorable aim, but they led to a positive outcome. Her detractors — she implies — ultimately lost.

In an essay of 1982, Joan Kelly observed that 'earlier voices [in the *Querelle*] lacked a vision of social movement to change events [...] their concern was in consciousness [...] theirs was a battle of the pens',[133] a description that fits Sori's *Difese* perfectly. The *Difese* express awareness, yet they do not suggest alternatives to the *status quo*. Delmo Maestri drew attention to this when he wrote that Sori did not hint at 'proposte alternative o a modificazioni pratiche, per ragioni di personalità e di tempo'.[134] Nonetheless, it would be anachronistic, and unrealistic — not least because of her age — to expect that Sori would have been able to formulate proposals and offer concrete suggestions on how to change women's status. She lived in a context imbued with misogyny and prejudices, solidly sustained by a centuries-old ideological construction that blended religion, science, and the law.

Isabella Sori's writings are but a fleeting incursion into the seventeenth-century literary scene. Yet they are a precious document of a woman's life in a long-lost era, as well as of a local 'battle' waged by a young woman armed with a pen (a quill, rather), and above all, with pride and dignity. The armed Pallas Athena symbolizes the learned woman who is assailed by the ingratitude and the 'malvagitadi' of men, but who nonetheless remains well aware of her worth and her duty. This is the destiny that women always have to face: they constantly have to 'star armate e difendersi' and perfect a form of 'dissimulazione onesta'. They have to re-interpret 'sprezzatura', the quality that the perfect courtier and the perfect 'donna di palazzo' must possess, and apply it in their everyday life in a provincial town, far from the bustle and the flurry of life at court.

---

[133] Joan Kelly, 'Early Feminist Theory and the "Querelle des Femmes", 1400–1789', *Signs*, 8.1 (1982), 4–28 (p. 6).
[134] Maestri, 'Isabella Sori', p. 235.

In Praise of Alessandria: The *Panegirico*

The third treatise, the *Panegirico* (Fig. 7), engages with another literary genre that had numerous antecedents from the ancient times, the Middle Ages, and the Renaissance: the encomium, here specifically aimed at presenting the history and geographical position of a city by exalting its beauty, in terms of landscape or architecture, and, of course, the merit and worth of its inhabitants.[135] Acknowledging her limits, 'benché la mia professione non sia d'istorico, né manco di troppo culta scrittrice', Sori embarks upon this enterprise out of 'amor della patria' (*Panegirico*, p. 47). Her approach is partly historical and partly descriptive. She presents Alessandria mostly through her own eyes, resorting to fewer literary sources than we find in her previous texts. She draws most heavily upon the *Historia delle antichità di Milano* by Paolo Morigia, the *Historia d'Italia* by Guicciardini, and the six books of the *Raccoglimento di nuova historia dell'antica città di Tortona* by Nicolò Montemerlo. The *Panegirico* is, however, dominated by a more personal voice, and characterized by a liveliness and lightness of style that distinguish it from the *Ammaestramenti e ricordi* and the *Difese*, two texts that are heavier in tone and style, partly because of their nature and content, and partly because of the fact that Sori so often resorts to past authorities, both literary and non-literary, to support her observations. In the *Panegirico*, Sori does not need to justify what she sees and writes, and Alessandria acts as a noble background, as a 'fecondissimo giardino' to the 'nobilissime piante del mascolino e donnesco sesso' (*Panegirico*, p. 47), the illustrious men and women, who adorn it.

Intriguingly, as we shall see in the footnotes to the edition, some parts and sentences of the *Panegirico* present some clear similarities, if not word-for-word correspondences, with another work on Alessandria, *L'Alessandrina Tetracty overo La Quatternità d'Alessandria cioè Alessandria descritta, annalliggiata, illustrata, e celebrata*, by the historian Giuliano Porta, published in 1670, and which, by Porta's own admission right from the title, is an '[o]pera da vari auttori estratta'. As we saw earlier, Porta indeed praises Isabella Sori both in his *L'Alessandrina Tetracty* and his *Esemplari, e simolacri*, and perhaps in composing his encomium of Alessandria he drew directly from hers (unless, of course, Sori and Porta shared an earlier common source).

Despite the inevitably idealized presentation of the city, the *Panegirico* is, in

---

[135] We can think of *De magnalibus urbis Mediolani* by Bonvesin dalla Riva or the *Laudatio Florentine urbis* by Leonardo Bruni, or the short encomiastic description of Urbino in the opening pages of the *Libro del Cortegiano*. On this literary genre, see, for example, Antonio Stäuble, 'Due panegirici di città tra Medioevo e Rinascimento', *Bibliothèque d'Humanisme et Renaissance*, 38.1 (1976), 157–64; Ignazio Tantillo, 'Panegirici e altri 'elogi' nelle città dell'impero tardoantiche', in *Dicere laudes: elogio, comunicazione, creazione del consenso. Atti del convegno internazionale, Cividale del Friuli, 23–25 settembre 2010*, ed. by Gianpaolo Urso (Pisa: Edizioni ETS, 2011), pp. 337–57.

itself, a valuable historical document. Interestingly, the creation of Alessandria, in the year 1168, is described through a 'gendered' lens, recalling how from its very origin the city had a special debt towards the female sex. Quoting Morigia, Sori points out that it had been founded with the help of the Milanese, and especially of the Milanese women, who had sold their jewels to fund its construction. Alessandria is the ideal city, of course, with its courageous and industrious citizens, besides being a strategic centre thanks to its position, continually expanding and developing, a city of art and commerce, adorned by noble and illustrious families. Its buildings, palaces, many churches, convents, and monasteries all provide evidence of its religious devotion, while its hospitals and luscious gardens, and the presence of the Accademia degli Immobili (erroneously presented in the text as 'Accademia degli Ignobili'), and the 'Collegio dei Giureconsulti', 'Collegio dei Notai', and 'Collegio dei Medici', place it on a par with other Italian cities. The chorography of Alessandria is defined by the presence of the river Tanaro and the bridge that crosses it, of the forty watermills powered by its waters, by its fortifications, its city walls, moats, terrepleins, and the garrisons of soldiers stationed for its defence. The city's wide stretch of vegetable gardens is fertile, producing fruits and vegetables, pastures, and forage: everything is 'colto e fecondo, e pieno di belle abitazioni e d'inargentati rivoli' (*Panegirico*, p. 54). Alessandria is, like Plato's ideal city, of average size, not too big, not too small, a perfect example of *ne quid nimis*, the Aristotelian golden mean.

But the real treasure of Alessandria is, of course, its inhabitants: 'gli abitatori sono cortesemente splendidi' (*Panegirico*, p. 55). They are 'ben allevati', and show a 'certa modestia et amorevolezza di creanza', that same 'creanza', that same ability to adopt the appropriate mode of conduct at the appropriate moment — according to different circumstances and to the people one interacts with — that recalls the 'grazia' of courtiers and courtly ladies, gentlemen and gentlewomen, of the *Cortegiano* and the *Civil conversatione*. And with reference to its inhabitants, the text offers precious remarks on contemporary everyday life: men dress in black and women wear long dresses, 'quanto si può alla spagnola' (*Panegirico*, p. 56). The inhabitants of Alessandria are, intriguingly, 'molto accorti et assai dissimulano e si vendicano, benché tardi, dell'offese ricevute' (*Panegirico*, p. 57): is this not the same art of dissimulation that Sori herself is teaching her female readers in the *Ammaestramenti e ricordi*? The women of Alessandria, we read, reflect in their behaviour the nobility of their husbands (and vice versa): 'Non stanno alle fenestre, né su le porte, né vanno, se non per occasione di qualche sposa, a' convitti, né a balli, ma sì volontieri si trovano agli sermoni, alle dottrine' (*Panegirico*, p. 57); that is to say, they embody that same female model of domestic and virtuous conduct that Sori expounds for the benefit of her female readers in her treatise.

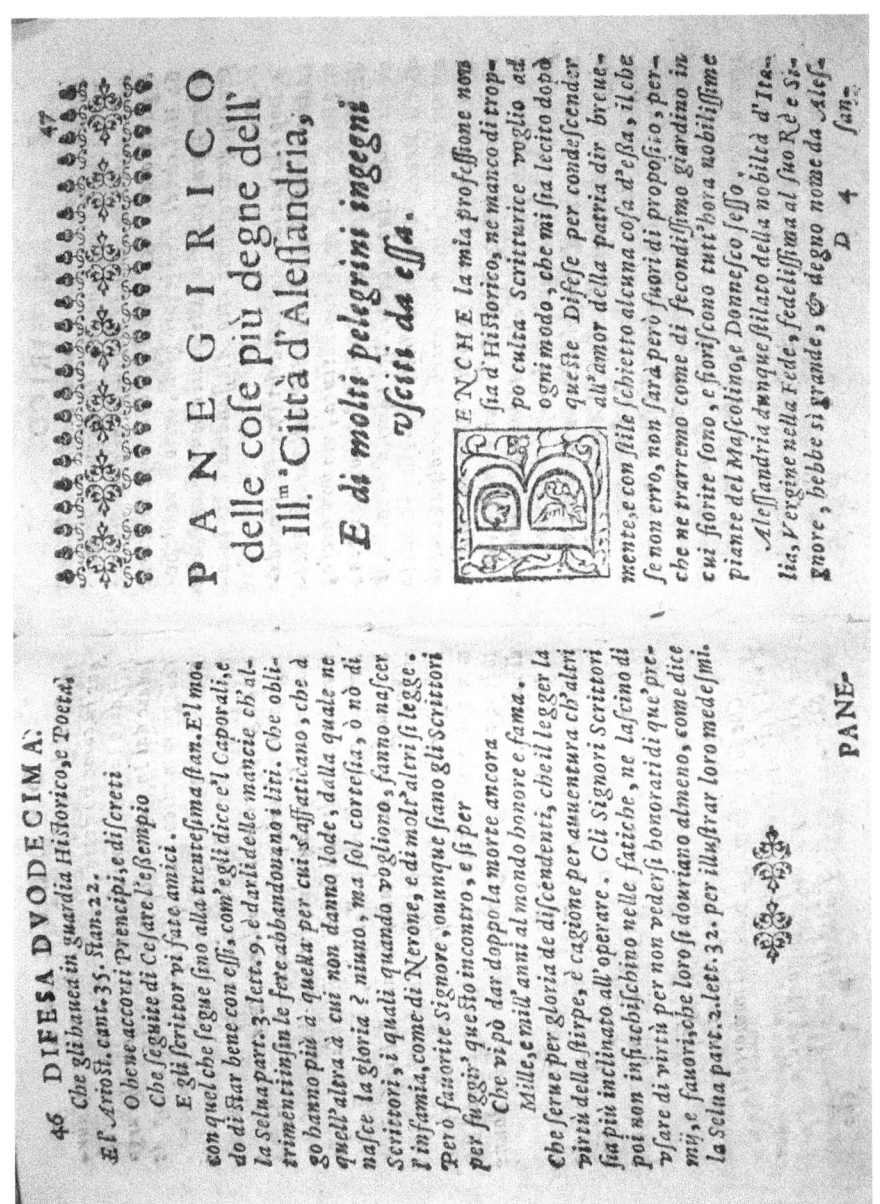

FIG. 7. Isabella Sori, *Panegirico delle cose più degne dell'illustrissima città di Alessandria, e di molti pelegrini ingegni usciti da essa*, p. 47. In the third of her treatises, Sori engages with the encomiastic genre, exalting the city of Alessandria, as well as the merit and worth of its inhabitants.

Sori's praise of the city of Alessandria gradually becomes praise of its illustrious men and women, another popular literary genre of the time.[136] After a seemingly endless list of names of nobles and dignitaries, 'mastri di campo' and captains, cardinals, and popes, who, with their name and reputation, their feats and achievements, promote and glorify their birthplace, attention is given to illustrious female figures, starting with Sori's own aunt, Caterina Sori. She is included in the catalogue of prominent women who were either daughters, sisters, wives, or widows of renowned male figures. These women's identity is validated by a male line, their 'illustriousness' is linked to their status and social class as daughters of 'uomini illustri', and their achievements consist essentially in having been able to marry well, in terms of their husband's reputation, wealth, or social class. They are pawns in a strategic and complex web of connections for the social and economic advancement of individual families, within a closed system whose perpetuation relied on carefully devised marriage alliances.

Here again the historical details, the precise information on family relations and connections, on complex genealogies, past and present, on titles and dignities among the nobility, the army and the clergy, suggest a reliable source close to Sori who could provide her with the necessary facts and minutiae for her 'who's who' of the city of Alessandria, information with which she could hardly have been *au fait* to that extent without some help. The encomium of prominent figures, a delicate enterprise, could only have been effective, of course, if the names and facts woven into the text were accurate.

The celebration of illustrious local women then extends to include some noble and well-to-do women of Pavia, perhaps a tribute encouraged and facilitated by the printer, Magri, who was himself from this city. And in the closing pages of the *Panegirico*, we also find two cryptic references (the uncertain syntax no doubt contributing to the lack of clarity on this point) to the fact that Sori might have composed or intended to compose another work in praise of notable women, of Alessandria and then Pavia:

> Il poco che se n'è detto può destar in altro miglior ingegno desiderio di
> lodarle più lungamente in altra occasione, però che mi vo apparecchiando,
> spero di sodisfar ad altre, che ora paiono oscure e dimenticate, che
> con maggior gloria loro e de' discendenti si vedranno, se si lascieranno

---

[136] There are a number of works written in praise of illustrious women that might have provided inspiration for Sori's own. Besides Boccaccio's *De mulieribus claris*, in the vernacular translation with an 'aggionta' by Giuseppe Betussi, there are also the eulogies of illustrious women included in the *Dialogo* [...] *della nobiltà delle donne* (1545) by Dolce, and the *Oratione* [...] *in lode delle donne* by Piccolomini, as well as Canto XLVI in Ariosto's *Orlando furioso*, the *Donneschi trofei* [...] *ad honore delle donne cortesi, benigne e saggie* (1612) by Antonio Maria Spelta, and the final discourse 'sopra la nobiltà delle donne' in Garzoni's *Le vite delle donne illustri della Scrittura Sacra* (1586), all works mentioned in Sori's *Ammaestramenti e ricordi*.

intendere di una in una ornate di quello che per particolari atti di virtù si doverà. (*Panegirico*, p. 55)

E penso certo bene, per essere loro signore, come altre di Pavia delle quali in altra mia fatica menzion è, degne che se ne scriva non poche parole in carta, come ho fatt'io. (*Panegirico*, p. 68)

To the best of our knowledge, no further writings by Sori have survived. Whether hers was a wish, an intention, or an actual reference to something already written, her work is lost to us: the closing of the *Panegirico* guards another unsolved mystery.

Language and Style in Sori's Writings

In the preceding section, we mentioned Sori's less than transparent syntax. Her use of language is indeed uncertain, and not altogether clear at times. It betrays her limited familiarity with the literary vernacular, in terms of orthography, morphology, and syntax, and her vocabulary seems to reflect at times regional and dialectal features, and presents forms that are not documented elsewhere. If we interpret the language of her writings as an indication of her level of instruction, there is an obvious inconsistency between the rich array of works she seems to have read and her familiarity with the literary vernacular. But reading the literary vernacular supposedly with ease would not necessarily have amounted to being able also to write it with fluency and correctness. It does not help that the typesetter of Sori's work does not appear to have been very attentive: the text is 'tipograficamente piuttosto scorretto'.[137] It is possible that these inaccuracies were already present in her own handwritten text, and are therefore indicative of her own uneasiness and limited familiarity with the literary vernacular, only then to be reproduced in the work printed by the typographer. Equally, it may be the case that these mistakes were introduced at a later stage by the typographer himself, perhaps as a consequence of undue haste or carelessness. In either case, the linguistic inaccuracies are an obstacle to a straightforward understanding of the text. In the absence of other printed works or handwritten documents by Sori, the question has no definitive answer. Hence, in preparing this modern edition of her writings, relatively conservative criteria have been adopted for transcription, to ensure that the text is as accessible as possible, while also seeking to preserve what is possibly Sori's own language, without imposing excessive embellishments or corrections. Sori herself was well aware of her linguistic limitations and in the *captatio benevolentiae* in the first pages of the *Ammaestramenti e ricordi* she draws her readers' attention to this fact:

---

[137] Maestri, 'Isabella Sori', p. 225. The typographical errors are particularly present in the *Ammaestramenti e ricordi* and in the *Difese*, and less so in the *Panegirico*.

> Né, come giovine che facilmente erra, neanche mi biasmino se, e nell'ortografia e ne' vocaboli, et in alcune altre cose, verrò a mancare, perché, se nol sanno, quando lo spirito si affatica in cose difficili et varie, non può giuntamente affaticarsi nelle parole con tutta perfezione. (p. 5)

In the 'Lettera prima' of the *Ammaestramenti e ricordi*, which, as we saw earlier, might contain, at least in part, some autobiographical information concerning the kind of education Sori had received and her initial studies, we also read that the young girl should use Tuscan in her writings rather than expressing herself in the local spoken vernacular, 'nel modo che si parla' (*Ammaestramenti e ricordi*, p. 11). When speaking, 'il parlare può esser all'uso del paese delle ben allevate, però di dove la persona si trova', whereas 'lo scriver vuol esser quale dico' (*Ammaestramenti e ricordi*, p. 11), that is, literary Tuscan. Sori candidly admits that she is nonetheless unable to put this piece of advice into practice, acknowledging her inadequate knowledge of the literary language: 'io nol so così prontamente fare' (*Ammaestramenti e ricordi*, p. 11).[138]

Besides the language, some of the stylistic choices add to the obscurity of parts of the text. As mentioned earlier, the *Ammaestramenti e ricordi* is structured as a series of twelve letters written by a mother for the benefit of her daughter. But this narrative device is not always consistently implemented throughout the text, causing occasional confusion in understanding whose voice is 'speaking'. The text is constructed in such a way that the advice it contains is simultaneously meant for multiple addressees: there is the voice of the author who addresses her readers, both young girls (like Sori herself) and mothers (as well as, at times, her own detractors), alongside the voice of the fictional mother who 'speaks' to her daughter. At times these voices merge and overlap. We can compare, for instance, the beginning of the *Lettera quarta*, in which we find a warning addressed to the mother: 'Certificata la madre per gli antecedenti segni la figlia esser invescata, deve se tal affezione non è lecita, pigliarla da sola e dirli: "Figlia, io conosco il tuo pensiero"' (*Ammaestramenti e ricordi*, p. 28), with that of the *Lettera quinta*, where we find an exhortative imperative directed at the young girl by the fictional mother: 'Per fuggir dunque di sentir scintille simili, dovrai quantunque qualche parte di bello in te conoschi lasciar di rendertene pomposa e vaga [...] E per non averne occasione, dovrai considerare che...'

---

[138] The relationship between women, the spoken vernacular, and the literary language is a complex one: a number of recent studies have focused on the issue and analysed it also within the general debate of the *Questione della lingua*, which has had (and still has) a central role in the Italian linguistic and literary tradition. Considering the implications of the *Questione* across social classes, it is not surprising to find a reference to this issue in the *Ammaestramenti e ricordi*. See on this Helena Sanson, *Women, Language and Grammar in Italy, 1500–1900* (Oxford: Oxford University Press for the British Academy, 2011), in particular chapters 1 and 2, but also Ead., '"Orsù, non più Signora, [...] tornate a segno": Women, Language Games and Debates in Cinquecento Italy', *Modern Language Review*, 105 (2010), 103–21.

(*Ammaestramenti e ricordi*, p. 36), and with the *Undecima* which again adopts the narrative device of the epistolary form:

> Io ti ho, figlia, con buoni avisi fatto sapere come a governare t'hai di stato in stato. Resta ora per pian compimento che ti venga dimostrando come, per mantenerti in buon nome, senza esser punta da male lingue, a regger t'hai in essi. (*Ammaestramenti e ricordi*, p. 65)

The filter of the fictional discourse between mother and daughter is intended to relieve Sori of the weight of an openly prescriptive stance and to reduce the intensity of what would otherwise have been a heavily didactic treatise, although admittedly the changes in perspective throughout the text tend to hinder its flow.

The historical value of Sori's observations can also be seen in her remarks regarding the actual process of writing letters, in the sense of composing and presenting the letter itself. One must read the letter several times to make sure there are no mistakes, adapting the style to its recipient, which in practice meant 'scriver breve e parole sciolte, scrivendo a persona inferiore' and 'se a maggiore, ove si abbia a supplicare, lice alcuna volta farle più lunghe, ma che non eccedano la debita longhezza, e le parole ornate, ma non sempre sentenziose, ché non sia stimato un parlar per machina, né oscure, ché non siano più tosto ammirate che lette' (*Ammaestramenti e ricordi*, p. 11). In familiar letters, one should neither employ 'molti affettati detti', to avoid coming across as insincere, nor adopt a style which is so laconic that it becomes dry. This is once again the principle of the *ne quid nimis*. Even the balance between the space that is left empty and the space that is occupied by the written words on the page itself matters, as it is meant to reflect the hierarchical social relationship between the author and the addressee of the letter. The same hierarchy is also embodied in the type of opening and closing courtesy formulas that one needs to use, and which could be learnt (as perhaps Sori herself had done) from manuals such as Benedetto Pucci's *L'idea di varie lettere usate nella segretaria d'ogni principe, e signore con diversi principii concetti e fini di lettere missive pronti da servirsene a luogo, e tempo* (1608), or Francesco Cresci's *Essemplare di più sorti lettere* (1560). 'Creanza' in everyday life also implies 'creanza dello scrivere', as we might call it, that is, re-reading and re-checking a text to make sure that it contains no mistakes and that it is well presented. It is a way of disciplining the process of writing, which is another aspect of the wider process of civilization: 'Avertendo ne l'ortografia di far nel fine del concetto punto fermo, e poi cominciar, volendo seguitare a scrivere, con lettera maiuscola, alquanto lontano da quello e altre che tralascio diligenze che in ciò bisognano' (*Ammaestramenti e ricordi*, p. 12). The 'Pallade armata di penna' which Sori describes in her *Difese*, and which she herself embodies, should not only know *what* to write to defend herself against her critics, but also know *how* to put her thoughts on paper, in terms of language, form, and presentation.

If the *Ammaestramenti e ricordi*, the *Difese*, and the *Panegirico* cannot compete, as we saw earlier, with other works of this kind in terms of structure and content, their interest and originality are nonetheless self-evident. Not even the dense and continuous learned citations can mute the voice of Isabella Sori, which, page after page, offers us a glimpse of her world and her time. The echo of her indignation in the face of the prejudice, malice, and ignorance she had to face because she was a woman still vividly resonates for us centuries later.

One day, perhaps, we might be able to learn more about the woman behind the echo.

NOTE ON THE TEXT

A. Printed Editions

This edition reproduces what is, to the best of my knowledge, the only surviving copy of the only printed edition of Sori's texts. It is held in the Biblioteca Civica Aprosiana in Ventimiglia (Invent. 3609).[1]

The work consists of three texts, the *Ammaestramenti e ricordi* (in twelve letters) and the *Difese* (also twelve), followed by the *Panegirico*, with a first common title page, and then a separate title page for the *Difese* and the *Panegirico*. The *Ammaestramenti e ricordi* and the *Difese* have separate foliation (and pagination). The *Difese* and the *Panegirico* have continuous foliation (and pagination).

1) *Ammaestramenti e ricordi*

Fol. A1^r: AMMAESTRAMENTI | e ricordi, | Circa à buoni costumi, che deue insegna= | re vna ben creata Madre, ad vna figlia, | da Citella, d'Accasata, e da Ve= | doua, accioche sia honesta; | *Corretti & accresciuti, e del vestire, e dell'=* | *Imprese più lecite, ne gli stati sudetti;* | Diuisi in dodeci Lettere, | da Isabella Sori | Alessandrina. | Con vna particolare aggionta di dodeci Difese, | fatte contro alcuni sinistri giudicij, | fatti so= | pra de gli medemi Ammaestramenti, | e del sesso Donnesco; | *E nel fine vn Panegirico delle cose più degne dell'Illu=* | *strissima Città d'Alessandria; Et di molti* | *pelegrini ingegni vsciti da essa.* | [printer's mark] | In Pavia, MDCXXVIIII | Appresso Gio. Maria Magro, | Con licenza de' superiori. | [ornamental border on 4 sides of the page]

Colophon, fol. F4^v: no actual colophon, but line 24, Il fine delle Lettere. |

Printer's mark on the title page: winged cupid sitting in a shell. See *Edizioni pavesi del Seicento 1631–1700*, ed. by Luisa Erba, Elisa Grignani, and Carla Mazzoleni (Milan: Cisalpino, 2003), plate n. 92, p. 413.

Collation: 8°: A^4 [$2 signed] B–E^8 [$4 signed] F^4 [$2 signed]; 40 fols, 80 pages, pp. [2] 3–80.

Content: A1^r: title: A1^v: blank; A2^r: [ornamental border] | Alla Molto Illustre Signora, & | Padrona mia Colendiss. | La SIGNORA PRVDENTIA | ORIGONI, | picenardi. | D^6 *Isdicevole non poco sarebbe, che* | A2^v, line 19: *Gio. Maria Magro.* | A3^r: [ornamental border] | Alle honorate Donne. | T^6 rà le volgari Prose (à consola- | A3^v: line 19: se. | [ornament] | A4^r: *TAVOLA* | *Delle lettere che si contengono nel* | *presente Libretto.* | D^3: El modo, che deue tener la madre

---

[1]   Shelfmark omitted upon request of the Biblioteca Civica Aprosiana.

nel alleuar la- | A4^V, line 33: Il fine della Tauola. | B1^r: [ornamental border] DEL MODO CHE DEVE TENER | la Madre nel allevar la fanciulla fino al | decimo anno. E le virtù che se gli | deuono far imparare. | LETTERA PRIMA. | E^6: PRECETTO di Poclide Poe- | F4^V, line 24: Il fine delle Lettere.

Running title: LETTERA | PRIMA. | [SECONDA.] [TERZA.] [QVARTA.] [QVINTA.] [SESTA.] [SETTIMA.] [OTTAVA.] [NONA.] [DECIMA.] [VNDECIMA.] [DVODECIMA.]

Catchwords: A4^r Tavo- B8^r tione C8^r pesata D8^r Soglion E8^r ò azu- F4^r bellez-

Layout and Types: Dedicatory letter (A2^r–A2^V, pp. 3–4): ornamental border, address of 5 lines, 12 lines of text (A2^r, p. 3), 16 lines of text and 3 of closing and signature (A2^V, p. 4), 61 × 77 mm (A2^V); 'Alle honorate donne' (A3^r–A3^V, pp. 5–6): ornamental border, 22 lines (A3^r) and 19 lines decreasing progressively in width from line 9, 78 × 77 mm (A3^V, p. 6); 'Tavola delle lettere che si contengono nel presente libretto' (A4^r, p. 7), 117 × 76 mm and 'Tavole delle difese' (A4^V, p. 8), 117 × 76 mm; Main Text (B1^r–F4^V, pp. 9–80): ornamental border, 5 lines, followed by 16 lines (B1^r, p. 9); normally 29 lines, 117 × 76 mm (B1^V, p. 10); B1^r, ornamental border, 16 lines; C2^r, 21 lines followed by an ornament; C3^r, erroneously numbered A3^r; C8^V, 26 lines followed by an ornament; E5^r, 20 lines decreasing progressively in width from line 14, followed by an ornament; F4^V, 23 lines. Italic 81 (A2^r–A2^V, pp. 3–4); roman 81 (A3^r–A3^V, pp. 5–6); roman 66 (A4^r, p. 7); roman 66 (A4^V, p. 8); italic 81 (B1^r–F4^V, pp. 9–80).

2) *Difese* (and *Panegirico*)

Fol. A1^r: DIFESE | DELLA MEDESIMA | ISABELLA SORI | ALESSANDRINA, | Contra alcuni giudici sopra de gli Am- | maestramenti dei lei, e del sesso don- | nesco, sinistramente fatti, | *E nel fine un Panegirico come hò detto nel* | *Frontispicio delle Lettere.* | [vignette] | IN PAVIA, MDCXXVII. | APPRESSO GIO MARIA MAGRO | CON LICENZA DE' SUPERIORI. | [ornamental border on 4 sides of the page]

Colophon, fol. E8^r: | [ornament] | Stampato in Pauia, per Gio. | Maria Magro, l'anno | M.DC.XXVIII. | *Con licenza de' Superiori.* |

Vignette on the title page: engraving depicting scene from Pulci's *Morgante*, with a seated figure in armour (Morgante) holding an iron mace in his left hand, and with presumably Margutte standing and watching a monkey putting on his boots.

Collation: 8°: A^4 [$2 signed] B–E^8 [$4 signed]; 36 fols, 72 pages, pp. [2] 3–71

Content: A1^r: title; A1^V: blank; A2^r: [ornamental border] A chi è per leggere. | S^7 Timano molti, che non si | A3^V, line 22: ti. [ornament] | A4^r: [ornamental border] CHE MOLTI HVUOMINI ASSICV- | rati nella benignità delle Donne, osano | mormorare di esse, cose contro 'l vero, | DIFESA PRIMA. | N^6 ON si tosto comparuero al mondo | D3^V, line 25: *la Selua part. 2. lett. 32. per illustrar loro medesmi.* | [ornament] | D4^r: [ornamental border] | PANEGIRICO | delle cose più degne dell' | Illma Città d'Alessandria, | *E di molti pelegrini ingegni* | *vsciti da essa.* | B^6 ENCHE la mia professione non | E7^v, line 30: IL FINE. |

Running title: B1^r: DIFESA PRIMA; B1^r–D3^v: DIFESA | PRIMA [SECONDA.] [TERZA.] [QVARTA.] [QVINTA.] [SESTA.] [SETTIMA.] [OTTAVA.] [NONA.] [DECIMA.] [VNDECIMA.] [DVODECIMA.]; D4^r–E7^v: PANEGIRICO. | PANEGIRICO.

Catchwords: A4^r come B8^r ma C8^r hò D8^r che E7^r quel

Layout and Types: 'A chi è per leggere' (A2^r–A3^v, pp. 3–6): ornamental border, address of 1 line and 22 lines (A2^r, p. 3), 29 lines 117 × 76 mm (A2^v, p. 4), and 22 lines progressively decreasing from line 13 (A3^v, p. 6), followed by an ornament; Main Text (A4^r–D3^v, pp. 7–46): ornamental border, 4 lines, followed by 18 lines (A4^r, p. 7); normally 29 lines, 117 × 76 mm (A4^v, p. 8); B5^r (p. 17): 25 lines, followed by an ornament; C8^v (p. 46): 25 lines, followed by an ornament; 'Panegirico' (D4^r–E8^v, pp. 47–[72]): ornamental border, 5 lines, followed by 14 lines (D4^r, p. 47), 29 lines 117 × 76 mm (E1^r, p. 57). Roman 82 (A2^r–A3^v, pp. 3–6); italic 81 (A4^r–D3^v, pp. 7–46); italic 81 (D4^r–E8^v, pp. 47–[72]).

Copies examined

ITALY
Biblioteca Civica Aprosiana (Ventimiglia) (Invent. 3609).

B. Transcription Criteria

The following criteria have been adopted in transcribing the text:

1) Accents, apostrophes, capital letters, and inverted commas have been regularized to follow standard modern usage. Punctuation has been modified in order to facilitate comprehension of the text.

2) Abbreviations have been expanded, e.g.: *V. S.* > *Vostra Signoria*; *Quev.* > *Quevara*; *Torq.* > *Torquato*; *cap.* > *capitolo*; *lett.* > *lettione*; *lib.* > *libro*; *M.* > *Monsignor*; *sig.* > *signor.*

3) *&* has been rendered by *et*; *et* and *e* have been kept as in the original.

4) *u* and *v* have been distinguished according to modern usage.

5) Spellings using the etymological and pseudo-etymological *h* have been regularized to follow standard modern usage, e.g.: *choro* > *coro*; *havuto* > *avuto*; *honestà* > *onestà*; *heroico* > *eroico*; *Homero* > *Omero*; *Thipatia* > *Tipatia*. The Latinism *annihilato* has been preserved.

6) The etymological cluster –*bs*– has been rendered as –*ss*–, e.g. *absenza* > *assenza*; and –*mn*– as –*nn*–, e.g. *calumnie* > *calunnie.*

7) *–ph–* has been replaced with *–f–*, e.g. *Sapho > Safo.*

8) *x* has been replaced by *s*, e.g. *Xenofonte > Senofonte.*

9) Words that presented the consonant *q* followed by the vowel *u* have been regularized to follow standard modern usage, e.g. *Merqurio > Mercurio*; *aquetar > acquetar; aquista > acquista.*

10) The plural *-ij* has been replaced with *–i* (except in *tempij > tempii*).

11) Variations between single and double consonants have been kept (e.g. *faci/facci*). The use of single and double consonants has also been preserved in those instances when the text does not follow Tuscan usage. The single/double consonants could be the result of typos on the part of the compositor, but might also be the result of linguistic indecision, of hypercorrection (e.g. *dotti* for *doti*), or the result of northern influence (e.g. *tropi, coli*).

12) Variations in the forms *Quevara/Guevara* and *Ghimonda/Gismonda* have been kept.

13) Word boundaries have required different solutions:

(a)   Words composed with *che* which did not require phono-syntactic doubling have been transcribed as one word with the accent on the final syllable (*nonché, tuttoché, oltreché*). The forms *accioche* and *percioche* have been transcribed as *acciò che* and *perciò che.*

(b)   The forms *sopra tutto* and *né meno* did not present syntactic doubling in the text, and have therefore been kept as two words. The form *ne anche* has been transcribed as one word, *neanche.*

(c)   *All'hora* and *tutt'hora* have been transcribed as *allora* and *tuttora.*

(d)   *Hoggi dì* has been transcribed *oggidì.*

(e)   *In vece, in fine, in somma, per tanto, non ostante* have been transcribed as one word: *invece, infine, insomma, pertanto, nonostante.*

(f)   The forms *el* and *ol*, i.e. the conjunctions *e* and *o* followed by the aphaeretic article in the masculine singular form, have been transcribed as *e 'l* and *o 'l.*

(g)   The forms *co 'l* and *no 'l* have been transcribed as *col* and *nol.*

(h)   Articulated prepositions have been transcribed as one form in the case of separate prepositions followed by masculine plural articles. Prepositions followed by singular or plural feminine articles have been kept as in the original, i.e. as separate words. Those that presented a consonantal doubling have been kept unchanged. Cases such as *al ottavo* (p. 10), *del anima* (p. 10), *nel ortografia* (p. 12) have been transcribed as *a l'ottavo, de l'anima, ne l'ortografia.*

14) The sequences *–ti–* + vowel and *–tti–* + vowel have been rendered by *–z–* or *–zi–* when this is the modern form (e.g. *affettione > affezione; perfetione > perfezione*). The endings *–antia* and *–entia* have been rendered by *–zia*, as this could be a deliberate choice of a learned form on the part of the author. Alternations in forms such as *prudenza/prudenzia* have been kept. *–ci–* has been kept in the case of Latinisms (e.g. *giudicio; supplicio*).

15) The original spelling of titles of works cited by the author in the text has been maintained, except for *u* and *v*, which have been distinguished according to modern usage.

C. Emendations

The text has been emended as follows:

Ammaestramenti e ricordi

p. 4 *menere > menare*
p. 5 *servito > servita*
p. 7 *inescata > invescata*
p. 12 *inveci > invece*
p. 15 *ritirarsi > ritirarti*
p. 15 *digntià > dignità*
p. 15 *alla pari > alle pari*
p. 15 *filastocherie > filastrocherie*
p. 16 *stropicar > stropiciar*
p. 18 *appressarti > appressarsi*
p. 19 *bena > bene*
p. 19 *ragionemanto > ragionamento*
p. 21 *devi > deve*
p. 21 *suo > tuo*
p. 23 *quanto > quando*
p. 25 *en > in*
p. 29 *consapevole > consapevoli*
p. 30 *seniore > sentire*
p. 36 *Imp.persona > in persona*
p. 37 *perderti > perdersi*
p. 40 *pianella > pianelle*
p. 43 *entrato > entrata*
p. 47 *risolversi > risolverti*
p. 55 *sano > sanno*

p. 56 *ed > ad*
p. 62 *biaggio > biggio*
p. 63 *ad > ed*
p. 64 *longa stuzia > longa astuzia*
p. 64 *con > non*
p. 66 *pian > pien*
p. 66 *frangenzia > fragranzia*
p. 69 *sbafati > sbofati*
p. 69 *tilati > tirati*
p. 70 *sbafando > sbofando*
p. 70 *cilella > citella*
p. 74 *biaggio > biggio*
p. 77 *significata > significa*
p. 78 *chinar > chiamar*

Difese

p. 3 *Ariost. > Aristotele*
p. 4 *e > a'*
p. 5 *occasione > occasioni*
p. 9 *risponde > rispondo*
p. 11 *Il > In*
p. 12 *lontani > lontana*
p. 12 *che > chi*
p. 14 *un > non*
p. 16 *leggiardo > leggiadro*
p. 16 *Tipazia > Ipazia*
p. 16 *mogile > moglie*
p. 16 *Creti > Cereti*
p. 21 *con torti > conforti*
p. 21 *Cersila > Cresila*
p. 21 *Gottilile > Gottilde*
p. 23 *efficia > efficacia*
p. 23 *essebì > essibì*
p. 23 *con > co'*
p. 24 *Bergagli > Bargagli*
p. 27 *pompe > poppe*
p. 29 *lo > la*
p. 30 *Ruona Lombarda > Buona Lombarda*
p. 31 *milanese > milanesi*
p. 32 *Pitodara > Pitadora*
p. 33 *potuto > potuti*

p. 34 *cosa > casa*
p. 35 *consiglieri > consigli*
p. 36 *timore > timone*
p. 36 *Troiano > Traiano*
p. 36 *Platina > Plotina*
p. 37 *soi >suoi*
p. 41 *praecipiat > praecipies*
p. 44 *solo > sono*
p. 45 *scritturici > scrittrici*

Panegirico

p. 49 *forsi > farsi*
p. 49 *regalate > regolate*
p. 49 *Mozio > Moizio*
p. 52 *longo > longa*
p. 54 *lodato > lodata*
p. 60 *Heretino > Aretino*
p. 61 *presidenti > precedenti*
p. 62 *Passobrio > Massobrio*
p. 63 *la > le*
p. 66 *deprino > deprimono*
p. 67 *meritevole > meritevoli*

The following changes have also been introduced:

Ammaestramenti e ricordi

p. 11 *buone lettere e > buone lettere*
p. 16 *di stropicar > stropiciar*
p. 19 *dire o male > dire male*
p. 22 *darle busse o per ogni poca > darle busse per ogni poca*
p. 77 *della grandezza o come sopra > della grandezza come sopra*
p. 79 *ove disse, d'Olimpia parlando, disse > ove disse, d'Olimpia parlando,*

Panegirico

p. 55 *et, per lo più parlando, et > et, per lo più parlando,*

References to classical Greek and Latin authors are all to the Loeb Classical Library (Cambridge, MA: Harvard University Press), unless otherwise specified. Biblical references are to the *Revised Standard Version Catholic Bible*.

Reference editions for quotations from Italian literary classics are listed in the bibliography.

Words marked with an asterisk (*) are included in the glossary.

AMMAESTRAMENTI E RICORDI,
circa a' buoni costumi che deve insegnare una ben creata madre ad
una figlia, da citella, d'accasata e da vedova, acciò che sia onesta.
Corretti et accresciuti, e del vestire e dell'imprese più lecite negli
stati sudetti. Divisi in dodeci lettere, da Isabella Sori alessandrina.
Con una particolare aggionta di dodeci *Difese*, fatte contro alcuni
sinistri giudicî, fatti sopra degli medemi Ammaestramenti e del
sesso donnesco. E nel fine un *Panegirico* delle cose più degne
dell'illustrissima città d'Alessandria. Et di molti pelegrini ingegni
usciti da essa.

In Pavia, MDCXXVIII

Appresso Giovanni Maria Magro.
Con licenza de' superiori

[p. 3] ALLA MOLTO ILLUSTRE SIGNORA ET PADRONA MIA COLENDISSIMA, LA SIGNORA PRUDENZIA ORIGONI PICENARDI.[1]

Disdicevole non poco sarebbe che questo sì vago et sì ameno giardino degli *Ammaestramenti, Ricordi, Difese*, et *Panegirico*, fabricato nel basso terreno della mia stampa, per opera della non mai a bastanza lodata et virtuosissima signora Isabella Sori alessandrina, non meno di ben mille fiori di vari concetti et sentenziosi detti adorno, di quello sia di morali et utili frutti tutto ripieno, dovesse, comparendo nel teatro del mondo, esporsi senza siepe ad evidente et [p. 4] manifesto pericolo d'essere dall'altrui invidioso livore mal concio et peggio trattato.

Onde, servitore cordialissimo dell'illustrissima casa Picenardi, non dovevo né devo ad altri questa cura commettere che alla sol prudenza della signora Prudenzia, i cui prudenti effetti superiori gareggiano col prudente nome. Et con ciò, giardiniera gentile, gradisca Vostra Signoria, l'aggionto fiore della mia riverente lealtà, servendo in tanto di cinto la sua protezione, ché vani spero riusciranno poscia i tentativi dei Zoili, Momi et Aristarchi a tanta prudenza,[2] e più vivace si farà in questo menare la mia servitù, se meno oziosi et più pronti essercitarà verso di me i suoi cari commandamenti. Et per fine umilmente me l'inchino.

Dalla stampa in Pavia, questo 25 novembre 1628.

Di Vostra Signoria molt'illustre

> devotissimo et umilissimo servitore,
> Giovanni Maria Magro.

---

[1]   Prudenzia Origoni Picenardi was the daughter of Ottaviano Picenardi (1570–1646), who was president of the Milanese Senate, and 'uno dei più grandi uomini della sua età', according to Giovan Carlo Tiraboschi, *La famiglia Picenardi ossia notizie storiche intorno alla medesima* (Cremona: Giuseppe Ferraboli, 1815), p. 77 (on Picenardi, see also pp. 189–92). Prudenzia Picenardi was married to Gian Battista Origoni, a cavalry captain and one of the sixty perpetual decurions of Milan, who were chosen from the nobility and formed the 'Consiglio maggiore' of the city. On the 'Consiglio maggiore', see Cinzia Cremonini, 'Il gran teatro della nobiltà. L'aristocrazia milanese tra Cinque e Seicento', in *Teatro genealogico delle famiglie nobili milanesi. Manoscritti 11500 e 11501 della Biblioteca Nacional di Madrid*, ed. by Cinzia Cremonini, 2 vols (Mantua: Gianluigi Arcari, 2003), I, pp. 1–56; Ead., *Le vie della distinzione: società, potere e cultura a Milano tra XV e XIX secolo* (Milan: EduCatt, 2012), pp. 28–30.

[2]   Zoilus or Zoilos, Greek grammarian, literary critic, and Cynic philosopher. In his *Homeric questions*, Zoilus famously criticized Homer and hence came to be known as Homeromastix, that is, 'scourge of Homer'. As a result, his name was used in the proverb 'every poet has his Zoilus'. His name is a byword for a bitter, harsh, and malignant critic. In Greek mythology, Momus was the personification of satire and mockery, and both Zoilus and Momus became by-words for fault-finding, associated with blame and unfair criticism. Greek critic and grammarian Aristarchus of Samothrace (c. 217 BC–145 BC), was regarded by Cicero and Horace as the supreme critic. He was noted for his contribution to Homeric studies and in particular for his critical writings on Homeric problems. The term Aristarch, from his name, is used to indicate a severe critic. Sori is clearly referring here to the detractors of her *Ammaestramenti e ricordi*, which, as indicated in the Introduction, must have circulated in a previous (now lost) edition.

[p. 5] ALLE ONORATE DONNE.

Tra le volgari prose (a consolazione delle onoratissime donne) scritte niuna ve n'ha che da voi più debba tenersi cara della presente, ch'insegna i modi di farvi avviste nei lacci del mondo et ovviare gl'inganni suoi. Però leggetela, et voi stesse, discorrendo dell'infelicità di molte, diventate sempre più prudenti.

Né leggendo vi meravigliate ch'io mi sia tanto servita nella tessitura loro delle tragedie, perché fra le cose ritrovate, come dice il Giraldi nel prologo della sua *Cleopatra*,[3] dagli antichi per insegnare i buoni costumi al mondo nulla ve n'ha che più giovi ch'esse che purgano da' vizi gli animi mortali e gl'inchinano alla virtù. Né si maraviglino, o mi biasmino altre, con dir che v'abbia posto poco del mio, ché non è da biasimare, dice il Guazzo nel libro 2 della *Civil conversatione*,[4] lo studio di quelli i quali, imitando le api, colgono il mele da diversi fiori e, non lasciando cadere a terra sentenza degna [p. 6] di essempio, ne fanno memoria ne' scartafazzi loro per servirsene poi nello scrivere. Né, come giovine che facilmente erra, neanche mi biasmino se, e nell'ortografia e ne' vocaboli, et in alcune altre cose, verrò a mancare, perché, se nol sanno, quando lo spirito si affatica in cose difficili et varie, non può giuntamente affaticarsi nelle parole con tutta perfezione.

E se per ultimo, anche come tale, lor parerà aver a cose più difficili di quello par si convenga alzato la mente, neanche mi biasmino, poiché altre molte a più elevarono, come dirò nelle *Difese*.

---

[3] Giovan Battista Giraldi Cinzio, *Cleopatra, tragedia* (Venice: Giulio Cesare Cagnacini, 1583), p. 7. For a modern edition, see *Cleopatra tragedia*, ed. by Mary Morrison and Peggy Osborn, with introduction and notes by Tiziana Menegus and Peggy Osborn (Exeter: University of Exeter, 1986).

[4] Stefano Guazzo, *La civil conversatione* [...] *divisa in quattro libri. Nel primo si tratta in generale de' frutti, che si cavano dal conversare* [...]. *Nel secondo si discorre primieramente delle maniere convenevoli a tutte le persone nel conversar fuori di casa* [...]. *Nel terzo si dichiarano particolarmente i modi, che s'hanno a serbare nella domestica conversatione* [...]. *Nel quarto si rappresenta la forma della civil conversatione* (Brescia: Vincenzo Sabbio, a instanza di Tomaso Bozzola, 1574). The revised edition came out in 1579, *La civil conversatione* [...] *divisa in quattro libri* [...]. *Nuovamente dall'istesso auttore corretta, & in diversi luoghi di molte cose, non meno utili che piacevoli, ampliata* (Venice: Altobello Salicato, 1579). As indicated in the Introduction, I consulted the 1590 edition, *La civil conversatione* [...] *divisa in quattro libri* (Venice: Altobello Salicato). The quotation given by Sori is in Book II, fol. 85$^\text{v}$. For a modern edition, see Stefano Guazzo, *La civil conversazione*, ed. by Amedeo Quondam, 2 vols (Modena: Panini, 1993).

[p. 7] Tavola delle lettere che si contengono nel presente libretto.

Del modo che deve tener la madre nell'allevar la fanciulla fino al decimo anno. E le virtù che se gli devono far imparare. Lettera prima.

Delle creanze che deve usare la modesta figlia nel parlare e conversare e dell'andar per via. Lettera seconda.

Del pransare e conversar con altre e come si conosca figlia che sia *invescata d'amore. Lettera terza.

Del modo che deve tener la madre nel governar la figlia presa d'amore et avisi che gli deve dare. Lettera quarta.

Della bellezza e come spesso la rara nella donna è causa di danno. E del portar guanti et altri avisi da osservarsi. Lettera quinta.

De l'andare a chiesa et avisi ne' costumi da osservarsi, mentre si dimora in essa. Lettera sesta.

Del metter la figlia monaca e del mandarla a corte. Lettera settima.

De l'accasar la figlia e avisi che gli convengono. Lettera ottava.

Della castità coniugale e de' modi e costumi che deve usar la moglie col marito. Lettera nona.

Dello stato vedovile e avisi che si convengono alla donna che si trova in esso. Lettera decima.

Delle pompe et abusi del vestire e de' colori più leciti secondo i stati delle donne. Lettera undecima.

D'alcune imprese più lecite, sì da portar in capo come sul petto; e delle parti che convengono alla perfezione di vera bellezza. Lettera duodecima et ultima.

[p. 8] TAVOLA DELLE DIFESE.

Che molti uomini assicurati nella benignità delle donne osano mormorare di esse contro 'l vero. Difesa prima.

Che la donna è più nobile dell'uomo e perciò più abile alle scienze et altre virtù. Difesa seconda.

Che la donna dotata di natura intellettuale è abile alle scienze et al comporre; e schiera di molte che mandarono in luce. Difesa terza.

Che il peccato non entrò per colpa della donna nel mondo. Difesa quarta.

Che la donna non è causa di risse e rovine nel mondo. Difesa quinta.

Che la donna è efficace nel dire. Difesa sesta.

Che la donna ama con efficacia et è costante. Difesa settima.

Che la donna non è timida, ma animosa et abile all'armi. Difesa ottava.

Che la donna è acuta d'ingegno et abile al governo. Difesa nona.

Che la donna è abile al consiglio, alla medicina, pittura et scoltura. Difesa decima.

Che la donna è casta et per questa, e sì per altre sue buone qualità, è stata più volte dell'uomo favorita da Dio. Difesa undecima.

Che la donna è causa di virtù e buoni costumi nell'uomo, e come è da tener conto de' scrittori. Difesa duodecima et ultima.

Panegirico delle cose più degne dell'illustrissima città d'Alessandria e di molti pelegrini ingegni usciti da essa.

Il fine della tavola.

[p. 9] Del modo che deve tener la madre ne l'allevar la fanciulla
fino al decimo anno. E le virtù che gli devono far imparare.

Lettera prima.

È precetto di Poclide poeta che — mentre i parti son teneri e di cuor molle —
che allora è tempo di empirli di generosi alti costumi.[5] Però, fin da' primi anni,
deve la prudente madre insegnar alla figliuola solo quelli che a virtù e gloriose
imprese condur possino. E prima, per aviso del Dolce negli *Ammaestramenti*,[6]
ella deve darli il latte, perché lo diede anche la Regina del Cielo, più d'ogn'altra
delicata, e lo deve dare per le ragioni ch'egli adduce; *smamata tra 'l vinti e
vintiquattro mesi e non più. Oltre, dicono i medici, deve circa al modo di
vivere non partirsi dalle regole d'Arnaldo nel *Reggimento di Sanità*,[7] Bernardo

---

[5]   This is the Greek poet Phocylides, from Miletus, mentioned by the orator Isocrates as the
author of 'admonitions' (*hypothēkai*), of which a few fragments have survived as quotations
in other authors' works. The one cited by Sori is taken, and paraphrased, from Plutarch's
On the Education of Children, in *Moralia* I, 3F ('Phocylides, too, the poet, appears to give
admirable advice in saying: should teach while still a child the tale of noble deeds'). See
Greek Elegiac Poetry: From the Seventh to the Fifth Centuries B.C., ed. by Douglas E. Gerber
(Cambridge, MA: Harvard University Press, 2015), pp. 420–23. Sori also cites Plutarch in
other instances, although her direct source may have been another author quoting Plutarch.
[6]   Sori is quoting here from the 1622 edition of Lodovico Dolce's *Dialogo* [...] *della
institution delle donne, secondo li tre stati, che cadono nella vita humana* (Venice: Gabriel
Giolito, 1545), that is, *De gli ammaestramenti pregiatissimi, che appartengono alla educatione
& honorevole, e virtuosa vita virginale, maritale, e vedovile libri tre* (Venice: Barezzo Barezzi,
1622), pp. 3–7. As we saw earlier, after the *princeps*, the *Dialogo* had further editions in
1547 (revised and expanded), 1553, 1559, and 1560. The work is a translation-adaptation of
the *De institutione foeminae Christianae*, [...] *libri tres*, [...] *vere Christiani, Christianae
in primis virgini, deinde maritae, postremo viduae* (Antwerp: apud Michaelem Hillenium
Hoochstratanum, 1524) by the Spanish humanist Juan Luis Vives, more specifically of
the revised 1538 edition, *De institutione foeminae Christianae ad Inclytam D. Catharinam
Hispanam Angliae Reginam, Libri tres* (Basel: per Robertum Winter). Dolce chose to present
the content of Vives's didactic treatise as a dialogue between two fictional characters,
Flaminio and Dorotea. Nonetheless, in the 1622 edition, all features of the dialogue are
removed and the text is restored to the format of a didactic treatise. See Helena Sanson,
'Teaching and Learning Conduct in Lodovico Dolce's *Dialogo della instituzion delle donne*
(1545): An "Original" Plagiarism?', in Lodovico Dolce, *Dialogo della instituzion delle donne,
secondo li tre stati che cadono nella vita umana*, ed. by Helena Sanson (Cambridge: MHRA,
2015), pp. 1–68.
[7]   This is the *Opera utilissima di Arnaldo da Villanuova, di conservare la sanità, pur hora
tradotta di latino in buona lingua italiana* (Venice: Michele Tramezzino, 1549), which,
despite the reference to Arnaldus de Villa Nova (Arnau de Vilanova), is in fact a translation
of a regimen written in the fourteenth century by the Milanese Maino de' Maineri. See
on this Sandra Cavallo and Tessa Storey, *Healthy Living in Late Renaissance Italy* (Oxford:
Oxford University Press, 2013), p. 18; and *Conserving Health in Early Modern Culture:
Bodies and Environments in Italy and England*, ed. by Sandra Cavallo and Tessa Storey
(Manchester: Manchester University Press, 2017), p. 27.

de Gordonio,[8] la *Comare* del Mercurio;[9] e *Le medicine delle* [p. 10] *donne* del Marinelli e ' *Secreti* del Bairo per vedere come governarsi di tempo in tempo,[10] anche in alcune sue secrete indisposizioni, senza passar per fisiche mani. Pervenuta agli anni cinque o sei di età ch'ella sia, potrà con la prima occasione farla cresimare e scrivere, ove ha scritto il suo battesimo, il giorno, mese et anno dove si cresimò et da qual vescovo; e farla imparare a leggere, senza interromperla in altro, fino a l'ottavo, ma, sol venuta dalla scuola, nel resto del tempo che le avanza giornalmente, perché non stia vagante, la essercitarà in farla rendere le lezioni udite et studiate; et appresso la farà leggere or uno or altro libro di essempi virtuosi e necessari alla salute de l'anima e al viver civile et al suo stato decente, ché dal leggere ne nasce quel bene che dice il Guazzo in una delle sue lettere.[11] Dopo cena, fino ad ora di andare a dormire, l'impieghi in farle dire le orazioni, cioè *Pater, Ave, Credo, Salve, Lettanie,* e tali. E questo lo farà seguire di continuo, senza differire giorno alcuno ch'abbia salute, acciò che anche così impari i modi di governarsi con ragione. Ma, prima di mandarla a scuola, avverta di essaminare i costumi della maestra, perché quella di non buoni si deve lasciare, per le ragioni addotte dal medemo Guazzo nella *Civil*

---

[8] The physician Bernard of Gordon (Bernardus Gordonensis, 1270–1320), a professor of medicine at the University of Montpellier, was the author of various medical texts, including the *Lilium medicinae*, written in 1303 (first printed in Naples in 1480) and the *Tractatus de Conservatione Vitae Humanae* (1308). See Marilyn Nicoud, *Les Régimes de santé au Moyen Âge: naissance et diffusion d'une écriture médicale en Italie et en France (XIIIe–XVe siècle)*, 2 vols (Rome: Publications de l'École française de Rome, 2007), I, pp. 199–208; Faith Wallis, *Medieval Medicine: A Reader* (Toronto: Toronto University Press, 2010).

[9] Scipione (Girolamo) Mercurio, *La comare o Ricoglitrice di Scipione Mercuri cittadino romano, medico della magnifica communità di Lendenara, divisa in tre libri. Nel primo si tratta del parto naturale dell'uomo, e dell'efficio della comare, che in esso è necessario. Nel secondo del parto preternaturale, illeggittimo, e vitioso, e di quei modi, con i quali può la comare aiutare così le madri, come le creature. Nel terzo delle principali infirmitadi, che accadono* [...] *e de i rimedij loro* (Venice: Giovanni Battista Ciotti, 1596).

[10] Giovanni Marinelli, *Le medicine partenenti alle infermità delle donne* [...] *divise in tre libri: nel primo de' quali si curano que' mali, che possono sciogliere il legame del matrimonio: nel secondo si rimove la sterilità: et nel terzo si scrive la vita della donna gravida fino, che sia uscita del parto, con l'ufficio della levatrice* (Venice: Giovanni Bonadio, 1563); Pietro Bairo, *Secreti medicinali* [...]. *Ne' quali si contengono i rimedi che si possono usar in tutte l'infirmità che vengono all'huomo, cominciando da capelli fino alle piante de piedi. Et questo libro per l'utilità sua si chiama. Vieni Meco* (Venice: Francesco Sansovino, 1561).

[11] Stefano Guazzo, *Lettere* [...]. *Ordinate sotto i capi seguenti. Di raguagli. Di lode. Di raccommandatione. Di essortatione. Di ringratiamenti. Di congratulatione. Di scusa. Di consolatione. Di complimenti misti* (Venice: Barezzo Barezzi, 1590). Further editions of the text were issued in 1591, 1592, 1596, 1599, 1606, and 1614. The reference may be to Guazzo's letter to his son Giovanni Antonio, dated 14 July 1583, pp. 114–15.

conversatione,[12] e massime, dice il Cieco d'Ascoli nella sua poesia,[13] quella che per sua sciagura avesse qualche diffetto naturale, i quali, cioè, come guercia, gobba, zoppa, se accadono per causa di peccato o [p. 11] no, lo dice il Barbieri nel 3° de' suoi *Dialoghi*.[14] Da l'ottavo al decimo anno, o più presto, quando sappia leggere distintamente le lezioni delle buone lettere, farla imparare a scrivere, perché è virtù dalla quale ne nasce molto bene, dice il Guazzo nelle lettere,[15] e per tenere i conti della casa, senza commettere i secreti ad altri, et per altri rispetti ch'egli adduce nella *Civil conversatione*,[16] e così il Dolce nel capitolo 4 del volume allegato.[17] E scriver s'avezzi, se ben io nol so così prontamente fare, chi che sia toscano, e non già nel modo che si parla, ché il parlare può esser all'uso del paese delle ben allevate, però di dove la persona si trova, per non esser ammirata dalle paesane, ma lo scriver vuol esser quale dico; e riveder poscia, per aviso di Monsignor Quevara nella 2ᵃ parte dell'epistole,[18] lo scritto

---

[12] Guazzo, *La civil conversatione*, Book III, fols 206ᵛ-07ʳ: 'Et pertanto conviene al padre d'essere diligente nella elezione del maestro e procurare ch'egli insegni con le belle lettere i buoni costumi a' figliuoli, et si guardi di dire o fare alcuna cosa sconcia e incivile nel loro cospetto, onde abbiano ad imitarlo'.

[13] This is the fourteenth-century poet Cecco d'Ascoli and his didactic and encyclopaedic poem *L'acerba*, a scientific compendium in which he often attacked Dante's *Divine Comedy*. *L'acerba* remained unfinished at Book v: the poet was burnt at the stake in 1327, because his scientific and theological views were considered heretical. Sori may have consulted the following edition: *Lo illustre poeta Ceco d'Ascoli con comento diviso in sei libri* (Venice: Candido Bendoni, 1550), Book II, fol. 38ʳ. For a modern edition, see Cecco d'Ascoli, *L'acerba*, ed. by Achille Crespi (Ascoli Piceno: Cesari, 1927), Book II, Ch. II. 25–30, p. 7: 'Quando tu vedi questi zoppi e sgombi | impio fu lo segno della parte | ed anche questi con li flessi lombi. | Difetto corporal fa l'alma ladra. | Imperoggiando, dico, le lor carte, | sono superbi della mala squadra'.

[14] The reference is to the Bolognese friar Giovanni Luigi Barbieri and his *Dialoghi spirituali. Della patientia. Del pensiero. Della religione. Della croce. Con una essortatione al ben morire: per chi è in agonia* (Genoa: Girolamo Bartoli, 1589), Dialogue III, 'Del peccato', p. 88 ('Sordi, ciechi, zoppi et simili, se sia tali per il peccato').

[15] See Guazzo, *Lettere*, pp. 115–16, in another letter to his son Giovanni Antonio, dated 20 July 1585. Guazzo also touches upon education and 'le lettere' in the *Civil conversatione*; with reference to women, see in particular Book III, fols 227ᵛ-28ʳ.

[16] Guazzo, *La civil conversatione*, Book III, fol. 228ʳ.

[17] Dolce, *De gli ammaestramenti*, Book I, Ch. 4, 'Che la fanciulla de' imparare lettere, e si danna la opinione del volgo; si discorre della onestà et ottima vita delle donne letterate, e lodansi alcune illustri donne', pp. 16–24.

[18] Sori refers to the Italian translation of the *Epístolas familiares* (Valladolid: Juan de Villaquirán, 1539–45) by the Franciscan chronicler and moralist Antonio de Guevara (1481–1545), bishop of Guadix (1528) and Mondoñedo (1537), sometimes called 'The Golden Letters', which had several editions, and were translated into all the main languages of Europe. The first and second volumes of his *Lettere* were published in Venice in 1546–47 by Gabriele Giolito. The translation was the work of Domingo de Gaztelu, secretary to the Spanish Ambassador Don Juan Hurtado de Mendoza. It was a popular work, with further volumes and editions coming out in print throughout the sixteenth and seventeenth centuries. I have consulted the following edition, in four books, in which the translation is by Alfonso de Ulloa: *Delle lettere* [...]. *Libri quattro* [...]. *Con le tavole delli capitoli, et delle cose più notabili*

prima di una e due volte, per emendar gli errori che vi potessero esser occorsi,
e scriver breve e parole sciolte, scrivendo a persona inferiore. Se a maggiore, ove
si abbia a supplicare, lice alcuna volta farle più lunghe, ma che non eccedano
la debita longhezza, e le parole ornate, ma non sempre sentenziose, ché non sia
stimato un parlar per machina, né oscure, ché non siano più tosto ammirate
che lette. Né con molti affettati detti, per non esser tassata d'adulatrice e dar
sospetto di scorno nella persona lodata; e massime questo si osservi nelle lettere
famigliari, che si scrivono per bisogno più che per *pompa, perché tali debbono
solamente rappresentar con semplicità l'animo nostro, [p. 12] senza sospetto
tale, o di ceremonie; e quelle cose che si ponno bastevolmente esprimere con
maniere raccolte non curarsi di spiegarle con lusinghe novelle, ma non esser
anco tanto laconici che lo stile rimanga asciutto. E nel finire, invece di dir
'riverenza', dir 'inchino', che più conviene a noi femine, non nominando mai
di bacciar l'estremo del manto, eceto che a l'imperatore.[19] E avertir per altro
aviso che, quanto maggior spazio si lascia nel principio tra il titolo e la lettera, et
quanto più a basso si comincia essa lettera, tanto si fa più onore a chi si manda,
e le sottoscrizioni tanto sono più riverenti e umili quanto che più si fanno nel
fine del foglio, le quali, come anche i soprascritti, si fanno come nelle *vacchette
delle secretarìe, e come nelle lettere del Pucci,[20] come nel libro di Francesco
Cresci,[21] et altri di sì fatte professioni. Avertendo ne l'ortografia di far nel fine
del concetto punto fermo e poi cominciar, volendo seguitare a scrivere, con
lettera maiuscola alquanto lontano da quello, e altre che tralascio diligenze che
in ciò bisognano, come ne l'allegati veder potrete. Finita la lezione dello scrivere,
e così mentre vi si sta a porre la faccia, pigliar lezioni d'ago e far lavori d'intaglio
e ricami, tuttoché d'alto stato, ad essempio di Pallade e della figlia d'Augusto,
lodata dal Dolce;[22] e donna Isabella, moglie di don Ferdinando re d'Aragona,
dice Monsignor Sabba, *Ricordo* 118,[23] apo molti altri lavori, ricamò una tovaglia

---

a ciascun libro aggiunte (Venice: la Compagnia degli Uniti, 1585).

[19] At the time, the Spanish emperor was Philip IV Habsburg (1605–1665), king of Spain and
of Portugal (as Philip III). He ascended the thrones in 1621, and was king of Portugal until
1640, and of Spain until his death in 1665. He was also called El Rey Planeta, owing to the
geographical extent of his empire.

[20] Benedetto Pucci, *L'idea di varie lettere usate nella segretaria d'ogni principe, e signore
con diversi principii concetti e fini di lettere missive pronti da servirsene a luogo, e tempo.
Aggiontovi una breve, e facile regola dell'Ortografia nella lingua volgare* (Venice: Giovanni
Battista Ciotti, 1608). The text had several subsequent editions.

[21] Francesco Cresci, *Essemplare di più sorti lettere* (Rome: Antonio Blado, 1560). It had
numerous further editions and was enormously influential. Its xylographic tables, the work
of Francesco Aureri di Crema, offer models of chancery italic scripts. Cresci was also the
author of *Il perfetto scrittore* (Rome: Francesco Aureri, 1570), which includes models of
chancery scripts of various kinds.

[22] Dolce, *De gli ammaestramenti*, Book I, Ch. 3, 'Si apprende come indirizzare si debba la
fanciulla alla religione, al governo di casa e della famiglia', pp. 12–13.

[23] Sabba da Castiglione, *Ricordi, overo ammaestramenti* (Bologna: Bartolomeo Bonardo,

sottilissimamente di sua mano, con lettere d'oro che dicevano: [p. 13] *Domine Iesu Christe Redemptor meus accipe benigne perexiguum munus Elisabeth humilissimae ancillae tuae.*[24] E la mandò in Gierusalemme per ornamento del Santo Sepolcro del Signore Nostro Gesù Cristo. E 'l Moriggi, nel libro 1, capitolo 2,[25] loda molto, fra l'altre lodate nelle sue *Historie*, Catarina Cantona di ricamatrice famosissima,[26] et altri altre che tralascio. Dal decimo anno in su, la faccia lasciar le scuole e non uscir di casa i giorni non festivi, ma nella mattina, in quell'ore che solea esser dalla maestra, l'impieghi nelle facende più oneste di casa e più particolari, come adornare una camera, acconciare un letto, e far che tutte le massericie famigliari o particolari siano divisate con ordine et a' luochi loro, in modo che paia che tutto il luogo da ogni parte goda. Dopo pranzo, l'impieghi in lezioni d'ago, come sopra, e scrivere, e faci che ciò l'insegni alcuna persona matura, e conseguentemente la facci impiegar in pigliar le creanze che seguono.

Delle creanze che deve usare la modesta figlia del parlare o conversare, e de l'andar per via.

Lettera seconda.

Nel parlar con altre, le dirai che non usi detti della divina Scrittura a proposito di cose profane et leggiere. Et che non guardi, parlando, fisso in faccia di persona che abbia qualche segno, né le chiedi, avendolo, la cagione. Né stia più appresso

---

1546[?]). The *Ricordi*, a collection of advice on a number of topics addressed to his nephew, had numerous subsequent editions (a further 23 by the end of the sixteenth century), until the early seventeenth century. The first edition comprised 72 'avvertimenti', whereas from the second, more broadly aimed also 'a' cavalieri et altre persone che hanno il natural desío di sapere, ma non sanno il latino', they increased to 122, and in the third to 133. I consulted the 1561 edition printed in Milan by Giovanni Antonio degli Antoni, which comprises 133 ricordi. Here Sori refers to *Ricordo* cxviii, 'Quali siano stati gli uomini grandi al mondo', fols 190[r]–91[r].

[24] Sori quotes directly from Sabba's text, fol. 191[r].

[25] Paolo Morigia, *Historia delle antichità di Milano, divisa in quattro libri* […]. *Nella quale si racconta brevemente, & con bell'ordine da quante nationi questa città è stata signoreggiata, dal principio della sua fondatione sino all'anno presente MDXCI* (Venice: Domenico Guerra et Giovanni Battista Guerra, 1592), I, Ch. 60, p. 292.

[26] Caterina Cantona (*c*. 1555–*c*. 1616) was a famous sixteenth-century Milanese embroideress. She worked for the Borromeo family in Milan, as well as for the courts of Florence, Vienna and Braunschweig, and for Catalina Micaela, Infanta of Spain, wife of Carlo Emanuele I of Savoy. In 1559, Caterina Cantona and the painter Sofonisba Anguissola were invited to the Spanish court by Philip II. Something is missing in the sentence after the preposition 'di', perhaps a geographical or some other kind of reference.

a' maggiori di un [p. 14] passo, né dia ad alcuna del tu, quantunque inferiore. Non rinfacci ad alcuna i suoi difetti. Né si vanti de' suoi fatti o dotti d'ingegno. Né parli di sua nobiltà o onori, se da prieghi non è forzata. Nel raccontare o leggere non sia longa, sì che causi tedio. Né s'accosti dove altre ragionino di secreto. E dica, parlando, di quello che sa, purché lecito, e taci di quello che non sa, per non imitar il volgo, il quale, come disse l'Ariosto nel canto 28:

Parla sempre più di quel che meno intende.[27]

Parlando altre, non intermetta lei la lingua ne' lor ragionamenti avanti il tempo et fino a che non sia prima bene intesa la persona che parla; però non sia frettolosa, ché

Cosa esseguita con soverchia fretta
aver suol rado fortunato fine.[28]

Et, se finito, la parlante chiede parere se ha detto bene o 'l vero, non ti risolver di sùbito in dir di sì, per non cader in sospetto d'ignorante o adulatrice, perché è trito che

Chi l'altrui parlar tosto conferma,
o di poco saper dà chiaro segno,
o in colpa vil di adulatore incorre.[29]

Però, quando tocchi a te, avendo prima parlato quelle di più senno, avverti a parlare o rispondere cosa che pria abbi pensato, a imitazione del Sanazaro ne l'ottava delle sue *Egloghe*, ove disse:

Pria che parli, le parole mastica.[30]

E parli come vergine, non come maritata et, essendo [p. 15] maritata, come donna, non come uomo, essendo vecchia, come tale e non come fanciulla, cioè non *agucci o artefici la voce, o in altro modo, come nota Messer Panigarolla sopra quella artificiosa vecchia dell'Ariosto,[31] per non diminuire con simili

---

[27] *Orlando furioso*, XXVIII. 1. 8. The preceding lines read: 'Donne, e voi che le donne avete in pregio | [...] ben che né macchia vi può dar né fregio | lingua sì vile, e sia l'usanza vecchia | che 'l volgare ignorante ognun riprenda | e parli più di quel che meno intenda' (ll. 1, 4–8).

[28] The lines are taken from the successful tragedy *Acripanda* by Antonio Decio, from Orte (Viterbo), first printed in Florence in 1592. I consulted the 1610 edition, *Acripanda, tragedia* (Venice: Pietro Bertano), Act I, Scene 2, fol. 8ʳ. For a modern edition, see *Due regine del teatro rinascimentale: Muzio Manfredi, La Semiramis; Antonio Decio, Acripanda*, ed. by Grazia Distaso (Taranto: Lisi, 2001), Act I, Scene 2, ll. 201–02, p. 129.

[29] Untraced source.

[30] Jacopo Sannazaro, *Arcadia*, Egglogue VIII, 'Pria ch'io *parlo*, le parole mastico', l. 151 (p. 196). The reference edition is Iacopo Sannazaro, *Arcadia*, with introduction and notes by Carlo Vecce (Rome: Carocci, 2013).

[31] The reference is to the old hag Gabrina, as described in *Orlando furioso*, XX. 120. 1–8, where Ariosto writes: 'Avea la donna (se la crespa buccia | può darne indicio) più de la Sibilla, | e parea, così ornata, una bertuccia, | quando per muover riso alcun vestilla; | ed or più

maniere la dignità, avertendo in queste o altre azioni di non ritirarti però tanto in te stessa che invece d'amore acquisti malevolenza. Non lodar di soverchio chi ti è presente e, lodata da altre, al tutto non credere semplicemente, ché sovente

> Tal ci onora che ci odia, e tal ci mostra
> in bocca il ghigno, c'have il tosco in seno.[32]

Starai, però, un poco sopra di te in qualunque azione, quantunque con amiche, acciò che esse abbiano occasione di onorarti e non perderti il rispetto per troppo leggierezza tua. Ne l'andare o stare cedi il maggior luogo alle maggiori, consenti ugualità alle pari e ancorché inferiori, senza andare in punti di precedenza, ma procedi alla via di Cristo, et alla buona persuadi con modestia le minori a dritta via, et concedi alle ostinate per modestia, più tosto che contendere. Guarda a quel che diletta et a quel che spiace, acciò sappi quel che fuggir, quel che seguir dei. Alle visite che farai, procura di esser breve e parla dell'intenzione della visita e non d'altre filastrocherie. E, parlando tu, veggendo alcune di quelle che ascoltano poco attente dalla tua scostumatezza, impara il modo che si ha da tenere nell'ascoltar altre e rendi in ogni atto segno di riverenza [p. 16] verso le presenti, o almen maggiori. Fuggi di far sovenire ad alcune cose fetide nella mente e di metterti mano al capo né in altra parte a fregarsi. Non invidiar lo stato d'altra, ancorché grande, perché spesso è diverso da quel che crediamo:

> Alta fortuna alto travaglio apporta,[33]
> s'il cor de' grandi tralucesse fuori,
> com'in vetro suol far rinchiuso lume;
> quante sorti de' duoli entro vedriensi,
> che pietà forse desterìeno in tali,
> ch'invidia gli hanno?[34]

Non cantare, stando con altre, né dimenar le dita, né *diruginir i denti,

---

brutta par, che si coruccia, | e che dagli occhi l'ira le sfavilla: | ch'a donna non si fa maggior dispetto, | che quando o vecchia o brutta le vien detto'. The Franciscan preacher Francesco Panigarola, from Asti, refers to Ariosto's stanza xx in his successful *Il predicatore* [...] *overo Parafrase, Commento, e Discorsi intorno al libro dell'Elocutione di Demetrio Falereo* (Venice: Bernardo Giunta, Giovanni Battista Ciotti, & c., 1609), p. 562.

[32] Decio, *Acripanda*, Act III, Scene 7, fol. 61ᵛ. In the modern edition, ll. 2891–92, p. 191. The lines read: 'Tal l'onora, che l'odia, e tal gli mostra | in bocca il ghigno, ch'ave il tosco in seno', but Sori seems to have modified the pronouns to adapt them to her letter, in which she addresses a second person (singular and, at times, plural).

[33] The first line of this quotation is a proverbial saying: 'Alta fortuna alto travaglio apporta' (also 'Alto stato alto travaglio reca', 'I grandi ancora hanno molti fastidi'). See *Banca Dati Proverbi*, the database on Italian proverbs of the Accademia della Crusca, http://www. proverbi-italiani.org [last accessed 17 August 2017].

[34] The remaining lines are taken from Decio, *Acripanda*, Act III, Scene 7, fol. 61ʳ, but are not completely accurate and Sori might be quoting from memory: 'S'il cor *d'un rege* tralucesse fuori, | com'in vetro suol far rinchiuso lume, | quante sorti de' duoli entro vedriensi, | che pietà forse desterieno in *tale*, | ch'invidia *l'ave*'. In the modern edition, ll. 2874–78, p. 191.

né strider, né stropiciar cosa che sia di fastidio, né stender le braccia per scontorzerti, che è cosa incivile, né far tossendo, o strenutando, grande strepito, né urlar sbadigliando, o tieni la mano alla bocca, volta a un lato in quel tempo, e non avanti chi parla. Non suonar molto nel soffiar il naso, ma fallo in un sùbito, né mirar dopo nel faccioletto. Non star sedente, se l'altre stanno in piedi. Né passeggiar, s'elle stanno ferme. Né dormir, né ti appoggiare ove siano altre di te maggiori. Studiando, non alzar tanto la voce dove siano altre, ché esse interrompi, né t'invaghir da te stessa — sentendo chi legge molto mostrando d'intendere — , sì che disprezzi l'altre. Al fuoco darai luoco a chi avrà aspettato alquanto e, mentre vi starai, non ti avicinar più de le altre, né t'inchinare, né volger le spalle, né scriver in cenere, né *scataciar le legna, né metter [p. 17] una gamba sconciamente sopra l'altra, ma tienle ferme, et i piedi pari, mentre stai ferma. Non tagliar l'ugne in presenza d'altre, né morderle con denti, né sputar su le dita, né ti por a stirarle, né *struciar il naso. Non dimenar il capo o le gambe, né istralunar gli occhi, né levar un ciglio sopra l'altro. Non torcer la bocca, né morder le labbia, né rider alto e sconciatamente. Non ammazzar pulici, né altri animali schifi, e levali, se sopra altra li vedi, senza darlo ad intendere all'altre. Sputa a un lato e non in fronte d'alcuna, e ponli poi su il piede, se vi è cosa di catarro. Non ti offerir a ciò che non puoi mantenere et, s'altri s'offerisce o loda, non gli aver per questo molta speme:

> Che l'intelletto uman sovente falla,
> e se l'opra si vede,
> il core è occulto più ch'altri non crede.
> Onde mendace segno
> spesso è l'effetto di secreto ingegno.[35]

Suonando l'Ave, dila secondo faranno le più savie, volta verso ad alcuna imagine o verso la campana che tal suona et, al fine, non ti levar la prima, né dar la prima la buona sera, ma ciò lascia fare alla maggiore della compagnia. Per via, t'aviso vadi dritta, mansueta, umile e tarda,[36] ma con aere svelto e non vanaglorioso, per le raggioni adotte dal Tasso nel *Goffredo*, canto 17, stanza 24,[37] in vista, però, un poco sdegnosetta, ché così loda il Petrarca nel sonetto *Mai non vo' più cantar*

---

[35] Untraced source. Some of Sori's sources might be lesser-known local literary *auctoritates*, from either Alessandria, Milan, or Pavia.

[36] See Petrarch, *Canzoniere*, CLXV. 9–11, 'Et co l'andar et col soave sguardo | s'accordan le dolcissime parole, | et l'atto mansueto, humile et tardo'.

[37] The reference to Tasso, *Gerusalemme liberata*, XVII. 24 is inaccurate. It might be worth pointing out here that Tasso's masterpiece, the *Gerusalemme liberata*, was completed in 1575, and first given to the presses in 1580 in Venice as *Goffredo*, in an incomplete version (only 14 cantos) and without the approval of the poet. The *princeps* of the entire poem was printed the following year in both Parma (by Erasmo Viotti) and Casalmaggiore (by Antonio Canacci and Erasmo Viotti) as *Gerusalemme liberata*. A number of subsequent editions incorporated both elements in their title (e.g. *Il Goffredo, overo Gierusalemme liberata*). Sori might have consulted one such edition.

com'io solea;[38] e questo a finché non abbiano i Bireni ardire di appressarsi,[39] [p. 18] ma sii sdegno⟨sa⟩, però ch'abbia seco qualche poco del grazioso e del soave, che così piace a Torquato ne' luochi che ne le *Difese* saranno citati. Mira, ne l'andare al longo della via o contrada, a scoprire se puoi fare il tuo viaggio senza passar avanti a Ganimedi[40] e, scorgendo non poter ciò fuggire, dovrai per bell'atto di modestia almeno tirar giù il velo o manto; ma meglio direi che fusse che, avanti che appressarti a essi, tu volgessi se vi è occasione per altra via. Se, ne l'andar, t'incontri con altre, quantunque care, non ti dar bacci con esse, né ti affretar per cavarti il guanto, che son cerimonie da tralasciare, ché basta a far più o meno inchino, conforme alle persone con cui si fa incontro, e allongar un poco la mano a l'alto e poi abbassarla; ceno di bacciamani, o della veste, se è prelato, o vi è merito almen d'Illustrissimo; e non ti fermarai a parlare per vie publiche e, se pur alcuna volta sarai avisata, di mentre le altre parlano, formarai nell'animo quello che devi rispondere, ché così, come dice Monsignor Della Casa, saranno i tuoi ragionamenti parto et non *sconciatura.[41] E se ti troverai scilinguata o roca, non voler esser di quelle che fra l'altre sempre vogliono cinguettare, ma correggi il diffetto della lingua col silenzio, e lascia il ridere e ogn'altra cosa che puossi dimostrar leggierezza, e lascia i molti onori di parole, o d'inchini, lusinghe, o adulazioni, perché le persone di grande virtù soglion farne poca stima, le tengon per cose vane et esteriori. Nel licenziarti, [p. 19] se pur non porta così l'uso, non dir 'baccio le mani', né nel fine delle lettere, ché è temerità, dice Monsignor Quevara nella seconda parte delle sue *Epistole*,[42] eccetto che al licenziarsi da persona religiosa. Non risponder ad uomo che addimandi come stai che: 'a' suoi comandi', o 'a servirla', no! Ma rispondi che ti senti bene 'a la Dio mercede', o altra risposta simile con voce dolce; se non

---

[38] Petrarch, *Canzoniere*, CV. 1 (a *canzone*, rather than a sonnet, as Sori writes). As we shall see in more detail below, nn. 124, 273, and *Difese*, n. 34, Sori must have consulted one of the editions of Petrarch's *Rime* that was accompanied by the *Espositione*, or commentary, of Alessandro Vellutello, and followed in the same volume by the poet's *Trionfi*. The first edition that combines the two dates back to 1544: *Il Petrarcha con l'espositione d'Alessandro Vellutello di novo ristampato con le figure a i Triomphi, et con più cose utili in varii luoghi aggiunte* (Venice: Gabriele Giolito, 1544).

[39] The reference is to Ariosto, *Orlando furioso*, IX, and the love between Olympia and Bireno. The 'perfido Bireno' abandons Olympia on a desert island to pursue instead his love interest, the daughter of the king of Frisia.

[40] Ganymede, in Greek mythology, was said to have been abducted by Zeus, who had taken the form of an eagle, to serve as cup-bearer in Olympus. Homer describes him as the most beautiful of mortals. Here Sori must allude to pretentious young men.

[41] Giovanni Della Casa, *Galateo*, in *Rime et Prose* (Venice: Nicolò Bevilacqua, 1558), p. 143: '[T]u non dei giamai favellare che non abbi prima formato nell'animo quello che tu dei dire, ché così saranno i tuoi ragionamenti parto, e non isconciatura'. For a modern edition, see Giovanni Della Casa, *Galateo*, ed. by Ruggiero Romano (Turin: Einaudi, 1975), p. 54.

[42] Guevara, *Lettere*, 'Al signor don Francesco di Mendozza [...]. Come gli è cosa molto disdicevole il dire "basciovi le mani"', Book II, pp. 29–32 (p. 31).

ti trovi in cervello, dirai 'non mi sento ben disposta', ma non agiugner 'non ho dormito questa notte, il petto mi duole, ho cattaro', e tant'altre dicerie, come far soglion alcune poco accorte. Se vieni invittata a feste o balli, ringrazia la cortesia e fa' scusa, ché da' tuoi genitori non hai licenza per queste, da' quali prima sarai avisata che conversazioni simili non si fanno mai a caso e senz'arte, e che il lasciarsi vedere in luoghi simili è spesso causa di denigrazione di buona fama, anzi, di rovina estrema. E se pur alcuna volta, per qualche impensato modo, vi ti trovi, usa in ogni tua azione largamente la modestia e non vi ti fermare di longo, per non dar segno che vanità simili ti aggradiscano; ma, senza la madre o sua licenza, non ti fermare, né, fermandoti, susurrare con altre de' fatti di questa o di quella; e, vedendo chi voglia dire male d'altri, abbassa il ciglio e non ti mostrar grata di udire, ché così, col renderti dura ad ascoltare, s'asterrà l'altrui lingua dal cominciato ragionamento; e, per fuggire che il simile non venga di te, cioè siano detti i tuoi diffetti, avvertirai di levar particolarmente in [p. 20] tai luoghi publici l'occasioni anco dell'imagine de' diffetti, e di non palesar mai tuo secreto ad altri, se più che grandissima necessità, per vietare qualche inconveniente, non costringe, ché

>   *Servo d'altrui si fa*
>   *chi dice il suo secreto a chi nol sa.*[43]

E, quando il palesi, sii a persona cara, come alla madre o al confessore, e averti così di non dir secreto d'altri, né metter discordia, perché, come dice San Paolo a' romani, capitolo 1,[44] è grave peccato; però usa di quella virtù, perché

>   *La virtù prima è raffrenar la lingua,*
>   *qual, perché pronta a ragionar non fosse,*
>   *frenò natura con le labbia i denti.*[45]

Non contendere con altre, né esser di quelle tralignate che più tosto, anco contro ragione, vogliono perdere un'amica che una parola, e altre che tralascio ragioni del frenar la lingua che si puonno vedere in Monsignor Quevara, nel libro 2, *Epistole*, nel ragionamento che fece all'imperatrice.[46] Acostati, se voi sapere assai, a chi molto abbi letto o molto praticato il mondo,

>   *Ché, per simil praticar, viver s'impara.*[47]

Non esser superstiziosa, né giurar per vero una cosa nella quale tu stii in

---

[43] 'Servo d'altri si fa, chi dice il suo segreto a chi nol sa'. See *Banca Dati Proverbi*, <http://www.proverbi-italiani.org> [last accessed 17 August 2017].
[44] St Paul, *Romans* 14. 10–11 and 16. 17–18.
[45] Decio, *Acripanda*, Act I, Scene 4, fol. 16ᵛ. In the modern edition, ll. 702–04, p. 140.
[46] Guevara, *Lettere*, 'Ragionamento alla imperatrice et sue damigelle, dove si tratta il bene et il male che fa la lingua', Book II, pp. 71–75.
[47] Proverbial saying, along the lines of 'Chi pratica collo zoppo si glien'appicca', or 'Chi pratica collo zoppo impara a zoppicare', but with a more positive connotation. See *Banca Dati Proverbi*, <http://www.proverbi-italiani.org>) [last accessed 17 August 2017].

dubio. Digiunando, o facendo elemosina, o altre pie opere, non sii per ipocrisia per parer buona, ma si⟨i⟩ per amor di Dio, e digiuna, non avendo legitima indisposizione che osti, le vigilie tutte, e le *tempora e quaresima. Avendo *suore, avezzati a insegnarle i medemi costumi, e menarle [p. 21] alle scuole delle vite cristiane, e tolerarle; e non appropriarti, vivendo in comune, cosa alcuna, perché non è cosa che più tosto causi sdegno et mala volontà negli animi di questa. Osserva con esse l'ordine di natura: voglio dire che, se sei più giovane, se disuguaglianza de' gradi nol vieta, che consenti di cedere a la più attempata et farle onore, e la maggiore sarà obligata a ricambiar l'umiltà alla minore con segni di benivolenza, e scusarla quando vedrà trapassarla i termini convenevoli verso di lei, facendole poi con dolci maniere, in tempo opportuno, conoscere il suo errore. Il praticar da *citella vuole esser con *citelle modeste e men che si può con ammaestrate tanto più vecchie, ché della schiera di Corisca insegnano a rinegar la vergogna alle semplici donzelle.[48] La madre, inviandoti fuor di casa senza sua compagnia, deve considerar con che persona e determinarti tempo, e venirti incontro, se tardi il ritorno, e intender la causa e, accorgendosi di bugia, coregerti con battiture, e così ne l'altr'azioni; voglio dire che, impostoti più di due volte una cosa, che non la faccia destra, insegnandoti però prima il come e quando, se bisogna, ti deve castigare con discrezione con fatti, se le minaccie non bastano, ché, non facendolo, sarebbe un mostrar poca cura del tuo bene. E la discreta madre, lasciando dire le insensate, deve ridur la figlia da tenera a termine che, solo col mirarla di mal occhio, triemi e l'intenda e, ancorché l'ami molto, non li deve mostrar, se non di rado, [p. 22] viso allegro. Ma non però darle busse per ogni poca occasione, né farli come alcune pianger il vitto con scusa di volerle allevar delicate e, ancor che n'abbi molte, non deve trattar una come signora, l'altra come fantesca, se particolar occasione così non porta. E, conversando le sue con altre, deve avertir che non si raccontino favole piene di sciochezze, ma sì cose che tendino a qualche virtù. E lei si deve guardare di non esser la prima, né cantare, né far scherzi col marito alla presenza di esse, né adornarsi con fiori o altre cose vaghe, né parlar con uomini che non siano strettamente *affinati, et con essi ancora in gran rispetto. Non deve neanche mangiar fuor d'ora, né mettersi a udir suoni, o *canta in banchi, perché, oltre al mal essempio, vi è il peccato, dice il Mercurio ne *Gli errori*

---

[48] The story of the nymph Corisca comes from Giovanni Battista Guarini's *Il Pastor Fido*. The first edition of Guarini's *Pastor fido, tragicomedia pastorale* was published in Venice by the printer Giovanni Battista Bonfadini in December 1589 (although the title page gives the date 1590). The definitive edition, prepared by the author, is the 1602 Venetian edition published by Giovan Battista Ciotti. This pastoral drama, set in Arcadia, was highly successful, despite the lively debate it aroused, owing to its novelties and the way in which it broke with the principles expounded in Aristotle's *Poetics*. It had numerous further editions and inspired a number of theatrical performances, besides providing an exceptionally fertile source of madrigal texts.

populari.[49] A qualche virtuosa lezione di academia è lecito, quando vi vanno altre maggiori, e qui le nostre signore alcuna volta vi vanno. Andando a letto con la figlia, non deve spogliarsi del tutto a sua vista, né restar senza camiscia, né della camera uscir, se del tutto non è vestita. Né uscir con la cuffia della notte a l'altrui vista, né in camera lasciar, essendovi altre, il letto sconcio; seco a dormir non deve tenerle da cinque anni di età in su, avendo marito, né nella propria stanza, ché manderiano a memoria qualche incostume; la custodischi però in luoco appresso del suo e seco tenghi le chiavi, o almeno sii certa che non ne possi uscire senza sua saputa, osservando [p. 23] che esso tal luoco non abbi fenestre che guardino in strada, acciò che essa non si facci vedere, o stii a sentire le baie e i canti che vi si fanno. Non la lasci praticar con serve che non siano più che timorate di Dio e bene ammaestrate. Deve, di quando in quando, alla sprovista visitar i suoi cofani e veder se trova alcun ornamento o cosa che non sia venuta da lei, dal padre, o da' fratelli et, trovando, intender alle strette, senza darlo ad intendere ad altro di casa, da chi, quando et come tal cosa li sii pervenuta. Visitar deve ancora i luochi della casa a veder, a essempio di Tisbe e di Ghismonda, se vi sono orifizi per i quali ne possi avenire alcun iscandalo.[50] Deve amonirle, se vi è padre, all'obedienza di quello, e non farli resistenza nelle cose oneste, ma vincerla con pazienzia, benché tedioso; e così con la madre, e darli al bisogno di quello che s'ha e aiutarli nelle necessità; e dopo la morte far pregar per loro e elemosine, e compir a' legati lasciati. Deve amonirla così,

---

[49] Scipione (Girolamo) Mercurio, *De gli errori popolari d'Italia, libri sette, divisi in due parti. Nella prima si trattano gli errori, che occorrono in qualunque modo nel governo de gl'Infermi, e s'insegna il modo di correggerli. Nella seconda si contengono gl'errori quali si commettono nelle cause delle malattie, cioè nel modo del vivere* (Venice: Giovanni Battista Ciotti, 1603). In seven books, the work is divided into two parts, the first six books comprising mistakes 'contro la medicina', 'contro il medico', 'contro gli ammalati in letto', 'contro gli infermi nelle piazze', 'contro le donne gravide e le partorienti', and 'contro i fanciulli', and the second part, that is, the seventh book, considering mistakes in terms of good and healthy living, recalling the long tradition of treatises on the subject. See Ch. XIX 'Degli errori che si commettono ne' cibi per la consuetudine e per il tempo', fols Tt1^v–Tt3^v (fol. Tt3^v in particular). See also Ch. VII, 'Dell'error che si commette in star ad ascoltar i ciarlatani', fols Bb1^r–Bb2^v.

[50] The tale of Pyramus and Thisbe is related by Ovid in his *Metamorphoses* (IV. 55–166). Pyramus and Thisbe are a pair of young lovers in the city of Babylon, but their families' rivalry forbids their love. Since they live in connected houses, the two lovers are able to communicate through a crack in the walls. The story is also mentioned in Boccaccio's *De mulieribus claris* (XIII, 'De Tisbe babilonia virgine'). As for the tale of Ghismonda and Guiscardo, it is told by Fiammetta in Boccaccio's *Decameron* (IV. 1). The only daughter of Tancredi, prince of Salerno, Ghismonda falls for her valet, Guiscardo, and passes him a letter concealed in a hollow reed with instructions on how to meet. There is a secret passage within the palace that leads from a forgotten cavern straight into her bedroom. Unbeknown to them, Tancredi witnesses one of their encounters in Ghismonda's bedroom. He has the valet arrested when he leaves the cave, and later slays him, sending Ghismonda his heart in a chalice.

ancorché grande e da marito, a continuare la sudetta Scuola Cristiana,[51] et ivi
con zelo, non guardando a fatiche, insegnar alle semplici, e 'l resto del tempo,
dopo finita l'orazione fino ad ora di vespro, che se ne vadi a prendere le sacre
indulgenze. Di qual ora si voglia che sentirai suonare la campana per alcun
morto, dirai il *Pater* e l'*Ave*, e 'l *Requiem* appresso, per quel⟨l⟩'anima per cui si
suona. Veggendo l'aria turbata con timori di tempesta, farai genuflessa orazione
al Signore per la conservazione [p. 24] dei frutti della terra e ti farai segni di
croce con l'acquasanta, la quale tenerai sempre appresso al letto, come anche
imagini di Cristo e della Madre, e oliva, candele benedette, *Agnus* papali, o altre
reliquie, che son difese importanti.

DEL PENSARE E CONVERSAR CON ALTRE, E COME SI CONOSCA FIGLIA CHE SIA *INVESCATA D'AMORE.

LETTERA TERZA.

Se ti trovi a pransar con altre, ma non a' banchetti biasmati da Monsignor Arese
ne l'*Imprese*,[52] non partir per primo aviso il pane con le mani, ma sì col coltello,
e taglia corteccia e molle insieme. Nel prender il cibo non sii con ingordigia, né
empir di soverchio le gotte. Non ti abbandonar con i *cubiti sopra la tavola.
Né mostrar con atto alcuno che grandemente ti piaccia o ti dispiaccia una o

---

[51] The Schools of Christian Doctrine sprang up after 1540, during the Counter-Reformation
period, mostly in the north of Italy, but also in the centre. Free education was provided by
lay confraternities, with male and female instructors teaching boys and girls respectively.
Reading and writing, and of course the catechism, were imparted at such widely spaced
intervals throughout the year (the schools met on about eighty-five or more days a year for
about two hours or a little longer) that, inevitably, even the basic literacy gained could at
times easily be forgotten. See on this Paul F. Grendler, 'The Schools of Christian Doctrine
in Sixteenth-Century Italy', *Church History*, 53 (1984), 319–31; Id., *Schooling in Renaissance
Italy: Literacy and Learning, 1300–1600* (Baltimore and London: Johns Hopkins University
Press, 1989), pp. 342–43.
[52] The *Imprese sacre* by Paolo Arese (or Aresi; 1574–1644), originally from Cremona, bishop
of Tortona from 1620, is comprised of seven books, published at different times and in
different places between 1613 and 1640. In the *Imprese*, Arese displays his erudition on
a number of topics, ranging from religion to science. Each of his *Imprese* consists of an
allegorical figure and a motto, and for each *impresa* there are 3 'discorsi', respectively on
the *impresa* itself, then the doctrine it embodies, and finally the motto, offering readers a
clear example of Baroque sacred oratory. When Sori was writing her *Ammaestramenti e
ricordi*, only the first three books of the *Imprese* had been published, the latest edition, in 3
volumes, having been printed in 1625 (Milan: erede di Pacifico Da Ponte et Giovanni Battista
Piccaglia, vol. I, and Milan: Impressori Archiepiscopali, vols II and III). This is clearly the
edition Sori consulted, as she also refers to Book III in her text. In this specific case, the
'banchetti' are discussed in Book III, Impresa XXI ('Laberinto'), Disc. III, pp. 164–65.

un'altra vivanda. Non pigliarai sale col coltello unto. Né presentarai a chi ti sia superiore, ma, essendo presentata, acceta gratamente. Non soffiar su le vivande, né nel pigliarle ti untar più della punta de' diti. Non intinger nel piatto commune una fetta istessa di pane più d'una volta. Né gittar sotto la tavola scorze, né ossa e simili, eccetto sputando al masticare qualche cosa schifa, et ciò anco destramente, rivolgendola, con bel garbo, [p. 25] prima nella mano, eccetto essendo cosa liquida, la quale devi sputare, volta a un lato, in terra. Non alzar gli occhi sopra le vivande, non imbrattar la tovaglia, né rasciugar con essa né col tovagliolo il sudor del fronte. Non dar ad altra ciò che tu prima avrai assagiato. E non metter mano alle vivande, se non sei comandata, ma ciò lascia fare alla padrona di casa o superiore della tavola. Non far strepito con i denti, né masticar forte, né succiar gli ossi, né t'affaticar in pelarli dalla carne. Non sorbir alcuna cosa, eccetto che uova, in una volta. Non pigliar nel piatto commune, se non quello che vien posto dalla tua parte, e non più dell'altre, né scerner il migliore. Se alcuna mangia nel tuo piatto, non mirare a quel che piglia. Adopra solo la destra ne l'imboccarti e lascia sempre avanzar qualche cosa sul *tondo et finisci quando l'altre. Nel bere, non empir tanto il bicchiere che trabocchi, né ber nel tempo che la maggiore, né mirar altrove che nel vino nel bere, né ber in fretta, né troppo adaggio, né interrotamente. E ponli, bevendo in tazza, sparsa l'una e l'altra mano, se bisogna, ma non v'intoffar il naso, né pigliar in quella vino che non puossi finire in una volta. Non nettar i denti se non col coltello, né prima li nettar de l'altre. Né sputar il vino in palese, né ber esso puro, né più del dovere, cioè più di tre o quattro volte. Non invitar altre a bere o mangiare più una o due volte, terminando che se li tolga la libertà [p. 26] di poterlo fare. Non ti adirar a parole che si dica a tavola, purché oneste, e, se pur t'adiri, nol mostrare. Se giochi da ciecco, o altri si propongono, non te ne mostrar lieta, ancorché di donne, dico, perché, oltre alle seduzioni a volte che suol far l'una all'altra, in cose vane scorrono parole e gesti non lodati, o vi si mescola, che può esser causa di molto scandalo, come se n'ha essempio di Mirtillo, nell'atto 2, scena 1, del *Pastor fido*.[53] A gioco di carte non consentire, ché da Valerio Massimo, nel libro 8, capitolo 16, a noi femine vien proibito,[54] né ti doler, s'altre

[53] Guarini, *Pastor fido*, Act II, Scene 1, ll. 1–336, pp. 117–26. The reference edition is Giovan Battista Guarini, *Il Pastor fido*, ed. by Elisabetta Selmi, with an introduction by Guido Baldassarri (Padua: Marsilio, 1999).

[54] The reference to Valerius Maximus, *Factorum et dictorum memorabilium libri IX* ('Nine Books of Memorable Doings and Sayings'), VIII. 16, is inaccurate. There is no reference to women playing cards in Valerius Maximus, because cards were still unknown in Europe in his time. Dolce writes that playing at cards or table games is unsuitable for women in his *De gli ammaestramenti*, Book I, Ch. 7, 'Qual esser debba il cibo, il vestire, il letto, il sonno, et lo intertenimento della vergine, e che sopra tutte le cose dannose deve fuggire l'ozio, et si danna nelle donne i giuochi di carte, dei dadi, e del tavoliere', pp. 37–40. Similarly in Orazio Lombardelli, *Dell'uffizio della donna maritata. Capi centoottanta* (Florence: Giorgio Marescotti, 1583), capi 96–97, p. 37, we read that 'il giuoco non è da donne'. Stefano Guazzo

giocano, di poca libertà, così se altre vedi star lieti in suoni e canti, ma pensa con più sana mente al suo contrario, cioè che

> *Non fu gaudio già mai senza dolore,*
> *né senza alcun timor quiete alcuna.*[55]

Non andar dove sian sposi da donzella, né dove sian parturienti, né altrove, ancorché a onesta azione, sola, che così ci avisa il citato ne l'atto 1, nella scena 4, ove dice che:

> *Donna scompagnata*
> *è sempre mal guardata.*[56]

Tanto più scompagnata dalla madre, perché:

> *La verginella,*
> *mentre cura materna*
> *la custodisce e chiude,*
> *chiude anch'ella il suo petto*
> *a l'amoroso affetto.*[57]

E la madre, tra gli altri avvertimenti, benché non [p. 27] scuopra in tutto il pensiero della figlia, non però da dodeci anni in su se ne deve fidar tanto che in troppa libertà la lasci, ché non è, disse Corisca, neanche da fidar d'anime schife, tanto più belle ché

> *Pria senza odorati fiori*
> *si vedran le rive e i poggi,*
> *e senza verdi onori*
> *le selve e la staggion novella,*
> *che senza amor vaga donzella.*[58]

Però procuri per saper meglio come custodirla di certificarsi se la sua è di quelle, e per certificarsene, per aviso de l'Ariosto nel canto 1, osservi s'ella più del solito infiorisce le tempie e 'l seno, se sente volontieri parlar di persona

---

in his *Dialoghi piacevoli* (Venice: Giovanni Antonio Bertano, 1586) deplores the 'licenza che s'hanno presa da poco tempo in qua le donne di più d'una città d'appropriarsi il gioco delle carte et frequentarlo nei giorni così del lavoro come del riposo'. I have consulted the following edition: *Dialoghi piacevoli* (Venice: Giovanni Antonio e Giacomo de Franceschi, 1604), p. 463.

[55] Vincenzo Iacobilli's *Hippolito, tragedia* (Rome: Guglielmo Facciotto, 1601), Act II, Scene 1, p. 49.

[56] This is a proverb used particularly in the south of Italy, but Sori probably took it from the *Pastor fido*, Act V, Scene 2, ll. 216–17, p. 237.

[57] Guarini, *Pastor fido*, Act I, Scene 4, ll. 877–80, p. 109.

[58] Guarini, *Pastor fido*, Act V, Scene 2, ll. 349–52, p. 240: '*senz*'odorati fiori | le rive, e i poggi, e senza verdi onori | *vedrai* le selve *a* la stagion novella, | *prima che* senza amor vaga donzella'. As we saw in the Introduction, the omissions and changes in these lines seem to suggest that Sori was quoting from memory.

suspetta d'amore, che dinotano gioia.[59] Cordoglio, dice il *Pastor fido*, per Titiro, atto 1, scena 2,[60] quando è cangiata in vista e non ride, né è festosa come solea, e 'l Tasso, nell'atto 1 del *Torismondo*:

> *Tremare, impallidir, timidi sguardi,*
> *timide voci, e sospirar parlando,*
> *scopron talor un desioso amante.*[61]

[p. 28] *Del modo che deve tener la madre nel governar la figlia presa d'amore, et avisi che gli deve dare.*

Lettera quarta.

Certificata la madre per gli antecedenti segni la figlia esser *invescata, deve, se tal affezione non è lecita, pigliarla da sola e dirli: 'Figlia, io conosco il tuo pensiero, son certa della tua affezione, però dimmi il tutto, ché

> *Ragion è ben ch'a la tua madre, figlia,*
> *ogni chiuso pensiero apra e palesi.*
> *Figlia, per quelle fatiche per te sofferte,*
> *alla madre dilo, che è cosa stolta*
> *tacer, quando il parlar può apportar frutto.*[62]

Dimmi, per quel⟨l⟩'amor che mi devi, in che stato sei, e sì perché così essalterai l'ardore che ti consuma:

---

[59] Ariosto, *Orlando furioso*, I. 42. 7–8.

[60] Guarini, *Pastor fido*, Act I, Scene 4, ll. 853–55, p. 108: 'Ben mi par di vederla | più de l'usato suo cangiata in vista, | ché ridente e festosa | già tutta esser solea'.

[61] Torquato Tasso, *Il re Torrismondo. Tragedia* (Bergamo: Comin Ventura, 1587), Act I, Scene 1, fol. 5[v].

[62] These six lines of direct speech that a mother should use in order to make her daughter confess she is in love are an interesting blend of quotations from different tragedies in which we find similar scenes of persuasion. The first two lines are from Decio, *Acripanda*, Act I, Scene 4, fol. 12[v] ('Ragion'è ben ch'a la *sua* madre, figlia, | ogni chiuso pensiero apra e palesi', in which the possessive 'sua' has been replaced with the second person singular, as if a mother is directly addressing her daughter). In the modern edition, ll. 446–47, p. 135. The next two lines are taken from Luca Pastrovicchi's *Amaranta boscareccia* (Padua: Giovanni Cantoni, 1588; I consulted the 1603 edition, Milan: compagnia de' Tini et Filippo Lomazzo). In Act II, Scene 2, p. 55, the wet nurse Polidia begs the nymph Amaranta: 'Ti prego, dunque, cara figlia mia | [...] per quel che devi a tante mie fatiche | per te sofferte'. The last line is from Iacobilli, *Hippolito*, Act III, Scene 6, p. 124, where Fedra says to Olinda: 'è cosa stolta | tacer, quando 'l parlar può apportar frutto'. Sori makes use of quotations from different texts she knew to create a 'composite' speech, whose lines would have been familiar to a contemporary reader similarly versed in the theatrical productions of the day.

Che riserrato fuoco è assai più ardente
di quel ch'essala fuor per l'aria pura.[63]

Dimmi come passa il tutto, ché conviene, né persona al mondo più di me ti può esser fidele, né che più desideri il tuo bene e quello che può giovare all'onor tuo'.[64] E se né con queste né altre parole e promesse di aiuto neanche si amolisce, la devi minacciar allora di castigo e d'indi avanti levarli la conversazione di persone che non siano di casa e suspette, [p. 29] e non lasciarla vagare fuori di quella, né a chiese, fuori che per udir messa, or a una ora ad un'altra chiesa, senza che mai sappi dove menar la vole, né, finita la messa, più fermarsi; e non come alcune spensierate che vi stanno fino all'estinguersi dell'ultima candela, e gli affari di casa spesso vanno dispersi. Deve conseguentemente levarli le veste più pregiate e gli ornamenti più cari e farla vestir umile, e tutte l'altre cose levarli con le quali solea ornarsi et abelirsi, e minuirli il vivere; anzi, come dice il Dolce nel capitolo 7 dei suoi *Ammaestramenti,*[65] darli viver che raffreddi il calore, e vino leggiere, massima, come dice Oribas, nel libro 5, capitolo 114,[66] dal 14° al 24° anno, e farli fare spesso orazioni e portar *silicio[67] e lastre di piombo su le reni, e andar con piedi scalci per la camera. E levarli tutti i libri che non siano di devozione e farli altra visita sino nelle *faldiglie e veder se vi si trovano indizi di tal affetto. Deve considerar appresso che vicini ha e come stanno le mura divisorie e se, lasciando essa in casa senza guardia, da quelli

---

[63] These lines recall Decio, *Acripanda*, Act I, Scene 4, fol. 11ʳ. In the modern edition, ll. 390–91, p. 133: 'Come fiamma ch'esala, arde poi meno, | come fiume ch'allarga, ha minor forza | così minor è il duol che s'apre'). Also Petrarch, *Canzoniere*, CCVII. 66–67: 'Chiusa fiamma è più ardente; et se pur cresce, | in alcun modo più non pò celarsi' (Sori refers twice to these lines from Petrarch in her text; see below nn. 113 and 273); and Tasso, *Gerusalemme liberata*, VI. 60. 5–6: 'e quanto è chiuso in più secreto loco, | tanto ha l'incendio suo maggior possanza'.

[64] Interestingly, Sori is here reproducing an ideal kind of conversation taking place between mother and daughter, in which the mother is trying to gain the daughter's confidence, by showing understanding and complicity, but all the while trying to dissuade and discourage her from pursuing a love interest that would be potentially damaging to her honour. As we shall see, this is the first kind of attempt, failing which a mother is allowed to use much sterner and more punitive measures. It is worth noting how, in this short example of direct speech, Sori weaves lines directly taken from literary sources, in a curious example of how well-known works permeated everyday life and language.

[65] Dolce, *De gli ammaestramenti*, Book I, Ch. 7, 'Qual esser debba il cibo, il vestire, il letto, il sonno, et lo intertenimento della vergine, e che sopra tutte le cose dannose deve fuggire l'ozio, et si danna nela donne i giuochi di carte, dei dadi, e del tavoliere', pp. 37–40.

[66] Oribasius (325–403) was a physician of the Galenic school. Sori refers here to Book V, Ch. 14 (rather than 114, as erroneously indicated in the text) in *Oribasii Sardiani Synopseos ad Eustathium filium libri nouem: quibus tota medicina in compendium redacta continetur. Ioanne Baptista Rasario Nouariensi medico interprete* (Venice: Paolo Manuzio, 1554), fol. 105ᵛ, where we read that boys between the age of 14 and 21 should not drink wine.

[67] On the initial *c* before palatal consonants that has become a sibilant in northern dialects, see Gerhard Rohlfs, *Grammatica storica della lingua italiana e dei suoi dialetti. Fonetica* (Turin: Einaudi, 1966), §152, p. 202.

può star sicura. Deve appresso impiegarla in uffici ardui et difficilissimi e farla ammonire dal confessore a scordarsi di tale impaccio e, non bastando, sferzarla da ore che non sii sentita e non lasciarla punto in ozio, tanto più di state per essere, per Aristotele, libro 7, *Historia degli animali*, più da ardore eccitate.[68] E, veggendo che per simili diligenze ella s'intepidisce, è allora da consolarla a lasciar tal vanitade e convertir l'amor suo alle [p. 30] ricchezze del Cielo; appresso, deve comandar agli altri di casa che di ciò saranno consapevoli (il che è da guardarsi *propose*[69] che niun'altra persona lo sappi) che non parlino della persona suspetta d'amore e, se puri,[70] fii d'infamia, ché il sentire, dice il Boccaccio, dire da altri la persona amata non esser da bene, non guardar l'onore de l'amico, sparlar d'altri, esser infidele e simili,[71] fa sperdere amore, qual non

---

[68] Aristotle, *History of Animals* (*Historia animalium*), but rather than Book VII, see v. 8. 542a.

[69] The form *propose*, which we find a few times, seems to be used as an adverb with the meaning 'del tutto', 'in ogni modo'. It is not recorded in any historical or dialectal dictionary. A link with the French *propos* cannot be excluded given the nearness to Savoy, where French was commonly in use in everyday life. I would like to thank Marcello Barbato, Paolo Procaccioli, Brian Richardson, and Diego Zancani for their suggestions regarding the origin of this particular form.

[70] The form *puri*, in *-i*, for *pure*, is probably due to the uncertainty in the use of final vowels in northern dialects. See Rohlfs, *Grammatica storica* [...]. *Fonetica*, §143, pp. 180–83, or to the adverbial *-i* in words such as *fuori, forsi, lungi, quasi, quindi*, or *tardi* (§142, p. 178). The same form is used also by Sori's father, Giovanni Battista, in some of his writings; see for instance his *Consigli, et avisi, più suttili dell'arte di chirurgia, dotti, pratici, curiosi & necessarij a' chirurghi* (Milan: Carlo Antonio Malatesta, 1628), p. 121. It seems to be a form used locally or by the Sori family rather than a typographer's choice or mistake, as Sori's and her father's works were published by two different printers in two different towns (Pavia and Milan, respectively).

[71] This quotation by Sori of Boccaccio's text offers an interesting insight into the way she makes use of her sources. Here, she does not mention explicitly which work of Boccaccio's she is referring to, but later in the same *Ammaestramenti* and in the *Difese* she often mentions the *Laberinto d'amore* (also known as *Il Corbaccio*), Boccaccio's strong invective against women. In fact, on closer reading, it becomes clear that she is, with the exception of a few cases, quoting not from the *Laberinto d'amore*, but rather from the *Dialogo d'amore*, attributed to Boccaccio. This work presents a dialogue on love, how to win it and how to preserve it, between Alcibiade and 'Filaterio giovane' (for a critical edition of the text and a discussion of the attribution of the text to Boccaccio, see '*Libro d'amore*' *attribuibile a Giovanni Boccaccio*, ed. by Beatrice Barbiellini Amidei (Florence: Accademia della Crusca, 2013)). There are both separate editions of these two works and also early seventeenth-century editions in which the two works were published in one volume, with the text of the *Dialogo* following that of the *Laberinto*: we find, for instance, *Laberinto d'amore, di nuovo ristampato & corretto. Aggiontovi un Dialogo d'amore* (Venice: n. pub., 1611); *Laberinto d'amore* [...] *Di nuovo ristampato, & diligentemente corretto. Con le postille in margine, & con la tavola nel fine delle cose piu notabili. Aggiontovi nuovamente un Dialogo d'amore molto dilettevole* (Venice: Grazioso Percacino, 1611; the title page of the dialogo reads, in more detail: *Dialogo d'amore, di m. Giovanni Boccaccio* [...] *Tradotte di latino in volgare da m. Angelo Ambrosini*); *Laberinto d'amore,* [...] *Di nuovo ristampato, & diligentemente corretto. Con le postille in margine, & con la tavola nel fine delle cose più notabili. Aggiontovi*

è altro che quel sùbito et primo movimento che si fa nell'anima umana per apprensione di conforme bellezza o virtù; il che, conoscendo così essere, cioè essa incorsa in tale fragilità per simil causa o manifesta grazia della persona amata, o causa occulta, che intendo conformità di natura e non per vizio, allora, senza però darglielo ad intendere, la deve alla meglio compatire, ché, come disse il Iacobilli nella sua tragedia, infin

> Non trova alcun errore,
> che perdon merti, come error d'amore.[72]

Il che prima disse Dante severissimo contro altri errori, come si vede nel suo *Inferno*, nel quale, parlando di Paolo e di Francesca, cognati presi d'amore,[73] non li giudica scelerati, ma degni di compassione, il che anche dice il signor Speroni nelle difese del suo *Macareo*.[74] E allora più si deve compatire che si conosce nascere il suo male per qualche malìa fattali, perché si trovano alcuni diavoli incarnati che, visto che né per servitù né per promesse puonno conseguir il fine, danno di mano, come disse [p. 31] San Gregorio ne' *Dialoghi*,[75]

---

nuovamente un *Dialogo d'amore molto dilettevole* (Venice: Lucio Spineda, 1616); *Laberinto d'amore* [...] *Aggiontovi novamente un Dialogo d'amore molto dilettevole (tradotte [sic] di Latino in Volgare da M. A. Ambrosini)* (Venice: Gherardo Imberti, 1621). It is one of these combined editions that Sori must have used when compiling her *Ammaestramenti* and her *Difese*, as she sometimes states her source is the *Laberinto*, whereas it is, more accurately, the *Dialogo d'amore* in the same volume. See below, *Ammaestramenti e ricordi*, nn. 88, 111, 196. In the edition I consulted (Venice, 1621) this citation is on p. 68.

[72] These lines are not from Iacobilli's *Hippolito*, but from Luca Pastrovicchi's *Tirsi costante. Favola boschereccia* (Milan: Giovanni Giacomo Comi, 1607), Act II, Scene 6, p. 82, where we read 'Né trovo alcun errore, | che perdon merti, come errore d'amore'.

[73] This is of course the tale of Paolo and Francesca in Dante, *Inferno*, v.

[74] Sperone Speroni's 1546 tragedy *Canace* (also known as *Canace e Macareo*) is based on the story of Canace, daughter of Aeolus, who was forced to commit suicide because she had fallen in love with her brother Macar (Macareo). Intended to be an example of tragedy in the vernacular composed in accordance with the principles expounded in Aristotle's *Poetics*, it sparked lively, and at times bitter, diatribes among men of letters for half a century. The disputes were concerned with the interpretation of the very principles of Aristotelian tragic theory that Speroni had intended to exemplify. For instance, the style and content of the tragedy were criticized in the *Giudizio sopra la tragedia di Canace e Macareo, con molte utili considerationi circa l'arte tragica, et di altri poemi con la tragedia appresso* (Lucca: Vincenzo Busdraghi, 1550), which is now attributed to the Ferrarese dramatist and critic Giovan Battista Giraldi. A rewritten version of the tragedy was published posthumously (Speroni died in 1588) as *Canace, tragedia* [...] *alla quale sono aggiunte alcune sue compositioni, et una apologia et alcune lettioni in difesa della tragedia* (Venice: Giovanni Alberti, 1597), together with, as indicated in the title, an *Apologia* and six 'Lettioni in difesa della Canace [...] recitate nell'Academia degli Elevati in Padova', by Speroni himself. Sori here refers in particular to the 'Lettione seconda' (pp. 181–200), in which Speroni proves 'che sempre in ogni caso d'Amore di qualunque maniera egli sia stato, s'è avuto pietà di coloro, che per Amore hanno patito' (p. 181) by resorting to the authority of Ovid, Boccaccio, and Dante.

[75] Sori refers here to the *Dialogues* by St Gregory the Great (Pope Gregory I, 535–604), which narrate the lives of Italian saints, abbots, deacons, nuns, and bishops, as well as

il Menghi nel libro 2, capitolo 1 et 8,[76] e l'Infiammato, atto 2, scena 5 della sua *Gratiana*,[77] alle malìe, all'incanti, e le accomodano, come tutto dì si vede di molte infelici. E come ciò si conosca lo dice il medemo Menghi, al quale è da ricorrere al bisogno.[78] Dal che si comprende che

> *Non sempre l'amar nasce da noi,*
> *ché s'ama talor ciò che s'odiava.*[79]

E però deve aver l'occhio a tutte queste differenze per certificarsi della causa e, quando sii per la prima, cioè volontà propria e non convenga, le deve por avanti anco gl'essempi infelicissimi in che occorsero altre, e Olimpia una di quelle.[80] Quando l'affezione nasce per l'ultime cause con passione e non conviene, deve animarla a resistere e apportarli essempi di virtuose che, per usar di constanzia, fur degne di corona di gloria, et appresso servirsi degli altri avisi che nel Guazzo, nella lettera di Luigi Alemani.[81] Ma quando l'affezione è lecita, deve

---

aspects of the afterlife (heaven, hell, and purgatory). Sori would also have been able to read the saint's dialogues in vernacular editions such as the *Dialoghi, e vita del santissimo Gregorio papa, dottore di s. Chiesa, ne' quali oltre alla santa dottrina, si trovano ancora ad essempio del christianesimo assai vite di diversi, tanto giusti, come peccatori, utilissimi a chi desidera vivere christianamente. Tradotti di latino in volgare dal r.m. Torello Fola canonico della cathedrale chiesa di Fiesole. Con due tavole, una delle dette vite, e l'altra di tutte le materie più notabili, le quali nell'opera si contengono* (Venice: Cristoforo Zanetti, 1575), or *Historia del beatissimo Gregorio papa; nella quale, oltre alla santa dottrina, si truovano ancora, ad essempio di tutti i christiani, assai vite, cosi di buoni come di cattivi: altrimenti chiamata Dialoghi. Di nuovo ristampata, & riordinata dal r.m. Giovan Maria Tarsia fiorentino* (Venice: Antonio Ferrari, 1582), and further reprints.

[76] The reference is to the exorcist and theologian of the minor friars order Girolamo Menghi, from Viadana (Mantua), and his *Compendio dell'arte essorcistica, et possibilità delle mirabili & stupende operationi delli demoni, & de' malefici; con li rimedij opportuni alle infirmità maleficiali. [...] Opera non meno giovevole alli essorcisti, che dilettevole a lettori, a comune utilità nuovamente posta in luce* (Bologna: Giovanni Rossi, 1576). See Book II, Ch. I, 'Che cosa sia sortilego et malefico; dell'etimologia di questi nomi et di certe opere diaboliche fabricate da costoro', pp. 255–67; and Ch. VIII, 'Delle prestigiose operazioni degli demoni ed delle maghe', pp. 328–34. I consulted the 1601 edition (Venice: Paolo Ugolino). Menghi's *Compendio* is also mentioned by Giovanni Battista Sori in his *Consigli, et avisi*, p. 120.

[77] Infiammato (pseudonym), *Gratiana. Favola boscareccia del Infiamato* (Padua: Giovanni Cantoni, 1588). I have consulted the following edition: *Gratiana. Favola boscareccia del Infiamato* (Venice: Giorgio Bizzardo, 1609), Act II, Scene 5, fols 17^r–19^v.

[78] Menghi, *Compendio*; see above, n. 76.

[79] Pastrovicchi, *Tirsi costante*, Act II, Scene 6, p. 81.

[80] The story of Olimpia's love for Bireno and his desertion of her is told in Cantos IX–XI of Ariosto's *Orlando furioso*.

[81] See Stefano Guazzo, *Lettere volgari di diversi gentilhuomini del Monferrato* (Brescia: Giovanni Battista Bozzola, 1566), Letter 'Oliviero Capello alla signora Ippolita Bobba. Racconta i mali effetti dell'amor sensuale, e i rimedi per fuggirlo' (dated 24 July 1544), in which is mentioned a 'grave sentenza del dottissimo Luigi Alamani, cavata dal fonte del greco autore' that reads 'Chi spegner brama un amoroso ardore | travagli quanto può le membra e 'l core; | se ciò non basta, così lunge vada, | che non possa veder chi troppo aggrada: | et s'ei durasse ancor, l'aspro digiuno, | il gel, la povertà risana ognuno: | chi non

concederla, e sì perché

> È stimolo pongente,
> è sprone acuto amore,
> ch'innamorata mente
> spinge a nobili imprese, ad alto onore.[82]

Tanto più ne l'età fiorita, ché però fu detto:

> E come disconviensi
> a canuto pensier cupidi sensi
> nudrir, così fa errore
> florida gioventù che schiva amore.[83]

[p. 32] Per affezione lecita intendo di persona virtuosa et che ami l'onore insieme, e così ci consiglia il Manso ne' suoi *Paradossi*,[84] e così l'Ariosto nel canto 10, stanza 9, e nel 45,[85] ove consente e loda che Bradamante si lasci amare et ami Ruggiero, giovine bello, d'alti sembianti e di virtù singolari, come ella dice nel 32° canto.[86] E Laura, che si lasciò amare dal Petrarca, e mill'altre che tralascio, che ci fanno essempio di doversi lasciar amare d'onesto amore, fatto però prima, per aviso della medema Bradamante,[87] e del Boccaccio nel *Laberinto*,[88] oltre a buone informazioni, prova della costanzia ne' costumi. Da tali, dunque, che sono per render gloria all'amata e che pari di facoltà desidrano lecito matrimonio, si devono le *citelle lasciar amare, ma non però di prima lanugine alle parole, de' quali, come dice l'Ariosto, non è da dar sempre orecchio,[89] ma sì alcuna volta, per vietare qualche grandissimo inconveniente, o conseguir, come sopra, lecito matrimonio, avendo tutta volta, non dico la madre, che non sta bene che si trovi consenziente, ma fidatissime parenti e di senno, per testimonio. E, così leggiamo, osservò Amarilli quando volse ascoltar Mirtillo,[90] e non l'ascoltò in luoco publico, ove altri potessero sentire o vedere e

---

guarisce poi, il ciel riprenda, | la Natura, il suo Fato, e poi s'impenda: | romper può solo un'amorosa sorte | travaglio, lontananza, fame, o morte' (fol. 167ᵛ).

[82] Iacobilli, *Hippolito*, Act II, Scene 7, p. 79.

[83] These lines are a reworking of Guarini, *Pastor fido*, Act I, Scene 1, ll. 155–58, p. 140, which read: 'e, come amore | in canuti pensier si disconvene, | così la gioventù d'amor nemica | contrasta al Cielo, e la natura offende'.

[84] Giovan Battista Manso, *I paradossi, overo dell'amore. Dialogi* (Milano: Girolamo Bordoni, 1608). See in particular 'Il Capece, overo che la bontà et la virtù, et non altro sia l'oggetto dell'amore umano: e della division degli amori secondo la lor cagione materiale. Paradosso terzo', pp. 89–130.

[85] Ariosto, *Orlando furioso*, X. 9. 1–4 and XLV. 32 ff. and 97 ff.

[86] Ariosto, *Orlando furioso*, XXXII. 38. 1–8.

[87] Ariosto, *Orlando furioso*, XLIV. 40. 12.

[88] The importance of one's 'costumi' in order to gain someone's love is discussed in the *Dialogo d'amore*, p. 12, rather than in the *Laberinto d'amore*. See on this n. 71, above.

[89] Ariosto, *Orlando furioso*, X. 9. 5–6 ('Sol la prima lanugine vi esorto | tutta a fuggire, volubile e incostante'). In Canto X, Bireno abandons Olympia on a deserted island to pursue another love interest.

[90] Guarini, *Pastor fido*, Act III, Scene 3, ll. 288–48, pp. 158–62.

pigliarne scandalo, e fu solo una volta. Né dar orecchio a parole di loro lettere, né riceverle, perché chi quelle riceve è obligato, dice Monsignor Quevara, alla risposta,[91] e sì dice Monsignor Saba, perché son piene di adulazione e non degne di fede, dice nel *Ricordo* [p. 33] 106,[92] e 'l Giraldi ne l'*Eufimia*, atto 3, scena 2,[93] e con essi l'Ariosto, ove, per essempio, di Bireno dopo altre disse:

> *Donne alcuna di voi mai più non sia,*
> *ch'a parole d'amante abbia a dar fede.*[94]

E non si devono credere, dice Selvaggio, atto 1, scena 2 de' falsi dei,[95] perché han sembianza di vero e son menzogne. Però nel più, come anche dice Isabella Andreini, nella lettera della sagacità,[96] non se li dii fede, e del più dico che alcuna volta potrà essere tr⟨o⟩varsi alcuno d'essi che narri il vero et osservi fede, e indizi ne sono:

> *E i sospiri e i tormenti,*
> *e gli ardori e li pianti,*
> *affinano la fede degli amanti.*
> *Crudeltà de l'amato, odio et asprezza*
> *fan prova se l'amante ha in sé fermezza.*[97]

E per far queste prove, posto che alcuna volta, non s'aveggendo, se li volga con aria benigno, non vi perseveri, se non conviene, ma anzi s'emendi col mostrarsi ad altra volta di basso ciglio; e così, per aviso di Laura nel sonetto *Lassare il velo, o per sole, o per ombra donna non vi vidd'io*,[98] si tengono in freno, intendendo per basso ciglio raccoglier il guardo e capeli sotto il velo, il che si legge nel sonetto *Ma poi ch'amor di me vi fece accorta, fur i biondi capelli allor velati*.[99] Et in quello, *Quel che in Tessalia ebbe le mani sì pronte*,[100] nel qual si scuopre che gl'occhi di essa erano accompagnati con tanta modestia e gravità, quantunque

---

[91] Guevara, *Lettere*, 'A donna Agnesa Manriche, duchessa di Paredes, signora di Vigliapalatios. Tratta della onestà che deono avere le donne, spezialmente le donzelle, et le qualità loro, con altre cose molto necessarie a questo proposito, degne da essere intese. E lettera molto notabile e di gran frutto per quelle gentildonne che vogliono allevare oneste e ben costumate le lor figliuole', Book IV, pp. 1–10. On the subject of not accepting letters or gifts, see in particular p. 8. Sori was clearly making use of one of the later editions of Guevara's *Lettere*, comprising the 4 books. See above, n. 18.

[92] Sabba da Castiglione, *Ricordi*, 'Ricordo CVI. Cerca la bellezza delle donne', fols 107^r–10^r.

[93] Giovan Battista Giraldi, *Euphimia, tragedia* (Venice: Giulio Cesare Cagnacini, 1583), Act III, Scene 2, p. 59.

[94] Ariosto, *Orlando furioso*, X. 5. 3–4.

[95] Ercole Cimiloti, *I falsi dei. Favola pastorale piacevolissima dell'Estuante Academico Inquieto* (Milan: Pietro Martire Locarni, 1599), fol. B1^r: 'Ma che semplici dico? anzi son doppie | per lo più le parole degli amanti, | ch'han sembianza di vero, e son menzogne'.

[96] Isabella Andreini, *Lettere* (Venice: Marcantonio Zaltieri ad instanza di Gieronimo Bordon, 1607), 'Della sagacità delle donne', fols 147^r–49^r.

[97] Iacobilli, *Hippolito*, Act IV, Scene 9, pp. 190–91.

[98] Petrarch, *Canzoniere*, XI. 1–2. The poem is a ballad, rather than a sonnet.

[99] Petrarch, *Canzoniere*, XI. 8–9. Sori is quoting from the same ballad as above.

[100] Petrarch, *Canzoniere*, XLIV. 1.

legiadri, che parturivan altro tanta riverenza che amore. Il che è confirmato nel sonetto *Io temo sì de' begl'occhi* [p. 34] *l'assalto*,[101] et altrove ancora essempi di quello che dobbiam far noi. Non è anche da ascoltar imbasciate, né accettar presenti, e pensare e ripensare al disonore che gli può avvenire, se dà principio a simil vanità. E ripensar, dico, sopra cosa tanto importante, a imitazione d'Alcina, della qual disse l'Ariosto: *D'alti pensieri una gran massa, rivolgie et lenta si consiglia*,[102] con quel che segue; e, dopo ben pensato, deve per conchiusione aver mira al fine della lettera imbasciata, presente o quel che sia, et appresso che chi piglia si obliga a dare, il che non conviene, come si vede di Laura, lodata dal suo poeta nel sonetto *L'alma mia fiamma*,[103] per essersi sempre mantenuta ne' termini dell'onestà, il che anche deve servar ogni accorta donzella per anche ricever pari lodi da l'insidiatore, e per non entrar sotto l'amaro giogo d'amore per la penosa vita che vi si pate, per testimonio del medemo, nel 3° e 4° capitolo del *Trionfo* proprio;[104] e penosa vita, dico, et alligata in modo tale alcuna volta, per quanto fanno fede altri innamorati, che, senza aiuto divino, pare impossibile il scioglersene. E, per non entrarvi, levar l'occasioni anche di che gli siano fatte accoglienze, perché, ricevendole, resta la persona obligata di ricambiamento: mezzi che fanno accendere il fuoco, come anche i sguardi, da' quali *propose è da guardarsi, ché

S'occhio non mira,
cor non sospira.[105]

[p. 35] *S'occhio non mira*, perché dal guardo nasce, per testimonio di Cieco d'Ascoli, libro 3, capitolo 18,[106] Cino nel sonetto 45,[107] e l'Ariosto, nel canto 9, stanza 28,[108] e per non divenir favola d'altre che, non sì tosto hanno segni di affezione questi tali della prima gioventù, che, vanagloriosi, sùbito il fanno palese a molti, essempio Mirtillo, atto 2, scena 1, che raccontò ad Ergasto tutto quello che gli era successo con Amarilli.[109] Ergasto, poi, lo raccontò a un altro

---

[101] Petrarch, *Canzoniere*, XXXIX. 1.

[102] Ariosto, *Orlando furioso* (*Cinque canti*), I. 33. 5–6.

[103] Petrarch, *Canzoniere*, CCLXXXIX. 1.

[104] Petrarch, *Triumphus Cupidinis*, III and IV.

[105] Proverbial saying, also quoted, among others, in Guazzo's *La civil conversatione*, Book IV, fol. 260ʳ.

[106] The reference to the eyes that arouse lasciviousness in Cecco d'Ascoli, *Lo illustre poeta* (*L'acerba*) is indeed in Book III, but in Ch. 13 ('De la luxuria'), rather than 18 (a typo, most probably). In the modern edition, Cecco d'Ascoli, *L'acerba*, ed. by Crespi, see p. x.

[107] Cino da Pistoia, Sonnet XLV, *Udite la cagion de' miei sospiri*, in particular ll. 5–8: '[li miei desiri] presentansi pien tutti di martiri | Che vengon dalla vista che procede | Dalla ciera gentil, quando mi vede. | Che come suo nemico par mi miri'.

[108] Ariosto, *Orlando furioso*, XIX. 28. 1–4 ('Assai più larga e più profonda | nel cor sentì da non veduto strale, | che da' begli occhi e da la testa bionda | di Medoro aventò l'Arcier c'ha l'ale'). The reference to Canto IX, in Sori's text, is possibly a typographical error.

[109] Guarini, *Pastor fido*, Act II, Scene 1, ll. 195–324, pp. 122–25.

e così, di uno in un altro, tutta Arcadia lo seppe. E, se mai senti per altro aviso, per esserti fermata col guardo, scentila d'ardor che non convenghi, cerca di spegnerlo con tempo e non t'induggiar, come disse il poeta, in su l'estremo.[110] E nel mentre che stai a spegnerlo, non lo mostrare, ancorché avampi, e ancorché il suggetto sii degno, perché così faceva Laura, e così ci avisa a fare il Boccaccio nel capitolo delle leggi del *Laberinto*,[111] per non esser sprezzata. Perché, avuto tal cognizione, se non è più che saggio, s'ingrandisce e fa men conto della persona amante, testimonio Bradamante nel canto 32, stanza 19:

> *Sa quello altier ch'io l'amo e ch'io l'adoro,*
> *né mi vuol per amante, né per serva.*[112]

Con quel che segue. La qual persona amante, se è modesta, e diversi rispetti impediscono l'essalar il suo dolore, si duplica, perché *Chiusa fiamma è più ardente,*[113] e quanto più chiusa più distrugge.

[p. 36] DELLA BELLEZZA, E COME SPESSO LA RARA NELLA DONNA È CAUSA DI DANNO. E DEL PORTAR GUANTI E ALTRI AVISI DA OSSERVARSI.

LETTERA QUINTA.

Per fuggir dunque di sentir scintille simili, dovrai, quantunque qualche parte di bello in te conoschi, lasciar di rendertene pomposa e vaga, e sì di non accrescerla con artefìci, eccetto come dirò nella Lettera undecima, acciò non abbi poi cagione di pentirtene. E per non averne occasione, dovrai considerare che, se bene la bellezza è tra le doti della donna, che ad ogni modo senza la modestia, l'umiltà, la vergogna, doti non meno eccellenti, non può parturir se amaro frutto, testimonio il Decio, in persona di Acripanda, dove disse:

---

[110] Petrarch, *Canzoniere*, LXXXVIII. 11, 'Non vi indugiate su l'estremo ardore'.

[111] This a reference to Boccaccio's *Dialogo d'amore*, pp. 64, 66, 67. As we saw earlier (above, n. 71), it is highly likely that the edition used by Sori was one that comprised both the *Laberinto d'amore* and the *Dialogo d'amore*. In the latter, which Sori describes here as the 'capitolo delle leggi del *Laberinto*', as if it was actually part of the *Laberinto* itself, rather than a separate text, a series of 'regole' (Sori's 'leggi') are laid out to advise on the following topics: 'Dove s'insegna che cosa sia amore; Qual siano i nobili effetti et saporiti frutti di quello; Qual siano le persone che non sono buone nell'amore; In che modo s'acquisti; Come s'accresca; Come si possi mantere; Come manca; Con altre bellissime regole d'amore'. As Alcibiade states in the text, 'In tutte le cose lo amore ha le sue legge et da tutte le perfette regole' (p. 72).

[112] Ariosto, *Orlando furioso*, XXXII. 19. 1–2.

[113] Petrarch, *Canzoniere*, CCVII. 66.

> *Madre d'infamia e di sospetti altrice,*[114]
>
> e
>
> *della donna danno, e non dono, bellezza,*[115]

con quel che segue. E così il Tasso per Rosmonda, nell'atto 2 del *Torrismondo*,[116] e così Monsignor Arese, gloria immortale di questo stato, nel libro 3, all'impresa 21 del *Laberinto*,[117] ove dice che le donne, per non esser lacci di Satanasso, dovrìano lasciar di parer belle, e prima, nel libro 2, impresa della melegrana.[118] Però [p. 37] non ti affaticar, se desideri mantenerti longamente onesta, di più per artificio acquistarne, ché chi più ne possiede più pericolo corre di perdersi, essempio Corisca ne l'atto 5, scena 9, ove, verso le sue parlando, dopo altre disse:

> *Itene, assai m'avete ingannata e schernita.*[119]

Con quel che segue, et Angelica prima, nel canto 8, stanza 24, e Olimpia nel canto 9,[120] e altre che con compassionevoli lamenti dimostrano moltissimi danni e mali avenutoli per esser belle nate e per essersi abbellite; però a proposito poi disse il Boccaccio, per Fiammetta nel libro 1, che è la

> *bellezza d'ogni male special cagione.*[121]

E così nel libro 4, e così il mio genitore nel suo *Reggimento di sanità* al capitolo delle passioni dell'animo,[122] non però per se stessa, ma per colpa di chi mal se ne serve. L'istesso ancora si deve fare di bella mano, cioè tenerla da *citella o in altro stato, senza accrescerli la beltà sotto il guanto, a imitazione della citata Laura, la quale non la lasciò mai, se non fu a caso, al suo poeta veder ignuda, il che si vede in quello *Candido leggiadretto et caro guanto*,[123] col rimanente. Et in quelle, *Non pur que<l>l'una bella mano*,[124] ove si legge ancora quanto per rara onestà ella fusse presta con la mano a far scudo al viso da quella parte dalla quale vedeva venire il vago e, con gentil destrezza, come che volesse accomodare il velo, e non

---

[114] Decio, *Acripanda*, Act II, Coro, fol. 41ʳ. In the modern edition, ll. 1810, p. 166.

[115] Decio, *Acripanda*, Act II, Coro, fol. 41ᵛ. In the modern edition, ll. 1884–85, p. 168.

[116] Tasso, *Il Re Torrismondo*, Act II, Scene 2, fol. 28ʳ.

[117] Arese, *Imprese sacre*, Book III, Impresa XXI ('Laberinto'), Disc. III, p. 161.

[118] Arese, *Imprese sacre*, Book II, Impresa IX ('Melagrana'), Disc. II, pp. 246–47.

[119] Guarini, *Pastor fido*, Act V, Scene 9, ll. 1513–14, p. 274.

[120] The reference is to Ariosto, *Orlando furioso*, VIII. 42, rather than 24. For Olimpia, see IX. 22–56.

[121] Boccaccio, *Fiammetta*, I, Ch. V: 'O bellezza [...] [t]u prima cagione de' miei danni [...] tu sola cagione e origine se' d'ogni mio male'.

[122] Giovan Battista Sori, *Curioso, compendioso, et utilissimo trattato circa il reggimento, & conservatione della sanità* (Pavia: Giacomo Ardizzoni, 1616), Ch. VI, 'Delle passioni dell'animo', pp. 65–108 (p. 79).

[123] Petrarch, *Canzoniere*, CXCIX. 9.

[124] Petrarch, *Canzoniere*, CC. 1. The line reads, rather, 'Non pur quell'una bella *ignuda* mano'. This might be a slip from either Sori or the compositor, or Sori might have cited the line from memory and left out a word, as Vellutello's edition shows the word 'ignuda'.

già a posta, lo facesse, e l'altre destrezze da osservare che usò per tener in freno colui che con sì eroico verso [p. 38] li diede tanta gloria. Il che, particolarmente delle destrezze, dico, e bei modi, si legge nel capitolo 2 del *Trionfo di morte*.[125] Il guanto, a lui tornando, non vuol esser richiamato, né guarnito di colori;[126] e, se puri, di un solo e in semplicetto ornamento, cioè gentile, benché sia vero che al sudetto poeta più aggrada guanto schietto e *solio, di gelsomino e candido, che venghi attilato, giusto et polito, che così ha più del grande e signorile; ma non però per buon costume da *citella portar sotto quello anello di sorte alcuna, né da maritata portarne in copia, per non dare, come dice il Trugillo nel libro delle *Pompe*,[127] indizio di poca onestà.

DELL'ANDARE A CHIESA ET AVISI NE' COSTUMI DA OSSERVARSI MENTRE SI DIMORA IN ESSA.

LETTERA SESTA.

Nell'andare a chiesa sei tenuta a fuggir l'ore della moltitudine e così, per legge di onestà, di non andare per vie di molto concorso, perché spesso il diavolo, per interrompere il bene che si va a fare, è causa di far incontrare un male che, non ci aveggendo, ci rappresenta agli occhi cose con le quali ci aviluppa; Petrarca nel sonetto

Era il dì, ch'al sol si scoloraro.[128]

Però è d'andar come dico e, quando meno non si possa [p. 39] di andare per simil contrade, è da velarsi, come ho detto, almeno fino al ciglio, et entrar giunta a essa non per la porta più grande, ma sì per la meno usitata, e non esser,

---

[125] Petrarch, *Triumphus Mortis*, II. 10–12.

[126] On the use of gloves, see Rosita Levi Pizetsky, *Storia del costume in Italia*, 5 vols (Milan: Istituto editoriale italiano, 1964–69), III (1966), pp. 86–87 and 422.

[127] The reference is to Tomás de Trujillo and his *Libro llamado reprobacion de los trajes y abusos de juramentos, con un tratado de limosnas* (Estella: Adrian de Anvers, 1563), which was translated 'dalla lingua spagnola alla volgare fiorentina' by Giacinto Stefani. See Tomás de Trujillo (in Italian Tomaso Trugillo), *Delle pompe o vero de gli abusi del vestire discorsi varii raccolti dalla Sacra scrittura, e da diversi auttori* (Venice: Bernardo Giunta & Giovanni Battista Ciotti, 1610), 'Discorso XIII: Anelli in molta copia indizi certi di disonestà'. But see, also, 'Discorso XXVI', in which is narrated a hermit's visit to the mother of Theodoretus, who was losing her sight but was nonetheless 'vanamente e pomposamente vestita con molti anelli nelle dita, con file di perle al collo, con gioielli in testa, ed altre cose somiglianti', plagued 'da l'infirmità delle pompe e della vanità' (p. 105).

[128] Petrarch, III. 1, 'Era il *giorno* ch'al sol si scoloraro'. Again, Sori may have cited the line from memory.

per aviso del Dolce, mai la prima a entrare né l'ultima a uscire, perché sempre il troppo dà cagione di sospetto; però tu così osserva, perché così conviene, ché

Ricerca altro tempo, altri costumi.[129]

E anderai meno che puossi alle chiese più frequentate, ma sì alle più devote et dove abbi maggior occasione di operare e men di peccare. E non fare, ne l'andarvi, filza longa, voglio dire che non vadi con più d'una compagnia, appo la madre, né menar figliuoli piccioli per le mani, né cagnolini appresso, che portano un che di mal odore a chi li vede, oltre a l'esser d'interrompimento agli oranti. Non portar le man giunte sul petto come le tre Marie, che è usanza vecchia, ma sì una sola, e l'altra in qualche altro modo, con bel garbo. E giunta all'acqua benedetta, pigliatola, et fatto il segno di croce in fronte et sul petto, et inchino verso l'altar maggiore, invìati poi a poco a poco per la via di mezzo, se per altra più breve e più remota non puoi, o invìati verso dove sta il Santissimo Sacramento a far orazione, e poi a altri altari, secondo la devozione che hai, se però non è ora di vespero, che, essendo, devi star al tuo luoco fino ad esser finito. Avertendo in tal andare a non ispingere le compagne teco, né le inginocchiate, né andar sì forte et pesata [p. 40] che facci strepito con le *pianelle, acciò il popolo non volga a quel sonito a mirar chi è sì poco discreta che con tale strepito tenti di *sturbar l'altrui attenzione; né meno esser di quelle sì poco accorte che fra molto popolo vogliono andare, anche dicendosi il sermone, per mezzo a molte, *sconciando questa e quell'altra per giugner al deputato luoco, perché allora come più apparente ognun ti mira, e d'indi ne nasce spesso mormorare uno et un altro di quello che senza tale occasione tacciuto si sarebbe. Come anche per il mal uso di farsi portare a vista di tutti cassette con fuoco: oh, vizio bruttissimo! Però tu, da modesta, resta indietro, se la chiesa, dicendosi il vespero o 'l sermone, è nella *manguardia piena, e resta fra le mezane o posteriori, ancorché povere, purché da bene, e ancorché ve ne sia alcuna di mala condizione, ma non far conversazione con essa. Tolta la *perdonanza, se vedi non poter, come dico, andare per quella volta senza scommodo d'altre al solito loco, levati e ritirati con grandissima modestia in qualche capella che non sia troppo occupata, dato dell'occhio destramente, prima di levarti, come andarvi e dove sarà commodo. E, giuntavi, inginocchiati e sedi secondo le migliori, e non al dinanzi, ma sì in parte un poco remota dagli occhi altrui e da la via di mezzo, per non impedire il passo a altre. Et, accommodatati senza altro parlare, eccetto che 'ben stiano', o 'buon vespero', o saluto col capo alle più prossime, farai orazione, ma non [p. 41] sì forte che l'altre ti sentino, né con sospiri né atto sproporzionato alcuno che possa dare ammirazione. E se ben sarai, per ripigliar quello di sopra,

---

[129] Pastrovicchi, *Tirsi costante*, Act III, Scene 5, fol. F2ʳ. The lines are used as a proverbial form. It stands for 'other times, other customs', and draws from the motto 'O tempora, o mores' (oh, the times, oh, the customs) in Cicero's first oration against Catilina (II, 2) and in Book IV of his second oration against Verres.

appresso ad alcuna di cui avesti sentito dire qualche fallo, purché emendata et fatta modesta et umile, non lasciar di starvi e di parlarli, se occorre, e tenerla per buona (benché in chiesa si deve parlar poco e piano), ché così ci conseglia il Spinosa nella parte 4 dei suoi *Dialoghi*,[130] dove aggiugne che molte errorono che poi fur molto buone, essempio la Madalena, e mill'altre che si potrebbero dire. Appresso dice che molte son al presente buone che non si sa se saranno cattive, e che però non si deve insuperbir la vergine perché conservi virginità, né la maritata per esser casta, né la vedova per esser continente. Poiché per ventura potríano peccare. Alcune son state che, essendo prima caste e molto buone, furono poi cattive, e altre che, essendo cattive, furono dopo buone e molto sante. E senza dubbio, sogiugne, merita gloria quella che di cattiva diviene buona, così come gran vituperio quella che di esser buona viene a esser cattiva. Così non devi, per parere dell'Ariosto, rifiutar la conversazione d'altra che avesse alcuna sorella cattiva e di mala fama, ché l'onore non per altrui diffetto si perde, ma per proprio mancamento; però disse:

> Né d'Ipermnestra fu la fama men bella,
> se ben di tante inique fu sorella.[131]

[p. 42] Alla messa non star appoggiata, né in piedi, né sedente, né in altre orazioni, eccetto se, per notabil debolezza, così non sei necessitata, et allora ciò farai con modestia alla messa cantata, però, et all'Evangelo starai secondo l'usanza della chiesa e, sentendo nominare Giesù o Maria, inchinarai il capo, senza girare altrove gli occhi che all'altare o su l'offizio, né far giesto che puossi esser causa di dar suspetto di vanità. E così essorta che facciamo il Romei, giornata 3, o dell'onore, de' suoi *Discorsi*,[132] perché, volendo noi conservare sì in

---

[130] Juan de Espinosa, *Dialogo, en laude de las mugeres. Intitulado Ginaecepaenos. Diuiso en v partes. Interloqutores. Philalithes, y Philodoxo* [...] *y su indice copioso* (Milan: Michel Tini, 1580), fol. 81ʳ. Interestingly, Espinosa's *Dialogo* had not been translated into Italian and Sori must therefore refer here to the Spanish original. It is not unlikely that Sori's education also included some Spanish, given that, as we saw earlier in the Introduction, Alessandria (as well as a good part of the peninsula after the peace of Cateau-Cambrésis of 1559) was at the time part of the Duchy of Milan, and therefore under Spanish rule, and considering also that some members of Sori's immediate family were Spanish.

[131] Ariosto, *Orlando furioso*, XXII, 2. 7–8. In Greek mythology, Hypermnestra was the daughter of Danaus, the twin brother of Aegyptus. Danaus had fifty daughters, called the Danaides, and Aegyptus fifty sons. Aegyptus commanded the Danaides to marry his sons and Danaus fled with his daughters to Argos, which was ruled by the king Pelasgus. When Aegyptus and his sons arrived to take the Danaides, Danaus decided to give them up to spare the Argives a battle. But he instructed his daughters to kill their husbands on their wedding night: forty-nine Danaides obeyed, while Hypermnestra refused and spared her husband Lynceus, who had honoured her wish to remain a virgin. Boccaccio includes the tale of Hypermnestra in his *De mulieribus claris* (XIV, 'De Ypermestra Argivorum regina et sacerdote Iunonis').

[132] Annibale Romei, *Discorsi* [...] *divisi in cinque giornate* (Venice: Francesco Ziletti, 1585). I have consulted the following edition: *Discorsi* [...] *di nuovo ristampati, ampliati, e con*

quest'azione sì in altre il buon nome, dobbiamo non solo aver l'occhio a mancar di colpa, ma anche dalla sospizione, perché, avendo l'onore il suo fondamento nella opinione del mondo, nasce, come dico, esser d'avertire di non far cosa che possa divertir tal opinione.

Del metter la figlia monaca e del mandarla a corte.

Lettera settima.

Se, cresciuta la figlia con gli avisi et ammaestramenti sudetti, a debita età non inchina al mondo, ma sì a religione, è da lodare la sua intenzione e non la *sturbare, ma se non si inchina, ancorché la madre ne abbi molte, non deve farvela inchinar per forza, ma lasciar fare a Dio, perché, così messe, disperansi [p. 43] e, se non diventano per gran melanconia tisiche o lunatiche, danno in peggio. E di qui deve aver per bene e conforme allo stile delle savie madri far sì che prima ella stii qualche mesi in *donzena con esse nel chiostro e riconoschi l'usanze, i capitoli e l'altre regole da osservarsi.[133] E, tuttavia risolvendosi di esser di quelle, la deve aiutare e porvela, se non ha magagne che la rendino inabile al servizio, e darli quello che gli promette. E dopo che vi sarà entrata, ammonirla ad obedir sopra tutto la superiore, soggiungendoli che l'obedienza consiste in tre cose: obedir umilmente; seconda che la sensualità sia obediente alla ragione; e che la ragione sia obediente al suo Creatore e non alla propria volontà, che però deve obedire pazientemente, senza mormorare, né lamentarsi per vedersi commandare più che a altre, né giudicare il parere et l'opinione della maggiore. Né cercare perché questo, perché quello, ma obedire a' comandi, senza distinzione alcuna, intieramente, se vuol meritare e perseverare infino alla morte e, per perseverare, essercitar l'orazione. E se tu mai per buoni diportamenti dopo molt'anni divieni superiora, ti ricordo che la tua principal parte deve esser in aver benivolenza alle suddite e insegnarli legge e il modo di vivere religiosamente, et aver l'occhio, come dice Monsignor Guevara,[134] a che

---

diligenza corretti. Divisi in sette giornate (Ferrara: Vittorio Baldini, 1586), p. 70. From the 1586 edition, all subsequent editions (1591, 1594, 1604, and 1619) include 'sette giornate'. The third day deals with '[l']onore'.

[133] Cf. Guazzo, *La civil conversatione*, Book III, fol. 226ᵛ: 'Se adunque la figliuola sarà chiamata alla religione, è ben cosa giusta che la madre, a cui appartiene principalmente questo carico, cerchi di sottrarla dalle cose mondane et introdurla in quella vita solitaria nella quale si conserva la casa e semplicemente delle vergini, così per mantenerla nel suo buono spirito, come perché non le paia dura e strana quella trasmigrazione dalla casa del padre a quella di Dio'.

[134] Sori may be referring here to Guevara's letter entitled 'A donna Maria di Guevara, nepote

il vivere sia uniforme, e usar diligenza sentendo alcuna dolersi di poca libertà, o altri segni di pentimento, in temprarli il [p. 44] cordoglio con presentarli avanti il riposo e la beatitudine e gloria che, perpetuamente perseverando nella virtù, ha da gustare nel Cielo; e, conseguentemente, avertirla degli inconvenienti che puonno apportar pericolo all'anima e delle cose che per vivere e finire santamente ha da osservare, et in particolare sopra i cattivi pensieri; e, dall'altro canto, rimover come superiora tutti gli apparecchi e occasioni dannose e, tra l'altre, quella degl'impertinenti colloqui d'uomini e ancor di donne pompose, vane e parlatrici che, per mancar di modestia e di prudenzia, li puonno causar scandalo o mali pensieri. Se non monaca, ma a corte inchina, è medemamente tenuta la madre di farli il debito saper prima, cioè che corte, per altro nome, vuol dir morte. E che, *Pastor fido*, atto 5, scena 1, vi alberga

> *Gente di nome e di parlar cortese,*
> *ma d'opre scarsa e di pietà nemica;*
> *gente placida in vista e mansueta,*
> *ma più del cupo mar tumida e fèra;*
> *gente sol di apparenza, in cui se miri*
> *viso di carità, e mente d'invidia,*
> *poi trovi, e 'n dritto sguardo animo bieco,*
> *e minor fede allor che più lusinga.*[135]

Con quel che segue. E dietro farli sapere gli altri incommodi che se gli patisce, ché però, a ragione, parlandone Dante con un suo amico nel 5° canto del *Purgatorio*, disse:

> *Tu provarai sì come sa di sale lo pane altrui*
> [p. 45] *et quanto è duro cale*
> *lo scendere e salire l'altrui scale.*[136]

E se, posposte queste e altre ragioni, ella si risolve di voler servire, deve ne' costumi racordarli, col Guazzo nelle *Lettere*,[137] la diligenza nella servitù; voglio dire con l'Ariosto che deve fare senza esser comandata:[138]

---

dell'auttore, la quale era monaca. E lettera notabile et di gran frutto per le religiose e sacre monache', Book III, pp. 136–44.

[135] Guarini, *Pastor fido*, Act V, Scene 1, ll. 140–44, p. 235.

[136] These famous lines are from *Paradiso*, XVII. 58–60, and not *Purgatorio*, V, as erroneously stated here.

[137] Guazzo, *Lettere volgari di diversi gentilhuomini*, fol. 13ʳ, 'Al signor Bernardino Cambera, lo avvertisce con utili raccordi della vita ch'egli deve fare nella servitù di sua Santità, et nel pratticar della romana corte'. See also, Guazzo, *La civil conversatione*, Book III, fol. 227ᵛ: 'Le quali se 'l padre l'avrà destinate in corte alla servitù d'alcuna prencipessa, bisogna che cominci ad ammaestrarle in quelle cose che sono atte ad acquistar la grazia della patrona, et a procurare che leggano, scrivano, discorrano, cantino, suonino e ballino, et facciano acconciamente tutto ciò che adorna le donne di palazzo'.

[138] Untraced source. But see Guazzo, *La civil conversatione*, Book III, fol. 241ʳ, where we read: 'I nobili [...] cercano di prevenir l'uno l'altro nel ricevere i comandamenti del signore'.

Antiveder bisogna con i grandi
e non sempre aspettar i lor comandi.[139]

E questo antivedere s'intende, con Monsignor dalla Casa nel *Trattato degli uffizi comuni*, che si facci sì prattica de' comportamenti di sua signora che, solo col guardarle in viso, l'intendi di ciò che vuol dire;[140] e quando a tanta intelligenza non arrivi, facci almeno *propose[141] per sùbito essequire l'imposizione:

Che 'l buon servo
Tra l'opra e 'l comandar mezo non pone.[142]

E ancor dico che li paia cosa che poco convenghi, ché

Pazzo è chi contradir vuole al suo signore,
se ben dicesse che da mezo giorno
vist'ha le stelle e a meza notte il sole.[143]

E così il sudetto Casa, ove dice doversi, quantunque malagevole sia il farlo, con pazzi far del pazzo.[144] Però, se tu sarai quella, doverai fare non secondo a te ben fatto parerà, ma secondo la volontà della padrona, la quale, se conoscerai degna di lode, a luogo et tempo la loderai et tacerai i diffetti, se pur alcuno ve ne sarà, perciò che l'ammonire et il riprendere a' pari appartiene et non agli inferiori. Oltre ciò, dovrai in ogni tuo ragionamento esser piena [p. 46] di vergogna, non solamente perché a costumata persona bene istà, ma eziandio perché la baldanza par che dimostri sicurtà. Sarai leale e persevererai, ché

Chi posarsi agogna
soffrir pria li bisogna.[145]

Altri documenti e racordi ti convengono che poi vedere in Monsignor Casa, in Torquato, e nel citato Guazzo nella lettera de l'Alemani.[146] Con l'altre donzelle poi di corte non sarai ambiziosa, per non acquistare la loro inimicizia, ma neanche sarai troppo fredda, per non mancare a te medesima. E mentre servirai, di nuovo ti fo sapere di non esserti lecito, senza presonzione, voler in quattro giorni preceder per qualche via all'altre, no, perché questo ha de l'odioso quanto qual si voglia altro error di corte, et altri, dico, avisi che tralascio, che

---

[139] Untraced source.

[140] Giovanni Della Casa, *Trattato de gli uffici communi tra gli amici superiori et inferiori; scritto [...] in lingua latina, & dopo in volgare tradotto* (Milan: Giovanni Antonio degli Antoni, 1559), fol. 13ʳ.

[141] Here the form *propose* seems to be used as an object noun, to mean 'faccia di tutto per subito...'.

[142] Untraced source.

[143] These lines are taken from Ariosto's *Satire*, I. 10–12. The original reads: 'pazzo chi al suo signor contradir vuole | se ben dicesse c'ha veduto il giorno | pieno di stelle e a mezza notte il sole'.

[144] Della Casa, *Trattato de gli uffici communi*, fol. 12ᵛ.

[145] Common saying.

[146] See above, n. 81.

potrai vedere nel *Cortegiano* del Castiglione,[147] nel Caporali,[148] in *Cleopatra* nell'atto 4,[149] nella Andreini nella lettera propria,[150] nel Rossi nella lettera di gravi pensieri, consiglio et discorso, e nell'altra di avvertimenti privati,[151] e nel ragionamento dell'impresa 26, libro 3 di Monsignor Arese,[152] di cui priego il Cielo che

> *Fia il preggio suo eternamente illustre,*
> *sì come eterne sono e illustri l'opre,*
> *e degno il nome di perpetua istoria.*[153]

---

[147] The reference is to Baldassar Castiglione's *Il libro del cortegiano* (Venice: eredi di Aldo Manuzio e Andrea Torresano, 1528), one of the masterpieces of Italian Renaissance literature and one of the best-known examples of courtesy books of the Italian sixteenth century (and beyond). See on this Peter Burke, *The Fortunes of the Courtier: The European Reception of Castiglione's Cortegiano* (Cambridge: Polity Press, 1995). The *Cortegiano*, together with Della Casa's *Galateo* (1558), and Guazzo's *La civil conversatione* (1574), was considered an invaluable source of guidance on appropriate conduct in society. The man of letters Annibal Guasco, also from Alessandria, in his *Ragionamento* [...] *a D. Lavinia sua figliuola, della maniera del governarsi ella in corte* (Turin: Niccolò Bevilacqua, 1586), which he composed for his eleven-year-old daughter Lavinia, states that these three works were the main sources from which he drew the advice laid out for Lavinia to prepare and guide her in her courtly role. As we saw in the Introduction, Lavinia had been accepted as one of the maids-of-honour to the Infanta Catalina Micaela at the court of Turin. It might be worth noting that the *Cortegiano* did not escape the censorship of the Catholic church. In 1584 an expurgated edition of the text was published in Venice, the emendations being the work of the theologian Antonio Ciccarelli (*Il Cortegiano del conte Baldassarre Castiglione. Riveduto et corretto da Antonio Ciccarelli* (Venice: Bernardo Basa, 1584; also Venice: Giunti)). Four expurgated editions of the dialogue were published between 1584 and 1606. The dialogue was removed from the Index of Prohibited Books a few years later, and then reinstated to it in 1623. For the next three hundred years, the only version officially accepted by the church was the Ciccarelli one of 1584. It is likely Sori would have had access only to the expurgated version.

[148] Sori is referring to Cesare Caporali's *Opere poetiche* [...] *cioè, La vita, L'essequie, et gli Horti di Mecenate. Il suo viaggio in Parnaso, Gli avvisi di Parnaso, Della corte, Del pedante* (Venice: Bernardo Giunta & Giovanni Battista Ciotti, e compagni, 1608), and in particular to his two 'capitoli berneschi' on courtly life, pp. 59–88.

[149] Giraldi, *Cleopatra*, Act IV, Scene 5, pp. 93–95.

[150] Andreini, *Lettere*, 'Del servir in corte', fols 70ʳ–72ʳ.

[151] Ottavio Rossi, *Lettere* [...]. *Raccolte dal Bartolomeo Fontana. Con gli argomenti, & nella Tavola ridotte sotto a i loro Capi* (Brescia: Bartolomeo Fontana, 1621), respectively 'Al P. D. Pietro Vicenzo Carpani, a Milano. Di consiglio, e di gravissimo discorso', pp. 69–70, and 'Al signor Giacomo Pagliardo, a Brescia. Di avertimenti privati', pp. 255–57.

[152] Arese, *Imprese Sacre*, Book III, Impresa XXVI ('Uva in ampolletta [...] di peccatore invecchiato'), Disc. II, p. 313 ('Dalla corte bisognerebbe che si sbandisse quel cortigiano se non facesse amicizia con le bugie, le quali la grazia del padrone gli acquistano'). Sori may also be referring to Arese, *Imprese Sacre*, Book III, Impresa XVI ('Monte Etna') rather than XXVI (assuming, therefore, there is a typographical error in the text), Disc. II, p. 9, where we read: 'chi vuole in corte de' grandi salir in alto et acquistarsi la grazia del principe è necessario che vada per giri, che si pieghi alla volontà d'altri, che dissimuli er per via indiretta saglia'.

[153] These lines are taken, and adapted, from Giuseppe Policreti's sonnet in praise of Tomaso Garzoni in the opening pages of his *Piazza universale di tutte le professioni del mondo, e*

[p. 47] DE L'ACCASAR LA FIGLIA ET AVISI CHE GLI CONVENGONO.

LETTERA OTTAVA.

Non volendo andare a corte, ma accasarsi, così propostoli dal padre, deve — e tu, se sarai quella — avertir di non dire così alla libera di non lo volere, ma star in forse a imitazione di Bradamante, della quale disse l'Ariosto:

> *Né negar né mostrarsene contenta*
> *ardisce e sol sospira, e non risponde.*[154]

E se tuttavia vieni *instata dal genitore a risolverti, rispondi con bel modo, che, per que⟨l⟩l'anno, per certo voto fatto, non ti trovi atta ad entrare sotto giogo imineo, o altra benigna scusa, come insegna l'Andreini nella lettera propria,[155] però che si contenti, come ne lo prieghi, di differire. Ma averti però di non far mai questo per capriccio per pigliar altro a tuo modo, ché non deve a tanto ardire alcuna ch'abbia titolo di modesta, essempio *Adriana* ne l'atto 5, scena 8:

> *Imparate donzelle*
> *non maritarvi senza*
> *voler de' padri vostri;*
> *però che 'l matrimonio senza questo*
> *esser non può, se non dannoso e mesto.*[156]

[p. 48] E 'l Giraldi in persona di Semne ne l'*Arenopia*:

> *Felice quella che 'l parer del padre*
> *segue nel maritarsi;*
> *ch'a lei mai egli meno non viene;*
> *né l'ardir tolto a lei di andarsi a lui,*
> *se le dà aspra fortuna assalto.*[157]

E sì nol devi fare, perché saresti sempre in sospetto d'esso che prendessi, avendo a mente quanto con lui oprasti. E quando il matrimonio ti sii lecito e in tua mano, sii con chi fii del proprio luoco, se è possibile, e in tempo, intendo mentre

---

nobili et ignobili (Venice: Giovanni Battista Somasco, 1585). They read, in the original: 'Fu il pregio vostro eternamente illustre | sì come eterne sian e illustri le opre | e degno il nome di perpetua istoria', fol. a8[v].

[154] Ariosto, *Orlando furioso*, XLIV. 40. 1–2.

[155] Andreini, *Lettere*, 'Del maritare una figliuola', fols 109[v]–11[r].

[156] Luigi Groto (Cieco d'Adria), *La Hadriana, tragedia nova* (Venice: Domenico Farri, 1578), Act V, Scene 8, p. 152. Groto's tragedy had several subsequent editions, including some in the seventeenth century.

[157] Giovan Battista Giraldi, *Arrenopia tragedia* (Venice: Giulio Cesare Cagnacini, 1583), Act III, Scene 4, p. 59. More precisely: 'Felice è quella che 'l parer del padre | segue nel maritarsi ch'a lei mai | egli meno non viene *in alcun caso* | né l'ardir tolto è a lei di andarsi a lui | se le dà aspra fortuna assalto'. For a modern edition, see *Arrenopia tragedia*, ed. by Davide Colombo (Turin: Edizioni RES, 2007), ll. 1651–55 (p. 63).

è sul fiore, che è per tutto il terzo lustro, ché altrimenti

> *Perdendo stagion, si perde ventura.*[158]

Con non conosciuto mentre poi non ti congiugnere, perché, come vedemo, molti, consumito che hanno il dote che se gli porta, le piantano. Altri, levatole dalla patria per levarsi d'impaccio, trovano cento modi di mandarle in precipizio, il che si legge nel Passi di Faustina,[159] et altre molte. Però, per tuo pro, avverti a tutto questo in tempo, ché non abbi con esse poi indarno a pentirtene, che lo permette a volte Iddio per far conoscere che in tempo

> *Chi ben non usa il ben, del bene è indegno.*[160]

Avertirai così in quest'azione, se hai tenuto, o sei stata tenuta, a battesimo, come in San Tommaso nel 4° delle *Sententiae*.[161] Ricorrerai così la mente se avessi fatto qualche voto di continenza, et alle linee de' consanguigni, dico ascendente e discendente e traversale fino al 4° grado. Né, come ci avisa il signor Spelta [p. 49] nel *Trofeo* 18,[162] pigliar mai un orco per un poco più di robba, ma procura, facendo prima buona inquisizione, di tor chi sia virtuoso, ché la roba si perde, la virtù no, mai. E sì perché la virtù rende l'uomo piacevole, non lo lascia partir dalla ragione e lo fa star ne' termini del dovere. Gli parenti denno avertir di non farli forza, quando a essi tocca a farli pigliar alcuno contro sua volontà, massima scostumato o diffettoso, che è, come a ragione dice il Picolomini nel libro de' costumi feminili,[163] la maggior delle miserie il dover vivere una povera fanciulla

---

[158] Guarini, *Pastor fido*, Act, I, Scene 4, ll. 891–92, p. 109. See also Ariosto, *Orlando furioso*, I. 58. 1–2, 'Corrò la fresca e matutina rosa, | che, tardando, stagion perder potria'.

[159] Giuseppe Passi, *I donneschi diffetti* (Venice: Giovanni Battista Ciotti, 1599), p. 104.

[160] Common saying.

[161] In Book IV, *Distinctio* 4 of the *Sententiae*, Thomas Aquinas discusses at length the role of baptism. See Thomas Aquinas, *Commentary on the Sentences, Book IV, 1–13*, trans. by Beth Mortensen (Lander, WY: The Aquinas Institute, 2017).

[162] Antonio Maria Spelta, *Donneschi trofei* [...] *ad honore delle donne cortesi, benigne e saggie, et a confusione delle ingrate, orgogliose, e rozze, gratiosamente eretti: opera molto esemplare, e di gran frutto, à fare, che i mariti amando, e rispettando le mogli, vivano lieti, e concordi nelle case loro. Con due tavole una de' capi, l'altra delle cose notabili* (Pavia: Pietro Bartoli, ad instanza di M. Angelo Bordoni, 1612). The reference is to 'Che la donna con modi illeciti dall'uomo perverso bene spesso viene seduta, Trofeo XVIII', pp. 72–74.

[163] Alessandro Piccolomini, *Dialogo de la bella creanza de le donne* (Venice: Curzio Navò, 1539), also called *La Raffaella*. I quote from the following edition: *Dialogo de la bella creanza de le donne. De lo stordito intronato* (n.p., n. pub., 1541), fol. D3^{r-v}. The term 'creanza', from the Spanish 'crianza', means 'comportamento', therefore also, by extension, 'costumi'. But it might be worth mentioning here also another work attributed to Piccolomini, *Gli costumi lodevoli che a nobili gentildonne si convengono, descritti dal virtuoso signor Alessandro Piccolomeni Academico Intronato Sanese. Con una bellissima oratione in lode delle donne dello stesso autore* (Venice: Barezzo Barezzi, 1622), which is included in the volume *Le bellezze le lodi, gli amori, & i costumi delle donne; con lo discacciamento delle lettere, di Agnolo Firenzuola fiorentino, et di Alessandro Picolomini sanese. Giuntovi appresso i saggi ammaestramenti, che appartengono alla honorevole, e virtuosa vita virginale, maritale, e*

tutto lo spazio della vita sua schiava d'un vecchio, o d'un mal sano, o d'un malvaggio. E, se non per altro, questo riguardo si deve avere almeno perché i figli tali pel più sogliono essere quale il padre, sani o infermi. Con riguardo a che — se proposto alla figlia partito decente lo rifiuta e non vole esser di Chiesa — che questo è indicio, come ho detto altrove, ch'ella è col pensiero altrove inclinata, e questo è aviso della cittata Andreini,[164] e prima il Giraldi, atto 3, scena 2 della sua *Hadriana*, ove disse:

> *Donzella che ritrosa a le sue nozze,*
> *troppo si rende per pietà nol face,*
> *ma per pensiero immondo acceso in seno.*[165]

Però la piglino allora con le buone e cerchino d'intender la volontà sua et, conoscendo non esser decente partito, la minaccino di castigo e la facciano amonire dal padre confessore a svanir il fole pensiero e, non bastando, devono usar discipline, il che tocca alla madre, ché, infine

> *un ostinato cor merta ogni male.*[166]

[p. 50] Eccetto, però, se non fusse, come già ho detto, per malìa fattali; se non vi è questa causa, è da usar ogn'altra diligenza per rimoverla dalla sinistra intenzione et averla ben disposta ad obedire, prima di trattare di accasarla, avertendo, quando vi sia stato questo incontro in mezo, con che mezzi si tratta, perché oltreché sovente, come tutto dì vediamo, o per invidia o interesse proprio, oprano a diverso, perché a volte le figlie altrove affezionate oprano con essi, acciò che oprino a roverscio, il che si legge d'Amarilli, ne l'atto 2, scena 5, per i prieghi fatti a Corisca, acciò che oprasse ch'ella non fusse accasata a

---

vedovile, di Lodovico Dolce [...]. *Con copiosissime tavole delle cose più memorabili* (Venice: Barezzo Barezzi, 1622; Piccolomini's text has its own title page, but continuous pagination). As we have seen Sori often quotes from Dolce's *De gli ammaestramenti*, so it is likely she had access to this particular edition. In her text, Sori refers to Piccolomini's 'libro de' costumi feminili', which seems to be a reference to *Gli costumi lodevoli che a nobili gentildonne si convengono*, in which, however, we do not find any reference to young women marrying old husbands. The formula chosen to refer to Piccolomini's text might be a hybrid of the titles of the two texts.

[164] See above, n. 155.

[165] Rather than Giraldi Cinzio, it is again Luigi Groto (Cieco d'Adria) in his *La Hadriana*, Act III, Scene 2, p. 86.

[166] The line is taken from Aesop's fable 'Della rondine et gli altri uccelli'. Aesop was a popular author and a number of editions of his fables were available at the time, both in Latin and in the vernacular. It is probable that Sori may have consulted one of the available editions of Giovanni Mario Verdizotti's *Cento favole morali de i più illustri antichi & moderni autori Greci & Latini, scielte & trattate in varie maniere di versi volgari* (Venice: Giordano Ziletti, 1570; also 1586), where the *sententia* at the closing of the fable in question is expressed in the exact words used by Sori (p. 236).

Silvio;[167] e così si legge ancor di Viena,[168] di Bradamante et altre.[169]

DELLA CASTITÀ CONIUGALE E DE' MODI E COSTUMI CHE DEVE USAR LA MOGLIE COL MARITO.

LETTERA NONA.

Accasata che sarai, sappi che la castità coniugale consiste in non dico pratticar, ma neanche pensar di pratticare con altri che con la tua compagnia, e usar modestia e celar *propose da esso qualche tuo diffetto corporale. Non lasciarti veder senza camiscia, né lasciarli veder ampolle di *lisci, né capelli morti e simili, né acconciarti [p. 51] il ciuffo a sua vista. Né partir di casa senza sua licenza e, partendo con essa, ritornar presto. Amarlo sopra ogni altr'uomo con lealtà nell'onore e nelle facoltà, tanto più in tempo ch'egli si trovi da te lontano, nel quale, anzi, dovrai stare più retirata e mostrarti in ogni tua azione più umile e meno ornata, a essempio di Penelope et altre lodate dal Fulgoso nel libro 6, capitolo 7.[170] Né ti lasciar vedere alle fenestre per non farti tassare d'incauta, poiché gli più che passano ricevono nel vedere o ridere o altro atto indecente. E le donne fenestrere poco a poco, vedendo e volendo esser viste, danno materia di perder l'onore e buona fama. Non hai a presumer di comandare a esso, benché lo abbi tolto di sangue e di ricchezze minori, ma sì pensa di obedirlo in ogni commando onesto, ché così vuole Senofonte e la legge,[171] come è giusto et secondo la natura, che le cose men potenti siano signoregiate dalle più potenti o siano maggiori. Però l'obedirai, ché la donna, essendo obediente, assai comanda. Alla sua mondezza dovrai esser pronta nella biancheria e vesti della persona e farli il letto se bisogna, per più aggradirli, a imitazione di Atene regina, per quanto testifica Omero.[172] Nelle cose del vivere devi aver l'occhio

---

[167] Guarini, *Pastor fido*, Act II, Scene 5, ll. 717–32, p. 138.

[168] The *Inamoramento de Paris e Viena* was a popular fifteenth-century chivalric romance in prose, which had various editions in Milan, Venice, and Genoa. The French original, perhaps a translation from the Provençal, is attributed to Pierre de la Cépède, from Marseille. The first Italian translation was in terza rima, the work of the Florentine Carlo di Piero dal Nero, and dates back to 1476. It recounts the frustrated love of a young couple, whose tenacity eventually leads to the triumph of love.

[169] Ariosto, *Orlando furioso*, XLIV. 37 ff.

[170] Battista Fulgosio (Battista Fregoso), *Baptistae Campofulgosi in libros dictorum factorumque memorabilium ad Petrum filium*, in *Exempla virtutum et vitiorum, atque etiam aliarum rerum maxime memorabilium, futura lectori supra modum magnus Thesaurus* (Basel: Heinrich Petri, 1555), pp. 667–1075, Book VI, Ch. 7, 'De uxorum fide erga maritos'.

[171] Xenophon, *Oeconomicus*, IX. 18.

[172] In Homer, *Odyssey*, XIX. 317–22, Penelope orders a bed to be prepared for a 'straniero',

alla polizia e non sdegnarti, se occorre, e tuttoché di maggior linaggio, di por le mani a quello che ve lo posero molte regine per far cosa più grata a' loro mariti; il che si legge nel libro 8 di Erodoto, ove agiugne che molt'altre signore di [p. 52] corone lavorono i drappi de' lor mariti.[173] Lo soffrirai così tenuta, benché di parole per qualche sinistrezza t'ingiuri e ti dii calcio o pugno, senza imaginarli castigo contra. Dovrai osservare di usar sempre o sia continuar gli usati segni di affezione verso lui che da principio, acciò che, veggiendoti alcuna volta o più allegra o intepidita, non entri in qualche sospetto. Veggendolo preso da qualche umore, cercherai con ogni industria di levarglielo, s'egli si contenta d'ascoltarti. Nel resto del governo della casa ti bisogna esser esperta, e con maniere oneste et essemplari procurar di sapere compartire con ordine et a tempo quanto esso gli mette. Non dovrai stare mai in ozio, ma cucire e far lavori, come ho detto, e così far fare alle serve, ché serve per aggradire e star lontana da' vizi. Ne' costumi delle cui serve e famiglia dovrai pensare che non ve n'ha alcuna così bene ammaestrata che, nel servire altri patroni, di nuovo non abbi bisogno di pigliar nuove leggi per sapere quello ch'abbia a fare per aggradirli. Pertanto diportati modestamente, senza persuaderti ch'eglino sappino servir a cenno, ma ordinariamente vienli con pazienzia significando distintamente di dì in dì la volontà tua, e usa libere parole così nel farli perdere quei costumi che a te per aventura non piacciono, come tant'altre che fanno di mistieri avertenze, dico, come nella *Civil conversatione* del Guazzo;[174] t'avezzarai secondo la necessità e bisogno de' tempi a patir con esso e fame e sete, né, per disgusti che abbi, ardirai mai di farlo sapere a' vicini, né a [p. 53] altri. Né dirai mai a esso, per mal termine che ti usi, che migliori partiti se ti erano presentati, ma sì con pazienzia contentati di quello col quale ti trovi, ché così è aviso del Giraldi in persona di Eufimia, ove disse:

> *Quando donna ad uom congiunta è per fede*
> *deve del suo marito esser contenta*
> *sia egli signore, o sia vilmente nato.*[175]

---

that is, Ulysses, whereas in vi. 26–28, the goddess Athena appears to Nausicaa in a dream and tells her to wash and care for the family clothes, convincing her this duty is important in terms of her reputation. I would like to thank Nicola Gardini for his help in tracing this reference.

[173] Rather than Herodotus, *Historiae*, viii, see Book ix. 109.

[174] Guazzo, *La civil conversatione*, Book iii, fol. 248^v.

[175] The lines are taken from Giovan Battista Giraldi, *Hecatommithi, overo Cento novelle* [...] *nelle quali non solo s'impara, & s'esercita il vero parlar tocano, ma ancora vengono rappresentate, come in vaghissima scena, & in lucidissimo specchio, le varie maniere del viver humano* (Venice: Evangelista Deuchino & Giovanni Battista Pulciani, 1608), deca viii, novella 10, 'Eufimia s'innamora di Acaristo, servo del padre di lei, re di Corinto', pp. 285–95. The first edition of the *Hecatommiti* was published in 1565 in two volumes (Mondovì: Leonardo Torrentino), the only edition that preserves the original structure intended by the author, with 113 *novelle* in ten days, including the narrative frame, and, between the fifth and sixth groups of *novelle*, the three dialogues *Dell'allevare et ammaestrare i figliuoli nella*

Però di lui non moteggiar mai non esser contenta, e per comparazione pensa, come dice il Boccaccio nel *Laberinto*, che noi siam create tanto per i serviggi del marito quanto per compagne,[176] però che di gran casata che una sii non deve insuperbire, né perché la donna fii madre de l'uomo, né per altre qual siano prorogative pretendere di magioranza, tanto più, come dice l'Andreini nella lettera di giovaneta da marito,[177] per esser noi da disaventura naturalmente accompagnate, qual fa che ci va in contrario spesso quello che intendemo di fare perché in pro ne torni; il che ci averte anche il citato Giraldi atto 1, scena 4 de l'*Arenopia* in persona di Semne, ove disse:

> *Non so a ch'io debba dar del mio mal colpa,*
> *se non alla natura che mi fece*
> *donna venir nel mondo, che seco ave*
> *questo nostro infelice e miser sesso*
> *per privilegio antico et per rea sorte*
> *la triplicità istessa.*[178]

Con quel che segue; soggiungendo nell'atto 3, scena 4:

> *O misere che siam tre volte et quattro,*
> [p. 54] *se acerbe si*[179] *mostriamo et disdegnose,*
> *incorremo nel nome di superbe,*
> *per non dir vilane; et se cortesi*
> *ci discopriamo, nascono i sospetti*[180]
> *ne' cori di color cui siam congiunte.*
> *Ma fra questi duo estremi gli è via meglio*
> *piegarsi al primo, che non è impon macchia.*
> *Et pericol non porta di disnore.*[181]

---

vita civile, composed earlier on, *c.* 1550. Some of the novelle of the *Hecatommiti* present the same story of seven tragedies by Giraldi Cinzio, that is, *Orbecche, Altile, Antivalomeni, Selene, Eufimia, Epitia, Arrenopia*. As we know, Shakespeare's *Othello* and *Measure for Measure* are taken from the seventh novella of day three, and from the fifth novella of day eight, respectively.

[176] Boccaccio, *Laberinto d'amore*, p. 53.

[177] Andreini, *Lettere*, 'Dei pensieri onesti di giovanetta da marito', fols 129^r–30^r.

[178] Giraldi, *Arenopia*, Act I, Scene 4, p. 27. In the modern edition, ll. 480–85 (p. 21). 'La triplicità istessa' instead of 'la infelicità istessa' in the last line is an error that might be due to a mistake made by Sori or a misreading of the handwritten text by the compositor.

[179] On the use of *si/ci* for the unstressed object pronoun of the first-person plural, see Gerhard Rohlfs, *Grammatica storica della lingua italiana e dei suoi dialetti. Morfologia* (Turin: Einaudi, 1968), §460, p. 159–60.

[180] The line 'ne' quali è involta questa nobil anima' from Giraldi, *Arenopia*, Act, III, Scene 4, p. 71, is left out here. In the modern edition, see l. 1639, p. 63.

[181] Giraldi, *Arenopia*, Act, III, Scene 4, pp. 70–71. In the modern edition, ll. 1634–43, pp. 62–63. 'Che non è impon macchia' should read 'che non *ci* impon macchia', perhaps a typographical error made by the typesetter of Sori's text or already present in the edition consulted by Sori and then reproduced here.

Nella scena 9:

> *Misere donne se mutiam ben loco,*
> *et stato, non mutiam per quello sorte,*
> *che, quando siamo vergini, alla madre*
> *siamo soggiette, al padre et a' fratelli,*
> *e, maritate, soggiacciamo sempre*
> *a' mariti, onde in servitù siam sempre.*[182]

Però non cercar tu altri molto più gravi maneggi del governo della casa, massima essendo di poca età e poco studio, acciò non resti inviluppata e confusa, ma lascia al marito il governo d'altre cose più importanti e abbili rispetto, maggiormente portandoli men dote di quello che meritava o avrebbe trovato; nel qual caso devi riconoscere, com'è il dovere, l'amore di esso et esserli più grata e piacevole e quella che eri quando con tuoi bei modi l'alletasti a desiar il tuo partito. Però umìliateli, ancorché vi scuopri alcuna volta qualche diffetto, ché l'umiltà, dice il signor Spelta, corifeo degl'istorici di questo tempo, nel *Trofeo* 20,[183] e 'l finger di non veder quel che si vede induce spesso vergogna di sé [p. 55] al marito, il quale per tal cagione poi si rimane di dar occasione alla moglie di disgusto e dispiacere. Con altr'uomo, ancorché parente, non parlerai alle strette, né di longo, ché non son mai senza sospetti i parlamenti simili, dice Monsignor Arese, corifeo de' scrittori de l'*Imprese*, ancorché ambedue fiano buoni e santi.[184] Ne' voti, vedi prima di farli, se puoi, senza licenza del marito, perché alcuni si puonno, altri no. Se da alcuno mai verrai ricercata, governati con prudenza, e de l'incontro non far moto al marito, acciò non ne segua rissa, ma contentati, per aviso del Guazzo,[185] quando lo sappi per bocca d'altri, ch'egli intendi la repulsa che avrai dato al molestante, se gliela darai nel modo che 'l medemo dice; bench'io tenga per miglior conseglio quello del Dolce di non risponderli in alcun modo,[186] ma mostrar sdegno nel viso e seguir il suo camino. E se, al marito tornando, saputolo per qualche via, entra in sospetto e gelosia, vedi di diportarti di modo nelle tue azioni che non gliel'accreschi, ché purtroppo, dice il Passi, lo sono gl'uomini per natura,[187] e sanno, per poco in odio che gli entri, una meschina trovar cause per farla precipitare, il che si legge

---

[182] Giraldi, *Arrenopia*, Act III, Scene 9, p. 80. In the modern edition, ll. 1870–75, p. 71. The second line should read 'non mutiam per *questo* sorte'.

[183] Spelta, *Donneschi trofei*, 'Che la donna merita qualche scusa, se per colpa del mario falla. Trofeo XX', pp. 77–82.

[184] Arese, *Imprese sacre*, Book II, Impresa II ('Pantera'), Disc. II, p. 49.

[185] Guazzo, *La civil conversatione*, Book III, fol. 195ᵛ ('Se la moglie tentata dall'amante faccia bene ad avertirne il marito').

[186] Dolce, *De gli ammaestramenti*, Book II, Ch. 2, 'Castità et amore si devono principalmente trovare nella moglie', p. 68.

[187] Giuseppe Passi, *Continuatione della monstruosa fucina delle sordidezze degl'huomini* (Venice: Evangelista Deuchino & Giovanni Battista Pulciani, 1609), 'Degl'uomini gelosi, e che la gelosia partorisce sempre danno gravissimo, Discorso XXXI', pp. 94–99.

di Faustina, Eufrosina, Cleopatra, Senne, et altre potentissime regine ch'ebbero per simili sospetti infelicissimo fine. Anzi, se non sai, pigliano a volte per gusto gl'uomini forbiti occasioni per dimostrarsi irati alle moglieri per tenerle in freno e per veder come si scusano; vedi ne l'atto 3, scena 3, della citata *Arenopia*:

> [p. 56] *Soglion sovente finger liti,*
> *per far delle mogliere*
> *qualche prova, i mariti,*
> *usar parole altiere*
> *et minacciar lor pene,*
> *con visi irati et con sembianze fiere;*
> *perché portano spene*
> *che ciò le donne al vero onore inviti.*
> *Et bene spesso aviene*
> *che non solo si dimostrano scherniti,*
> *ma fingono di avere*
> *segni e indizi infiniti*
> *di cose certe, e non di van sospetto:*[188]
> *et si prendono diletto*
> *che qualunque altro eccede.*
> *D'udir con che ragione*
> *difendono le accuse che lor danno.*[189]

Pertanto, sentendo qualche parola di sospetto, dovrai usar parole soavi,

> *Ch'un ben parlare a tempo è gran guadagno,*
> *e scudo ad ogni offesa.*[190]

E mostrarti umile e senza ornamenti, anzi non adornarti, né andare fuori di casa, s'egli non lo dice. E non andar sola, se così a lui non piace, e ritornar presto per non darli che pensare, tanto più quando l'animo sta male, ché

> *La tema non fu mai senz'alcun duolo.*[191]

Nell'altr'azioni l'imiterai per viver in pace, cioè, s'egli ride, come dice Plutarco ne' suoi precetti conubiali,[192] [p. 57] sì di qualche poco tu ancora, e piangi se piagne, infin trasformati secondo le occasioni. E, veggiendolo melanconico per gravi affanni, procura in tempo opportuno di farli animo e compatirlo, non come adolatrice, ma come compagna e metà di quello. Nelle cose della

---

[188] Giraldi, *Arrenopia*, Act III, Scene 3, p. 67. Two and a half lines are left out here: 'ma col core, in effetto, | conoscon la bontà, la vera fede | de le mogli'. In the modern edition, ll. 1537–39, p. 59.

[189] Giraldi, *Arrenopia*, Act III, Scene 3, p. 67. In the modern edition, ll. 1524–42, p. 59.

[190] Proverbial saying, which recalls *Proverbs* 15. 1–2 ('A soft answer turns away wrath, but a harsh word stirs up anger').

[191] Untraced source.

[192] Plutarch, *Coniugalia praecepta* ('Advice to Bride and Groom'), *Moralia*, II. 139F–140A.

devozione, né nella regola del vivere, per aiuto del signor Spelta,[193] gloria della sua patria, non esserli contraria per non farli fare doppia spesa, ma spegner, almeno per modestia, gli appetiti e viver con l'anima di esso, ché così porta il nome di consorte, che, come dice l'Andreini nel suo *Capitano*,[194] altro non vuol dire che correre col marito una medema sorte. Et il nome di *uxor*, da l'ungere; e tali maniere usando le mogli discrete, accade sovente gl'intrattabili farsi benigni. Niuna gioia che tu abbi o onore chiamar mai tuo, ma o di lui, o con lui, ché, come entrando noi nelle case del marito lasciamo il cognome de' nostri genitori e prendiamo il loro, così vogliono le leggi che, nello arbitrio di lui, qual fuoco in acqua si[195] estinguiamo. Se troverai figli di quello in casa d'altra moglie, non lasciar d'amarli per esser amata e di farli per carità almeno quello che a' tuoi propri faresti. Se per qualche sinistrezza occorsa in casa, ancorché non per tua colpa, vedi il marito in corroccio, non usare orgoglio, ma benignità, se voi intepidirlo. Per tre cose si mitiga l'irato: o per dolce rispondere, over tacere, o dipartirsi sino ad aver deposto lo sdegno. Avrai a mente di non fastidirlo or d'una [p. 58] veste, or d'una catena, ma lascia la cura del tuo vestire a esso lui di cui è l'onore e la riputazione, né andare vestita d'altro colore né con altra *pompa che secondo i suoi gusti. Non gli andar avanti, né appresso di soverchio, per star più su l'onesto e mantenerti più in amore, perché altrimenti, come dice il Boccaccio,[196] la soverchia copia che le mogli fanno a' loro mariti è cagione di *tostano increscimento, e le cose troppo liberamente possedute soglionsi riputar men degne, di che avviene che spesso nascono cause di far ch'essi altre si procaccino, pensando di trovar novi costumi. I suoi figliolini terrai politi e acostumati, e glieli inviarai a dare il buon giorno et alla sera la buona sera, e far riverenza e bacciar le mani. Non consentirai ch'egli ti meni

---

[193] Sori may be referring to Spelta, *Donneschi trofei*, pp. 128 and 130–33, respectively in the sections 'Che la donna è molto più paziente che non è l'uomo. Trofeo xxix' and 'Che la donna è l'ornamento et il decoro della famiglia. Trofeo xxx'.

[194] Francesco Andreini, *Le bravure del Capitano Spavento, divise in molti ragionamenti in forma di dialogo* (Venice: Giacomo Antonio Somasco, 1607). An enlarged edition was published by Vincenzo Somasco in 1615 (*Et in questa terza impressione dal proprio Autore ricorrette; & aggiuntovi molti nuovi ragionamenti dilettevoli, e curiosi non più stampati*), followed in 1618 by *La seconda parte delle bravure* [...] *Divisa in quaranta ragionamenti*. Both parts were printed together in 1624. See 'Ragionamento quinto: Capitano e Trappola', fol. 12ʳ: 'Là onde per quietar questo tumulto e questa confusione delibero di prender moglie, per non dire consorte, che significa correre una medesima sorte'.

[195] See Rohlfs, *Grammatica storica* [...]. *Fonetica*, §153, p. 202.

[196] Another instance where Sori's source is Boccaccio, *Dialogo d'amore*, where we read, for example, 'Per universal regola agli amanti che non dimostrino mai tutto il loro amore e passion di quello all'amorosa, perché si trovano molte che questo conosciuto si ingrandiscono e fanno disperar altrui' (p. 56); also, 'molti erano in farsi troppo vedere dalle loro amorose, non considerando che il raro accresce amicizia' (p. 66); 'sappi che la facilità del troppo vedere l'amorosa e la gran copia del parlare, il brutto acconcio e gesti del corpo [...] fa perdere l'amore' (p. 67).

per mano o sul braccio per via, eccetto in caso d'indisposizione, acciò che non fii tassato di troppo leggiere, troppo effeminato. Né consentir di metterti alla mano destra in cocchio, a tavola, né in altr'azione in publico, né che ti chiami mai 'sua signora' e, se ciò dirà, risponderai tu che, anzi, 'sua serva'. Non pigliar corruccio s'egli, per schifare oziosa vita, usa dormire alcune notti de l'anno solo, perché è legge di Licurgo,[197] ove disse che, doppo il primo anno, basta che gli sposi dormino tre volte al mese insieme per confermare la sanità e amarsi con più affetto. Sarai avisata di non lo accarezzare, né lasciarti accarezzare alla presenza d'altri, ché non convengono gli vezi in publico, essempio, dice [p. 59] il Passi,[198] Giunone, che sul monte d'Ida non volse accarezzare Giove suo marito. Avendo conceputo, avrai l'occhio a non far forze di soverchio, né con altre poco considerate ballare, né caminar in fretta, acciò non ti *sconciassi.

DELLO STATO VEDOVILE E AVISI CHE SI CONVENGONO ALLA DONNA CHE SI TROVA IN ESSO.

LETTERA DECIMA.

Se di accasata vieni a restar vedova, raccordati che le vedove sono un continuo bersaglio delle pungenti lingue et che par quasi che, quanto più si coprono la fronte et adombrano gli occhi col nero velo, che più acreschino negli animi altrui il desiderio di ricercare et di scoprire in esse i diffetti.[199] Però tu, per levare queste et altre occasioni, lascia sopra tutte le cose di renderti pomposa, massima maneggiando di quello de' pupilli, acciò non si dichi a lor spese sfoggi. Né ti render deliziosa, ché non venghi tassata di lascivia, ma fa' che in te tutto sii mestizia, tutto duolo, a imitazione della prudente Isabella, lodata dall'Ariosto, canto 28 circa 'l fine, ove, doppo altre, della modestia e dell'umiltà sua parlando, disse:

---

[197] It is rather Solon, in Plutarch, *Lives* (*Solon*), xx. 3.

[198] Giuseppe Passi, *Dello stato maritale, trattato* [...] *nel quale con molti esempi antichi, e moderni, non solo si dimostra quello, che una donna maritata deve schivare, ma quello ancora, che fare le convenga, se compitamente desidera di satisfare all'officio suo. Opera non meno utile, che dilettevole per ciascheduno* (Venice: Giacomo Antonio Somasco, 1602), p. 156. The text was also translated into Latin by Heinrich Salmuth a few years later, as *De statu maritali: tractatus Josephi Passi Ravennatis academici. In quo non solum, quid fugiendum, sed & quid sequendum sit foeminae maritatae, si officio suo satisfacere cupiat, multis, cum veteribus, tum recentioribus exemplis, demonstrantur.* [...] *ex Italico nunc primum Latine redditum, ab Henrico Salmuth* (Hamburg: ex officina typographica Michaelis Forsteri, 1612).

[199] As we saw in the Introduction, Sori's debt to Guazzo's *La civil conversatione* is evident in this sentence, which is an almost word-for-word citation from his Book III, fols 231[v]–32[r].

> *Come che in viso pallida e smarrita*
> [p. 60] *sia la donzella, et abbia i crini inconti,*
> *e facciano i sospir continua uscita*
> *e gli occhi sien duo fonti*[200]
> *et altri testimoni d'una vita*
> *misera e grave in lei si veggan pronti.*[201]

E prima nel canto 9, ove disse che il viso fa testimonio del grave cordoglio che sia di cosa cara perduta:

> *Una donna trovò piena di lutto,*
> *per quanto il viso ne facea segnale.*[202]

E così la donna vedova il deve insegnare et esser per indicio di pietà elemosiniera del suo, però, e non di quello de' pupilli. E pagar i debiti, dice il Dolce,[203] et i legati, et ristringer nel resto quanto si può le spese per non diminuire la facoltà de' figliuoli. Per confessore ti eleggerai persona di molt'età e di buon nome, e non andarai ogni giorno da lui, ma con bisogno e con riverenza, e non famigliarmente. Non farai *pompa di portar abito carmelitano o cordone di San Francesco alla scoperta e longo sì che tocchi il lembo delle *pianelle, ché non sta bene che cosa di devozione vadi così a *rastro e sii portata per ippocrisia; se voi per devozione e voto portare, porta cose aspre e su le carni nude, e secretamente, ché così sodisfarai più alla tua conscienza. Le conversazioni lascierai ancor di donne, eccetto ove onesta necessità constringe, né andar vicinando né per piazze per non dar scandalo, e sì perché la donna che di questo si diletta e di farsi vedere facilmente si perde; [p. 61] né ti confidare nella buona intenzione che Iddio t'abbia a tenere la mano in capo, perché Egli medemo molte volte permette che la donna sii biasmata a torto, acciò che riceva la pena della leggierezza et della vanità con la quale ha data occasione di scandalo. Altre volte, dice il Barbieri ne' *Dialoghi*,[204] permette che cada in peccato per farla più perfetta. Non anderai fuori della città sola, né ancorché accompagnata, fuor d'ora, ancorché vadi a chiesa, perché il veder donna di rispetto andare fuori di tempo solito degli altri è di sospetto e causa di mormorazione. Né per altro più si fecero le mura che per dare a intendere a noi donne che doviamo star dentro di quelle, anzi in casa, dice Monsignor Arese,[205] gloria e splendore de' pastori e predicatori di questa età, adducendoci per essempio che la pudicizia per altro rispetto non si dipinse con testudine sotto i piedi che per dimostrare

---

[200] The first part of the line has been left out. It reads, rather, 'Del petto acceso, e gli occhi sien due fonti'.

[201] *Orlando furioso*, XXVIII. 97. 1.

[202] *Orlando furioso*, IX. 21. 3–4.

[203] Dolce, *De gli ammaestramenti*, Book III, Ch. 3, 'Con molti esempi si discorre del sepellire i morti [...] et il soddisfare i debiti et i legati lasciati dal morto', pp. 121–24.

[204] Barbieri, *Dialoghi spirituali*, Dialogue III, 'Del peccato', p. 81.

[205] Arese, *Imprese sacre*, Book III, Impresa XVIII ('Lupo'), Disc. III, p. 84.

che le donne pudiche devono stare assidue nelle case, come fa la tartaruga nella sua datale dalla natura. Ti asterrai dunque da questo e di caminar tutto dì per la posta da una chiesa all'altra e dal legger l'offizio o masticar *Pater* o *Ave* per strada, ché le vere orazioni si fanno a cor soave e in casa, se bisogna:

> *Fassi il tempio ogni loco il cor devoto,*[206]
> *et ascendon per tutto i prieghi al Cielo.*

Le tue vesti fiano di lutto e così il manto, cufia, o velo per acconciar il ciuffo, o di color *leonato, dopo i primi mesi, acconcio con leggiadria, e non sgorghi d'avanti [p. 62] a guisa di vele o ale d'uccelli che vogliono spiegare il volo, per non dar di te risa; vedi l'Ariosto, canto 20, stanza 110:

> *Avea la donna, se la crespa buccia*
> *può darne indicio, più della Sibilla,*
> *e parea, così ornata, una bertuccia*
> *quando per mover riso alcun vestilla.*[207]

Né tirar, ne l'avolgerti le treccie, troppo i capelli, sì che si lascino dalle radici, ch'è la brutta vista il veder que' lati dell'orecchi senza peli. Non tener prattica di *becchine, intendo certe che per ippocrisia vestono di *biggio ed altro abito alla monachile, che pel più sono susuratrici e non così famigliari con santi com'esse dicono. Occorrendo cometer negozi, fii ad alcun stretto parente di vecchia età e di buon nome, per levar l'occasione a' maligni di sospetare. I servi ancora siano di buona età et di senno, con i quali all'occasioni ti consiglierai per tuoi affari. E se, dopo alcuni mesi che abbi ⟨ciò⟩ provato, il stato animo ti darà di viver casta, ti potrai astenere da altre nozze, tanto più avendo figliuoli in qualche numero e non vi siano parenti che ne' bisogni prendino cura d'essi, e sì per non aver *rampogni dal secondo marito per causa d'essi; ma non però vi resterai a posta per maneggiar la facultà de' pupilli e darti buon tempo, ché non sta bene pigliarti tanta mano, ma sì vi restarai per zelo d'amore d'essi, e pensarai di mantenerviti col sequestrarti da tutti i cattivi pensieri, e non star mai [p. 63] oziosa, e star come sopra reitirata e far orazioni e digiuni e portar *silicio e, con quest'arme fortificata, troncarai il capo ad Oloferne.[208] Non anderai di mascara, né conversarai con vecchie galanti, né che ballino, né esser di quelle, stando in casa, che hanno le mani alla canochia e gli occhi alla porta. Non leggerai libri profani, per levar che non t'entri amore in testa e da esso il

---

[206] Guarini, *Pastor fido*, Act III, Scene 5, ll. 790–91, p. 172.
[207] Ariosto, *Orlando furioso*, XX. 110. 1–4.
[208] The biblical heroine Judith is often taken to be the ideal model for a widow. The story of her deception and beheading of Holofernes was a popular subject in Renaissance art and literature. See Judith 8. 1–8 (on her widowhood, her fasting, her beauty, and her wealth) and 13. 1–16 (on beheading Holofernes). On the figure of Judith, see Paola Cosentino, *Le virtù di Giuditta: il tema biblico della 'mulier fortis' nella letteratura del '500 e del '600* (Rome: Aracne, 2012).

desiderio, tanto più passando il sesto lustro, perché, oltre che disdice, è di più cordoglio, e ne fa fede Linco, atto 1 del *Pastor fido*, ove, d'esso parlando, disse:

> *S'ei ci giugne in quella fredda etate*
> *ove il proprio diffetto*
> *più che la colpa altrui spesso si piagne*
> *allora insopportabili e mortali*
> *son le sue piaghe, allor le pene acerbe.*
> *Allora, se pietà tu cerchi, male*
> *se non la trovi; e, se la trovi, peggio.*[209]

Però ne starai lontana e, se mai entra, non lo lasciar, come ho detto, far radice, perché, come disse Monsignor Casa nella prima canzone, conseglio poi non apprezza e,[210] debilitata la virtù del libro arbitrio dalle passioni, la persona si lascia in tutto uscir di mano il fren della ragione e, conseguentemente, cade di castità, se Iddio con la sua grazia non la conserva. Però, da capo tornando, ripensavi prima di restare in tal stato, perché, come dice il Spinosa,[211] è difficil cosa che possa chi già provò cose d'amore far castamente la vita, o almeno perseverare longo tempo in essa. [p. 64] Ché la vedova, per molto guarnita che sia di buoni proposti, il suo animo sempre sta in pericolo di mutarsi, o cadere in errori, non provedendo per sua diffesa delle cose dette, perché il stato suo è manco sicuro che quello delle monache, delle donne, e maritate, anzi, senza proporzione più pericoloso, non essendo suggetta a marito, padre, madre, fratelli, né altri superiori, anzi libera e assoluta signora di sé e di sua casa, per dove, non avendo superiore e per altre ragioni, viene a esser combattuta ne' modi ch'egli dice. E benché alcune stiino salde molt'anni e dichino di non temere, risponde egli che così diceva Troia, ma che però dopo con lungo assedio e con long'astuzia fu guadagnata. Gran tempo, aggiugne, visse libera e felice Eucuba, moglie di Priamo, poi al fin venne a esser schiava. Quanto più prezioso è un vaso di cristallo, o di altra spezie di gioie, tanto più se gli devono levar l'inconvenienti di cadere e rompersi. Non v'ha cosa più fragile dell'onore, poiché con tal sospetto non solo la fama (ancorché sii falsa) suole macchiarci. Non v'è cosa più ribele che la carne, poiché occorre longo tempo mostrarsi obediente e fedele, e poi, in un momento, con impito e furore incredibile ciecamente si ribella. Questa ti parrà lunga narrazione, ma a buon fine, acciò che molte volte prima pensi a quello che di te potrai disponere. Perché con altri raccordi vuole il medemo che, se la vedova è giovane, bella e ricca, che si accasi per evitar [p. 65] l'errore in che si potrebbe cadere. E più volontieri quando è tale e povera, perché, quando altro non sia, la necessità può farla cadere; massima

---

[209] Guarini, *Pastor fido*, Act I, Scene 1, ll. 123–29, p. 88: 'Ma s'e' *ti* giugne in quella fredda etade'.
[210] Della Casa, *Rime*, XXXII. 67: 'Ma perché Amor consiglio non apprezza'.
[211] Espinosa, *Dialogo, en laude de las mugeres*, fol. 82^r.

si deve accasare quando ha nono o suocero verso il morto marito o fratelli a cui possi lasciar la cura de' figliuoli dell'uomo, e parturir figliuoli a onor di Dio e sustentamento del mondo, avendo però l'occhio a non pigliar marito più giovine, né, per aviso di San Gerolamo nell'epistola a Marcella,[212] più povero per dominare a voglia sua, ché se n'avrebbe biasmo; tu, dunque, per altri rispetti accasar non vorrai e, stando al mondo, atteso le stimulazioni del natural desìo e altri intoppi, dubiti di poter temperare e sforzare il senso, sequestrati a essempio di Fiordiliggi in chiostro monachile, più sicuro d'ogn'altro sicuro riparo.[213]

[p. 66] DELLE POMPE E ABUSI DEL VESTIRE E DE' COLORI PIÙ LECITI SECONDO I STATI DELLE DONNE.

LETTERA UNDECIMA

Io ti ho, figlia, con buoni avisi fatto sapere come a governare t'hai di stato in stato. Resta ora per pien compimento che ti venga dimostrando come, per mantenerti in buon nome, senza esser punta da male lingue, a regger t'hai in essi. E dal capo cominciando, da *citella devi lasciar quel scioc'uso d'innanelar il crine, d'arichirlo di gemme e d'infiorirlo di soverchio, e di vestir pomposo, intendo vago et di gran spesa, sì per non dar ad altri ammirazione, come per fuggir il peccato di vanagloria, e l'altro per il tempo che vi si perde dietro con tanta sollecitudine che spesso molte delle cose necessarie alla salute eterna si scordano. E sì tai cose devi lasciare per non tirare gl'occhi altrui al diletto, di donde poi ne nasce il desiderio di peccato. Ti dico ancora che devi lasciar l'uso degli acuti odori, eccetto che con causa, cioè per rimediare, o sia coprire, alcuna indisposizione che abbi di male *anelito e simili, e non già usarli per *pompa e per render fragranzia per dove camini,[214] perché è peccato di vizio, dice Monsignor Guevara [p. 67] nella 2ᵃ parte delle sue *Epistole*.[215] Di *smaltirti il viso, ti dico ancora che lasci e gli artificiosi *lisci e di molta spesa, perché ancora è peccato, perché nel più si fa per tirare gli occhi altrui al diletto e per vanagloria in disprezzo dell'altre. Da maritata ancora, quando non spenderai di soverchio,

---

[212] Jerome, *Ad Marcellam*, Letter CXXVII. 3, 'Ad Principiam Virginem de vita Sanctae Marcellae', p. 445.

[213] Ariosto, *Orlando furioso*, XLIII. 183. 7–8. Distraught at the death of her beloved Brandimarte, Fiordiligi had a cell built inside his mausoleum and spent the rest of her life there.

[214] On the use of perfumes, see Levi Pizetsky, *Storia del costume in Italia*, III, pp. 122–23.

[215] Guevara, *Lettere*, 'A messer Perepollastre gentiluomo italiano amico dell'autore, al quale scrive quanto sia cosa infame portar gli uomini odori et pomi odoriferi', Book II, pp. 263–69 (pp. 266–67).

potrai abbelirti con fine di piacere solo al marito. Ma con sì discreta maniera che gli occhi altrui o non veggano l'arte o, veggendola, non restino punto offesi. Non dovrai però ciò usare, ancorché maritata, quando il marito sarà assente, né quando sarà presente, più di quando vorrai uscir di casa che stando in casa, né quando a lui non piacerà che l'usi; facendo altrimenti, darai indicio che vuoi piacer ad altri. Il portar *pendenti e *gargantiglie con molto artificio è biasmato,[216] e le donne che usano queste e l'altre cose non lecite sudette non sono abbracciate con Cristo, e consequentemente di rado caminano bene nella via della pudicizia, ma si sono un veleno pestifero agl'animi incauti et corrivi, et di che si facci di loro molti mali giudizi et si pigli molto scandalo, essempio, come dice il Guazzo, due sorelle, una savia, ma pomposa, l'altra peccatrice, ma modesta, ove, alla savia parlando, disse:

> Tua sorella par casta in casto manto,
> se ben di casta non si può dar vanto,
> nome di meretrice tu non merti
> ma meretrice il manto fa parerti.[217]

Di Claudia Quinta, donna romana,[218] ancor così si legge [p. 68] del che, accortosi esser venuta in suspetto di disonestà dal vedersi abbandonare dall'altre modeste, si emendò dalle *pompe per ritornar di buon nome. E Rainerio Pisano, in confirmazione di questo nella parte prima della sua *Panteologia*,[219] dice che la purità e la disonestà di non altrove si argomenta che dagli ornamenti della persona. Sciocche da stafilate! Non si accorgono che l'usar tanti artefici atorno alle figliuole è non dar occasione pel più a chi le vede di tentar delle strade che, se da simil cose non fossero mossi a tanto, non ardirìano. Meschine! Non vedono che con queste gli procacciano la rovina, essempio le dette dove si è parlato della bellezza. E se la carne contrasta anche alle portanti il *silicio, che farà a chi si nutrisce con tanti artefici e tanta *attilatura? Fuggi tu, dunque, gli estremi nelle cose sudette, perché, oltre alla *pompa, dimostrano superbia e diletto. Né usar cose del tutto basse, che danno indicio di vanagloria ed ippocrisia; vedi il Tasso, ove, Sofronia parlando, disse:

> Le negligenze sue sono artefici.[220]

Però eleggi il mezzo e lascia il sfoggiare, che sol conviene a persone grandi in

---

[216] See Levi Pizetsky, *Storia del costume in Italia*, III, pp. 415–22.

[217] Guazzo, *La civil conversatione*, Book III, fol. 194ʳ.

[218] Boccaccio, *De mulieribus claris*, LXXVII, 'De Claudia Quinta muliere romana'. See also Ovid, *Fasti*, IV. 305–28.

[219] The reference is to the *Pantheologia, sive Summa universae theologiae*, considered the first theological dictionary, by the fourteenth-century Domenican Raniero Giordani from Pisa (Rainerius De Pisis). A Venetian edition of the *Pantheologia* was published in 1486 (in 2 vols) by Hermann Liechtenstein. See 'Habitus', I, fol. 247ʳ.

[220] Tasso, *Gerusalemme liberata*, II. 18. 8. It is from the episode of Olindo and Sofronia.

occasione, dice il Guazzo,[221] e 'l Dolce,[222] di alcun torneo o segnalata festa, e non esser neanche curiosa di copia di vesti, per l'essempio di Cristo che comandò a' suoi discepoli che non tenessero due,[223] ancor dico che non pompose, per le raggioni che adduce Sant'Innocenzio nel libro del [p. 69] disprezzo.[224] Usa, dunque, conciatura di capo secondo l'altre modeste della città,[225] cioè polita e pel più schietta e conveniente a l'abito del corpo, ma non polita di modo che dimostri soverchia cura, e cinto d'un sol colore onesto avolto il tutto in picciol rete, così lodato da l'Ariosto, donde disse:

E in reticella d'oro il crin mi lega.[226]

E un fiore da *citella se bisogna da una parte, che non però venghi troppo in fuori. I colari vogliono essere all'uso, ma non *sbofati, né con gran' lavori, né colori, ma sì con piccioli pizzi, ma belli e ben tirati, e senza *randelle e cerchi sotto, e senza *mendozza al collo,[227] né a traverso, che non sono di buon indicio, ma sì invece porterai un devoto rosario d'ebano, di cipresso, di madre de perle, o

---

[221] Sori might be referring here to Guazzo's *Dell'honor delle donne*, in his *Dialoghi piacevoli*, pp. 434-514 (p. 478), in which he encourages women to leave off ornate clothing, 'i broccati et i ricami', and to leave it to the clergy, 'a' ministri degli altari per rappresentar la magnificenza del culto divino'.

[222] Dolce, *De gli ammaestramenti*, Book I, Ch. 7, 'Quale debba essere il cibo, il vestire, il letto, il sonno, et lo intertenimento della vergine', pp. 37-40 (p. 38).

[223] Matthew 10. 10; Luke 9. 3.

[224] The reference is to Pope Innocent III and his *Liber de contemptu mundi siue de miseria conditionis humanae* (Venice: Luigi Torti, 1538). Two vernacular translations came out in Venice in 1542, with the title *Del dispregio del mondo. Tradotta dalla lingua latina alla toscana, a consolatione, di ogni fidel & vero christiano* (Venice: Venturino Ruffinelli) and *Il divoto libro [...] del dispregio del mondo, & della miseria dell'humana conditione. Nuovamente dal latino in volgar tradotto* (Venice: Giovanni de Farri & fratelli, ad istanza di Giovanni dalla Chiesa). Agostino da Colonna had also produced a verse version as *Opera novamente composta del disprezamento del mondo in terza rima, & hystoriata. Partita in capituli XXXII & uno ternale de la nostra dona* (Venice: Niccolò Zoppino & Vincenzo di Paolo, 1515).

[225] See Levi Pizetsky, *Storia del costume in Italia*, III, pp. 87-88 and 397-413. On head dressings, see also Paolo Venturelli, *Vestire e apparire: il sistema vestimentario femminile nella Milano spagnola (1539-1679)* (Rome: Bulzoni, 1999), pp. 51-59.

[226] Ariosto, *Orlando furioso*, XXXV. 40. 4.

[227] Sori is describing the fashion of using the pleated and starched neck ruffles called 'gorgiera' (Spanish *gorguera de lechuguilla*, because they looked like lettuce, *lechuguilla*), which had been introduced to the Italian peninsula at the time of Charles V. This wired collar was made of fabric pleated into ruffles and starched, and could be in different colours, usually with matching cuffs. In time, it became bigger in size, expanding outward as well as vertically, and more richly decorated, for instance by using delicate *randas*, that is, 'lace' (the Italian *merletto*), or could even be set with pearls and gem stones. Sumptuary laws often attacked the use of these ruffs because of their excessiveness. See Levi Pizetsky, *Storia del costume in Italia*, III, pp. 77-80 and 397-99. Venturelli, *Vestire e apparire*, p. 60, points out that from the middle of the seventeenth century onwards the term 'colar' was used to indicate 'un colletto da spalla a spalla', very often with lace.

di radice di rose, con botoncini d'oro, o con smalto, o altro leggiadro, ma onesto ornamento, al cui fine farai che pendi di simil materia un picciol crocefisso o una crocetta d'oro con smalto, o qualche reliquiario che non più luoco di quanto è grande un quarto di scuto, che cadi con bel garbo un poco sul lato del cuore, e non vi siano *mazacare, né *bindello, eccetto che poco e picciolo, per aver così più dell'onesto e del gentile. Non portar *gasse di *bindelli in testa, eccetto che una invece del fiore, né non portar sotto la golla, né sul petto, su la *manizza, né alla coda, né portar *manigli di più colori, né di più ricche gemme che [p. 70] di *granate. Né portar scarpe di *concie odorifere, né con *tremolanti o lavori che tirino gl'occhi altrui a esse,[228] ma che siano affettate, ma non di soverchio. E le pianelle di color violeto, ma non con *mazacare che vadino *sbofando dall'una parte e dall'altra, né con cerchio d'argento, che sol conviene a titolate per uso e non per legge d'onestà. Le *calce ancora portarai di color violeto, per le ragioni che adduce Scillo Araldo nel suo trattato de' colori,[229] e per l'essempio di Apasia, regina di Persia,[230] di cui si legge che, per non alterar la fama del suo buon nome, non volse mai portarle d'altro colore, né usar d'altra vanità. E vanità, se non sai, si addimanda nella persona tutto quello che non è drizzato a perfetto fine, qual è regola delle nostre azioni. Pertanto avrai l'occhio a tutto questo et a non vestir corto, ma più tosto longo, per aver più del grave e del signorile vestito, però nel modo che l'Anguillara dice, vedi nel libro 2, ogni donna e ogni donzella dovrìa:

> fuggir le *pompe, e vestir puro e schietto,
> per dimonstrar la purità del petto.[231]

Intendendo per puro e schietto di un sol colore, et pel più senza ornamenti. E da *citella, se ben quasi non è più in uso, è da vestir di bianco, per dimostrar così la castità dell'animo et la pudicizia del pensiero, e così, si legge nel Trionfo della

---

[228] Shoes became increasingly ornate in the seventeenth century, because women's dresses were becoming shorter in length, making shoes more visible. See Levi Pizetsky, Storia del costume in Italia, III, pp. 405–07.

[229] This is the work of the Belgian herald Jehan de Courtois, known as Sicillo Araldo (also Sicile), who was in the service of the king of the two Sicilies, Alfonso V of Aragon. In 1565, two editions of the text were sent to the presses in Venice, with the title Trattato de i colori nelle arme, nelle livree, et nelle divise, di Sicillo Araldo del re Alfonso d'Aragona, printed by Giorgio Cavalli and Domenico Nicolini da Sabbio. There were further editions in 1593, 1595, 1599, 1606, and, closer to Sori's time, in 1618 (Venice: Comino Gallina), which is the one I consulted. At fol. 21[v], we read: 'Significa il color violeto amicizia, lealtà, sincerità, recognizione, e dolcezza'. See also fol. 25[r], 'Dell'abito morale di una donna': 'deve [...] aver le calze violete, perché questo colore significa perseveranza'.

[230] This is Aspasia of Phocea, concubine of the younger Cyrus, as narrated in Claudius Aelianus, I quatordici libri di Eliano di varia historia, tradotti dal greco in italiano per Giacobo Laureo (Venice: Bartolomeo Cesano, 1550), XII, 1, fol. 65[r] ff. In the Difese (see n. 35), as we shall see, Sori explicitly mentions Aelianus as one of her sources.

[231] Ovid, Le metamorfosi di Ovidio dette da m. Giovanni Andrea dell'Anguillara in ottava rima (Venice: Giovanni Griffio, 1553), Book II, 133. 7–8.

castità, comparve Laura il dì che fu incoronato il suo poeta,[232] per dimostrarli [p. 71] che con l'arme della pudicizia avea soggiogato et vinto il suo amore. Di tal colore ancora veste la verità, et ha un sole per impresa, per dinotare che la verità è luce chiarissima che dimostra quello che è.[233] E la verginità ancora, per significare la purità fondata ne' buoni pensieri virginali et nelle sante azioni del corpo, porta smeraldi intorno al capo et i fianchi avolti con cinto di lana bianca in segno di essa verginità.[234] L'acconciatura del capo vuole esser del colore della sopraveste a imitazione della medema Laura, come si vede nel sonetto che comincia *Aura celeste*, ove disse:

> *Dico le chiome bionde e 'l crespo laccio.*[235]

Intendendo per 'crespo laccio' quella conciatura *arugata di *bambaso, che altro tempo era in uso, e con ornamento di qualche picciol perle, dicendo egli altrove:

> *Avolger le treccie in perle,*[236]

che son di significato, come dirò più avanti. Il color violeto ancora vi conviene e l'azuro con fregio d'oro, se è figlia di titolato, e maniche longhe alla romana; le minori di ricchezze puonno usar ornamento violeto sopra veste bianca, o bianco o verde sopra veste violeta, o bianco sopra veste verde, così assignato alle caste dal poeta nel capitolo 1 del *Trionfo di morte*, ove disse:

> *Era la lor vittoria insegna*
> *in campo verde un candido armelino.*[237]

Fra le treccie ancora può usar color violeto, [p. 72] o azuro, o verde.

Da maritata, quando cominciarai aver figliuoli, potrai usare al capo color violeto o *leonato, e molto più volontieri quest'ultimo in tempo che il tuo marito fusse assente per dimostrare che mai per incontro del mondo romperai la data fede. E sopraveste di color simile per palesare, come dice Plutarco nella vita di

---

[232] Petrarch, *Triumphus Pudicitie*, 118.
[233] See Cesare Ripa, *Iconologia, overo descrittione dell'imagini universali cavate dall'antichità et da altri luoghi* (Rome: eredi Giovanni Gigliotti, 1593). Given the type of references made by Sori to Ripa's text, as we shall see below, we can infer that she did not consult the 1593 edition, but one of the revised and enlarged ones, which also included an increasing number of images and woodcuts. I consulted the 1613 edition, which, as the title page explains, was 'ampliata ultimamente dallo stesso autore di CC imagini, e arrichita di molti discorsi pieni di varia erudizione; con nuovi intagli e con indici copiosi nel fine' (Siena: eredi di Matteo Florimi). See pp. 346–48, 'Verità'.
[234] Ripa, *Iconologia*, p. 352, 'Virginità'.
[235] Petrarch, *Canzoniere*, CXCVII. 9.
[236] Petrarch, *Canzoniere*, CXCVI. 7: 'E le chiome, or avvolte in perle e 'n gemme'. This is another instance which confirms what we have seen earlier on, that is, that Sori might have cited some of the lines from memory, or the 'concept' behind the lines, rather than citing them word by word.
[237] Petrarch, *Triumphus Mortis*, I. 19–20.

Cleomene,[238] intrepidità e fortezza di animo contro qual si voglia infortunio, il che anche dice l'Ariosto, canto 14, stanza 114, in persona di Rodomonte, che spiegò il leone animale di tal colore.[239] Il *giupone e *sotana può esser anche di color azuro o verde, quando sarai prospera, e 'l marito non sarà assente.

Di rosso non vestirai, neanche da sposa, ché non sta bene usarlo a donna che abbi titolo di modesta, perché dinota sdegno e vendetta.[240] Per *faldiglia, o sii sotana da sposa, e mentre starai aver figliuoli, pur il potrai usare, ma non con ornamento bianco, né azuro, perché non s'accorda il lor significato. Dinota il color rosso anco superbia.[241] E però la superbia così veste ch'altri dicono vermiglio, portando per impresa una corona d'oro,[242] per dimostrare il desiderio di regnare; la vendetta ancora con un pugnale sgnudo nella destra per impresa.[243]

Il color violeto sudetto conviene ancor da maritata, perché dimostra constanza e morir prima che machiare la castità;[244] in ornamento ancora sopraveste d'oro conviene a imitazione della realtà, qual porta per impresa un'altra, nel modo che si può vedere nel Ripa.[245]

Fregio d'argento non conviene in alcuna sopraveste, eccetto volendo dimostrare passione e gelosia.

L'*incarnato dinota baldanza, voglia immonda e poca onestà, dice l'Ariosto, canto 27, stanza 21,[246] ove parla di Doralice, e però non l'usar neanche fra le treccie.[247]

Il color azuro, o celeste, dimostra osservazione di buone leggi e

---

[238] Plutarch, *Lives* (*Cleomenes*), VI. 4.

[239] Ariosto, *Orlando furioso*, XIV. 114. 1–4 ('Ne la bandiera, ch'è tutta vermiglia, | Rodomonte di Sarza il leon spiega, | che la feroce bocca ad una briglia | che gli pon la sua donna, aprir non niega').

[240] Ripa, *Iconologia*, p. 324, 'Vendetta'.

[241] Ripa, *Iconologia*, p. 279, 'Superbia'.

[242] Ripa, *Iconologia*, p. 279, 'Superbia'.

[243] Ripa, *Iconologia*, p. 324, 'Vendetta'.

[244] Scillo Araldo, *Trattato de i colori nelle arme*, fol. 21^v, as above, n. 229.

[245] Ripa, *Iconologia*, p. 256, 'Splendore del nome'.

[246] The reference might be rather to Ariosto, *Orlando furioso*, XXVII. 51 (instead of 21, which might then be a typographical error), where we read that Doralice 'di duo drappi avea le ricche gonne, | l'un d'un rosso mal tinto, e l'altro verde | ma 'l primo quasi imbianca e il color perde' (ll. 6–8). This interpretation of Doralice as a negative, rather than positive, character, can be found in Orazio Toscanella's *Le bellezze del Furioso* [...] *con gli argomenti et le allegorie de i canti* (Venice: Pietro de Franceschi et nepoti, 1574): 'gonne di due drappi [...] significa due amanti: l'uno d'un rosso mal tinto et che quasi imbiana [...] significa ardore amoroso quasi estinto, volendo inferire che l'amore che portava già a Rodomonte era quasi estinto et prestissimo rimarrebbe affatto estinto' (p. 213). The character of Doralice, according to Toscanella, 'esprime la mutabilità delle donne, perché dallo amor di Rodomonte a quello di Mandricardo si dona et in lui si risolve' (p. 2).

[247] Scillo Araldo, *Trattato de i colori nelle arme*, fol. 25^v, suggested on the contrary that a woman 'deve avere ancora le tempie d'incarnato, che significa prudenzia'.

magnanimità,[248] portato, però, senza ornamento vermiglio; la ragione veste di azuro per dimostrare che non si lascia dominare dai sensi.[249] Azuro, però, dice l'Ariosto, canto 44, stanza 77,[250] non deve usare chi porta odio ad altri.

Il verde non si deve usar col nero, né il bianco col vermiglio, perché discordano nel significato, e lo dimostra il Petrarca nel fine della canzone che comincia: *Che debbo far, che mi consigli Amore*,[251] ove, con l'istessa parlando, disse:

> *Fuggi il sereno e 'l verde.*[252]

E quel che segue. Dinota la sopraveste di color verde, dice Bernardo Tasso,[253] in quelle *già di verde speranza si riveste*, speranza d'uscir presto di qualche cordoglio, e di ridur presto in suo potere alcuna cosa desiderata. La speranza così veste et ha l'impresa che si può vedere ne l'allegato Ripa nella sua *Inconologia*.[254]

Il giallo dimostra felicità, dominio e signoria;[255] [p. 74] usato con fregio bianco senza esso dinota superbia et arroganza.

La *sopraveste di color *biggio e *berettino conviene a chi osserva voto o devozione, perché dinota umiltà;[256] in altre persone, fuori di questi casi, dinota, dice l'Ariosto, canto 7, stanza 4,[257] e prima nel canto 6, stanza 78,[258] malvagità, doppiezza, ippocrisia e crudeltà.

Il vestir di colori dinota inconstanza e instabilità; la vanità così veste senza punto di color nero et ha faccia *lisciata, e per impresa un cuore in una tazza;[259] discordia ancora dice l'Ariosto in quelle:

> *La conobbe al vestir di color cento,*[260]

---

[248] Ripa, *Iconologia*, pp. 74–75, 'Benignità'.

[249] Ripa, *Iconologia*, pp. 180–82, 'Ragione'.

[250] Ariosto, *Orlando furioso*, XLIV. 77. 5–6 ('A questa impresa non gli piacque tôrre | l'aquila bianca nel color celeste').

[251] Petrarch, *Canzoniere*, CCLXVIII. 1.

[252] Petrarch, *Canzoniere*, CCLXVIII. 78.

[253] Bernardo Tasso, *I tre libri degli Amori*, III. 12. 1–3: 'Già di verde speranza si riveste | l'anima afflitta e l'angoscioso core | dona alquanto di tregua al suo dolore'. See Bernardo Tasso, *Rime*, ed. by Domenico Chiodo, 2 vols (Turin: Res, 1995), I, p. 313.

[254] Ripa, *Iconologia*, p. 250.

[255] See Ripa, *Iconologia*, pp. 138–39, 'Contento'; p. 237, 'Felicità'.

[256] On the colour 'berettino [...] color mezzano fra 'l bianco e 'l nero', see Scillo Araldo, *Trattato de i colori nelle arme*, fols 21ᵛ–22ʳ.

[257] Ariosto, *Orlando furioso*, VII. 4. 5–8: 'La sopravesta di color di sabbia | su l'arme avea la maledetta lue: | era, fuor che 'l color, di quella sorte | ch'i vescovi e i prelati usano in corte'.

[258] The reference to Ariosto, *Orlando furioso*, VI. 78, is inaccurate. The poet does not discuss the colour 'bigio' in this stanza, but of course in Canto VI he introduces Alcina's island, a place where Ruggiero encounters 'malvagità, doppiezza, ippocrisia e crudeltà'.

[259] Ripa, *Iconologia*, p. 322, 'Vanità'.

[260] Ariosto, *Orlando furioso*, XIV. 83. 1. The reference is to 'Discordia'.

con quel che segue; la fortuna ancora, dice il Tasso, canto 14, stanza 27 del suo *Goffredo*.[261] Di lutto o nero vestono quelli a cui muore consanguigno, per dimostrare mestizia e duolo; senza far condizione ancora, è in uso il nero dai nobili.[262] Accompagnato col verde giallo, appo la sconsolazione, dinota privazione di speranza,[263] e si vede nell'Ariosto, canto 6, stanza 13,[264] e nel canto 32.[265] Il tormento veste di nero et ha un cuore passato da una *frezza per impresa.[266] La tribulazione ancora così veste, per dare indicio de' suoi scuri pensieri e porta per impresa un cuore battuto da tre martelli.[267] La quiete e la secretezza ancora così vestono e portano per impresa, come si può veder nella parte 2 de l'*Inconologia* del cittato Ripa.[268] Il lutto o condizione, dice il Boemo, libro 2, capitolo ultimo,[269] non è in tutti i luoghi eguale, perché alcuni

---

[261] Tasso, *Gerusalemme liberata*, XIV. 72. 4 (rather than stanza 27 as indicated in the text).

[262] Scillo Araldo, *Trattato de i colori nelle arme*, fol. 9^{r-v}. In her *Panegirico* (p. 56), Sori observes that the nobles of Alessandria wore mostly black.

[263] Orazio Toscanella in *Le bellezze del Furioso*, p. 70, explains that: 'Il color verde giallo, poi, non significa disperazione, ma che resti poca speranza in chi lo porta', referring back in turn to Fulvio Pellegrino Morato's popular treatise *Del significato dei colori* (Venice: Giovanni Antonio Nicolini da Sabbio, 1535; later revised, expanded, and entitled *Del significato de' colori, e de' mazzoli*), in which the final section (fols E4^{v}–E8^{r}) is entirely devoted to 'Al verde gial poca speranza resta'.

[264] Ariosto, *Orlando furioso*, VI. 13. 1–4, where we read of Ariodante: 'Concluso ch'ebbe questo nel pensiero, | nuove arme ritrovò, nuovo cavallo; | e sopraveste nere, e scudo nero | portò, fregiato a color verdegiallo'. In the *Furioso*, the colours of the shield and the surcoat reflect the mood of the warrior who bears them. Black, with yellow-green friezes, indicates the anguish that oppresses Ariodante. See Abd-el-Kader Salza, 'Imprese e divise d'arme e d'amore nell'*Orlando furioso*, con notizia di alcuni trattati del '500 sui colori', in Id., *Studi sull'Ariosto* (Città di Castello: Lapi, 1914), pp. 310–63.

[265] Ariosto, *Orlando furioso*, XXXII. 47. 1–6: 'Era la sopraveste del colore | in che riman la foglia che s'imbianca | quando del ramo è tolta, o che l'umore | che facea vivo l'arbore le manca. | Ricamata a tronconi era, di fuore, | di cipresso che mai non si rinfranca'. In Toscanella, *Le bellezze del Furioso*, p. 244, we read, specifically with reference to these lines: 'Questa livrea divisata da Bradamante del colore della foglia che s'imbianca et di tronco di cipresso è dallo stesso autore dichiarata, perché il cipresso significa amor non puro, ma tenere i piedi in due scarpe'.

[266] Ripa, *Iconologia*, p. 304, 'Tormento d'amore'.

[267] Ripa, *Iconologia*, p. 307, 'Tribulazione'.

[268] Ripa, *Iconologia*, p. 218, 'Secretezza, overo taciturnità' is depicted as a female figure dressed in black.

[269] Johann Boehme, *Gli costumi, le leggi et l'usanze di tutte le genti, raccolte qui insieme da molti illustri scrittori per Giovanni Boemo aubano alemanno, e tradotti per il Fauno in questa nostra lingua volgare. In questi tre libri si contiene l'Africa, l'Asia, l'Europa* (Venice: Michele Tramezzino, 1542). The *Omnium gentium mores leges et ritus ex multis clarissimis rerum scriptoribus* (Augsburg: excusa in officina Sigismundi Grim[m] medici, ac Marci Vuirsung, 1520) by the German humanist and traveller Johann Boehme (also Boemus/Böhm) (1485–1535) is considered by some critics to be the first attempt at a systematic ethnographic compendium of early modern Europe, despite being mainly composed of extracts from classical authors. The Italian translation, the work of Lucio Fauno, and at first in three books, was later revised and expanded to include a fourth book on the 'Nuovo Mondo', that

il portano [p. 75] solamente 40 dì, altri cento, altri sei mesi; a' fanciulli da tre anni a basse non si fa lutto; per padre, madre e marito si deve portare un anno, e vestito longo, perché ha più del doglioso; gli altri che non fanno sì gran perdita, se doppo alcuni mesi vorranno sopra vestito nero novo por qualche fregio, quello, con ricchi parlando, potrà esser d'oro o di gemme:

> E di ricche gemme il fregio era contesto
> d'un schietto drappo, e tutto nero il resto.[270]

Avertendoti di novo per fine che il significato del qual si fa più caso è quello della sopraveste, come più apparente e più abondante.

D'ALCUNE IMPRESE PIÙ LECITE, SÌ DA PORTAR IN CAPO COME SUL PETTO. E DELLE PARTI CHE CONVENGONO ALLA PERFEZIONE DI VERA BELLEZZA.

LETTERA DUODECIMA ET ULTIMA.

Perché per finir con questa, tra persone ben accostumate non basta aver l'occhio a' color delle vesti, ma conviene anche averlo nell'imprese, e non portare o inventare quelle a caso, ti dico, ché devi aver l'occhio all'accompagnar parte [p. 76] del significato di esse col significato della sopraveste, e saper devi che il fine dell'impresa è significare come della sopraveste i nostri affetti. Il moto, quando vi si pone, è l'anima dell'impresa. Però è bene che abbi anco riguardo a questo e che accompagni come ho detto. E per essempio con qual si voglia delle sudette vesti da *citella potrai portare una rosa bianca, lodata anco dal Tasso, canto 16, stanza 23,[271] o un ramo di gelsomino, o un ago d'oro, alla cui superior parte per capo sii una farfalla di non più grandezza di quello, e simile animale che sia di madre di perle o d'argento, o vi sia *liocorno o un armelino della sudeta grandezza, che qual si voglia significa amor casto et sincero che non piega a niun vizioso fine. La medema farfala volante atorno a un acceso lume dinota, dice Monsignor Arese ne l'agionzione 3 del capitolo 7,[272] speranza in materia

---

is, America (Venice: Girolamo Giglio, 1558). I quote from the 1560 edition, *Gli costumi, le leggi, et l[']usanze di tutte le genti; raccolte, qui insieme da molti illustri scrittori per Giovanni Boemo Aubano Alemano; e tradoti per Lucio Fauno questa nostra lingua volgare. Aggiontovi di nuovo gli costumi, & l'usanze dell'Indie occidentali, ovvero Mondo Nuovo, da P. Gieronimo Giglio* (Venice: Francesco Lorenzini), II, Ch. 12, 'De' christiani e di loro origine et usanze', fols 77^r–90^v.

[270] Ariosto, *Orlando furioso*, XLI. 31. 7–8.

[271] Tasso, *Gerusalemme liberata*, XVI. 23. 7–8: 'e nel bel sen le peregrine rose | ginse a i nativi gigli, e 'l vel compose'.

[272] Arese, *Imprese sacre*, Book I, Ch. 17 (rather than 7), 'Qual essere debba il concetto significato per l'impresa', *Aggiuntione terza*, p. 79.

d'amore. Una fiamma in vaso ristretto dinota che la passione quanto è più ristretta tanto è più fiera, Petrarca parte 1 delle sue *Rime*.[273] L'*unicorno, dice Granata, parte 3 del suo *Simbolo*,[274] dinota non temere del veneno d'amore. Un *diaspro, o ragno, dimostra diventar di dì in dì più dura e non temer di ordigni che gli siino fatti. Un verde ramo di salvia vuol dire che la via di esser savia e salva dalle calunnie è mostrarsi in tutte le sue azioni salda del suo onore. Un diamante portato per capo, come sopra, dinota constanza e fermezza, Petrarca nel *Trionfo della castità* in quelle:

[p. 77] *Passo qui cose gloriose e magne.*[275]

Una corona di palma o di lauro, della grandezza come sopra della farfalla, o un ramo di lauro, dinotano che di sue buone azioni si spera onore, trionfo e gloria. Plutarco nelle *Questioni conviviali*,[276] il Barbieri nel *Dialogo* 4,[277] e 'l Granata nel proemio, nella parte 4, dice che un cometa[278] che gietti fiamme a guisa di spada significa strazio e rovina. Un smeraldo o una navicella dimostrano non perdersi di speranza, ma anche un giorno ritrovar porto. Le *granate dinotano ingratitudine e l'*aerone o altra piuma, dice Monsignor Casa,[279] inconstanza e leggierezza, e così il portar una foglia verde di qual pianta si sii, eccetto che della salvia. Una fiamma di fuoco o un scoglio, o un cagnolino d'argento, dinotano constanza e lealtà. E così il portar diamanti fra le treccie. Una mezza luna e una saeta d'argento dinotano gelosia di cosa amata, e così un ramo di *murtella o di rosmarino inargentato. Un fior giacinto o, sopra l'ago detto, una fenice dinotano aspirar a onori, a alte imprese e a gloriosi fatti, Ariosto nel canto 36,

---

[273] Petrarch, *Canzoniere*, CCVII. 66–67: 'Chiusa fiamma è più ardente; et se pur cresce, | in alcun modo più non pò celarsi'. Sori previously quoted the same lines; see above, nn. 63 and 113. The sentence in Sori's text seems to draw from Vellutello's commentary on the poem. See Petrarch, *Il Petrarcha con l'espositione*, fol. 81ᵛ.

[274] The *Introducción del Símbolo de la Fe* (Salamanca: herederos de Matías Gast, 1583) by the Dominican friar Luis de Granada (Luigi Granata) was translated into Italian by Filippo Pigafetta in 1585, and had numerous editions up to the eighteenth century. I consulted the following: *Della introduttione al simbolo della fede. Parti quattro. 1. Della creatione del mondo, per venire, mediante le creature, al conoscimento del Creatore. 2. Della eccellenza della fede, & religion christiana. 3. Del misterio della redentione, co 'l lume della ragione. 4. Del medesimo, & d'altri misteri, & articoli, co 'l lume della fede [...]. Nuovamente dalla castigliana nella nostra lingua ridotta da M. Filippo Pigafetta* (Venice: Francesco de' Franceschi, 1596). The quotation by Sori is taken from Part III, Ch. 18, 'Il duodecimo frutto dell'albero della Croce, che è la virtù della pazienza', p. 77.

[275] Petrarch, *Triumphus Pudicitie*, 115.

[276] Plutarch, *Quaestiones convivales* (Table-Talk), *Moralia* VIII. 612c–748d.

[277] The reference to Barbieri, *Dialoghi*, Dialogue IV, seems to be inaccurate.

[278] Granada, *Simbolo*, IV, p. 86.

[279] Della Casa, *Rime*, VI. 13–14. See Giovanni Della Casa, *Rime*, ed. by Stefano Carrai (Turin: Einaudi, 2003), p. 20.

stanza 17;[280] Tasso nel sonetto *Vivace augello*,[281] una tortorella sopra una pianta dinota vivere in libertate amara — e di Monsignor Arese[282] — e conviene in stato vedovile, constando esser lecito portar impresa; come anche conviene il diamante sudetto, che significa, dice Torquato,[283] che non si teme di esser tirata ad alcuna cosa contraria alla virtù et onestà, perché di prudenza armata si farà spendere le [p. 78] cattive volontà altrui nel modo ch'esso al suo aprire fa perdere la virtù alla calamita. Si possono anco cavare per far altre imprese ne l'antecedente lettera, ma meglio nel capitolo 27 del libro 1 dell'*Imprese* di Monsignor Arese,[284] onor delle carte, gloria de' pastori, e pastore a cui devono gli scrittori mille onori. E tanto dell'imprese basti per dirti che, per non esser delle rifiutate, ti fa bisogno aver anche qualche parte di bellezza, e qualche parte, dico, e non compita o perfetta, per il rispetto detto nella lettera propria, e sì perché la tale in poche si trova, perché vi vogliono, oltre a proporzionate fattezze, ben posti colori, aria et grazia. Le cui condizioni, come dico, di rado si trovano insieme, intendendo col Romei per proporzionate fattezze una simetria o commisurazione che hanno le parti tra loro et insieme al tutto,[285] senza la cui parte niuna bellezza chiamar si può perfetta, perché, sì come non può bello senza proporzione causar desiderio, neanche può causar amore. Come neanche senza i colori, i quali sono causa de l'apparenza della proporzione, stando che i sensibili communi non possono esser compresi, se non per gli sensibili propri. Questi, quando sono naturali nella bellezza, madre d'amore, tengono il primo luogo e sono molti atti a produr simil effetto. L'aria ancora importa, e si vede dalla stima che ne fa il poeta:

E l'aria del bel viso meno oscura.[286]

---

[280] Ariosto, *Orlando furioso*, XXXVI. 17. 7–8: 'Marfisa se ne vien fuor de la porta, | E sopra l'elmo una fenice porta'. In the original text, the reference to the phoenix in Ariosto's poem mistakenly follows the reference to the turtledove on the branch in Tasso, thus rendering the sentence and the examples unclear. The order has been changed for the sake of readability.

[281] Sori might be referring to the madrigal (rather than a sonnet) *O vaga tortorella*: 'O vaga tortorella | tu la tua compagnia | ed io piango colei che non fu mia. | Misera vedovella, | tu sovra il nudo ramo, | a piè del secco tronco io la richiamo: | ma l'aura solo e 'l vento | risponde mormorando al mio lamento'. See Torquato Tasso, *Le rime*, ed. by Bruno Basile, 2 vols (Roma: Salerno editrice, 1994), I. 399 (p. 365).

[282] Arese, *Imprese sacre*, Book I, Ch. 13 ('Delle condizioni essenziali de' motti'), *Aggiunzione seconda*, p. 56, where we read: 'Tortorella sopra di pianta secca, misera vivo in libertade amara'. See also Tasso, *Gerusalemme liberata*, XIX. 83. 4: 'misera vivo in libertate amara'.

[283] In Tasso's *Rime* the diamond, often coupled with the 'diaspro', the jasper, which shifts its colours (see Glossary, s.v. *diaspro*), is a precious incorruptible stone, a symbol of a woman's chastity. See, for example, *Rime*, Book III. 226. 7 (vol. I, p. 233); Book III. 369. 68 (vol. I, p. 331); Book II. 2, 651. 28 (vol. I, p. 628); Book III. 673. 87 (vol. I, p. 661).

[284] Arese, *Imprese sacre*, Book I, Ch. 27 ('Delle condizioni per le quali fra l'imprese regulate, una è più perfetta dell'altra'), pp. 123–30.

[285] Romei, *Discorsi*, p. 18.

[286] Petrarch, *Canzoniere*, CXLIX. 3–4. More precisely: 'E l'aria del bel viso | *e degli occhi leggiadri* meno oscura'. Once again, Sori might be quoting from memory, or using parts of

La quale, dice Torquato nel *Dialogo della nobiltà*,[287] è o [p. 79] l'istessa bellezza o raggio interiore della beltà de l'animo, la quale traluce per la più parte per gli occhi, et è argomento di nobiltà nell'oggetto in cui si trova. La grazia altro non è che una certa facilità et agilità che ha il corpo ad ubidir all'anima, la cui qualità principalmente si scorge ne' soavi e leggiadri movimenti pur del corpo, per li quali ci rendiamo grate a chi ci vede, e la bellezza da questa accompagnata piglia forza più che da ogn'altra parte di rapire a se stessa quelle anime che conoscer la possono. Della qual parte è da procurar di fare acquisto per onesto aggradire con tutto il corpo, come sopra, e non del volto solo, ché non si può dir bella una che abbi solo una parte del corpo tale, cioè graziata, ma bisogna che in tutto esso sii tale, testimonio l'Ariosto, canto 11, stanza 67, ove disse, d'Olimpia parlando:

> Le bellezze d'Olimpia eran di quelle
> che son più rare e non la fronte sola,
> gli occhi e le guance e le chiome avea belle
> la bocca e 'l naso, gli omeri e la gola,[288]

con quel che segue. Per onesto aggradire, ho detto, perché questa è una delle più potenti nostre fune per ciò fare, e fune, dico, con Monsignor Arese, libro 2, discorso 2, impresa 3,[289] ove disse che, essendo noi per natura deboli, fussimo provedute di molte funi delle quali per nostro sostegno ci valemo, massima dal secondo, come ho detto altrove, al terzo lustro, che è il fiore della nostra vita; Ariosto canto 10, ove, descrivendo le [p. 80] bellezze della sudetta figlia del re di Frisa, dico Olimpia, disse:

> La damigella non passava ancora
> quattordeci anni et era bella e fresca,
> come rosa che spunti allora allora.[290]

Fune è anche una bella mano; Petrarca:

> Que⟨l⟩l'onorata man che second'amo,[291]

con quel che segue; così è un dolce riso:

> Alma il dolce riso, ond'uscío il dardo.[292]

Petrarch's lines to suit her needs.

[287] Torquato Tasso, *Dialogo della nobiltà* (*Il Forno secondo*), in *Dialoghi et discorsi* [...] *sopra diversi soggetti, di nuovo posti in luce, e da lui riveduti et corretti. Dialogo della poesia toscana. Per ordine alle sue prose. Quinta parte* (Venice: Giulio Vasalini, 1587), fols 73ʳ–129ᵛ (fol. 74ʳ). For a modern edition, see Torquato Tasso, *Il Forno overo della nobiltà. Il Forno secondo overo della nobiltà*, ed. by Stefano Prandi (Florence: Le Lettere, 1999).

[288] Ariosto, *Orlando furioso*, XI. 67. 1–4.

[289] Arese, *Imprese sacre*, Book II, Disc. II, but Impresa IV ('Vite') rather than III, p. 111.

[290] Ariosto, *Orlando furioso*, X. 11. 1–3.

[291] Petrarch, *Canzoniere*, CCLVII. 4.

[292] Petrarch, *Canzoniere*, CCLXVII. 4, but rather '*Et oimè il* dolce riso, onde uscío 'l dardo'.

Et altre come nel sonetto *Ardomi ancor com'io solia*,[293] con che Laura legò il suo poeta, il quale si contentò di quanto ne potero pigliar per vista gl'occhi e per udito l'orecchi. E non si sospinse mai più oltre, sapendo esser solo questa

L'ultima speme de' cortesi amanti.[294]

E tanto ti basti per finir con un aviso del citato Monsignor Arese, il quale è che, nel mirarsi e nell'acconciarsi allo specchio,[295] non è da esser di quelle che si trattengono le ore a esso a favellare dopo acconcie e far gesti, ma mirar con brevità, se questa o quella cosa passa bene, o se in niun'altra vi resta cosa che possa dar biasmo, e non trattenersi oziosamente, né affezionarsi di soverchio all'amore di se stessa.

Il fine delle lettere.

---

[293] Petrarch, *Canzoniere*, CXII. 3, but rather 'ardomi *et struggo* anchor com'io solia'.
[294] Petrarch, *Canzoniere*, LXXII. 75. It is the canzone 'Gentil mia donna, i' veggio'.
[295] Arese, *Imprese sacre*, Book III, Impresa XVII ('Specchio'), Disc. I, p. 39.

Dıfese della medesima Isabella Sorı Alessandrına, contra alcuni giudicî sopra degli *Ammaestramenti* di lei e del sesso donnesco sinistramente fatti. E nel fine un *Panegirico,* come ho detto nel frontispicio delle *Lettere.*

In Pavia, mdcxxvııı

Appresso Giovanni Maria Magro.
Con licenza de' superiori

[p. 3] A CHI È PER LEGGERE.

Stimano molti che non si debba far conto delle mormorazioni nel rispondere a' detrattori, ma, ad imitazione della luna, che, lasciando latrar a lor posta i cani, non resta perciò di seguir la sua celeste corriera e di vibrar gl'inargentati suoi raggi e, come se non vi fosse chi di noi cicalasse, attendere alle bene incominciate imprese et ad avvivare con colori dell'opere i saviamente delineati disegni, et un gran politico, Cornelio Tacito, libro 4, questa ragione ne renda, che i mordaci detti *spreta exolescunt, si irascare adgnita videntur,*[1] se conto non ne tieni da sé vanno in fumo, ma, se altri mostra di farne conto e se ne sdegna, mostra di sentirli pungere ove gli duole.

Et Aristotele, quel gran prencipe de' filosofi, l'approvò infatti, perché, essendoli detto che un certo, in sua assenza, diceva male di lui, egli, ridendosene, disse: 'Mi basta ancora, purché io [p. 4] non vi sia presente'.[2] So, tuttavia, che molte cose a questa opinione si potrebbero opporre, ma io non voglio qui entrar in queste dispute; e, lasciando il pensar agli uomini se loro torni bene o no il rispondere a questi cicalecci et il discacciarli queste importune mosche d'attorno col ventaglio di una acerba riprensione o inventiva, dirò solo che in niun modo parmi che debba in noi donne aver luogo, e la ragione è che il nostro onore, il nostro bene, e quasi che non dissi l'esser nostro, dal buon nome e dalla buona fama dipende; e questa è per rispetto di noi tanto delicata che non vi è morsicatura così picciola che non le sia velenosa e la vita non le toglia, senza speranza di farla più risorger mai. Onde, se alle malediche lingue di sùbito non ci opponiamo e collo scudo di una costante difesa non ributtiamo le velenose saette de' detrattori, possiamo andarci a sepelir vive. Può l'uomo in mille luoghi publici, in mille occasioni, dar saggi tali del suo valore e del suo sapere che chiuda la bocca senz'altro dire a' mormoratori, e non lasci da' loro pestilenti fiati appestar l'aria serena della sua buona fama, ma noi donne, che, quanto meno di noi stesse facciamo mostra fuori di casa siamo più lodate, et a⟨lle⟩ quali non è lecito neanche il favellare, nonché l'operare in publico, se non rispondiamo a' detrattori, se non [p. 5] ci risentiamo, se non ci difendiamo al meglio che si può, o colla penna o colla lingua, qual rimedio avremo a' nostri mali? E come non parerà che approviamo per vero quello che, tacendo, non dimonstriamo esser falso? Se tace in simili occasioni, l'uomo potrà attribuirseli ad altezza d'animo, per cui non degni qual generoso elefante prendersela con piccioli cagnolini, ancora che quelli lo vadano *stucicando, ma in noi altre donne, stimate di natura timide e per l'educazioni non dotte, chi non ascriverà ciò a viltà d'animo? O a poco sapere, quando anche non accetti per confessione il silenzio? Quelli

---

[1] Tacitus, *Annales*, IV. 34: 'Namque spreta exolescunt: si irascare, adgnita videntur' ('For things contemned are soon things forgotten: anger is read as recognition').
[2] Diogenes Laertius, *Life of Aristotle*, V. 18.

antichi, che sotto il velo delle favole bellissimi documenti coprivano, parmi che quello insegnassero, mentre che, avendo sopra delle scienze deputato due dei, un maschio nominato Apollo e l'altro femina detta Pallade, quello disarmato e colla lira in mano dipingevano, ma questa qual valorosa guerriera, pronta al combattere, da capo a piedi armata, imbracciasse lo scudo et impalmasse l'asta rappresentavano. Et a qual fine? Se io non m'inganno, per insegnarci che non meno le donne degli uomini possono nelle scienze riuscir eccellenti, ma con questa differenza: che gli uomini dotti possono star disarmati e non curarsi d'impugnare chi contradice alla dottrina loro, ma la donna che avrà fatto qualche profitto nelle [p. 6] scienze, per essere più invidiata e men veduto il suo valore, dovrà sempre star armata e difendersi compitamente da chi pretenderà oltraggiarla. Che io, dunque, seguace di Pallade, cioè della Sapienza, mi appresenti in questo libretto armata per difendere non solo me, ma ancora tutte le altre donne in universale, contro alcuni, i quali, non so se mi dica invidiosi o poco conoscitori del valore donnesco, non istimano che possa da noi uscir cosa buona, non dovrà alcuno maravigliarsene. E quantunque per simili battaglie siano debolissime le mie forze, confido tuttavia che la verità, a cui non vi è chi possa resistere, sarà quella che mi somministrerà tal valore che saranno forzati i miei stessi avversari, per gagliardi che siano, a confessarsi vinti.

[p. 7] CHE MOLTI UOMINI ASSICURATI NELLA BENIGNITÀ DELLE DONNE OSANO MORMORARE DI ESSE COSE CONTRO 'L VERO.

DIFESA PRIMA.

Non sì tosto comparvero al mondo gli antecedenti miei *Ammaestramenti et ricordi* che ingegni ligi,[3] ma da passione spenti, cercarono di oscurarli. Dicendo come dirò di *Difesa* in *Difesa*, e' pensarono insieme di porre un velo innanzi alla scena leggiadra della gloria donnesca,[4] forsi assicurati che la bellezza è un splendore del volto divino, il quale riluce nelle cose create e, quanto più bella, tanto più è la bontà, essendo che, come disse Platone, ogni cosa bella esser buona.[5] E la donna quanto sia più bella dell'uomo l'esperienza il dimostra, e

---

[3] Giovanni Battista Sori remarks in his *Tesoro di chirurgia* (Pavia: eredi di Giovanni Maria Magri, 1632), pp. 7–8, that he too had been criticized by 'ingegni ligi', but 'di legge e dell'arte' in his case, that is, un-identified detractors to whom he had sent parts of his work.

[4] This line directly recalls Passi's *Dello stato maritale*, p. 15, where we read: 'così dicono spenti da nembi di passione e cercano oscurare i raggi della verità e pore un velo innanzi alla scena leggiadra della gloria donnesca'.

[5] Sori is referring to the philosophy at the core of Renaissance Neoplatonism, which had a deep impact on the arts and literature of Italy and Europe. Drawing from Plato's

conseguentemente più benigna. E però, assicurati che per ragione di bontà perdonano, osano alcuni, come ho detto, e di attribuire a noi molti de' mali che al mondo nascono et si patiscono, e di spogliarsi di que' beni che per nostro mezzo si godono. Ma sì [p. 8] come si muovono solo per gli rispetti sudetti, così vengono a mostrare di esser poco giusti et di poco valore, perché fanno contra giustizia e le buone leggi, che vogliono che si onori il prossimo e non s'ingiuri. E tanto più in questo cadono quanto che offendono cosa di loro migliore. Nel valore mancano, perché sempre ci vanno con avantaggio e d'arme e d'altre cose, et in assenza della parte, né ciò detto si offeriscono di mantenere, ma, anzi, pentiti, si disdicono e ne chiedono perdono, essempio per mille l'Ariosto nel canto *Quando vincer da l'impeto, e da l'ira*,[6] ove dopo altre disse:

> Ben spero, donne, in vostra cortesia
> aver da voi perdon poi ch'io vel chieggio.
> Voi scusarete che, per frenesia
> vinto da l'aspra passion, vaneggio.[7]

Questo chieder perdono con le parole che seguono sono di tanta forza che non solo levano ogni offesa fatta, ma, in quanto all'onore, dice il Romei nella giornata del duello,[8] fanno che resta di assai miglior condizione la persona che era ingiuriata dello ingiuriante. E per apportar qualche essempio di quanto si è detto, che gli uomini, confidati nella benignità delle donne pieghevoli a rimettere le ingiurie, s'inducono facilmente ad offendere, chi non sa quello che si assicurorono di fare i romani alle donne sabine? Potevasi far loro maggior ingiuria che, sotto parola di pace e sotto il manto dell'amicizia et d'un cortese invito ad una publica festa, con armata mano [p. 9] violentemente rapirle dal seno delle loro madri e dalla compagnia de' congionti, e condurle a guisa di prigioniere in case non conosciute? Ma a qual fine? Di averle per ispose: e

---

writings (such as *Republic*, *Phaedrus*, and the *Symposium*), read through a Christian lens, Neoplatonism saw love for another human as the first stage of preparation for the ascent towards divine love. Earthly beauty was a reflection of the splendour of divine goodness; man was attracted by beauty (including a woman's beauty), which was nothing less than a lure towards divine love. Since earthly beauty was a reflection of divine goodness, it was accorded moral and spiritual worth. It is a point discussed at more length also by Lucrezia Marinelli in her *La nobiltà, et l'eccellenza delle donne*, Ch. 3, 'Della natura et essenza del donnesco sesso', pp. 11–24. As mentioned earlier, I quote from the second edition of the text (Venice: Ciotti, 1601).

[6] This is the opening line of Canto xxx in Ariosto's *Orlando furioso*.

[7] Ariosto, *Orlando furioso*, xxx, 3. 1–4.

[8] Annibale Romei, *Discorsi* [...]. *Divisi in cinque giornate* [...] *nelle quali, tra dame e cavaglieri ragionando, si tratta* [...] *con le risposte a tutti i dubbi che in simile materie proponer si pongono* (Venice: Francesco Ziletti, 1585). From the 1586 edition onwards, the text included seven, instead of five, 'giornate'. I have consulted the following edition: *Discorsi* [...] *Divisi in sette giornate* (Venice: Domenico Maldura, 1604), p. 211. The fourth day deals with the 'iniquità del duello, del combattere alla macchia, e del modo d'accommodar le querele e ridur a pace le inimicizie private'.

pensarono che donne ancorché tanto ingraziate dovessero poi anche amarli e per isposi riceverli? Sì, per certo, perché conoscevano la benigna natura delle donne, facili a perdonar le offese et ricambiarli ancora in amore. Come apunto avvenne, perché non pure quelle donne sabine tosto si dimenticarono delle ricevute ingiurie, ma appresso pacificarono ancora i padri et i fratelli loro, che, armati, della ingiuria fatta loro volevano vederne aspra vendetta.

CHE LA DONNA È PIÙ NOBILE DELL'UOMO E PERCIÒ PIÙ ABILE ALLE SCIENZE ET ALTRE VIRTÙ.

DIFESA SECONDA.

Soggiunsero di più, come ho accennato, non esser possibile che le mie antecedenti fatiche fossero,[9] movendo per principal ragione che in questa città et in altre vi sono molt'altre *citelle e donne di più agio e di più età, e che ad ogni modo a' loro giorni non hanno visto che alcun'altra sia a tanto salito, e che le femine per natura sono abili all'ago, non alla penna. A' quali rispondo, in quanto ad [p. 10] agio, che il mio mi basta per questo effetto. Quanto all'età, non fa in tutto caso che non sia molto per aver molt'anni, ma insieme è più per molto leggere e molto praticare con persone savie. Quanto a che ne' lor anni non siano pervenute alle loro mani fatiche d'altra del nostro sesso, rispondo che perché non le hanno procurate, perché ve ne sono state alcune, come dirò più avanti. Né perché di rado se ne veda fa ciò mancamento alla perfezione nostra, ma sì è per mancamento di chi a tal azione si dia. Ché le donne sono abili all'ago e alla penna et a ogni altra virtù e nobil impresa. E, scendendo alla ragione, dico che sarebbe difficultoso il credere che noi mandassimo in stampa, quando fussimo men capaci d'intendere o di perfezione inferiore all'uomo, il che non è, ma anzi, come dice il Passi *Dello stato maritale*,[10] ci approssimiamo più a essa di lui, per le ragioni ch'egli adduce. O quando fossimo di materia inferiore, il che neanche è, ma sì di migliore. E, da principio parlando, l'uomo fu creato di terra, materia per se stessa vile, la donna d'una costa, materia purificata, animata et vivace, et per conseguente più labile a far cose pregiate. Et degne di maggior onore il dimostra l'Ariosto, canto 1, stanza 1:

> *Le donne e i cavalier,*[11]

---

[9]   Read: 'soggiunsero di più [...] non esser possibile che *mie le* antecedenti fatiche fossero', that is, that Sori herself wrote the *Ammaestramenti e ricordi*.

[10]   Passi, *Dello stato maritale*, p. 22.

[11]   Ariosto, *Orlando furioso*, I. 1. 1: 'Le donne, i cavallier, l'arme, gli amori'.

con quel che segue, che, anteponendoci agli uomini, ci dà il primo onore. Nel grado del nome ancora siamo migliori, perché Adamo significa [p. 11] 'terra' et Eva è interpretata 'vita'. E quanto questa è più degna della terra tanto la donna deve esser anteposta, et è detrattore, dice il Passi,[12] chi all'opposito dice. Rispetto alla dignità del luogo, ancora è migliore e più nobile la donna, anzi, agiugne Spinosa, parte 2 dei suoi *Dialoghi*,[13] l'uomo è tanto inferiore a essa in questa parte quanto lo sono le pietre e gli altri materiali all'uomo, il che anche dice Torquato nel *Dialogo della nobiltà*,[14] et, per conseguente, più abile et più degna come sopra. E 'l Romei nella giornata della nobiltà,[15] et 'l medemo Torquato,[16] e 'l Macella,[17] vi constituiscono a fare un perfetto nobile la patria come condizione necessaria:[18]

> *In nobil città, nobil diviene*
> *giovane ch'abbia e modo e norma appresa*
> *de la civil tanto pregiata vita.*[19]

E così il Petrarca, capitolo 2 del *Trionfo di morte*,[20] ove fa che Laura si duole di non esser nata in più fiorito nido, cioè in Fiorenza. Ma, con ragione ancora più soda et più efficace, voglio io provare la maggior nobiltà della donna, ché, se ben vi remiriamo, la nobiltà in altro non consiste che nella lontananza dalle opere servili, alle quali molto più colla forza del corpo che colla virtù dell'animo si concorre e, conseguentemente, la maggior nobiltà nell'essere da queste tali opere più lontano. Provasi ciò in prima colla ragione, perché, essendo l'uomo di due parti, cioè di anima e di corpo composto, et, essendo l'anima molto più nobile del corpo, anzi, avendo [p. 12] quella proporzione con lui che ha il signore col servo, ogni ragione vole che quelli che destinati sono alle operazioni appartenenti all'animo siano più nobili, e come signori di quegli altri che destinati sono alle operazioni corporee e simili, come i nomi stessi dimostrano, perché queste tali operazioni servili si chiamano tutte proprie de' servi, e quelle altri liberali tutte degne di uomini liberi e nobili. Appresso, l'esperienza ci fa l'istesso toccar con

---

[12] Passi, *Dello stato maritale*, pp. 22–23.

[13] Espinosa, *Dialogo, en laude de las mugeres*, fol. 47[v].

[14] This point is debated in Tasso, *Dialogo della nobiltà*, fol. 92[v].

[15] The fifth day of Romei's *Discorsi* is dedicated to 'La nobiltà'.

[16] The reference is again to Tasso's *Dialogo della nobiltà*, in *Dialoghi et discorsi*.

[17] Scipione Mazzella, *Descrittione del Regno di Napoli* [...]. *Nella quale s'ha piena contezza così del sito d'esso, de' nomi delle provincie antichi e moderni, de' costumi de' popoli, delle qualità de' paesi, e de gli huomini famosi, che l'hanno illustrato: come de' monti, de' mari, de' fiumi, de' laghi, de' bagni, delle minere, e d'altre cose maravigliose, che vi sono* (Naples: Giovanni Battista Cappelli, 1586). I am quoting from the revised and enlarged edition of 1601 (Naples: Giovanni Battista Cappello), p. 612.

[18] Read: 'Romei [...] Torquato [...] Macella [...] vi constituiscono la patria come condizione necessaria a fare un perfetto nobile'.

[19] Untraced source.

[20] Petrarca, *Triumphus Mortis*, II. 166–67.

mano, perché i contadini e gli artisti delle arti mecaniche, perché in queste tali opere servili si essercitano, non sono chiamati nobili, et i signori e gentiluomini, che da queste si astengono, il titolo della nobiltà si godono. E la nobiltà si stima tanto maggiore quanto, o per ragion di tempo, come nelle famiglie antiche, o di dignità, come ne' prencipi, è da simili operazioni più lontana. Se, dunque, dimostrerassi che da queste operazioni simili è molto più naturalmente lontana la donna che l'uomo, rimarrà senza contesa esser ella parimente più nobile. Ma a ciò non vi sarà di mistieri di molta prova, imperoché allora si dice essere alcuna cosa destinata dalla natura a qualche fine d'operazione, quando per loro ha da lei l'abilità, la potenza et i mezi a ciò necessari ricevuto. Così dicesi la pietra essere destinata dalla natura al centro, per averle dato la gravità di poter a quello discendere; e l'uomo destinato ad intendere, avendo dalla natura l'intelletto abile a questa operazione. Ma chi ha egli dalla natura più abilità [p. 13] alle operazioni corporee, alle fatiche et all'opere servili: l'uomo o la donna? Non vi sarà alcuno così cieco o maligno che non confessi molto maggiore ritrovarsi questa ne l'uomo che nella donna, posciaché ha quello dalla natura corpo robusto, braccia gagliardi, membra vigorose, pelle dura, animo costante et ardito, tutte cose tanto necessarie et opportune alla fatica et all'operazioni corporee che nulla più. Ma la donna, all'incontro, chi non sa quanto sia debole, delicata, tenera, molle et inabile insomma alle fatiche? Però, dunque, possiamo senza dubbio conchiudere essere destinato l'uomo dalla natura alle opere servili e non altrimente la donna, e per conseguente non solo essere questa di lui più degna e più nobile, ma dover tenere il luogo di signora e di patrona, et egli contentarsi, rispetto a lei, di quello di servo e di vassallo. Il che molto bene dimostrano di conoscere gli spagnuoli, cortesissimi per altro del luogo e della dignità loro, i quali non con altro titolo che di 'signore' chiamano le loro mogli, e prima i lacedemoni, dice il Boemo, libro 3, capitolo 3,[21] che rispettano sì le loro mogli che le chiamano 'signore'. Non mi si opponga parimente che l'uomo e non la donna è capace di ecclesiastiche dignità, perché, come Iddio elesse ignobili pescatori per confondere i filosofi et i grandi del mondo, così ha voluto elegger l'uomo come di sesso più ignobile, per non dar occasione d'insuperbirsi alle donne molto più degne per altro e nobili. [p. 14] E tutto ciò sii detto da me non difinitivamente, ma per modo di disputa e per esercizio d'ingegno e per difesa dell'onor delle donne, ché, per altro, non solo in questo, ma anche in tutte le altre cose, mi rimetto io molto volontieri a miglior gaudio.

---

[21] Boehme, *Gli costumi*, III, Ch. 3, 'Della Laconia e degli ordini de' Laconi, o vogliamo dire Lacedemoni', fols 95^r–102^v (fol. 97^r).

CHE LA DONNA DOTATA DI NATURA INTELLETTUALE È ABILE ALLE SCIENZE ET AL COMPORRE; E SCHIERA DI MOLTE CHE MANDARONO IN LUCE.

DIFESA TERZA.

Fu, oltre alle prerogative dette, dotata la donna di natura intellettuale, in cui, principalmente, consiste l'essere come l'uomo ad imagine di Dio. E fu creata nel fine come compimento perfettissimo di tutte l'opere d'Iddio, quasi, dice il Spinosa, dovesse dominare tutte l'altre creature,[22] atteso, com'agiugne il Roscello,[23] che donna viene a significare tanto come *domina* o *dono*; dice il *Pastor fido*, atto 3, nel fine pel coro:

> *Donna, don del Cielo.*[24]

È chiaro, dunque, se così è, esser la donna migliore, et il proprio significato di *mulier*, che è tanto come *melior*, lo dimostra.[25] E per le carni più trattabili e più molli, dicendo i filosofi quelli di carne molle esser più atti d'ingegno. E per la sua maggior [p. 15] bellezza, essendo che, come con belle ragioni et autorità prova copiosamente Monsignor Arese nella digressione ch'egli fa nell'*Impresa* 28, la beltà è grandissimo argomento e di bontà di costumi e di acutezza d'ingegno.[26] Et che ancor così sia si vede per esperienza et secondo le leggi, ché ella dua anni prima è abile a governar se stessa e le cose sue.[27] Perché, avendo

---

[22] Espinosa, *Dialogo, en laude de las mugeres*, fol. 48[r].

[23] Girolamo Ruscelli, *Lettura* [...] *sopra un sonetto dell'illustriss. Signor marchese della Terza alla divina signora marchesa del Vasto. Ove con nuove et chiare ragioni si pruova la somma perfettione delle donne; et si discorrono molte cose intorno alla scala platonica dell'ascendimento per le cose create alla contemplatione di Dio. Et molte intorno alla vera bellezza, alla gratia, et alla lingua volgare. Ove ancora cade occasione di nominare alcune gentildonne delle più rare d'ogni terra principal dell'Italia* (Venice: Giovanni Griffio, 1552), fol. 22[v].

[24] Guarini, *Pastor fido*, Act III, Scene, 9, l. 1372, p. 188.

[25] Resorting to the evidence *e nomine* to demonstrate the superiority of women was very common in the *Querelle des femmes* texts written by defenders of the female sex. See, for instance, Galeazzo Flavio Capella (Capra) in the *Della eccellenza e dignità delle donne* (1525), Heinrich Cornelius Agrippa in the *Declamatio de nobilitate & precellentia Fœminei sexus* (1529), and, of course, Lucrezia Marinelli in *La nobiltà, et l'eccellenza delle donne*, Ch. I, 'Della nobiltà de' nomi, co' quali è adornato il donnesco sesso', pp. 3–8. On the evidence *e nomine*, see Ian MacLean, *The Renaissance Notion of Woman: A Study in the Fortunes of Scholasticism and Medical Science in European Intellectual Life* (Cambridge: Cambridge University Press, 1980), p. 91.

[26] Arese, *Imprese sacre*, III, Impresa XXVIII ('Polpo'), 'Digressione intorno all'arte della fisonomia', Disc. IV, pp. 393–400.

[27] Sori refers here to the fact that, in Roman law (which was still the legal system of reference on these matters in seventeenth-century Italy), girls were allowed to marry at age twelve, and boys only at fourteen. According to Roman law, twelve was the age when girls reached puberty. Justinian's *Corpus Iuris Civilis Institutiones* stated that 'Pupils, both male and female, are freed from tutelage, when they arrive at puberty. [...] [B]y our sacred

del divino più dell'uomo, come dimostra l'Ariosto in quelle

Molti consigli delle donne sono,[28]

supera più tosto l'ignoranza e si riduce alla perfezione naturale. E però può, se vuole essercitarsi, e comporre e mandar fuori, come molte e degli antichi e de' moderni tempi hanno fatto. E di Nicostrata, dicono Virgilio, libro 8, *Eneide*,[29] e Plutarco nella vita di Romulo,[30] che fu la prima che mostrò lettere a' latini et ordinò l'alfabeto a questa perfezione, che prima era solamente di sedeci lettere. Del saper delle Sibille non dico, per esser secoli sono note al mondo. Zenobia, che fu regina dell'Asia, dice Monsignor Guevara, libro 2, *Epistole*, per auttorità di cinque altri auttori,[31] fu dottissima nella lingua greca et latina et ebbe per famigliari libri il *Timeo* di Platone e la *Iliada* di Omero; d'Aretea dicono l'istorici che lesse 35 anni filosofia, scrisse 48 libri et ebbe cento filosofi per discepoli.[32] Di Saffo donzella dice il Torquato, nel *Discorso del maritarsi*, che fu eccellente nello scrivere cose d'amore e di poesia;[33] e prima il Petrarca, capitolo 4, *Trionfo d'amore*, [p. 16] ove, igualandola a Virgilio, a Ovidio e altri famosi, disse:

> *Una giovine greca a paro a paro*
> *coi nobil poeti già cantando*
> *et avea un suo stil leggiadro e raro*.[34]

---

constitution, we have enacted that puberty in males should be reputed to commence immediately after the completion of their fourteenth year. But, in relation to females, we leave the wholesome and ancient rule of law unaltered, by which they are esteemed marriageable after the twelfth year is completed' (*The Institutes of Justinian*, with notes, ed. by Thomas Cooper (Philadelphia: P. Byrne, 1812), p. 51). On women, marriage, and the issue of age in Roman law, see Carla Fayer, *La familia romana: aspetti giuridici ed antiquari*. II, *Sponsalia. Matrimonio. Dote* (Rome: 'L'Erma' di Bretschneider, 2005), pp. 433–54. I am grateful to Sara Delmedico for her help on this point.

[28] Ariosto, *Orlando furioso*, XXVII. 1. 1: 'Molti consigli delle donne sono, | meglio improvviso, ch'a pensarvi usciti'.

[29] Virgil, *Aeneid*, VIII. 339. Virgil mentions the nymph Carmenta; this is the Latin name of the legendary Greek figure Nicostrata. Nicostrata-Carmenta is usually praised as the inventor of the Latin alphabet, and also as the first ever to teach the elements of grammar. See Boccaccio, *De mulieribus claris*, XXVII, 'De Nycostrata seu Carmenta Yonii regis filia'.

[30] Plutarch, *Lives (Romulus)*, XXI. 1–3.

[31] Guevara, *Lettere*, 'Ragionamento alla Serenissima regina di Francia Madama Lionora, nella quale l'autore narra copiosamente chi fu la regina Zenobia', Book II, pp. 183–87. The reference to Zenobia, who is learned in Greek and Latin and is an eager reader of Homer and Plato, is at p. 187.

[32] Aretha or Arete, daughter of the philosopher Aristippus of Cyrene, was said to have written more than 40 books, all of which are now lost. See Paul Natorp, 'Arete (III)', in *Realencyclopädie der classischen Altertumswissenschaft*, ed. by August Pauly and Georg Wissowa, 79 vols [continued by von W. Kroll et al.] (Stuttgart: Metzler, 1890–84), II, 1 (1895), col. 678.

[33] Torquato Tasso, *Discorso del maritarsi del Signor Torquato Tasso al Signor Hercole Tasso*, in *Dialoghi et discorsi*, fols 190ᵛ–203ᵛ (fol. 197ᵛ).

[34] Petrarch, *Triumphus Cupidinis*, IV. 25–27 (l. 27), 'et avea un suo stil *soave* e raro'. As we saw

Corinna tebana, dice Eliano, libro 13, *Varia historia*,[35] vinse di poesia il famoso Pindaro; Iparchia, della regione di Maronia, mandò fuori tragedie di stile molto grave.[36] Ipazia,[37] moglie d'Isidoro, scrisse, dicono, molte cose d'astronomia. Temistoclea, dice il Mazzella nella descrizione della provincia di Terra di Lauro, sorella di Pitagora, insegnò a esso Pitagora filosofia et altre belle cose.[38] Damea, figliuola del medemo Pitagora, comentò le opinioni difficili di suo padre.[39] Trotta compose un libro *De morbis mulierum, et eorum curiae* [sic] et un altro *De compositione medicamentorum*.[40] Abella compose due libri in

---

earlier, it is highly likely that Sori consulted an edition of Alessandro Vellutello's popular *Espositione*, as a comparison between Petrarch's lines quoted in Sori and the *Espositione* (which presents, for instance, the variant '*leggiadro* e raro') reveals. I have consulted the following: *Il Petrarca con l'espositione d'Alessandro Vellutello di novo ristampato con le figure a i Triomphi, con le apostille, e con piu cose utili in varii luoghi aggiunte* (Venice: Gabriele Giolito, 1545), fol. 167[r].

[35] Claudius Aelianus, *I quatordici libri Eliano di Varia historia, tradotti dal greco in italiano per Giacobo Laureo* (Venice: Bartolomeo Cesano, 1550), XIII, fol. 83[r].

[36] Hipparchia of Maroneia, wife of Crates the philosopher. She studied philosophy and wrote tragedies. She is also mentioned in Spelta, *Donneschi trofei*, p. 108.

[37] Hypatia of Alexandria, wife of Isidorus the philosopher. She was a mathematician, astronomer, and philosopher. She is considered the earliest female mathematician of whose life and work we have reasonably detailed knowledge.

[38] Mazzella, *Descrittione del Regno di Napoli*, p. 3. According to some sources she was Pythagoras's teacher; here she is said to be his sister.

[39] It is 'Dama, figliuola di Pitagora, la quale con ingegno mirabile dichiarava gl'intricati nodi della dottrina del padre', as in Passi, *Stato maritale*, p. 40.

[40] Trotta, from Alessandria, is recalled by Porta, *Esemplari*, pp. 221, as the author of the *De morbis mulierum, et eorum cura*, and the *De compositione medicamentorum*. Porta also reports that Trotta is quoted as an example of illustrious woman by Sori in her third *difesa*. Similarly, Vincenzo Malacarne in *Delle opere de' medici, e de' cerusici che nacquero, o fiorirono prima del secolo 16 negli stati della Real Casa di Savoja*, 2 vols (Turin: nella Stamperia Reale, 1786–89), I, p. 6, writes: 'Trotta di Alessandria della Paglia, tra le donne illustri annoverata da Isabella Sori, pure alessandrina, nella III delle *Dodici difese*, che pubblicò contro ai sinistri giudizi stati formati d'una altra sua opera intitolata *Ammaestramenti, e ricordi circa ai costumi del sesso donnesco*', and that she is also listed in Porta's *Esemplari*. But, Malacarne continues, 'Io temo però che tanto il Porta, quanto la Sori abbiano giudicata alessandrina, e della nobile famiglia Trotti quella Trotula da Salerno, che il vescovo della Chiesa nomina Tertulia o sia Trota Salernitana, a cui diede l'animo di "dar fuori al giudizio universarle un bel volume di salutiferi rimedi alle infermità donnesche", la quale opera è nella bellissima raccolta degli scrittori medici latini d'Aldo impressa nel 1547'. Malacarne refers to the *Medici antiqui omnes, qui latinis literis diversorum morborum genera et remedia persecuti sunt, undique conquisiti, et uno volumine comprehensi, ut eorum qui se medicinae studio dediderunt, commodo consulatur* (Venice: Aldo Manuzio, 1547). Trotta (also Trottula, Trocta, or Troctula) was active within the Salerno school of medicine in the eleventh century. The treatise *De passionibus mulierum ante in et post partum*, published in Strasbourg in 1544, has been, not without controversy, attributed to her and is considered the work that marks the beginning of the disciplines of obstetrics and gynaecology as medical sciences. See, on her, *The Trotula: A Medieval Compendium of Women's Medicine*, ed. by Monica H. Green (Philadelphia, PA: University of Pennsylvania Press, 2001).

versi, l'uno *De attrhabile* [*sic*] e l'altro *De natura seminis humani*.[41] Eudosia, moglie di Teodosio, mandò fuori anch'ella alcuni libri di diverse materie.[42] Tra le più moderne, Vittoria Colonna che mandò fuori rime d'alto stile;[43] Lucrezia Marinelli un libro in difesa delle donne;[44] Isotta Nogarola Veronese epistole e

[41] Abella, known as Abella of Salerno, was a mid-fourteenth-century physician who studied and taught medicine in Salerno; she is believed to have lectured on standard medical practice, bile, and women's health and nature. Her two treatises in verse, *De atrabile* ('On Black Bile') and *De natura seminis humani* ('On the Nature of the Human Seed'), are now lost.

[42] Aelia Eudocia Augusta (*c.* 401–460 AD), the Greek wife of the Byzantine emperor Theodosius II, was a highly cultured woman. Her writings are preserved in fragments of varying length. She composed a poem in honour of her husband's victory over the Persians; she also wrote religious verse, including a verse paraphrase of parts of the Old Testament in eight books, an epic poem in three books on the martyrdom of St Cyprian, a Homeric cento on the life of Christ in Homeric hexameters, and an oration in praise of the city of Antioch. See Brian Patrick Sowers, *Eudocia: The Making of a Homeric Christian* (Cincinnati: University of Cincinnati, 2008); Mark David Usher, *Homeric Stitchings: The Homeric Centos of the Empress Eudocia* (Lanham, Boulder, New York, and Oxford: Rowman & Littlefield Publishers, 1998).

[43] Vittoria Colonna (1492–1547), the most renowned female poet of Renaissance Italy, was the daughter of Agnese of Montefeltro and Fabrizio Colonna, of the powerful Roman Colonna clan. She was admired for impeccable Petrarchan verses, which were supported by an equally impeccable public image embodying a model of chastity, piety, and gravity. She married Ferrante Francesco d'Avalos, marquis of Pescara, in 1509. He was an ambitious military leader, from an equally powerful family which had strong ties with Spain and the Empire. The Marchioness moved to Ischia, where she held a refined court frequented by artists and intellectuals. She was widowed in 1525, when her husband died from injuries sustained at the battle of Pavia and never remarried, despite the insistence of her family. The first edition of her *Rime* was published in 1538, and was followed by twelve further editions before her death in 1547. Vittoria Colonna is praised in Ariosto's *Orlando furioso*, XXXVII. 16.

[44] The Venetian Lucrezia Marinelli (1571–1653), daughter of physician Giovanni Marinelli, was one of the most prolific female writers of her time. As we saw in the Introduction, Sori refers here to Marinelli's *Le nobiltà, et eccellenze delle donne, co' difetti e mancamenti de gli huomini. Discorso* [...] *in due parti diviso* (Venice: Giovanni Battista Ciotti, 1600), written in response to the vicious misogynistic attacks in Giuseppe Passi's treatise *I donneschi diffetti* (Venice: Giovanni Battista Ciotti, 1599). A second edition of Marinelli's text, revised and expanded, *La nobiltà, et eccellenza delle donne* (with 56 chapters, instead of the 21 of the *princeps*), was published in 1601, and a third one, identical to the second, in 1621.

cose di poesia,[45] e Laura Terracina,[46] Ersilia Spolverina,[47] e Laura Nogarola,
dice il Rossi nelle sue lettere,[48] e Laura Cereti,[49] che scrisse contro la vanità
e di astronomia, e Laura Scioppi in versi.[50] Isabella Andreini, dopo la favola
boschereccia e le rime, mandò fuori le lettere di dottrina, stupendissime.[51] [p. 17]

---

[45] Isotta Nogarola (1418–1466), from Verona, was a humanist writer of orations, letters, and
verse. Two incidents in 1437 and 1438 prompted her decision to abandon her intellectual
pursuits in the field of secular humanism and instead seek a life of religious solitude. The
first incident saw Nogarola entering into correspondence with the renowned humanist
Guarino Veronese, who did not reply to her first letter, but, in reply to her second, reminded
her that, in order to achieve her intellectual goals, she had to overcome her female nature
and cultivate her masculine soul. In the second, in 1438, she was the target of an attack
launched against Venetian women, in which her reputation was smeared by claims that
she was involved in obscene and incestuous practices with her sister Bartolommea and her
brother Antonio. These accusations were a major blow for Nogarola, as they would have
been for any woman, given the importance of preserving honour and reputation. Nogarola's
sister Ginevra was also a humanist and learned figure, but by 1438 had married Brunoro
Gambara, a nobleman and military man from Brescia, and wrote no more.
[46] Laura Terracina (1519–c. 1577), from Naples, was the author of nine volumes of
Petrarchan-style poetry, published between 1548 and 1561. She was also the author of the
Discorso sopra tutti li primi canti di Orlando furioso, in 42 cantos in ottava rima, in which
she elaborated the moral and laudatory themes found in the first octave of each canto of
Ariosto's poem, incorporating them into her own. Each of her octaves ends with a verse
from Ariosto's first octave. Terracina, Colonna, Laura, and Isotta Nogarola, as well as Laura
Brenzoni, are also among the 'donne scienziate et di molte arti ornate' praised by Marinelli
in her *La nobiltà, et l'eccellenza delle donne*, pp. 39–41.
[47] Ersilia Spolverini, from Verona, was a poet and orator. Her Latin verse is included in
the *Rime di diversi in lode dell'illustrissima signora Chiara Cornara degnissima capitania di
Verona. Con una orazione in fine* (Verona: Girolamo Discepolo, 1596).
[48] Laura Nogarola, one of Isotta's sisters, had married the doge of Venice Nicolò Trono. She
left a reputation for writing in Latin and Greek on theological subjects. She is mentioned
in Rossi, *Lettere*, 'Del molto Illustre et Eccellentissimo signor Andrea Chiocco, filosofo
veronese', pp. 298–302 (p. 300).
[49] The reference is to Laura Cereta (1469–1499), from Brescia, who composed Latin letters
in the form of orations and invectives on themes such as marriage and family, as well
as education. She learned Latin and Greek from her father, and showed great interest
in a variety of subjects, ranging from mathematics to astrology, and especially in moral
philosophy. The 82 letters assembled by Cereta circulated in manuscript among humanists
in Brescia, Verona, and Venice from 1488, but were only printed in the seventeenth century.
She, too, is mentioned in Rossi's *Lettere*, when he writes: 'mirabile è la lettera di Laura Cereti
contra la vanità delle donne, così l'altra al Capriolo di astrologia giudiciaria, dotta certo con
stile arguto e ristretto' (p. 300).
[50] Rossi, *Lettere*, 'Anco Laura Scioppi scrisse in verso', p. 300. Rossi refers to Laura Brenzoni
Schioppo, from Verona. Born in Verona (c. 1470–1532), 'one of the highest-profile women
writers in Italy at the turn of the sixteenth century' (Virginia Cox, *Women's Writing in Italy,
1400–1650* (Baltimore: Johns Hopkins University Press, 2008), p. 2), Laura Brenzoni was an
enfant prodige, who composed sapphic verse at the tender age of ten, as well as orations
and epistles in both Greek and Latin. She was also versed in the vernacular, and hailed as
a civic icon. See Antonio Benzoni, 'Un carme inedito di Laura Brenzoni in lode di Roberto
Sanseverino', *Archivio Veneto*, s. 5, 24, 47/48 (1939), 187–229.
[51] The Paduan actress and playwright Isabella Andreini (1562–1604) published her *Mirtilla*

Giuliana Morella, dice il signor Spelta, mandò fuori conclusioni di filosofia.[52]
Isabella Cortese un libro de' secreti.[53] E longa schiera d'altre che tralascio, che
col molto loro sapere illustrorono il mondo col suo dire, come si può vedere
ne' citati, e nel Boccaccio,[54] nel Piccolomini,[55] nella *Selva di varie lezioni*,[56] nel

---

pastorale in 1588 and her *Rime* in 1601. Her *Lettere*, to which Sori refers several times in the
Ammaestramenti, were published for the first time, as we saw, in 1607. Andreini is praised
also by Spelta, *Donneschi trofei*, pp. 41–42.

[52] Giuliana Morella, 'damigella spagnuola di Barcellona' is mentioned in Spelta, *Donneschi
trofei*, p. 43, as learned in Latin, Greek, and Hebrew. She is said to have studied philosophy
and the law and in 1606, at the age of thirteen, to have publicly defended 'conclusioni di
filosofia dedicate alla serenissima Margherita d'Austria'.

[53] Isabella Cortese's *I secreti* [...] *ne' quali si contengono cose minerali, medicinali,
arteficiose, & alchimiche, & molte de l'arte profumatoria, appartenenti a ogni gran signora*
(Venice: Giovanni Bariletti, 1561) was highly popular and was followed by several other
editions. Close to Isabella Sori's time, there had been editions in 1603, 1614, 1619, and 1625.
Sori includes Cortese in her list of illustrious and learned women, although it has been
suggested that the author of the *Secreti* was in fact a man posing as a woman. The so-called
libri di secreti were books containing cures for different kinds of ailments, but also recipes
for potions, cosmetics, perfumes, ointments, and food, giving lay people access to medical
wisdom and techniques. On Isabella Cortese, see Meredith K. Ray, *Daughters of Alchemy:
Women and Scientific Culture in Early Modern Italy* (Cambridge, MA: Harvard University
Press, 2015), pp. 46–72.

[54] The reference is to the collection of illustrious mythological and historical women,
through the centuries and across traditions, in Boccaccio's *De mulieribus claris*.

[55] This is Alessandro Piccolomini's *Oratione* [...] *in lode delle donne*, which follows the text
of the Italian translation of Heinrich Cornelius Agrippa's *Della nobiltà et eccellenza delle
donne, dalla lingua francese nella italiana tradotto* in the edition published in Venice by
Gabriele Giolito in 1545 (also 1549). As mentioned earlier, Sori may however have consulted
a composite text, *Le bellezze le lodi, gli amori, & i costumi delle donne; con lo discacciamento
delle lettere, di Agnolo Firenzuola fiorentino, et di Alessandro Picolomini sanese. Giuntovi
appresso i saggi ammaestramenti, che appartengono alla honorevole, e virtuosa vita
virginale, maritale, e vedovile, di Lodovico Dolce* [...]. *Con copiosissime tavole delle cose più
memorabili* (Venice: Barezzo Barezzi, 1622), which includes works by Agnolo Firenzuola and
Piccolomini, as well as Dolce's *De gli ammaestramenti pregiatissimi*, from which, as we saw,
she often quotes. Piccolomini's text has its own title page, but continuous pagination, and is
entitled, more precisely, *Gli costumi lodevoli che a nobili gentildonne si convengono, descritti
dal virtuoso signor Alessandro Piccolomeni Academico Intronato Sanese. Con una bellissima
oratione in lode delle donne dello stesso autore*. The *Oratione in lode delle donne* is at pp.
265–77.

[56] Sori refers here to the popular *Selva di varia lettione*, the Italian translation of the
encyclopaedic *Silva de varia lección* (1540) by the Spanish humanist Pedro Mexía (*c.*
1497–1552). The *Silva* was very popular and was translated into Italian, French, and English:
the Italian translation, *La selva di varia lettione*, published in Venice in 1544 by Michele
Tramezzino, was the work of the translator Mambrino Roseo. It had numerous further
editions, including in the seventeenth century. I am quoting from the 1585 edition, *Selva di
varia lettione* [...], *divisa in cinque parti. Nella quale sono utili cose, dotti ammastramenti, et
varij discorsi appartenenti cosi alle scientie, come alle historie degli huomini et de gli animali.
Ampliata per Francesco Sansovino. Et di nuovo riveduta et corretta* (Venice: Compagnia
degli Uniti).

Garzoni,[57] e prima in Properzio nel libro 2,[58] nel libro di Plinio,[59] d'Omero,[60] et altri che d'altre han detto. Sarei senza dubbio troppo longa, s'io volessi annoverarle tutte. E però voglio conchiudere questa difesa con l'essempio di una fanciulla di diec'anni che fa molto a proposito mio in questa, chiamata Laura Brenzona,[61] gentildonna veronese, di cui dice il Contarino nel suo *Giardino*,[62] che fu di così elevato ingegno che di diec'anni compose molti versi safici con una vena e stile sopra modo eccellente, et in greco e latino diverse orazioni. E fu ancora nella lingua volgare molto instrutta. Onde occorse che, orando avanti a Filippo Trono, allora doge di Venegia, maravigliandosi egli della virtù e scienza di lei, essendo anche bella, acostumata, la diede per moglie ad un suo figliuolo. Se tanto, dunque, seppe una giovinetta d'anni dieci, non d<o>vrà

---

[57] The reference is to Tomaso Garzoni's *Le vite delle donne illustri della Scrittura Sacra.* [...] *Con l'aggionta delle vite delle donne oscure, & laide dell'uno, & l'altro Testamento; et un discorso in fine sopra la nobiltà delle donne* (Venice: Domenico Imberti, 1586). Sori seems to draw here from Spelta, *Donneschi trofei*, p. 41, where we read: 'Chi volesse referir le donne le quali col molto suo sapere illustrarono il mondo, col suo dire in infinitto andarebbe crescendo. Facciansi innanzi il Boccaccio, il Piccolomini, et il Garzoni'.

[58] Propertius, *Elegies* (*Elegiae*), II. 34.

[59] See Pliny, *Natural History* (*Historia naturalis*), XXXV, XL. 147–48, on women artists.

[60] Sori is not specific regarding the characters to whom she is referring, but there are several female figures praised in Homer's *Odyssey* and *Iliad*, starting from the Muses themselves.

[61] Sori does not seem to realize that Laura Brenzona is the same Laura Brenzoni Scioppi who 'scrisse in verso', mentioned by Rossi in his *Lettere*, p. 300. See above, n. 50.

[62] Luigi Contarini Crocifero, *Il vago, e dilettevole giardino ove si leggono gli infelici fini de molti huomini illustri: i varij & mirabili essempi di virtù, & vitij de gli uomini: i fatti, & morte de profeti: il nome & opere delle dieci sibille: il discorso delle muse: l'origine & imprese dell'amazone: i maravigliosi essempij delle donne: gli inventori de tutte le scientie & arti: l'origine delle religioni, & cavallieri: l'eccellentia & virtù de molti naturali: alcune ordinationi de santi pontefici: le belle & vaghe pitture delle gratie, di amore, & del vero amico: le sette maraviglie del mondo* (Venice: Giorgio Perin et Greco, 1586). I have consulted the following edition: Luigi Contarini Crocifero, *Il vago, e dilettevole giardino ove si leggono* [...] *i meravigliosi esempi delle donne* (Vicenza: eredi Perin, 1589), fol. 77ᵛ. Scipione Maffei in his *Verona illustrata, contiene l'istoria della Città e insieme dell'antica*, 4 vols (Verona: Jacopo Vallarsi e Pierantonio Berno, 1731–32), in particular in his *Verona illustrata, parte seconda. Contiene l'istoria letteraria o sia la notizia de' scrittori veronesi*, pp. 213–17, underlines the inaccuracy of this piece of information, claiming that Laura Brenzoni spoke in front of the Venetian doge, which is indeed reported by Contarini (from whom Sori herself quotes) and also by other writers, including by Giuseppe Betussi in his 1545 'Additione' to Boccaccio's *De mulieribus claris* (see *Libro di m. Gio. Boccaccio delle donne illustri, tradotto per Giuseppe Betussi. Con una additione fatta dal medesimo delle donne famose dal tempo di m. Giovanni fino a i giorni nostri & alcune altre state per inanzi; con la vita del Boccaccio & la tavola di tutte l'historie et cose principali che nell'opra si contengono* (Venice: Comin da Trino, ad instanza di Andrea Arrivabene, 1545), fol. 165ʳ). Maffei explains that Verona, like other cities, was not accustomed to send women 'in ambasceria', and that there was no Filippo Trono among the *dogi*, but rather a Nicolò Trono (Tron), married to the female humanist Laura Nogarola. Maffei also draws the attention to the mistake made by those who believed that Laura Brenzoni and Laura Schioppo were two different people, a mistake which, as we saw, Isabella Sori also made.

parere impossibile che a' tempi nostri un'altra d'anni tredici abbia alcuni pochi e rozzi ammaestramenti stampato.[63]

[p. 18] CHE IL PECCATO, NON ENTRÒ PER COLPA DELLA DONNA NEL MONDO.

DIFESA QUARTA.

Altri avversari alle donne hanno detto che, tutto ch'ella sia facitrice di qualche degna azione, non esser suo naturale, né d'aggradire, per esser pel contrario causa di tanto male, come di aver fatto entrare il peccato nel mondo. A' quali rispondo col Passi,[64] e 'l signor Spelta, *Trofei* 2 et 4,[65] che, per l'inobedienza della donna, non poteva patire il mondo, ma lei sola. Però ad Adamo si doveva il castigo, ché non fece resistenza, ma, sùbito che la moglie spinta d'amore gli offerse il pomo, e' ne gustò e tanto maggiore quanto che non fu così suttile l'ingannatore come a lei, alla quale, dopo le prime repulse, il demonio li promise farla come Dio. Il che non fu in Adamo che, senza promessa d'altra cosa, trasgredì; sì che, ove ella peccò per simplicità et ingannata, egli prevericò la divina legge scientemente, e però fu degno di molto maggior castigo. Ma quando bene si concedesse che per la donna entrato fosse il peccato e la morte nel mondo, potremo rispondere come già fece una bellissima giovine all'imperator Teofilo,[66] il quale, avendo in una gran sala fatte radunar molte donzelle [p. 19] di bellezza rara per eleggersi fra di loro una sposa, veggendo Icasia bellissima e volendo forse far prova se sapienza aveva a tanta beltà proporzionata, le disse, come motteggiandola, che per la donna erano venuti tutti i mali al mondo; a cui ella, tinta di modesto rossore, rispose che per la donna ancora erano venuti altri molto maggiori beni.

---

[63] As discussed in the Introduction, Sori is defending herself from the accusations of her detractors, who did not believe she was the real author of the *Ammaestramenti e ricordi*, as these were considered too learned to be the work of a woman as young as she was. Sori uses the example of Laura Brenzoni to validate her literary contribution, as well as her knowledge and erudition.

[64] Passi, *Dello stato maritale*, p. 6.

[65] Spelta, *Donneschi trofei*, 'Che la donna manco peccò dell'uomo ascoltando il serpe. Trofeo ii', pp. 8–11, and 'Che la donna fu da Dio più volte favorita che non fu l'uomo. Trofeo iv', pp. 17–21.

[66] The story is narrated in Contarini, *Il vago, e dilettevole giardino* (in the *Aggiunta al vago et dilettevole giardino* that follows the main text), fol. 74ʳ.

Che la donna non è causa di risse e rovine nel mondo.

Difesa quinta.

Altri, non so da che passione spinti, hanno detto che, posto che alcune virtù della donna risplendino, esser a caso e non d'ascriversi a bontà, essendo, come pel più si vede, causa di rovine e risse. Al che, in risposta, dico che lascio pensare a ciascun di spassionato ingegno che voglia far considerazione sopra le prime difese, se questa ragione loro abbi o non del verisimile. Dovriamo dire questi, e con più ragione, che tali errori nascono dalla mera discordia et inquietudine che hanno fra di loro fin dall'origine per l'essempio de' primi figliuoli d'Adamo, ché l'uno uccise l'altro.[67] Altre volte nascono dalla lascivia e presonzione loro, salvando i buoni, dalla quale tirati e gonfi et boriosi [p. 20] per sua vana nobiltà, o riputandoli valenti e dotti, o ricchi e graziati, o imaginando d'avere altre parti, essendo pure importuni e odiosi al possibile, si persuadono di dover esser amati, e s'acozzano per gelosia l'un l'altro, e fanno stravaganze, senza che pur una minima intelligenza abbiano con l'oggetto. E quando poscia, a lungo andare, con loro scorno s'avedono et del suo errore s'accorgono, si pongono a biasmarci, credendo di così coprire la loro imbecillità; ma, pazzi da catena, più tosto si scuoprono e di natura maligna et ingrata. Lascio di dire che moltissime guerre e discordie hanno sopito le donne, come accennamo sopra delle sabine e di molt'altre, dice Plutarco nel libro delle donne illustri.[68] E, fra queste, racconta delle donne celte (che poi abitarono questo nostro paese detto Lombardia) che, per avere acquetate molte discordie civili nate fra gli uomini, vennero in tanta autorità appresso di loro che ogni volta che volevano o di pace o di guerra consultare, vi chiamavano le donne loro e, nascendo litigio alcuno con loro confederati, lo rimettevano in potere delle medesime donne; onde, fra gli accordi che fecero con Anibale, si trova ancora a questo modo scritto: 'Se si dorrà alcuno celta d'avere da' cartaginesi ricevuto ingiuria, abbiano a vederlo i magistrati de' cartaginesi. E s'alcuno cartaginese sarà in cosa alcuna da qualche celta offeso, abbiano a giudicare le donne celte'. Così osservano, dice il Boemo libro 3, [p. 21] capitolo 12,[69] molti paesi della Germania, per aver esperimentato che, avendo quasi perso nel guerreggiare una gran giornata, per li consigli e conforti delle donne preso animo, furono vencitori.

---

[67] The story of Cain and Abel, the first two sons of Adam and Eve, is narrated in *Genesis* iv.

[68] Plutarch, *On the Bravery of Women* (*Mulierum virtutes*), in *Moralia*, iii. 242E–263C.

[69] Boehme, *Gli costumi*, iii, Ch. 12, 'Della Germania e di molti instituti delle sue genti', fols 119v–29r (fol. 122v).

CHE LA DONNA È EFFICACE NEL DIRE.

DIFESA SESTA.

Soggiunsero i medemi che, per non esser la donna nel dire di quella efficacia
che l'uomo, non esser perciò neanche causa di quel bene che esso. A' quali, in
risposta, dice il signor Spelta,[70] che pur è de' più celebri nelle cose universali di
questi tempi, che, anzi, per la facoltà che hanno le donne nel dire, appo molt'altri
beni avvenuti, si è aumentata la fede, e che ce ne fa essempio Maria Maddalena,
che convertì i popoli di Marsilia; Teodolinda, figlia del re de' bavari, che
convertì i longobardi; Cresila, sorella d'Enrico primo imperatore, che convertì
gli ongari; Gottilde, figliuola del re di Borgogna, che convertì i francesi; la regina
Cesarea, che convertì la Persia, et altre, che si puonno vedere nel *Leggendario
delle vergini*,[71] che con l'energia et efficacia di parole furono mirabili e stupende
al mondo; fra le quali non voglio io tralasciare d'una maravigliosa vicina a
noi, e di tempo e di luogo: fu questa chiamata Damigella, figlia di Giovanni
[p. 22] Trivulzio, senator di Milano, la quale, essendo eccellente nelle lingue
latina e greca, profonda nella filosofia, e di una prodigiosa memoria che non
si dimenticava mai di ciò che una volta aveva inteso o letto.[72] E quello che fu
più al proposito nostro, eloquentissima orò molte volte dinanzi a' pontefici e
prencipi con tanta grazia e maestà che tutti restavano istupiti. Vedete così nel
fine del giudicio sopra l'*Historia* del Guicciardini,[73] l'essempio delle donne di

---

[70] The female *exempla* that follow are all drawn directly from Spelta, *Donneschi trofei*, p. 21.

[71] *Leggendario delle Santissime Vergini adornato di bellissime figure in rame di molta
vaghezza et divotione non piu stampate agiontovi le vite d'alcune Sante Vergini* (Venice: eredi
Simone Galignani, 1594). There were further subsequent editions, also closer to Sori's time.

[72] The reference is to Domitilla Trivulzia (Damigella Trivulzia), daughter of Giovanni
Trivulzio and Angela Martinenga, from Brescia, who was well trained in Latin from an
early age, as well as in Greek, and who was said to have delivered orations in front of popes
and bishops, and to have had a prodigious memory. See Betussi's 'Additione' in Boccaccio,
Libro delle donne illustri, fols 194ᵛ–95ᵛ. See also Morigia, *Historia*, III, Ch. 26, pp. 271–72, who
explains that 'in quella lingua [Greek] scriveva ottimamente et ancora tradusse alcune cose
con stupore di tutti quei di tal professione' (p. 272). She is also mentioned by Marinelli in
her *La nobiltà, et l'eccellenza delle donne*, p. 40.

[73] Francesco Guicciardini, *La historia di Italia* (Florence: Lorenzo Torrentino, 1561, first
16 books; Venice: Gabriele Giolito, 1564, the remaining four). The *Historia* had numerous
subsequent editions, as well as a number of compendia and translations into the main
European languages. Sori may have made use of the 1610 edition of the text, the *Historia
d'Italia* [...] *divisa in venti libri. Riscontrata con tutti gli altri historici, & Auttori, che
dell'istesse cosa abbiano scritto, per Tommaso Porcacchi da Castiglione Arretino* (Venice:
Niccolò Polo & Francesco Rampazetto), because, as we shall see, the foliation she provides
for a reference to Guicciardini's *Historia* which she includes in her *Panegirico* (see n. 5)
corresponds perfectly. As Sori points out, the story of the 'donne di Guelfo' is included in
the 'Giudizio di Tommaso Porcacchi [...] sopra l'*Historia* di Messer Francesco Guicciardini',
fols 11ʳ–19ʳ (fol. 18ᵛ).

Guelfo, duca di Baviera, che, da Corrado terzo imperatore longamente d'assedio
travagliato, all'ultimo vinto dal bel dire e prieghi delle gentildonne, concesse
loro ch'elle si potessero partire, con questo patto: che niente cavassero fuori
della città, se non quanto ciascuna potesse in una volta sola portar su le spalle,
et esse, lasciando gioie e ricchezze, portarono fuori il duca, i mariti, i figliuoli,
i padri et le madri, di che prese l'imperatore tanta contentezza che, piangendo
per dolcezza, non pur si spogliò dell'ostinata sua crudeltà, ma fece pace col
duca, suo acerbissimo inimico.

[p. 23] CHE LA DONNA AMA CON EFFICACIA ET È COSTANTE.

DIFESA SETTIMA.

Altri, mossi dal non conseguire quello che non è lecito, hanno detto che la
donna non è efficace nell'amare e, se puri, per poco tempo, ché non dura se non
quando vi si trova l'interesse per mezzo; ma che la donna non sii interessata,
ma anzi liberale, si dirà nella *Difesa nona*. Ma contro questi si leva il non mai,
né da me né da miglior penna, a bastanza lodato signor Spelta nel *Trofeo* 19,[74]
e, dopo altre ragioni, dice che è da vedere il Farnesi,[75] che sostenta con altre
buone prove le donne esser efficacissime nell'amare, anzi amantissime. Ma che
maggior prove che gli essempi? Alceste, dice il Spinosa, parte 1, *essibì di morire
per dar salute ad Ameto suo marito;[76] così Sofronia, dice il Tasso nel canto 2;[77]
le mogli de' tireni, dice Torquato nel *Discorso del maritarsi*,[78] cambiorono le
vesti co' mariti ch'erano in prigione e, liberandosi essi con le vesti delle mogli,
esse restorono carcerate. Laodameia, dice Ovidio nell'*Epistole*, visto il corpo
di Protesilao suo sposo morto, giettatoseli sopra, di dolore per forza d'amore
morì.[79] Iulia, dice il Petrarca madrigale 3, capitolo 3 del *Trionfo d'Amore*,[80]

---

[74] Spelta, *Donneschi trofei*, 'Che la donna è più costante nell'amore che non è l'huomo.
Trofeo XIX', pp. 74–76.

[75] At p. 74 of Spelta's *Donneschi trofei*, we do find a reference to Book IV of Enrico Farnesi's
De simulacro reip. siue De imaginibus politicae et oeconomicae virtutis. [...] *Panegyrici lib.
IIII absoluti. In quibus quam imperii faciem adumbrent quaedam illustrium familiarum
insignia, apologi, emblemata, fabulae, adagia, hieroglyphica, breuiter ostenditur. Huc
accedunt mores, leges, ritus antiquorum, synonima virtutum, paradoxa disputantium,
exemplorum testimonia, ac denique orationes pro arte imperandi quinque* (Pavia: eredi
Girolamo Bartoli, 1593; also in the same year, Pavia: Andrea Viani).

[76] Espinosa, *Dialogo, en laude de las mugeres*, fol. 30ᵛ.

[77] Tasso, *Gerusalemme liberata*, II. 16, 30, and 37.

[78] Tasso, *Discorso del maritarsi*, fol. 198ᵛ.

[79] Ovid, *Heroides*, XIII ('Laodamia to Protesilaus').

[80] Petrarch, *Triumphus Cupidinis*, III. 32–33.

solo per veder la veste di Pompeo lorda di sangue sùbito morì. Dice appresso di Giudith,[81] avendo detto prima d'Ipermnestra,[82] e prima [p. 24] nel capitolo antecendente, ove disse:

> E mille che 'n Castalia et Aganippe
> udì cantar per l'una e l'altra riva,[83]

cioè, e mill'altri poeti che l'altre han detto. Che siano poi costanti ce ne fa,[84] fra altri, fede l'essempio di Penelope e di Paolina, moglie di Seneca, e Artemisia, che fece fare il Mausoleo;[85] Bradamante, che non guardando a pericolo di vita liberò due volte di prigione Ruggiero,[86] e l'altre che son per dire a basso, appo l'altre che dice il signor Spelta nel Trofeo 27,[87] ove circa 'l fine conchiude che le donne per l'ordinario sono più ferme nell'amare e più costanti che non gli uomini, et era anche il dovere che, essendo di più coste, fusse più costante la donna dell'uomo, ch'una di manco ne tiene. Dante ancora, nel capitolo 5 dell'Inferno, così afferma, anzi agiugne, che sono tanto costanti che, ancor dopo morte, amano, e lo dimonstra in persona di Francesca, dicendo:

> Amor, ch'a nullo amato amar perdona.
> Mi prese di costui piacer sì forte,
> che, come vedi, ancor non m'abbandona.[88]

Ma come s'intenda questo 'a nullo amato amar perdona', dimostra il Bargagli ne' suoi trattenimenti,[89] e 'l signor Sperone Speroni, lezione 2 in difesa della sua Canace,[90] a' quali è da ricorrere. L'autore della Selva ancora, parte 1, lezione

---

[81] Petrarch, Triumphus Cupidinis, III. 52–57. Petrarch also mentions Judith elsewhere in the Triumphi, for example, in Triumphus Pudicitie, 142, and in Triumphus Fame, II. 119–120.

[82] Petrarch, Triumphus Cupidinis, III. 19.

[83] Petrarch, Triumphus Cupidinis, II. 185–86: 'e mille che Castalia et Aganippe | udir cantar per la sua verde riva'.

[84] As we saw in the Introduction, the next paragraph, until the first line from Dante's poem, is cited in full by Father Angelico Aprosio in his Grillaia, pp. 29–30.

[85] Boccaccio, De mulieribus claris, LX, 'De Penelope Ulixis coniuge'; XCIV, 'De Pompeia Paulina Senece coniuge'; LVII, 'De Arthemisia regina Carie'.

[86] Ariosto, Orlando furioso, IV and VII, in which Bradamante frees Ruggiero respectively from Atlante and from Alcina.

[87] Spelta, Donneschi trofei, 'Che la donna in fede et in amore matrimoniale vince l'huomo. Trofeo XXVII', pp. 106–19.

[88] Dante, Inferno, V. 103–05.

[89] Scipione Bargagli, I trattenimenti [...] dove da vaghe donne, e da giovani huomini rappresentati sono honesti, e dilettevoli giuochi: narrate novelle e cantate alcune amorose canzonette (Venice: Bernardo Giunta, 1587), p. 141.

[90] As we saw earlier, Sori refers here to the 'Lezione seconda' (pp. 181–200), of the six 'Lezioni' included in Speroni's posthumous 1597 Canace, tragedia [...] alla quale sono aggiunte alcune sue compositioni, et una apologia et alcune lettioni in difesa della tragedia. On Paolo and Francesca and the famous line 'Amor ch'a nullo amato, amar perdona', see pp. 185–89.

10, afferma che son costanti.[91] Quanto a dire che, quando dura, è per mezzo
d'interesse, dicanmi che interesse si può aspettare da' corpi morti, per doverli
con efficacia e costanza [p. 25] amare sino a morire, come esse fecero. Qual bene
o qual grandezza può dare un corpo senza spirito? Niuno: e pure si sono trovate
altre ancora che, per servare amore e fede, hanno voluto dar la propria vita a
morte, essempio Egeria, 15 *Metamorfosi* d'Ovidio,[92] che, per tanto piangere la
morte di suo marito, finì in lagrime la sua vita. E Tisbe che si passò il petto per
veder Piramo ferito.[93] E Gismonda,[94] che col veleno si diede morte, per veder
il suo amato morto. Ero che si gietò dall'alta torre per veder in nave venire il
suo Leandro morto.[95] Et altre mille che, vistesi prive dell'oggetto amato, da
grande amore spinte li volsero seguire, come ne fa fede Marco Marcello ne'
suoi essempi,[96] e 'l Boemo, libro 2, de' costumi, capitolo 8,[97] l'Ariosto, canto 37,
stanza 20,[98] et altri de' citati. Così lo dimostra essempio sudetto delle donne di
Baviera. Altre, per non romper la fede, ne' boschi e luoghi solitari si ritirorono
et difesero da prieghi, da ricchezze et da promesse. E si può vedere, oltre come
sopra nel Passi,[99] Spinosa,[100] e nel signor Spelta, nel *Trionfo* 26.[101] *Etiam* mal
aconcie amano costantemente e si vede, per essempio, di Semne regina, come
ho detto nella lettera nona,[102] che, quantunque a torto mal trattata e condannata

---

[91] Mexía, *Selva di varia lettione*, I, Ch. 10, 'Del principio delle donne dette amazzoni, et di
molte cose notabili loro', fols 19ᵛ–24ʳ.

[92] Ovid, *Metamorphoses*, XV. 549–51.

[93] Ovid, *Metamorphoses*, IV. 55–166.

[94] On Ghismonda, see *Ammaestramenti e ricordi*, n. 50.

[95] The tragic story of the two lovers Hero and Leander, famous in Greek mythology, is
narrated by various ancient poets. See, for instance, Ovid, *Heroides*, XIX ('Hero to Leander');
and the sixth-century poem in hexameters *Hero and Leander* by Musaeus Grammaticus. It
was also told in Boccaccio's *Filocolo*, in the *Ameto*, and the *Teseida*, and above all in his
Amorosa visione (XXIV. 52–69).

[96] The reference is to the Dalmatian humanist Marcus Marulus (Marko Marulić) (1450–
1524) whose treatise *De institutione bene beateque vivendi* (1506) was very popular. But
Marulus is not Sori's direct source. It is, rather, Spelta in his *Donneschi trofei*, p. 88 ('Che la
donna non è più obligata alla legge di quello ch'è l'uomo, Trofeo XXII'), from which she also
quotes the sentence that follows about women choosing to escape to 'boschi' and 'luoghi
solitari' to protect their chastity.

[97] Boehme, *Gli costumi*, II, Ch. 8, 'Dell'India e degli strani modi del vivere degli indiani',
fols 49ʳ–56ʳ. The reference is to the Hindu practice of Sati, whereby a widow immolated
herself on her husband's funeral pyre, which Boehme mentions explicitly in his text (fols
54ᵛ–55ʳ).

[98] Ariosto, *Orlando furioso*, XXXVII. 20. The stanza praises the fidelity and devotion of the
poet Vittoria Colonna towards her dead husband, Ferrante Francesco d'Avalos, marquis of
Pescara, who had died in 1525. On Colonna see above, n. 43.

[99] Passi, *Stato maritale*, pp. 52–53.

[100] Espinosa, *Dialogo, en laude de las mugeres*, fol. 51ᵛ.

[101] Spelta, *Donneschi trofei*, 'Che la donna negli urgenti casi è risoluta et terribile. Trofeo
XXVI', pp. 97–105.

[102] See above, *Ammaestramenti e ricordi*, Lettera IX, 'Della castità coniugale e de' modi e

a morte, amava il marito. Però amano, ancor ch'abbiano busse, e tornano umili, essendolo di natura, come dice il Granata, parte 3 del suo *Simbolo*,[103] per essempio di Elena, madre di Costantino, e Placida,[104] moglie di Teodosio, e la medema Semne, a fare i [p. 26] serviggi del marito; e tornano, dico, ad obedire, perché le dura l'amore e non lo sdegno; così durasse negli uomini, i diffetti e mancamenti de' quali non tocco per modestia mia e rispetto di chi merita, e sì per averne detto a bastanza la cittata Marinelli,[105] l'auttore della *Selva*,[106] e l'Ariosto, per essempio di Teseo, Giasone, Bireno, et altri milli, vedi nel canto 4, ove, a noi parlando degli amori degli uomini, disse:

————————————— *e da voi tolto*
vedrete il falso amore, e altrove volto.[107]

Il che anche disse il Doni, libro 1 delle *Epistole*,[108] nel fine d'una scritta a Laura.

CHE LA DONNA NON È TIMIDA, MA ANIMOSA ET ABILE ALL'ARMI.

DIFESA OTTAVA.

Altri, per conoscersi di forze e di libertà superiori, hanno detto che la donna non è d'animo grande, ma per natura timida e paurosa, e perciò non abile all'imprese dell'armi e difesa della patria. Ma di quanto s'inganino costoro lo dimostra Platone, che ordinò che la cittade della sua *Republica* imparassero non meno che gl'uomini a maneggiar l'armi,[109] sapendo quanto [p. 27] fossero atte alla guerra e quanto pronte a metter la vita per onore e defensione della patria, il che si legge di Giudith, di Ester regina, e di quella valorosa che uccise Pirro, re degli epiroti.[110] E Tomiri, regina de' sciti, che, fatta capitano del suo essercito,

---

costumi che deve usar la moglie col marito'.
[103] Granada, *Simbolo*, III, p. 184.
[104] In Granada's text, the name given is Placilla, that is, Aelia Flavia Flaccilla, first wife of the emperor Theodosius I (the Great). Placida might be a typographical error, or the result of some confusion with Galla Placidia (Aelia Galla Placidia), daughter of the emperor Theodosius.
[105] Lucrezia Marinelli, mentioned earlier.
[106] Pedro Mexía in his *Selva di varia lettione*, mentioned earlier.
[107] Ariosto, *Orlando furioso*, x, 8. 7–8.
[108] Anton Francesco Doni, *Tre libri di Pistolotti amorosi [...] con alcune altre lettere d'amore di diversi autori* (Venice: Gabriele Giolito, 1558), fols 27ʳ–29ʳ (fols 28ᵛ–29ʳ), 'Alla nobilissima et virtuosa signora Laura Mona'.
[109] Plato, *Republic*, v. 452a. See also VII. 540c.
[110] Judith 8–14; *Book of Esther*. Pyrrhus died in Argos when an old woman dropped a tile on his head from a rooftop, in order to protect her son who had just wounded him with his spear: crushed and weakened by the blow, a certain Zopyrus was then able to finish him

tagliò a pezzi Ciro con tutto il suo essercito.[111] E Ipsicratea, dice Spinosa,[112] che combatté al pari di Mitridate suo marito. E Semiramis, che conquistò l'Etiopia e l'Indie Orientali.[113] E Artemisia, che tolse l'armata a' romani, e conquistò l'isola di Rodi.[114] E Camilla, dice Virgilio nell'*Eneide*,[115] ch'andò contro Enea e ' troiani in Italia, lodata ancora dal Petrarca, capitolo 2, *Trionfo della fama*:

> *E fra queste una vergine latina*
> *che in Italia a' troian fa tanta noia.*[116]

Che dirò di Telesilla Argiva?[117] La quale, inteso che gli spartani, rotto e quasi annihilato l'essercito della sua patria, furibondi se ne venivano per impatronirsene, ella con le altre donne armata uscì loro incontro e, combattendo valorosamente, li vinse e cacciò in fuga, come più diffusamente, nell'*Impresa* 30, discorso 4, capitolo 2, argomento 14,[118] racconta Monsignor Arese, che pone debito a ogni scrittore difendersi con longa orazione nelle sue laudi, commemorando l'osservanzia della religione, la moderazione del prudentissimo governo, l'amor, la benivolenza et la liberalità verso i virtuosi. Ma, ripigliando filo, che ⟨del⟩le amazoni, cioè donne senza poppe per non esser impedite nel maneggiar l'armi, che con tanta gloria vivono [p. 28] nell'istorie, come si può vedere nel Boemo, libro 1 de' *Costumi*, capitolo ultimo,[119] e nella

---

off and cut off his head (Plutarch, *Lives* (*Pyrrhus*), XXXIV. 1–3). Sori's source for these three examples is probably Spelta, *Donneschi trofei*, p. 96, in which, within the section devoted to the question 'Che la donna negli urgenti casi è risoluta, forte et terribile. Trofeo XXVI', they are mentioned together and in precisely this order.

[111] This is Tamiri (Tomyris), queen of the Massagetae, a Scythian people in central Asia, who defeated Cyrus the Great. She is included in Boccaccio's *De mulieribus claris*, XLIX, 'De Thamiri Scitharum regina'. See Betussi's 'Additione' in Boccaccio, *Libro delle donne illustri*, fol. 57[r–v.]

[112] Espinosa, *Dialogo, en laude de las mugeres*, fol. 30[v.]

[113] Boccaccio, *De mulieribus claris*, XCIX, 'De Semiamira muliere messana'.

[114] Boccaccio, *De mulieribus claris*, LVII, 'De Arthemisia regina Carie'.

[115] Virgil, *Aeneid*, XI.

[116] Petrarch, *Triumphus Fame*, II. 101–02.

[117] Plutarch, *On the Bravery of Women* (*De mulierum virtutes*), *Moralia*, III. 245D–F. Telesilla Argiva, along with other women, defended Argos against the Spartans. But Sori's direct source could in fact have been Contarini's *Vago e dilettevole giardino*, p. 383, where we read: 'Le donne argive con l'armi in mano, avendo per scorta Telesillide nella poesia dottissima, difesero la patria contro Cleomene, re di Sparta [...]. Erodoto. Plutarco'.

[118] Arese, *Imprese sacre*, III, Impresa XXX ('Cane di Egitto'), 'Digressione dell'eccellenza, necessità, et utilità delle lettere in paragon dell'armi in tre discorsi distinta', Disc. IV, 'Se più nobili e degne siano le armi o le lettere', Chap. 2 'Ragioni in favor delle lettere', p. 463.

[119] Boehme, *Gli costumi*, I, Ch. 6, 'Degli Peni e degli altri popoli dell'Africa', fols 24[v]–32[r] (fols 31[v]–32[r]). Boehme explains that the Amazons cut their breasts off so that they would not hinder them in battle. The sentence reads: 'Ma, ripigliando filo, che ⟨dirò⟩ ⟨del⟩le amazoni, cioè donne senza poppe...'.

Selva, parte 1, lettera 10?[120] Agripina,[121] con l'armi in mano, difese il ponte sopra il Reno contro i rubellanti. E quelle che con la spada in mano difesero il Campidoglio contra i soldati di Vespasiano.[122] E Arpalice,[123] dice Virgilio, e Pantasilea,[124] che col valor dell'armi fecero eroiche imprese et illustrarono il sesso d'eterni onori. Di Bradamante e di Marfisa è noto il gran valore; non ebbe nell'arme più lode alcun gran capitano, veggasi l'Ariosto nel canto 18 e 19 e 26,[125] ove doppo altre dice:

> *Di Bradamante e di Marfisa dico,*
> *le cui vittoriose inclite prove*
> *di ritornare in luce m'affatico.*[126]

Così ancora dice di Clorinda il Tasso, nel canto 2, stanza 39 a 41 e 46 *Goffredo*, e nel canto 3, stanze 13 e 21:[127]

> *Clorinda in tanto ad incontrar l'assalto*
> *va di Tancredi,*[128]

etc. e nella stanza 43, e nel canto 9, stanza 72, e nel canto 10, stanza 9, e nel canto 12, e nel canto 20, mill'altre in arme valorose prove feminili.[129] Maria d'Eugenio ancora (dice il Mazella),[130] di nazion francese regina di Napoli, contrastò nell'armi col re Ladislao e non si lasciò vincere, se non per amore del matrimonio. E le donne dell'Indie, agiugne il Boemo, libro 2, capitolo 8,[131] vanno armate alle caccie et in guardia del re. E le lacedemoni, dice nel libro 3,

---

[120] As above, Mexía, *Selva di varia lettione*, I, Ch. 10, 'Del principio delle donne dette amazzoni, et di molte cose notabili loro', fols 19^v–24^r.

[121] Boccaccio, *De mulieribus claris*, XC, 'De Agrippina Germanici coniuge'. But Sori's direct source here is Spelta's *Donneschi trofei*, p. 102, of the section 'Che la donna negli urgenti casi è risoluta, forte et terribile. Trofeo XXVI'.

[122] As above, Sori's direct source is Spelta's *Donneschi trofei*, p. 102.

[123] Virgil, *Aeneid*, I. 507.

[124] Boccaccio, *De mulieribus claris*, XXXII, 'De Penthessilea regina Amazonum'. But, once again, Sori's direct source is most likely Spelta's *Donneschi trofei*, p. 102.

[125] Ariosto, *Orlando furioso*, XVIII. 99 ff.; XIX, 42 ff.; XXVI, 8 ff.

[126] Ariosto, *Orlando furioso*, XXXVII. 24. 1–3.

[127] Tasso, *Gerusalemme liberata*, II. 39–41 and 46; III. 13 and 21.

[128] Tasso, *Gerusalemme liberata*, III. 21. 1–2 (l. 2: 'Clorinda in tanto ad incontrar l'assalto | va di Tancredi | e pon la lancia in resta').

[129] Clorinda is either present or talked about in Tasso, *Gerusalemme liberata*, III. 43, IX. 72, and in Canto XII, for example, in stanzas 9, 12, 18, 39, 47, 48, 64. The reference to Canto X. 9 is inaccurate. In Canto XX, the Christian warrior Gildippe joins her husband Odoardo in battle.

[130] Mazzella, *Descrittione del Regno di Napoli*, p. 639. This is Maria of Enghien, countess of Lecce, queen of Sicily, and later Naples. After the death of her first husband, she resisted the siege of King Ladislaus of Durazzo, and only surrendered when she married him.

[131] Boehme, *Gli costumi*, II, Ch. 8, 'Dell'India e degli strani modi di vivere de Indiani', fols 49^r–56^r (fol. 51^r).

capitolo 3,[132] s'essercitano nel correre nelle lotte e nel tirare il dardo; nel capitolo 12 de' costumi [p. 29] delle genti del mondo nuovo,[133] dice che le donne vanno alla guerra. Ma per dire qualche cosa ancora de' tempi più moderni, chi non si stupirà del valore di Gianna di Lorena?[134] Poiché nell'età di sedici anni, essendo pastorella, e veggendo che Carlo VII, re di Francia, aveva gran parte del regno perduto e che non sapeva come difendere Orliens, strettamente assediato dagl'inglesi, ella andò a ritrovarlo e gli promise, se la faceva generale del suo essercito, di liberar tosto Orliens di assedio e fargli ricuperare il regno perduto, e renderlo insomma vittorioso degli suoi nemici. Et, avendo il re, disperato d'ogni altro rimedio, accettato il partito, ella in termine di quattro giorni cacciò l'inimico, liberò la città d'assedio, uccise in una battaglia dodeci mille inglesi, col loro capitano generale, e nello spazio di tre ore ricuperò tre fortezze inespugnabili; e dopo questa guerra fu per altri otto anni continovi sempre vittoriosa, e tre volte fece giornata campale, facendo anche prigione il capitano generale degl'inglesi. Or, qual uomo potrà gareggiar con questa giovinetta? Gli Alessandri et i Cesari furono allevati nelle armi e però non è maraviglia che diventassero valorosi capitani, ma questa non mai aveva maneggiato ferro, non mai veduto battaglia, e pur in un sùbito fatta conduttiera d'un essercito, ove prima questo era perdente e d'animo avvilito, ella ebbe tanto cuore e tanto ardire che lo comunicò a tutti i soldati, e di vinti gli fece [p. 30] gloriosamente vincitrici. Tralascio Maria Pozzolana, la quale, oltre a molte prove di fortezza e di bravura, venne anche, come riferisce il Sabellico,[135] sette volte a singolar battaglia con uomini, e sempre ne rimase vittoriosa. Taccio di Orsina Torella,[136]

---

[132] Boehme, *Gli costumi*, III, Ch. 3, 'Della Laconia e degli ordini de' laconi, o vogliamo dire de' lacedemoni', fols 95[v]–102[r] (fol. 97[v]).

[133] As Sori herself indicates, she is quoting here from *Gli costumi et l'usanze dell'Indie, overo mondo nuovo*, by the Venetian Girolamo Giglio (1536–1560), which follows Boehme's *Gli costumi* in certain editions (in the 1560 edition, fols 189[r]–236[r]). Ch. XII is entitled 'Del fiume Zeneu et delli abitatori di quel paese et dell'isola del Codego, ora detta di Cartagena', fols 201[v]–02[v] (fol. 202[v]).

[134] This is of course Joan of Arc (*c*. 1412–1431), the 'pulcelle d'Orléans'. Born a peasant, she became a national heroine while still a teenager, when France and England were fighting the Hundred Years' War. She led the French to victory over the English in a battle in the city of Orléans, and later in other battles. In 1430, separated from her soldiers, she was forced to surrender to the English, who put her to trial and burnt her at the stake on 30 May 1431. The Catholic Church made her a saint in 1920. She is also included in Betussi's 'Additione' in Boccaccio, *Libro delle donne illustri*, fols 161[r]–63[v] (Ch. VIII 'Di Gianna donzella francese'), which, as we saw earlier, is one of Sori's sources. She is also briefly cited in Spelta's *Donneschi trofei*, p. 103.

[135] Maria Pozzolana and Marcantonio Sabellico (Coccio, *c*. 1436–1506) are cited in Contarini, *Il vago, e dilettevole giardino*, p. 411 (but 395 erroneously in the text), from which Sori also quotes elsewhere, but Contarini may not necessarily be her direct source, as the example is used in other catalogues and repertoires of illustrious women.

[136] Orsina Torella, spouse of the Count of Guastalla, defended his castle against the Venetians in his absence. She is included among the illustrious women of Betussi's

di Buona Lombarda,[137] e d'altre molte donne bellicose, ché troppo lungo catalogo fare bisognerebbe, se nominar tutte le volessi.

CHE LA DONNA È ACUTA D'INGEGNO LIBERALE ET ABILE AL GOVERNO, E CHE LA BELLA NON DOVREBBE APPORTAR DOTE AL MARITO, MA ESSER ADOTTATA DA ESSO.

DIFESA NONA.

Hanno detto altri che la donna non è acuta, né abile a trovar cose nuove e grandi, né vale per governo. Ma in quanto errore siano questi appo altri essempi addotti da' cittati auttori. Dicanmi, chi ritrovò l'uso delle biade et del formento e d'altri frutti della terra? Chi gli ordigni per coltivare i campi, se non Cerere? Chi ritrovò l'uso dell'oliva, del lino, di filare, di cucire et di tessere, se non Minerva? Chi insegnò ad alcuni popoli d'Italia, dice il Mazzella nella descrizione della provincia d'Abruzzo,[138] il modo di costringere [p. 31] i serpenti con parolle, e parimente i rimedi contro i veleni loro, se non Medea? Chi diede il nome all'isola Leucosia, della provincia di Basilicata, se non Leucosia sirena, che ivi abitava? Chi piantò Orno, abbellì, dice nella descrizione della provincia di Citra, la costa d'Amalfi di cedri, limoni, aranci, et altri alberi fruttiferi, se non Amalfi ninfa?[139] Quanto alla liberalità, appo l'essempio delle donne di quello che lasciorono le ricchezze per salvar, come ho detto. Chi non sa la liberalità usata dalle donne milanesi, le quali, appo le gioie, si spogliorono dell'oro che avevano sopra le vesti, acciò il tutto si vendesse per edificar le mura d'Alessandria? Vegga chi vuole il Moriggi,[140] et il Mazzella che dice che il medemo fece Flora,[141] cioè diede le sue gioie per edificar quelle di Roma et per disimpegnare la Republica, che poi i romani in remunerazione edificorono un sontuosissimo tempio in memoria di lei, dal nome della quale lo chiamorono Floriano, nel quale, ogni anno in quel giorno ch'ella venne a morte, celebravano la festa della dea Flora.

'Additione' in Boccaccio, *Libro delle donne illustri*, fols 159^v–61^r (Ch. VII, 'Di Orsina moglie di Guido Torello'), as well as of Contarini's *Il vago, e dilettevole giardino*, p. 411 (but 395 erroneously in the text).

[137] Buona (Bona) Lombarda (1417–1468) was the wife of the 'soldato di ventura' Pietro Brunoro from Parma. Of humble origins (she was a shepherdess, the story goes, when they first met), she followed her husband into battle and fought beside him. She is mentioned in Betussi's 'Additione' in Boccaccio, *Libro delle donne illustri*, fols 172^v–75^r ('Di Buona Lombarda valorosa in armi').

[138] Mazzella, *Descrittione del Regno di Napoli*, p. 259.

[139] Mazzella, *Descrittione del Regno di Napoli*, p. 68.

[140] Morigia, *Historia*, I, Ch. 11, p. 62.

[141] Mazzella, *Descrittione del Regno di Napoli*, p. 31.

Ma di più, chi diede con le sue facultà principio et mezo a essa suprema città di Roma, dice il Rosaccio nella terza età del mondo, se non Roma, figlia del re Chitin del 2337, dalla quale si dice Roma, che poi dice, nella quarta età, del 3209 da Romulo et Remo fratelli fu ampliata.[142] Chi ritrovò molt'altre cose utili, che tralascio, se non donne? Dicalo Virgilio, e 'l signor Spelta nel *Trofeo* 11.[143] Circa al governo, dice [p. 32] il Boemo, capitoli 15 e 25 del mondo nuovo,[144] che le donne hanno cura della casa dei terreni e sono faticose e di gran aiuto a' loro mariti et, nel capitolo 35 della *Canaria*,[145] che le donne governano i terreni et le biade, et gl'uomini filano et tessono. Aquila città, dice il Mazella dove tratta della provincia d'Abruzzo, fu governata molt'anni da Madama Margarita d'Austria,[146] figliuola naturale di Carlo V, per comodità della quale i cittadini fecero uno superbissimo palazzo, longo 256 palmi e largo 160, con cento fenestre a torno, edificio di molta spesa. Qual valoroso uomo governò mai meglio il suo stato di Pitadora,[147] regina di Ponto, anzi, qual più di lei in breve tempo lo accrebbe senza perdita alcuna de' suoi? Irene imperatrice,[148] che lode non merita, che con tante guerre avute confermò tuttavia felicemente l'impero di Costantinopoli? Teodora, ancora moglie di Costantino, dice la *Selva*, parte 1, lettera 9,[149] governò l'impero eccellentissimamente in molta pace e prosperità.

---

[142] The reference is to the physician and geographer Giuseppe Rosaccio and his *Le sei età del mondo, nelle quali brevemente si tratta della creatione del cielo, & della terra [...] & altre cose avenute fino all'anno 1593. [...] in breve compendio ridotte* (Brescia: Vincenzo Sabbio, 1593). I have consulted the following edition: *Le sei età del mondo [...] con brevità descritte* (Venice: n. pub., 1597), pp. 9 and 11. Rosaccio's calendar counts from a putative date of the creation of the world.

[143] The reference is to Ceres inventing the plough, as in Virgil, *Georgics*, I, 147 ('prima Ceres ferro mortalis vertere terram | instituit'). Virgil's lines are quoted in Spelta, *Donneschi trofei*, 'Che la donna è d'ingegno più acuto e più svegliato che non è l'huomo. Trofeo XI', pp. 37–46 (p. 37), which is Sori's direct source.

[144] Boehme, *Gli costumi*, more specifically Giglio's *Mondo nuovo*, Ch. 15, 'Dell'isole Cubagua e Cumana, e de' costumi delle sue genti', fols 204ᵛ-05ʳ; and Ch. 25, 'Del sito et costumi del Perù, et dell'inequalità delle staggioni', fol. 214ᵛ.

[145] Boehme, *Gli costumi*, more specifically Giglio's *Mondo nuovo*, Ch. 35, 'Della provincia di Quito e Canaria, et de' costumi delle sue genti', fol. 228ʳ.

[146] See below, n. 154.

[147] The direct source for Pitadora (also called Pitodora, Pitodorida, Potidora, that is, Pythodoris or Pythodorida), queen of Pontus, is most likely Spelta's *Donneschi trofei*, p. 102. 'Pitadora dottissima' is also mentioned in Contarini's *Il vago, e dilettevole giardino*, p. 391.

[148] The Byzantine empress Irene (Athens 752–Lesbos 803), also called Irene of Athens, widow of Leo IV, who acted as regent during the minority of Constantine VI. She is remembered for ending iconoclasm. As above, the catalogue of illustrious women in Spelta's *Donneschi trofei*, p. 102, is Sori's most likely source in this instance.

[149] Mexía, *Selva di varia lettione*, I, Chap. IX, 'Di una donna che in abito di uomo fu creata papa et di un'altra che si fece imperatrice', fols 18ʳ–19ᵛ. Sori is referring to the Empress Theodora Porphyrogenita, younger daughter of Constantine VIII, who ruled as co-empress with her sister Zoë for two months, in 1042, until Zoe married Constantine IX Monomachos. Shortly before Constantine's death in 1055, Theodora reasserted her right to

A Zenobia, regina de' Palermini, si deve molta gloria, che, tuttoché stimulata da molte guerre, moltiplicò il regno, vedasi Monsignor Guevara, libro 2, *Epistole*.[150] Al nome d'Agnese imperatrice[151] che trofei non si devono, che con opre maravigliose governò tant'anni con somma felicità l'impero? Le amazzoni, dice il Boemo, libro 1, capitolo ultimo,[152] governorono molt'anni le cose publiche di città e regni, e comandarono agli uomini; anzi, agiugne Torquato al *Discorso del maritarsi*,[153] governorono essi regni molti lustri, senza uomini e, [p. 33] pel contrario, imperio d'uomini senza donne non si trovò giamai; di dove si può argomentare soggiugnendo che le donne siano più bastevoli a loro medesime e men bisognose dell'altrui perfezione. Ché, se favellar vogliamo de' tempi moderni, non voglio altro testimonio del buon governo d'esse addurre che la Fiandra, la quale sarebbe molto felice, d'infelicissima ch'ella può dirsi ora, se non mai dal governo delle donne ella fosse stata priva, poscia che da tre gran donne ella fu successivamente governata, cioè da Margarita d'Austria,[154] duchessa di Parma, Margarita d'Austria,[155] zia di Carlo V, e da Maria, regina

---

rule and became sole empress regnant from January 1055 to August 1056, when she died.

[150] Guevara, *Lettere*, 'Ragionamento alla Serenissima regina di Francia Madama Lionora, nella quale l'Autore narra copiosamente chi fu la regina Zenobia', Book II, pp. 183–87, as well as 'Lettera dell'imperatore Aureliano alla regina Zenobia', p. 188, and 'Risposta della regina Zenobia all'imperatore Aureliano', pp. 188–90.

[151] Agnes of Poitiers (or Agnes of Aquitania) (1025–1077) was the second wife of King Henry III of Germany, whom she married in 1043. From his death, in 1056, she acted as regent of the Holy Roman Empire, because her son, Henry IV, was only six.

[152] We saw earlier a reference to the Amazons in Boehme's *Gli costumi*, I, Ch. 6, 'Degli Peni e degli altri popoli dell'Africa', fols 24^v–32^r (fols 31^v–32^r).

[153] Tasso, *Discorso del maritarsi*, fol. 195^r.

[154] Margaret of Austria (1522–1586), duchess of Florence, and then of Parma and Piacenza, was the illegitimate daughter of the Holy Roman Emperor Charles V. In an attempt to improve the political relations between the empire and the papacy, after the Sack of Rome in 1527, she was promised in marriage to Alessandro de' Medici, nephew (or son, according to some) of the then Pope Clement VII (Giulio de' Medici). The wedding took place in June 1536, when she was only fourteen, but a few months later, in January 1537, Alessandro was murdered in a conspiracy. Shortly after, Charles V arranged another marriage for her to extend his web of political alliances, this time with Ottavio Farnese, aged only thirteen, the grandson of Pope Paul III. They married in Rome in November 1538. Ottavio became duke of Parma in 1547 (hence she was also known as Margherita di Parma), while she was appointed governor of the Netherlands in 1559 by her half-brother, Philip II of Spain, who aimed to maintain the Spanish rule over Flanders.

[155] Margaret of Austria (1480–1530) was the daughter of the Habsburg Archduke Maximilian (later Holy Roman Emperor with the title of Maximilian I) and Mary, duchess of Burgundy. Her family used Margaret as a political pawn, arranging marriages for her with various European rulers. In 1483, when she was only three, she was betrothed to the French dauphin, later Charles VIII, king of France, and sent off to live in Paris. Charles VIII repudiated her in 1491, to marry, instead, Anne of Brittany. A few years later, in April 1497, Margaret married the heir to the Spanish kingdoms, Juan, prince of Asturias, who died only a few months later. Pregnant, Margaret gave birth prematurely to a daughter, the only child she would ever bear, who died. After two years at the court of Spain in the entourage of the queen, Isabella

d'Ungaria,[156] e sorella dell'istesso. E da tutte tre con tanta prudenza e valore che vi fiorirono sempre e la pace e la religione et ogni altro bene. Ma non sì tosto a quest'ultima successe un uomo che tutta quella provincia fu piena di guerra, di sedizioni, di tumulti et disordini sì grandi che non si sono potuti acquetar mai. Et se, ora che di nuovo è ritornata sotto al prudentissimo scettro d'Isabella d'Austria,[157] non si racquista per il valore d'una donna quello c'hanno perduto gl'uomini, si potrà dire veramente che sia incurabile il suo male. E schiera d'altre illustri che tralascio, che per via di buon governo dalla fama acquistarono mille e mille lodi. E che siano di buon governo, oltre a quanto anco ne ho detto nel capitolo antecedente, lo dimostra, dice il Boemo, libro 1, capitolo 4 de' *Costumi delle genti*,[158] che in Etiopia per questo rispetto non hanno la dote le donne, ma gli uomini la [p. 34] constituiscono alle mogli loro. Nell'Assiria, ancora dice nel libro 2, capitolo 3,[159] così si maritano le ben acostumate et le belle. Nel libro 3, capitolo 2 degl'*Ateniesi*, che Solone levò che si avessero a dare danari in dote,[160] né altra cosa di valore, volendo per questo

---

of Castille, Margaret returned to live in Flanders. Her father and her brother Philip I the Handsome carefully chose another husband for her, this time giving her away to Filiberto II, duke of Savoy, in 1501. Once again, her spouse died prematurely, only three years later. Margaret became the ruler of Savoy. When in 1507 Maximilian appointed her regent of the Netherlands for her nephew Charles, the future Charles V, then still an infant, she returned to Flanders. Although he had been declared of age in 1515, in 1519 Charles reappointed Margaret to govern Flanders until 1530, while he was securing the German kingship and the imperial succession for himself. She refused a fourth marriage. In 1529, representing Charles V in Cambrai, she negotiated the 'Ladies' Peace' with Louise of Savoy, who spoke for her son Francis I. Politically gifted, during the last decade of her rule she managed to further extend the Habsburg dominion in the north-eastern Netherlands.

[156] Mary of Austria (1505–1558), also known as Mary of Hungary, was the sister of Charles V and, as wife of King Louis II of Hungary, queen consort of Hungary and Bohemia. After her husband's death, she governed Hungary as regent for her brother Ferdinand I and, following the death of Margaret of Austria (see above, n. 154), Charles V asked her to assume the role of governor of the Spanish Netherlands. She acted as regent until her resignation in 1555, and died three years later. She is included in Betussi's 'Additione' in Boccaccio, *Libro delle donne illustri*, fols 212ʳ–13ʳ (Ch. 39, 'Di Maria Regina d'Ungheria').

[157] This is Isabella Clara Eugenia (1566–1633), archduchess of Austria and Infanta of Spain, daughter of Philip II and his third wife, Elizabeth of Valois. In April 1599, she had married Archduke Albert VII of Austria, the son of the Holy Roman Emperor Maximilian II and Maria of Austria, daughter of Charles V. As governor and sovereign prince of the Low Countries, Albert VII ruled the Spanish Netherlands from 1598 to 1621, together with Isabella Clara Eugenia, who, on her betrothal to him, had received the joint sovereignty as dowry. After Albert's death in 1621, as stipulated in the marriage agreement, sovereignty reverted to Spain, in the absence of children, and Isabella ruled as regent for her nephew, Philip IV of Spain, until her death. In his *Annali*, 1599. 12, p. 180, Ghilini records the visit of Isabella Clara to the city of Alessandria which took place on 2 July 1599.

[158] Boehme, *Gli costumi*, I, Ch. 4, 'Dell'Etiopia e di suoi antichi costumi', fols 11ᵛ–14ʳ (fol. 13ᵛ).

[159] Boehme, *Gli costumi*, II, Ch. 3, 'Dell'Assiria e di costumi, e del modo di vivere delle sue genti', fols 36ʳ–38ᵛ (fol. 36ᵛ).

[160] Boehme, *Gli costumi*, III, Ch. 2, 'Della Grecia e delle leggi date da Solone agli ateniesi

darci ad intendere che la benevolenza del matrimonio non doveva venire a farsi col prezzo, ma con l'amore de' figliuoli. Nel capitolo 5 della Traccia che le belle si pongono a l'incanto a chi più ne dà,[161] et in questa guisa viene a costar molto a chi le vuole, et i padri poi con quelli danari maritano le brutte. Così nell'Assiria, soggiugne, et in molt'altri regni et provincie, come nel medemo si può vedere, nelle quali le donzelle stanno più su la sua e fanno saper molto buono a chi le vuole: usanze degne da osservarsi anche in queste parti, nelle quali tante bellissime et ben acostumate vi sono. Dispongansi una volta dalle più grandi e più belle, cominciando di così seguire. Non basta che una giovine sii bella e ben acostumata, e governi la casa del marito e partorischi figlioli e servi esso, senza anche portarli dote; e così grande oggidì si usa che ne restano le case de' padri loro impoverite e l'altre s'arrichiscono. Depongasi questo abuso signore et, a' sudetti essempi e di Lucrezia e d'altre,[162] stii su la sua e non si compri col dar dote i mariti, ma comprino essi le *citelle, se le vogliono.

[p. 35] CHE LA DONNA È ABILE AL CONSIGLIO, ALLA MEDICINA, PITTURA ET SCOLTURA.

DIFESA DECIMA.

Che la donna, hanno detto altri, non è abile al consiglio, né ad altre principal virtù come l'uomo: ma come può esser inabile a consigliare, se anzi quella che si dà alle lettere è abilissima a questa azione e ad insegnare, dice il Passi agl'altri,[163] e negli abiti scientifici e virtuosi non solo si aguaglia all'uomo, ma in qualche cosa lo supera? Essempio, dice il signor Spelta, *Trofeo* 28, in quanto al consiglio,[164] Ottaviano imperator così savio che osservò di non mettersi a fare cosa alcuna, se prima non avesse avuto il parere della moglie sopra di ciò che intendeva di fare. E Giustiniano, pur imperatore, volse che la moglie fusse partecipe de' consigli sacri.[165] Il Passi agiugne che vi sono state molte sacerdotesse.[166] Così dice il Rosaccio nella terza età del mondo, ove agiugne

---

primi di tutta la Grecia', fols 91^v-95^v (fol. 93^v).

[161] Boehme, *Gli costumi*, III, Ch. 5, 'Della Tracia et dei ferigni costumi loro', fols 104^r-07^r (fol. 105^v).

[162] See below, n. 187.

[163] Passi, *Dello stato maritale*, p. 40.

[164] Spelta, *Donneschi trofei*, 'Che la donna per molti rispetti debbe essere tenuta in preggio. Trofeo XXVIII', pp. 120-23.

[165] As above, Sori's source is Spelta's *Donneschi trofei*, pp. 120-21.

[166] Passi, *Dello stato maritale*, p. 51.

che del 2638 Debora profetessa giudicò gli ebrei,[167] et Eliogabalo, giudicando
le donne di buon consiglio, ordinò un senato dove potessero trattare delle loro
cause.[168] Il Boemo, libro 3, capitolo 12,[169] che nelle leggi de' germani si trova
che nelle donne è prudenza e che non si devono dannare i consigli loro. Che
dirò di Pulcheria Augusta,[170] [p. 36] i cui consigli quanto fossero prudenti
et utili provò con suo gran giovamento in prima, e poi con suo gran danno,
Teodolfo imperatore suo fratello? Perché, mentre da' consigli di lei lasciò
governarsi, fu felicissimo il suo imperio e lodevolissimo il suo reggimento,
come all'incontro, da poi ch'egli de' suoi saggi consigli si dipartì, parse
parimenti che dalla sua corte la virtù e del suo imperio la felicità prendesse
bando, onde egli fu di nuovo sforzato a richiamarla e pregarla che il timone di
così grande impero con suoi prudenti consigli reggesse. E perché crediamo noi
che Traiano, sopra tutti gl'altri imperatori gentili, fu di giustizia, di prudenza
e di bontà comendato? Certamente egli non sarebbe stato tale, se una moglie
modestissima e prudentissima, che si chiamò Plotina,[171] egli non avesse avuto et
i suoi saggi consigli parimente seguito. Tralascio la moglie di Piteo e molte altre
delle quali fa menzione Plutarco ne l'opusculo delle donne illustri,[172] le quali
col loro saggio consiglio ridussero di misera servitù in libertà la patria loro,
onde, meritamente conoscendole tali, l'Ariosto anch'egli, nel canto 27, disse che
per special dono del cielo sono pronte anche in un sùbito a dar consiglio,[173] e
consiglio, agiugne l'autore della tragedia d'*Hippolito* ne l'atto 3,[174] che supera
in bontà quello d'un uomo saggio. Con questi concorrono ancora quelli, per
passare alla medicina, che dicono che Igia, figliuola d'Esculapio, fu dottissima
ne' consegli di medicina, e così Nimia, figlia di Chirone centauro, figlio di
[p. 37] Saturno; Circe ancora fu, dicono, in stima,[175] e Trotta e Abella, che anche

---

[167] Rosaccio, *Le sei età*, p. 10.

[168] This is recalled in Book II, Ch. 26 ('Degli strani vizi di Eliogabalo imperador di Roma')
of Mexía's *Selva*, from which Sori often quotes, but Eliogabalus's decision is there reported
in a negative light, so Mexía is probably not Sori's source in this case.

[169] Boehme, *Gli costumi*, III, Ch. 12, 'Della Germania et di molti instituti delle sue genti', fol.
122[v].

[170] Contarini, *Il vago, e dilettevole giardino*, p. 401.

[171] Pompeia Plotina was the wife of the Roman emperor Traianus (53–117 AD). She gained
respect and renown by her virtue and advocation of the people's interests.

[172] This is the wife of Pythes, as narrated in Plutarch, *On the Bravery of Women* (*Mulierum
virtutes*), in *Moralia*, III. 262D–263C.

[173] Ariosto, *Orlando furioso*, XXVII. 1. 1–4, 'Molti consigli de le donne sono | meglio
improviso, ch'a pensarvi, usciti; | che questo è speziale e proprio dono | fra tanti e tanti lor
dal ciel largiti'.

[174] Iacobilli, *Hippolito*, Act III, Scene 2, p. 94.

[175] All female figures renowned in the field of medicine. In Greek and Roman mythology,
Hygieia was the goddess of health. She gradually came to be regarded as the daughter of
Asclepius, the god of medicine. Circe is of course the sorceress in the *Odyssey* (and Ovid's
Metamorphoses, XIV. 223–319), renowned for her vast knowledge of potions and herbs. Sori
may have drawn her examples from Passi, *Dello stato maritale*, p. 40, but I have not been able

ne scrissero;[176] anzi, il tempio istesso della medicina a chi fu consacrato, se non a Diana, dicendo gli espositori della vita d'Ippocrate, e mio padre uno nel frontispizio de' suoi *Aforismi*?[177] e Angelica, di cui fa fede l'Ariosto in quelle del canto 19:

> *E rivocando a la memoria l'arte,*
> *ch'in India imparò già di chirurgia,*[178]

con quel che segue. La figlia de l'imperator d'Antiochia, ancora, dice il Tasso, canto 6, stanza 67:

> *E però ch'ella dalla madre apprese*
> *qual più secreta sia virtù dell'erbe,*
> *arte che per usanza in quel paese*
> *ne le figlie dei re par che si serbe.*[179]

Il Boemo nel libro 3, capitolo 12, che nella Germania le donne curano le ferite bene.[180] E così altre, che però a ragione disse Platone, libro 5, *Republica*, che, sì come gli uomini, sono atte a essa medicina.[181] D'Isabella Cortese, già ho detto, è fuori un libro de' secreti di medicina di destilare.[182] Nella pittura ancora sono state donne molto singolari et che hanno fatte maravigliose opere, come Tamarete, figliuola di Mecione, che dipinse Diana in una tavola che fu gran tempo conservata in Efeso; Irene ancora fu eccellentissima in tal arte. Così Calisso e Lalla Zizena vergine, et Olimpia,[183] e Marzia, figlia di Varrone, dice Spinosa, parte 5,[184] nell'arte della pittura e scoltura fu eccellente, et altre, come si può vedere nella *Selva*, parte 2, lezione 15.[185]

---

to identify a Nimia, daughter of the centaur Chiron; in Passi, we read, rather, 'Ippo, figliuola del centauro Chirone, insegnò al potente Eolo la contemplazione delle cose naturali' (p. 40).

[176] On Trotta (Trotula) and Abella, see above, respectively nn. 40 and 41.

[177] Giovanni Battista Sori, *Aforismi d'Hippocrate, tradotti in volgare* (Milan: Pandolfo Malatesta, 1615), 'Chi fu Ippocrate detto divino', fols A4r–10r. We read in Sori's text that Francesco Varzi was the dedicatee of both the *Aforismi* and another work of his of 1609, a *Lunario*, of which we have no trace. I would like to thank Sara Delmedico for her kind help in making a copy of the *Aforismi* available to me.

[178] Ariosto, *Orlando furioso*, XIX. 21. 1–2.

[179] Tasso, *Gerusalemme liberata*, VI. 67. 1–2 and 5–6. Lines 3 and 4 are left out, perhaps deliberately or as the consequence of an oversight by the typesetter. They read: 'e con quai carmi ne le membra offese | sani ogni piaga e 'l duol si disacerbe'. The 'figlia de l'imperator d'Antiochia' is Erminia, daughter of Cassano, king of Antioch.

[180] Boehme, *Gli costumi*, III, Ch.12, 'Della Germania e di molti instituti delle sue genti', fols 119v–29r (fol. 122v).

[181] Plato, *Republic*, v. 454d.

[182] On Isabella Cortese, see above, n. 53.

[183] Tamarete, Irene, Calisso, Lalla Zizena, and Olimpia, are all mentioned, precisely in this order, and in almost identical words, in Pedro Mexía's *Selva di varia lettione*, II, Ch. 16 (rather than 15), 'Dell'eccellenza della pittura et di molti esempi', fol. 156r.

[184] Espinosa, *Dialogo, en laude de las mugeres*, fol. 93r.

[185] See above, n. 184.

[p. 38] CHE LA DONNA È CASTA, E PER QUESTA E PER ALTRE SUE BUONE
QUALITÀ È STATA PIÙ VOLTE DELL'UOMO FAVORITA DA DIO.

DIFESA UNDECIMA.

Altri con poca ragione hanno detto che la donna non è di quella castità
che l'uomo, ma la verità è in contrario: ché, oltre all'essempio di tante
sante e monache che si chiudono in perpetuo chiostro e delle undeci milla
vergini, Livio, auttor di fama, nella 1ª *Deca* essalta molto di castità Lucrezia
et Virginia.[186] Ovidio, nell'*Epistole*, Penelope.[187] Il Granata, parte 3 del suo
Simbolo,[188] per autorità d'Eusebio, libro 6, *Historia*, essalta Potamiena, che volse
prima morire che rompere la castità. Il Petrarca nel proprio *Trionfo*, dopo lodi
a Laura, soggiugne:

> Io non porìa le sacre e benedette
> vergini ch'ivi fur chiuder in rima.
> Non Calliope e Clio, non l'altre sette.[189]

Appresso viene poi facendo istoria d'altre che più tosto volsero morire che
macchiar l'onore, come fu detto nella *Difesa settima*,[190] e come nel signor
Spelta, nel *Trofeo* 17,[191] ove dice che per pudicizia et castità naturale sono molto
più continenti degli uomini, anzi, agiugne Spinosa, parte 5 dei suoi [p. 39]
Dialoghi,[192] a tanto arriva il vantaggio che le donne hanno agli uomini nella
virtù della castità che in numero sono come le arene del mare comparate ai
monti della terra. Et è questo cosa tanto chiara e certa che mi vergognerei di
stendermi in ciò più lungamente, e conchiuderò con quello che dice et approva
Monsignor Arese nelle sue lezioni 25 della *Tribulatione*:[193] che si può quasi dire
miracolo che una donna che pecchi contra l'onestà si trovi. Soggiugne di più il
signor Spelta che sono anche migliori in molt'altre qualità e che perciò furono
più volte da Dio favorite che non gli uomini, e come e quando vedasi nel suo
Trofeo 4.[194]

---

[186] Livy, *The History of Rome* (*Ab urbe condita*), I, 57–59 (on Lucretia) and III, 45–48 (on Virginia).
[187] Ovid, *Heroides*, I ('Penelope to Ulysses').
[188] Granada, *Simbolo*, III, p. 171. Granada indicates Eusebius of Caesarea's *Historia ecclesiastica*, Book VI, as his source. Potamiena, martyred during the persecution of Septimius Severus, is venerated as a saint by the Catholic Church (28 June).
[189] Petrarch, *Triumphus Pudicitie*, 127–29.
[190] See above, *Difese*, p. 24.
[191] Spelta, *Donneschi trofei*, 'Che la donna non robba, né sforza l'uomo, anzi da quello è più volte violentata. Trofeo XVII', pp. 66–71.
[192] Espinosa, *Dialogo, en laude de las mugeres*, fol. 88ʳ.
[193] Paolo Arese, *Della tribolatione e suoi rimedi. Lettioni* (Tortona: Nicolò Viola, 1624), Lezione XXV, 'Se la donna sia cagione di tribolazione, e se più dell'uomo; ove della crudeltà e della malizia delle donne si discorre e s'insegna come l'uomo abbia a portarsi con la donna e la donna con l'uomo' [Seconda parte], pp. 403–08.
[194] Spelta, *Donneschi trofei*, 'Che la donna fu da Dio più volte favorita che non fu l'uomo.

CHE LA DONNA DA NOBILTÀ, ET È CAUSA DI VIRTÙ, E BUONI COSTUMI DELL'UOMO, E COME È DA TENER CONTO DE' SCRITTORI.

DIFESA DUODECIMA ET ULTIMA.

Soggiunsero appresso i medemi avversari delle donne che è la donna come i tempii d'Egitto, belli di fuori e dentro cocodrilli e basalischi, cioè mali costumi e vizi, e per conseguente non dà nobiltà, ma è causa del medemo in chi le segue. Ma questi sono lontani dal vero, perché le donne, anzi, come ho detto [p. 40] nell'antecedente *Difesa*, per esser di buona qualità sono causa di nobiltà, come si può veder nel Romei,[195] e di gentilezza e di pelegrine virtù, e ne fa testimonio il Petrarca in persona di se stesso nel sonetto:

> *Benedetto il loco e tempo e l'ora*
> *che sì alto miraron gl'occhi miei,*
> *e dico: Anima, assai ringraziar dei,*
> *che fosti a tant'onor degnata allora.*
> *Da lei ti vien l'amoroso pensiero,*
> *che mentre 'l segui al sommo ben t'invia.*[196]

E nella 2ª parte delle sue *Rime* in quello:

> *Questo fu il fel, questi gli sdegni e l'ire.*[197]

Ove, nel fine parlando, in persona d'Amore disse:

> *E da lei, che fu nel mondo sola.*[198]

Cioè, come dice il commento,[199] che dalle virtù e buoni costumi di lei aveva imparato a esser virtuoso e gentile. E così nel capitolo 2 del *Trionfo di morte*,[200] e nel sonetto che comincia *E per dir all'estremo*,[201] ove puri in persona d'Amore disse:

> *Di lei ch'allo vestigio*
> *l'imprese al core, e fece 'l suo simile*
> *quanto ha del pelegrino e del gentile.*
> *Da lei tenne.*[202]

Trofeo IV', pp. 17–21.

[195] Romei, *Discorsi*, 'Giornata quinta della nobiltà', pp. 316–18.

[196] Petrarch, *Canzoniere*, XIII. 5–8, 9 (l. 5, 'I' benedico il loco e 'l tempo et l'ora').

[197] Petrarch, *Canzoniere*, CCCLX. 106: the *canzone* 'Quell'antiquo mio dolce empio signore'.

[198] Petrarch, *Canzoniere*, CCCLX. 120. As above.

[199] This is a clear reference to Alessandro Vellutello's *Espositione* of Petrarch's *Rime*, fol. 122ʳ, where we read: 'egli n'essalta e divulga per quello che ne la sua scuola, cioè in amare, e da Madonna Laura, la quale in bellezza e virtù fu sola al mondo, avea imparato'.

[200] Petrarch, *Triomphus mortis*, II. 12.

[201] The line is taken from Petrarch, *Canzoniere*, CCCLX.121.

[202] Petrarch, *Canzoniere*, CCCLX. 127–30: 'Di lei ch'*alto* vestigio | li 'mpresse al core, e fece 'l

E nel sonetto *Dolci durezze, e placide repulse*,[203] circa 'l mezo, ove verso lei parlando, disse:

> *Fior di virtù, fontana di beltade*
> *ch'ogni basso pensier del cor m'avulse.*[204]

E nella tragedia d'*Hippolito*, atto 3:

> *Le donne agli uomini sono cagione*
> *d'egregi e generosi fatti.*[205]

Il che anche disse Monsignor Sabba nel *Ricordo* 126,[206] ove afferma molte mogli virtuose aver fatti i mariti buoni e virtuosi, i quali erano scelerati. E molte donne aver non solo convertiti i mariti loro, ma cred'io le provincie et i regni abbiamo di sopra raccontato. Altri, per passare la lor vita in troppa libertà, han detto che non è d'accopiarsi con donna, la falsa opinion de' quali quanto sia grande può veder chi vuole nel Passi,[207] nella *Selva*, parte 1, lezione 15,[208] nel signor Spelta,[209] et in Torquato nel *Discorso del maritarsi*,[210] ove, dopo altre buone ragioni, dice che sarebbe un distruggere le case e le città e tutta l'umana spezie; e l'auttore della citata tragedia disse:

> *E di qual bene i matrimoni sacri*
> *tra noi mortali origine non sono?*
> *Si conserva per lor l'alma natura,*
> *le republiche e i regni in piedi stanno;*
> *e quanto mira il sol per lor mantiensi.*[211]

Altri altre cose degli *Ammaestramenti* han detto, come che son brevi di ragioni, a' quali, con Torquato ne l'*Apologia* in difesa della *Gierusalemme*,[212] rispondo che, anzi, gli ammaestramenti dei costumi debbono esser brevi, secondo quel

---

suo simile. | Quanto ha del pellegrino, et del gentile | da lei *tene* et da me, di cui si biasma'.

[203] Petrarch, *Canzoniere*, CCCLI. 1.

[204] Petrarch, *Canzoniere*, CCCLI. 7–8.

[205] Iacobilli, *Hippolito*, Act III, Scene 3, p. 102, 'Anzi le donne *fur* cagione *in parte* | de' *loro* egregi e generosi fatti'.

[206] Sabba, *Ricordi*. It is rather *Ricordo* CXXVII, 'Come la moglie debbe essere verso il marito', fols 261ᵛ–66ᵛ (fol. 266ᵛ).

[207] Passi, *Dello stato maritale*, p. 12, and for Passi's rebuttal, p. 15 ff.

[208] Mexía, *Selva di varia lettione*, II (rather than part I), Ch. 15, 'Delle consuetudini diverse che tenevan gli antichi nel maritarsi', fols 149ʳ–51ᵛ.

[209] This is the view that permeates Spelta's entire *Donneschi trofei*, which is a defence of women and their worth, responding point by point to the detractors of the female sex and upholding, instead, their worth and value.

[210] Tasso, *Discorso del maritarsi*, fol. 194ᵛ·

[211] Iacobilli, *Hippolito*, Act III, Scene 3, p. 102.

[212] Torquato Tasso, *Apologia del S. Torq. Tasso in difesa della sua Gierusalemme liberata a gli Accademici della Crusca. Con le accuse et difese dell'Orlando furioso dell'Ariosto* (Ferrara: Vittorio Baldini, ad instanza di Giulio Vasalini, 1586), p. 131, 'oltra di ciò gli ammaestramenti de' costumi debbono essere brevi secondo quel d'Orazio *quicquid precipitas* [sic] *esto brevis*'.

detto d'Orazio *Quicquid praecipies esto brevis*.[213] Altri han detto che non sta bene che una donzella abbi cotanta prattica con libri sì vari e di poesia. A' quali, come nel [p. 42] prologo d'essi *Ammaestramenti*, rispondo che, dal praticar ne' luochi buoni et citati, anzi a viver s'impara et a fuggir gl'inganni altrui. Starebbe bene, per essempio, che, perché un religioso predicatore o scrittore tocchi secondo il bisogno alcuna cosa d'amore o delle sue passioni o d'altra cosa sensuale, come Monsignor Arese, Monsignor Panigarola,[214] e prima Monsignor Sabba, Monsignor Guevara et altri di santa vita, che *etiam* fossero stati lascivi? Et altri essempi che tralascio che potrei addurre per riprovar il loro detto. Non siamo più al tempo, o fusse età, de l'oro, nella quale non faceva bisogno studiar tanti ammaestramenti. Ora scorrono molte malvagitadi, per difendersi dalle quali non basta il saper molt'altre suttigliezze. L'aver poi tocco di materie diverse non è diffetto, ma anzi più saldo testimonio che non vi è altra virtù, scienza o arte, nella quale non avessero le donne uguagliato gl'uomini, se vi si fossero date. E non è da maravigliarsi, per risponder di nuovo agli opponenti, se d'una donna acuta e valente cento uomini si ritrovino, perché questo non avviene per colpa e diffetto delle donne, ma più tosto dall'invidia et gelosia degl'uomini, i quali, dice l'Ariosto, canto 20, stanza 3,[215] temendo d'esser superati et dubitando di restar privi di sì pregiato bene che è parte di felicità, non permettono che le donne s'occupino negli studi e s'allontanino. E di novo lo afferma nel canto 37, nel quale pone 24 stanze tutte in nostra lode.[216] Né vogliono gl'uomini che [p. 43] le donne si mettano a quelle ingegnose imprese che loro, benché è vero, come abbiam detto, che la bellezza e delicatezza nostra non patisca simili peregrinazioni, come neanche la robustezza degli uomini non potrebbe accomodarsi ad infinite cose soavi e divine, le quali con facilità grande noi donne facciamo. Basta, insomma, che tutte quelle che ad alcuna cosa hanno atteso e dato opera siano eccellentemente riuscite. Che però disse nel cittato canto 20, stanza 2, e con esso il Passi *Stato maritale*:[217]

> *Le donne son venute in eccellenza*
> *di ciascun'arte ove hanno posto cura.*[218]

---

[213] Horace, *Ars poetica*, 335, 'Whatever advice you give, be brief'. But as we can see above, n. 212, Tasso is Sori's direct source.

[214] Sori refers to the Franciscan preacher Francesco Panigarola (1548–1593), bishop of Asti from 1587. Among his many works are *Modo di compore una predica* [...] *Per quelli che cominciano* (Brescia: Tommaso Bozzola, 1584; also Cremona, Milan, Rome); *Dichiaratione de i Salmi di David* (Florence: Bernardo Giunta, 1585); *Prediche* [...] *Fatte da lui spezzatamente, e fuor de' tempi quadragesimali in varii luoghi et a varie occasioni più illustri* (Asti: Virgilio Zangrandi a instantia di Giovanni Dominico Tarino, 1591).

[215] Ariosto, *Orlando furioso*, XX. 3. 1–8: 'Ben mi par di veder ch'al secol nostro | tanta virtù fra belle donne emerga, | che può dare opra a carte e ad inchiostro, | perché nei futuri anni si disperga, | e perché, odiose lingue, il mal dir vostro | con vostra eterna infamia si sommerga: | e le lor lode appariranno in guisa, | che di gran lunga avanzeran Marfisa'.

[216] Ariosto, *Orlando furioso*, XXXVII. 1–24.

[217] Passi, *Dello stato maritale*, p. 37.

[218] Ariosto, *Orlando furioso*, XX. 2. 1–2. Marinelli too uses these lines from the *Furioso* in her

E prima:

> *Le donne hanno mirabil cose*
> *fatto ne l'arme e ne le sacre muse.*[219]

E nel canto 37 allegato, stanza 23:

> *Donne, io conchiudo in somma ch'ogni etate*
> *molte ha di voi degne d'istoria avute;*
> *ma per invidia di scrittori state*
> *non sete doppo morte conosciute.*
> *Il che più non sarà, poi che voi fate*
> *per voi stesse immortal vostra virtute.*[220]

Però di nuovo dico che le donne virtuose meritano di esser onorate et, in generale parlando, di che gli uomini si diportino con loro non come padroni con servi. Faccino dunque da cortesi e, come Iddio commanda, solo a noi quello che per loro vorrebbero. E rammentino che non ponno biasmar noi che non facciano ingiuria a lor medemi. Rammentino [p. 44] così che senza noi diverrebero melancolici, irsuti e incivili e che, dove noi non siamo, con poco ordine vanno le cose, massime in una casa, nello quale non è poca prudenza il governarla bene, e figliuoli, e fameglia, e infermi. I quali, senza la servitù nostra, periscono, e così nella citata tragedia, atto 3, ove, dopo detto d'altre prerogative, soggiunse:

> *Quinto vero elemento*
> *è la donna di cui, se fosse privo*
> *il mondo, saria sol bruto spavento.*[221]

Se, dunque, come si è dimostrato, sono le donne non meno ingegnose, né men abili ad ogni sorte di virtù che gli uomini, e questi tutto giorno compongono e mandano libri in stampa, perché dovrà stimarsi ciò impossibile ad una donna qual son io? E se ognuno nasce con desiderio di sapere, perché, per avventura, non può esser nato in me più ardente che in molt'altre donne nell'età nostra? Et se essendo nato meco tal desiderio, perché non doveva a tutta mia possanza alimentarlo? Era ragione il farlo, però non volsi mancare di quel poco che potei, per non far torto a quel talento che Iddio e la natura mi diedero. Mi diedi dunque a leggere et osservare i buoni costumi da essercitarsi, e li lasciai poscia per giovare uscire a luce, in forma di lettere, come avete visto. Nelle quali non mi procacciai molto d'insegnare il vero modo di scriver lettere, perché so che è solamente dato a ingegni più [p. 45] intendenti di simil professione. Intenzion mia dunque fu, come ho detto, e per seguire i miei antecessori, dico Iacomo

---

La nobiltà, et l'eccellenza delle donne, p. 32, to support the idea that women have succeeded in everything they have set their mind to.

[219] Ariosto, *Orlando furioso*, XX. 1. 12. The lines read, more precisely: 'Le donne *antique* hanno mirabil cose | fatto ne l'arme e ne le sacre muse'.

[220] Ariosto, *Orlando furioso*, XXXVII, 23. 1-6.

[221] Iacobilli, *Hippolito*, Act III, Scene 4, p. 107.

Sori,[222] medico e dottor chirurgo lodato da l'Ingrassia nelle *Tropologie*, libro
1, capitolo de *Collegium medicorum*,[223] il quale fu zio di mio nono. E prima
Sorano Sori, allegato dal Croce,[224] et altri medici di fama. E 'l mio genitore
appresso questi, che ha già fuori quattro volumi.[225] Per tutte queste ragioni,
non dovrìa parere strano ad alcuno s'io ho mandato e se, tuttavia inanimita da'
buoni scrittori, mando fuori li miei scritti, desiderosa anco di sodisfar meglio
l'animo d'alcuni che, nonostante che avessero letto nel mio proemio d'altre
scrittrici, finsero, come ho detto, forsi per darmi occasione di spiegarmi, come
ho fatto sopra, di ciò più chiaramente, il che mi è stato molto caro, perché non
è stato senza molto guadagno et onore delle donne di valore.

Le quali, da quanto io ho detto, potranno comprendere quanto sii necessario
star bene con li scrittori, e per l'essempio del Petrarca, parte 3 delle *Rime*, nel
sonetto *L'aspettata virtù che in voi foriva*, ove disse:

---

[222] According to Sori, Giacomo Sori was her grandfather's uncle. He is remembered
in Giuliano Porta, *Esemplari, e Simolacri dignissimi delle virtù, stimoli potenti alle
medeme, cioè eroi, campioni, e personaffi celeberrimi alessandrini, quali rassembrano teatro
nobilissimo nel nuovo tempio adunati d'Agrippa, eretto in perpetuo al mondo* [...] *con la
Gionta dell'istesso a' medesimi delli vescovi e governatori della detta città* (Milan: eredi
Ghisolfi, 1693), p. 98.
[223] 'Iacobus de Sory' is mentioned in Giovanni Filippo Ingrassia, *Iatrapologia liber quo multa
aduersus barbaros medicos disputantur, collegijque modus ostenditur ac multae quaestiones
tam physicae quam chirurgicae discutiuntur* (Venice: Giovanni Griffio, [1547?]), p. 146.
The physician and philosopher Giovanni Filippo Ingrassia (1510–1580), from Regalbuto
(Enna), was also a translator of and commentator on Galen. He is considered a forerunner
in the field of forensic medicine. The same reference, in the same words, is also given in
Giovanni Battista Sori's 1628 *Consigli, et avisi*, p. 67, where we read: 'Iacobo Sori, medico et
chirurgo famosissimo [...] cittato da l'Ingrassia, libro 1, capitolo de *Collegium medicorum*,
Trapologia'. As we saw in the Introduction, father and daughter may have been working on
their respective texts simultaneously, making use of the same books, Sori's father perhaps
reviewing his daughter's writings.
[224] In Porta, *Esemplari*, p. 217, we read, very similarly, that Sorano Sori, 'allegato dal Croce
e da altri medici di fama, diede alle stampe opere di chirurgia'; see also Giuliano Porta,
*L'Alessandrina Tetracty, ovvero la Quatternità d'Alessandria descritta, annalliggiata,
illustrata e celebrata. Opera da varij auttori estratta* (Milan: Stampa Archiepiscopale, 1670),
p. 231. Croce is the well-known Venetian physician Giovanni Andrea Della Croce. There is
a reference to a 'Sorano medico antico', but not to a Sorano Sori, in Croce's *Della cirugia*
[...] *libri sette: ne' quali si contiene la theorica et la vera prattica, et si vedono a i suoi luoghi
moltissime figure di stromenti necessarij in questa professione, et finalmente con mirabile
ordine si tratta tutto quello che ad ottimo cirugico nel curar ogni sorte di ferite si conviene*
(Venice: Giordano Ziletti, 1574), Book 1, pp. 5–6 and 54. This is the Hellenistic physician
Soranus of Ephesus, who practised in Alexandria and Rome. Sori (and her father before her)
might be trying to trace the origins of the family back to a well-known physician of ancient
times.
[225] As we saw in the Introduction, Giovanni Battista Sori had published until then his
Interrogatorio di flobotomia (1615), the *Curioso, compendioso, et utilissimo trattato circa
il reggimento, & conservatione della sanità* (1615), the *Consigli, et avisi piu suttili dell'arte
di chirurgia*, and had also translated Hippocrates into the vernacular in his *Aforismi
d'Hippocrate, tradotti in volgare* ([1615]).

> *Pandolfo mio, quest'opre sono frali*
> *al lungo andar, ma 'l nostro studio è quello*
> *che fa per fama gli uomini immortali.*[226]

E nel *Trionfo del tempo*:

> *Vidi una gente andarsen queta queta*
> *senza temer di tempo e di sua rabbia,*
> [p. 46] *che gli avea in guardia istorico e poeta.*[227]

E l'Ariosto, canto 35, stanza 22:

> *O bene accorti prencipi e discreti,*
> *che seguite di Cesare l'essempio*
> *e gli scrittor vi fate amici,*[228]

con quel che segue fino alla trentesima stanza.[229] E 'l modo di star bene con essi, com'egli dice e 'l Caporali,[230] e la *Selva*, parte 3, lezione 9,[231] è darli delle mancie, ch'altrimenti infin le fere abbandonano i liti. Che obligo hanno più a quella per cui s'affaticano che a quell'altra a cui non danno lode, dalla quale nasce la gloria? Niuno, ma sol cortesia o no di scrittori, i quali, quando vogliono, fanno nascer l'infamia, come di Nerone e di molt'altri si legge.[232] Però favorite, signore, ovunque siano, gli scrittori, per fuggir questo incontro e sì per

> *Che vi po' dar doppo la morte ancora*
> *mille, e mill'anni al mondo onore e fama,*[233]

che serve per gloria de' discendenti, ché il legger la virtù della stirpe è cagione per avventura ch'altri sia più inclinato all'operare. Gli signori scrittori, poi, non *infiachischino nelle fatiche, né lascino di usare di virtù, per non vedersi onorati di que' premi e favori che loro si dovrìano almeno, come dice la *Selva*, parte 2, lezione 32, per illustrar loro medesmi.[234]

---

[226] Petrarch, *Canzoniere*, CIV. 12–14.

[227] Petrarch, *Triumphus Temporis*, 88–90.

[228] Ariosto, *Orlando furioso*, XXXV. 22. 5–7.

[229] Ariosto, *Orlando furioso*, XXXV. 30. 1–4, 'Sì che continuando il primo detto, | Sono i poeti e gli studiosi pochi; | Che dove non han pasco né ricetto, | Insin le fere abbandonano i lochi'.

[230] Caporali, *Opere* [Della corte], p. 83, 'Di pagargli ogni volta era mia cura'.

[231] Mexía, *Selva di varia lettione*, III, Ch. 9, 'Quando fossero stimati i filosofi et uomini dotti dei tempi antichi dagli imperatori et re', fols 248^v–51^v (fols 250^v–51^r).

[232] The reference is of course to the Roman emperor Nero (Nero Claudius Caesar Augustus Germanicus, 37–68 AD), often cited as an example of depravity and debauchery.

[233] Petrarch, *Canzoniere*, CIII. 13–14.

[234] Mexía, *Selva di varia lettione*, II, Ch. 32, 'Che ancora quelli di basso stato deono procurare d'illustrarsi et di molti esempi di ciò', fols 204^v–08^r (fols 207^v–08^r).

PANEGIRICO DELLE COSE PIÙ DEGNE DELL'ILLUSTRISSIMA CITTÀ
D'ALESSANDRIA
e di molti pelegrini ingegni usciti da essa.

Benché la mia professione non sia d'istorico, né manco di troppo culta scrittrice,
voglio ad ogni modo che mi sia lecito, dopo queste *Difese*, per condescender
all'amor della patria, dir brevemente e con stile schietto alcuna cosa d'essa, il
che, se non erro, non sarà però fuori di proposito, perché ne trarremo come
di fecondissimo giardino in cui fiorite sono, e fioriscono tuttora, nobilissime
piante del mascolino e donnesco sesso.

Alessandria, dunque, stilato della nobiltà d'Italia, vergine nella fede,
fedelissima al suo re e signore, ebbe sì grande et degno nome da Alessandro
terzo [p. 48], pontefice romano, l'anno 1168 dell'ultima sua fabricazione, che
fu, dicono, dalle terre del contado et aiuto de' Milanesi, et dalle signore in
particolare, dice il Moriggi, libro 1, capitolo 11, carte 62, *Historia*,[1] che diedero
le loro gioie, acciò si vendessero per il fine sodetto, alle quali è ben ragione che
per così generosissimo atto Alessandria resti in obligo.

Dopo la sua fabricazione del 1174, fu circondata da un grossissimo essercito
dell'imperatore Federico Barbarossa et fu combattuta, ma non presa, dice il
medemo, carta 63,[2] e prima l'Ariosto, canto 1 degli ultimi cinque canti.[3] Del
1499 d'agosto, sì dice il Monte Merlo, libro 4, *Historia*,[4] fu presa e crudelmente
saccheggiata da' francesi, per colpa, dice il Guicciardini libro 4, carta 120,
Historia,[5] della poca considerazione di Galeazzo e ' suoi capitani e soldati che
nel maggior periglio l'abbandonorono,[6] e non già perché gli alessandrini non

---

[1] Morigia, *Historia*, I, Ch. 11, p. 62.
[2] Morigia, *Historia*, I, Ch. 11, p. 63.
[3] Ariosto does mention the battle of Alessandria in the *Orlando furioso*, but rather in
Canto XXXIII. 21–22. At the end of the century, Milan was ruled by Gian Galeazzo Visconti
(1351–1402; byname Conte Di Virtù), who brought the Visconti dynasty to the height of
its power, almost succeeding in becoming the ruler of northern Italy. Florence struck
an alliance with the French to put an end to his ambitions. On 25 July 1391, the Count of
Armagnac, the military leader of the French, and Jacopo dal Verme, the military leader
Gian Galeazzo had sent to protect his territories, clashed at Alessandria. As Ariosto wrote,
'E di sangue non men che d'acqua grosso, il Tanaro si vede il Po far rosso' (XXXIII. 22. 7–8).
The reference to Alessandria in Canto I, 105. 8 of the *Cinque canti* is rather to Alessandria
d'Egitto.
[4] Nicolò Montemerlo, *Raccoglimento di nuova historia dell'antica città di Tortona* [...]
*diviso in sei libri. Ne' quali, cominciando dalla distruttione della medema città fatta da
Federico Barbarossa, si narrano i successi a lei occorsi sino ai tempi presenti* (Tortona: Nicolò
Viola, [1618]), IV, pp. 149–50.
[5] Guicciardini, *Historia*, IV, fol. 120ᵛ. As mentioned earlier (*Difese*, n. 73), Sori may well
have used the 1610 edition of Guicciardini's *Historia*, as the foliation reference she provides
here, 'libro 4, carta 120' corresponds perfectly.
[6] The reference is to the looting of Alessandria on 25 August 1499, after Galeazzo da
Sanseverino, son-in-law of Ludovico Sforza, and his men cravenly abandoned the city,

avessero, dicono altri scritti, animo di star saldi, come altre volte con altri prima
avevano fatto e, se l'auttore ch'egli allega per l'altrui relazioni sentì altrimenti,
è da credere, senza dubbio, che fusse sinistramente informato, perché gli
alessandrini, come ho detto, tra ' leali al suo signore furono in ogni tempo,
trovo in autentichi scritti, sempre lealissimi.

È Alessandria una delle più notabil città di Lombardia, perché è atta a crescer
di [p. 49] ricchezze ed abitatori e farsi più grande e più famosa. È in piano et è
ornata, come sopra, del titolo di contado, come ne fa anche menzione il medemo
Guicciardini, libro 3, carta 49, libro allegato.[7] È così ornata di molte illustri et
nobili stirpe. Et ha dritte e spaciosissime strade et contrade et, tra alcun'altre,
una più bella et ampia piazza,[8] che porta il vanto di non aver pari in Italia,
anche per l'ornamento de' palazzi et belle case che ha intorno, et per esser atta
a formarvi squadroni; e comanda a' trattenimenti nobili, a' negozi et a diversi
altri essercizi, essercitandosi in essa quasi tutte quelle arti e quei trafichi che
sono convenienti a città compita, sì per il vivere, come per ornamento de' suoi
cittadini. È piena di chiese, quasi d'ogni religione, così di monache devote et
pie, come de' frati,[9] molte delle quali sono illustri, e molt'altri sontuosi palazzi,
con belli giardini pieni di vaghi fiori, salutifere erbe, saporiti frutti et regolate
*conserve di ghiaccio.[10] Vi sono alte torri et nella piazza maggiore svetta un più
alto notabile et forte campanile.[11] Ha diversi ospitali et uno maggiore per ogni
sorte di gente, particolari benefatori del quale, come si legge in epitafi, uno è
stato la Santità di Pio V, un signor arciprete Arnuzio, il dottore Lorenzo Sappa
e 'l magnifico Biaggio Moizio,[12] uomo di buona vita.

---

leaving it at the mercy of the French.

[7] In Guicciardini's 1610 edition of the *Historia*, see Book III, fol. 94[r], rather than 49, as
erroneously indicated.

[8] This is the square in front of the cathedral of San Pietro, bounded by the old cathedral,
destroyed by the French in 1803, and two communal buildings, the *palatium vetus*, the
medieval town hall (and later residence of the Spanish and Savoy governors), and the
palatium novum, the modern town hall.

[9] On the convents and monasteries of Alessandria and their orders, see Carlo A-Valle,
Storia di Alessandria dall'origine ai nostri giorni, 4 vols (Turin: Fratelli Falletti, 1853-55),
IV (1855), pp. 16-22. See also *Chiese, conventi e luoghi pii della città di Alessandria*, ed. by
Antonella Perin and Carla Solarino (Alessandria: Edizioni dell'Orso, 2007).

[10] The reference is to the 'conserve' (or 'ghiacciaie', ice houses), underground chambers
which were used in urban centres to store and preserve ice and snow from the nearby
mountains. If well 'regolate', the ice and snow in the 'conserve' could last until June–July and
were used for the preservation of food, but also to cool food and drinks, or make sorbets and
other confections.

[11] The cathedral tower of San Pietro, from its completion, held the archives of the commune
and their officials, called 'notai del campanile'.

[12] Sori refers here to Pope Pius V (Antonio Ghislieri, 1504–1572), Biagio Arnuzzi, Lorenzo
Sappa, and Biagio Moizi, who were all benefactors of the city of Alessandria. In the Ospedale
dei Santi Antonio e Biagio, which in 1567 merged two different pre-existing hospitals
(of Sant'Antonio and San Biagio) to create the main hospital of Alessandria, the Spedal

[p. 50] Ha per particolare ornamento ancora una illustre Academia degli Ignobili,[13] non inferiore ad altra d'altra città d'Italia. Et un illustre Collegio de' legisti,[14] dal quale, come si dirà, sono usciti in alto grado molti de' suoi figli. Come ha un altro illustre Collegio de' medici pratici et letterati, al pari d'ogn'altra città del *meriggio, e lo dimostra, a gloria loro e d'Alessandria, l'essersene servito l'antecessor pontefice al presente,[15] che, dimorando cardinale in questa città per occasione, come ha detto il mio genitore ne' suoi *Consegli*,[16] ne' suoi bisogni gli raccomandò la sua persona nelle mani, e così il governatore

---

Grande, there were marble busts of these four benefactors. See Giovanni Maconi, *Storia dell'Ospedale dei santi Antonio e Biagio di Alessandria* (Genoa: Le Mani, 2003), pp. 46–47, 100–03, 106–07. On Antonio Ghislieri (Pope Pius V), see Francesco Guasco, *Tavole genealogiche di famiglie nobili alessandrine e monferrine dal secolo IX ad XX*, 12 vols (Casale: Tipografia Cooperativa, vols I–IX; Tipografia Bellatore, Bosco e C., vols XI–XII, 1924–25), IV, 'Famiglia Ghislieri', Table III; on Arnuzzi, ibid., IX, 'Famiglia Arnuzzi [De' Medici]', Table I; on Sappa, ibid., IV, 'Famiglia Sappa', Table I. See *Pio V nella società e nella politica del suo tempo*, ed. by Maurilio Guasco and Angelo Torre (Bologna: Il Mulino, 2005).

[13] Rather than 'Ignobili', it is the Accademia degli Immobili, founded in 1562 by Guarnero Trotti, Emilio Mantelli, and Giovanni Francesco Aulari. Its *impresa* features the terrestrial globe with the motto 'immota nec iners', to express dissent with the Copernican theory and support the Ptolemaic one, but also to indicate that the globe, even though 'immobile', was not idle. On the Accademia degli Immobili, see Cesare Orlandi, *Delle città d'Italia e sue isole adjacenti. Compendiose notizie sacre, e profane*, 5 vols (Perugia: Mario Riginaldi, 1770–78), I, pp. 238–40; A-Valle, *Storia di Alessandria*, IV, pp. 37–39; Francesco Gasparolo, 'Per l'Accademia degli Immobili di Alessandria', *Rivista di storia arte e archeologia della provincia di Alessandria*, 23 (1914), 85–123. On the Italian academies more broadly, see Michele Maylender, *Storia delle accademie d'Italia*, 5 vols (Bologna: A. Forni, 1926–30); *The Italian Academies 1525–1700: Networks of Culture, Innovation and Dissent*, ed. by Jane E. Everson, Denis V. Reidy, and Lisa Sampson (Oxford: Legenda, 2016).

[14] On the Collegio dei Giureconsulti of Alessandria, see A-Valle, *Storia di Alessandria*, IV, pp. 34–35. See also Fausto Bima, 'Il collegio dei giureconsulti di Alessandria', *Rivista di storia, arte e archeologia della provincia di Alessandria*, 71 (1962), 142–59.

[15] At the time when Sori was composing her *Panegirico*, the pope was Urban VIII, born Maffeo Vincenzo Barberini (Florence 1568–Rome 1644). He was pope from 1623 until his death. His predecessor was Gregory XV, born Alessandro Ludovisi (Bologna 1554–Rome 1623).

[16] The fact that the pope had been treated by the physicians of Alessandria is indeed mentioned by Giovanni Battista Sori in his *Consigli, et avisi*, pp. 181–82, where we read that '[l]a santità di Gregorio Decimoquarto, mentre cardinale et nonzio, nelle passate guerre tra Savoia e Mantova dimorò in più volte più mesi in Alessandria 'l 1616, il quale a tavola pransando, volendo con coltello aprire un osso di persico di Genova, si lasciò sfugir la mano e si ferì nel dito indice sinistro, ebbe dolore per esser giunto alla giuntura, e lo curassimo come nelle punture de' nervi, e ogni volta che vi dava levata la cura, lo facevamo metter il dito tutto in oglio commune antico caldo, quello che poteva debitamente soffrire'. Giovanni Battista Sori mentions Gregory XIV (Niccolò Sfondrati), though, who was pope only until 1591. The predecessor of Urban VIII was, as we saw in the note above, Gregory XV.

di Milano don Pietro,[17] che fu curato dal signor fisico Tasca,[18] e 'l signor Duca di Matalona[19] e l'antecessor Prencipe d'Ascoli,[20] il signor Duca di Feria sotto Verrua,[21] et in questa città si servì del signor Pozzo.[22] Altri alti personaggi sono stati curati da altri diligentissimi signori medici del medemo Collegio, mentovati nei medemi *Consegli* et degni anche per altre loro virtù di esser con molte lodi eternizati.[23] Ha un altro collegio Alessandria di procuratori e notai,[24]

---

[17] Pedro de Toledo Osorio y Colonna (1546–1627), fifth marquis of Villafranca del Bierzo, and governor of the Duchy of Milan between 1614 and 1618, was a Spanish-Italian nobleman, born in Naples, and a Grandee of Spain. On the genealogy of his family, see Jerónimo de Sosa, *Noticia de la gran Casa de los Marqueses de Villafranca, y su parentesco con las mayores de Europa* (Naples: Novello de Bonis, 1676). On Pedro de Toledo, see Roberto Livraghi, 'Un'iscrizione spagnola del 1617 per il condottiero Julian Romero nella Chiesa di San Giacomo della Vittoria ad Alessandria', *Rivista di storia arte e archeologia delle province di Alessandria e Asti*, 125 (2016), 313–31.

[18] The physician Giulio Tasca is listed in Giovanni Battista Sori's *Consigli, et avisi*, fol. §8ᵛ, among the 'Medici collegiati' of Alessandria who vouched for Sori's reputation and skills as physician and surgeon.

[19] The reference is most probably to Marzio II Carafa, duke of Maddaloni, who died in 1628, rather than his successor Diomede V Carafa (1611–1660).

[20] The syntax of the sentence is not clear, but 'antecessor' might refer to Antonio Luigi De Leyva, prince of Ascoli, commander of the cavalry of Milan, 'mastro di campo generale' in Naples, who died in 1618. See Biagio Adimari, *Memorie historiche di diverse famiglie nobili, così napolitane come forastiere* (Naples: Giacomo Raillard, 1691), pp. 356–57. On the rank of 'mastro di campo' see below, n. 76.

[21] Sori is referring to the Spanish nobleman, military commander, and diplomat Gómez Suárez de Figueroa y Córdoba (1587–1634), the third duke of Feria (also known as the Gran Duque de Feria, because of his military skills). The duke was governor of the State of Milan between 1618 and early 1626 and 1631–1633. In 1625, a coalition of Austrian and Spanish troops, led by the Duke of Feria, laid siege to the fortress of Verrua. The episode is recalled in Ghilini, *Annali*, 1625. 35–43, pp. 207–08. This reference also helps us situate the *terminus a quo* of the composition of the *Panegirico*, because, between April 1626 and 1631, the governor of the Duchy of Milan, and Alessandria, was Gonzalo de Córdoba.

[22] The physician and man of letters Niccolò Dal Pozzo, from Alessandria, was a member of the Accademia degli Immobili, mentioned earlier (see above, n. 13). He tended to the Duke of Feria when the latter fell ill during the siege of Verrua in 1625. As a token of gratitude, the duke gave him 200 'zecchini'. See Sori, *Consigli, et avisi*, p. 319; Ghilini, *Annali*, 1625. 42, p. 208; Porta, *L'Alessandrina Tetracty*, p. 228; Porta, *Esemplari*, 176–77; A-Valle, *Storia di Alessandria*, IV, p. 312. He is also remembered for his comedy *Lo scolare*, performed in 1596 at the Accademia degli Immobili, and for his oration in honour of the man of letters Annibal Guasco (see below, n. 112), the *Oratione di Nicolò Pozzo dottor fisico Alessandrino. Da lui recitata il dì 16 Febraro 1619 nelle esequie fatte per il Signor Annibale Guasco morto il dì 4 del detto mese & anno. Con alcuni de' componimenti de' quali era ornato tutto l'apparato lugubre* (Alessandria: Dionisio Motti e Giovanni Soto, 1619). On the family Dal Pozzo, see Guasco, *Tavole genealogiche*, III, 'Famiglia Dal Pozzo', Table IV.

[23] See the list of names in Sori, *Consigli, et avisi*, fol. §8ʳ⁻ᵛ, as well as the numerous physicians and surgeons mentioned in the text as having treated popes and cardinals, dignitaries, and military leaders.

[24] The Collegio de' Notai was created in the fifteenth century and its statutes approved by Philip III in 1604. See A-Valle, *Storia di Alessandria*, IV, p. 35. The 'notai' were subdivided

et un altro ornato di diverse scole de' Giesuiti,[25] e l'esser ornata di tutti questi dimostra che la città che ha cura di perpetuamente vivere deve abbracciar le scienze, le quali, come disse Platone nell'*Alcibiade*,[26] sono necessarie tra i popoli come sono necessari i marinai sperimentati a cui desidera di far prospera navigazione.

Fa per arma Alessandria in campo bianco una [p. 51] croce rossa,[27] il campo bianco dimostra la sua virginità e purità nella fede, e nella lealtà dinota la croce l'insegna del suo Dio, di color rosso per esser così usata dal gran monarca suo protettore,[28] e con tal uso viene a dimostrare che con sincerità altri signor non segue che Cristo Re del Cielo et i re di Spagna.[29] Le cose che concorrono a fare il color rosso hanno forza incentiva et calorifica più che quelle che concorrono a far gli altri colori et significa rispetto, gelosia et vendetta, dice l'Ariosto, canto

---

into 'notai del comune' and 'notai del popolo'. See *La Biblioteca dell'Avvocazia dei poveri di Alessandria*, ed. by Cooperativa ARCA, archivi e biblioteche (Alessandria: Edizioni dell'Orso, 2009).

[25] The Jesuits arrived in Alessandria in 1594. The Collegio opened in 1608, but the actual building was finished only in 1747, just a few years before the suppression of the order. It was home to a rich and important library. See Roberto Livraghi, *La libreria del Seminario di Alessandria. Nascita ed evoluzione di una biblioteca tra Sette e Ottocento* (Alessandria: Camera di Commercio, 1991).

[26] Plato, *Alcibiades*, I, 135A–B.

[27] The flag of the city of Alessandria is a red cross on a white background, the Cross of St George, which is used in the flags and coats of arms of many cities in northern Italy and states in Europe. The red cross on a white background was called *vexillum beati petri*, as it was assigned to cities founded by popes (as we saw earlier, Alessandria was founded by Pope Alexander III). The coat of arms of Alessandria also featured a red cross on a silver background; this was originally supported by two angels, later replaced in 1575 by two gryphons, mythological creatures with the head and wings of an eagle and the body, tail, and back legs of a lion, and with the motto 'Deprimit elatos levat Alexandria stratos' ('Alessandria humiliates the haughty and elevates the humble'). The current coat of arms shows the gryphons with a turreted crown above the shield. See Orlandi, *Delle città d'Italia*, I, p. 227; *Gli 800 anni di Alessandria*, ed. by Livio Burato and Pierangelo Coscia (Turin: AEDA, Autori Editori Associati, 1968). See also Romeo Pavoni, 'Le origini dello stemma di Alessandria', *Rivista di storia arte e archeologia della provincia di Alessandria*, 94–95 (1986), 117–23.

[28] As we saw earlier, Alessandria was under Spanish rule. The Spanish flag showed a red cross or, more precisely, a red Cross of Burgundy, on a white background. The Cross of Burgundy was the symbol of the *tercios* and of the Spanish Empire. See below, n. 76.

[29] Cp. Porta, *L'Alessandrina Tetracty*, pp. 5–6, 'L'impresa finalmente che ha si è in campo bianco, la croce rossa del Salvatore, [che] insegna per il campo bianco la sua purità et virginità nella fede, et per la croce che altro signor non segue che il Redentore del Mondo, ella dimostra'. As we saw in the Introduction, Porta's encomium of Alessandria and Sori's *Panegirico* present some striking similarities, suggesting that either Porta drew from the latter while composing his own text or that they both availed themselves of a common source.

44, stanza 77,[30] e conviene usarsi solo, Virgilio in più luoghi dell'*Eneida*,[31] da quelli che si mostrano pronti ad abassar l'orgoglio a' superbi tiranni. E però conviene ai re di Spagna, che sempre dimostrorono vivacità e prontezza in favore di Santa Croce. Di più adduce tal colore, dice Boccaccio nel *Laberinto*,[32] timore negli animi altrui, e 'l nome di gran Filippo sgomenta,[33] atterisce i maggior tiranni e chi pensa di opporsi a Santa Chiesa et a' suoi regni.

Per sopra nome Alessandria è detta da' spagnuoli, per la confederazione che ha con essi, la seconda Spagna, la principal piazza d'arme in Italia; gl'Italiani la chiamano 'la chiave'.[34] E lo dimostra anche il Guicciardini, libro 4, carta 121,[35] dove dice che la perdita sua sudetta spaventò tutto il resto del Ducato di Milano et altri stati. È segnata in quattro quartieri, ciascun de' quali fa una compagnia di quattrocento e più fanti giovani et di meza età, solamente con titolo di milizia [p. 52] per guardia a' bisogni della città, che però non è maraviglia se, atteso alla molto umiltà et obedienza, Sua Maestà la favorischi tra l'altre città del stato di privilegiarla di quattro giudici per amministrar le ragioni civili e della licenza di fare il mercato,[36] dell'utile della fiera e del privilegio di non soccorer, se non le piace, i soldati et altre segnalate mercedi, che sarei longa a narrarle.

È forte Alessandria altretanto per natura quanto per arte,[37] che siede tra duo fiumi reggi che anche la illustrano e fecondano, l'uno de' quali, detto il Tanaro,[38]

---

[30] Ariosto, *Orlando furioso*, XLIV. 77: 'A questa impresa non gli piacque tôrre | l'aquila bianca nel color celeste, | ma un candido liocorno come giglio, | vuol ne lo scudo, e 'l campo abbia vermiglio'. Bradamante's parents intend to give her in marriage to Leone, the son of the Greek emperor, and Ruggiero decides to leave for the Levant to kill Leone and take his kingdom.

[31] See, among others, Canto VI. 264–316, in which Aeneas's descent into the underworld is dominated by the colour red, including the blood-wet ribbons of Discord, the flames of the Chimaera, and the red of Charon's eyes. In Canto III. 45, it is also the colour of fear.

[32] This reference is to Boccaccio's *Laberinto d'amore*, p. 18.

[33] Philip IV of Habsburg (Felipe IV) (Valladolid 1605–Madrid 1665), also called Philip the Great (Felipe el Grande) was king of Spain, including the Spanish Low Countries, from 1621 until his death (more precisely he reigned as Philip IV in Castille and Philip III in Aragon), and king of Portugal and Algarve as Philip III (Filipe III), until 1640. On the eve of his death in 1665, the Spanish Empire had reached its maximum expansion, occupying approximately 12.2 million square kilometres across Europe. It was also an empire in decline, partly because of the long and taxing Thirty Years' War that marked his rule.

[34] On the strategic military role and position of Alessandria, see Annalisa Dameri and Roberto Livraghi, *Alessandria disegnata. Città e cartografia tra XV e XVIII secolo* (Alessandria: Collegio Costruttori ANCE, 2009).

[35] Guicciardini, *Historia*, IV, fol. 121[r].

[36] The four magistrates who administered civil justice after the reform of the communal regime of 1589, whose titles were Giudice del Leone, del Cavallo, dell'Aquila, and del Gallo. See Francesco Gasparolo, 'Magistrature ed offici del Comune di Alessandria', *Rivista di storia arte e archeologia della provincia di Alessandria*, 25 (1916), 3–183.

[37] Porta, *L'Alessandrina Tetracty*, p. 11: 'È poi forte per natura, nome, ed arte'.

[38] The other is the river Bormida. The flooding of the river Tanaro repeatedly caused destruction to the city of Alessandria. For example, Ghilini, *Annali*, 1626. 6, p. 209, recalls

la divide dal borgo con un poco di tortuosità assai piacevole e la aggiugne una
così fatta bellezza che sarebbe sopra naturale ad ogni altra città, ma Alessandria
la riceve come suo proprio tributo et come proprietà inseparabile; sopra il quale
di longa schiera siedono di continuo circa 40 molini in loco sicuro pel bisogno
della città et contorno. E di traverso siede un ponte di pietra ben fabricato e
longo, sì che non ha forza pari nell'Europa, per mezzo del quale si congiugne
il borgo con la città, et si dice 'il ponte delle navi',[39] dal qual vanno et al quale
vengono da Pavia, Ferrara et altri luochi. Et il borgo dalla parte verso occidente
è sì grande, forte, bello, con belle contrade et belle case, ricco et con nobiltà, che
per modo di dire è quasi un'altra città. È forte, ho detto, Alessandria per arte,
perché è fortificata, oltre alla guarnigione continoa di mille pagati infanti, da
[p. 53] gran fossi, alte mura, terrapieni, cavaglieri et una ben locata et meglio
guarnita cittadella che dimora con guarnigione continoa d'altro cento soldati
pagati a capo della città verso levante;[40] et in quattro altre parti della città
quattro roche ben guarnite d'arme e monizioni da terra, et altri soldati e torioni
forti et abili alla difesa.[41]

---

that on 27 April 1627 the continuous heavy rains caused the river to overflow its banks and
destroy the outer walls of the district of Bergoglio, near the Church of San Sebastiano. A
similar event, even more destructive, as we saw earlier in the Introduction, took place in
October of the following year; see Ghilini, *Annali*, 1627. 15, p. 210.

[39] This is the bridge which nowadays is called Ponte della Cittadella. It connects the two
banks of the river Tanaro, linking the city centre with the fortified eighteenth-century
Cittadella. Sori calls it Ponte delle Navi, because the barges that travelled in the two
directions on the Tanaro would arrive and leave from there, connecting Alessandria to
Pavia and other centres in the Padania by means of the river Po. The bridge connected
Alessandria to the Quartiere Bergoglio, one of the four 'quartieri' that composed the town
(the other three were Marengo, Rovereto, and Gamondio). This 'quartiere' was entirely
demolished to build the Cittadella in 1728 (see below, n. 40). On the bridge and the Cittadella,
see A-Valle, *Storia di Alessandria*, IV, pp. 26–27. On the history of Bergoglio, see Gianfranco
Calorio, *Bergolium. Ricostruzione storico-iconografica del Borgo antico di Alessandria prima
della costruzione della cittadella* (Castelnuovo Scrivia (Alessandria): Favolarevia, 2000). Sori
is exaggerating when she says the bridge had no rival in Europe.

[40] Isabella refers to the 'cittadella', built at the time of the Visconti, on the south-east part
of the town walls to protect the Porta di Marengo, leading to Genoa. It was reinforced by
the Spanish, but was blown up in 1706 when Alessandria was under attack by Savoyard
troops. See Laura Toselli, 'Il passaggio di Alessandria a Casa Savoia', *Rivista di storia arte
e archeologia della provincia di Alessandria*, 47 (1938), 528–41. A parade ground was built
on the site of the ancient 'cittadella', later transformed in the nineteenth century into a
promenade. See Angelo Chiarle, Napoleone Ernesto Gonnet, and Flaminio Buschetti,
Vicende militari della città di Alessandria, 1168–1878, ed. by Giovanni Jachino (Alessandria:
Ferrari, 1929). The current Cittadella was begun in 1728 following the design of the military
architect Ignazio Bertola. See Annalisa Dameri and Roberto Livraghi, *Il volto nuovo della
città. Alessandria nel Settecento* (Alessandria: Soged, 2005); *La Cittadella di Alessandria.
Una fortezza per il territorio dal Settecento all'Unità*, ed. by Anna Marotta (Alessandria:
Cassa di Risparmio, 1991).

[41] See also Porta, *L'Alessandrina Tetracty*, p. 13. A 1635 military map ('Cità di Aless[andri]
a') by Francesco Prestino indicates that in those years there were 4 'rocchette', called 'delle

È d'un ampiezza Alessandria conforme alla intenzione di Platone nel 4° della *Republica*,[42] là dove loda che le città non siano vaste, ma proporzionate et ciò, forse, perché rieschino diverse dalle provincie, nelle quali non si concede diversità di governo senza pericolo di tumulto, o perché, come scrisse Livio, libro 10, deca 3,[43] le città grandissime non possono longamente viver in pace et non possono conservarsi immortali; tuttavia è grande, sì che ottiene luogo tra le città maggiori d'Italia, centro delizioso di tutto il mondo.[44]

Dalla parte verso settentrione, fuori d'essa un tiro di pietra, tra fiume e fiume son più di 200 case che pare una villa con la vaghezza e sontuosità de' orti che durano dua miglia di longhezza et uno di larghezza,[45] e belli sì che non invidiano i recessi d'Adone né i *viridari di Semiramide, della cui bellissima e saporitissima ortaglia e frutti, et in particolare buoni meloni, se ne provedono i genovesi e molt'altri luoghi del proprio stato.[46] Il resto del paese [p. 54] d'intorno è colto e fecondo, e pieno di belle abitazioni e d'inargentati rivoli, e notrisce l'abondanza de' pascoli et erbaggi animali in copia, et a' razionali abondante ristoro, avendo dalla parte verso settentrione e ponente ameni coli intorno con vigne di delicati frutti e generosi et ottimi vini, de' quali Alessandria, cortese dispensatrice, ne manda a Milano, a Genoa et ad altre città molte, come provede anche di formento molto eccellente e di assai preggio. È così abondante di segala, *avezze, *vezzarde, legumi, *polarìa et ottimo *caso.[47] L'altre ricchezze

---

prigioni', 'della Porta Genovesa', 'del giardino', and 'della Porta d'Asti'.

[42] It is rather Book v of Plato's *Laws*, 737D-738A. Sori's *Panegirico* may once again be the source for Porta's *L'Alessandrina Tetracty*, pp. 10-11, where he writes: 'È d'una ampiezza Alessandria conforme la mente di Platone che loda le proporzionate città; onde è citta di proporzionata grandezza'. It is no coincidence that Porta, as we saw in the Introduction, included Sori, as the author of the *Panegirico*, in his *L'Alessandrina Tetracty*, p. 227, among the illustrious figures of Alessandria, the only woman to be remembered in his 'schiera d'illustre persone [...] i più grandi e chiari [nomi] con i quali la patria illustraro' (p. 213).

[43] Livy, *The History of Rome* (*Ab urbe condita*), xxx. 44.

[44] The population of the area of Alessandria at the time was around 35,000 people, of whom 13,000 lived in the town itself. See Giovanni Vigo, 'Sulle rive del Tanaro: l'economia di Alessandria al tramonto del Cinquecento', *Rivista milanese di economia*, 64 (1997), 87-101.

[45] It is the area of the Orti, still called this today, outside the town walls.

[46] The description we find in Porta's *L'Alessandrina Tetracty*, p. 10, is remarkably similar to this passage in Sori's text. We read: 'Di qua poi dal Tanaro tra esso e la Bormida, pur verso Settentrione, lei tiene dalle mura discoste un tiro di pietra cento case in circa, che sembrano una deliziosa villa per la vaghezza e sontuosità de' orti, che producano ortaglia saporita e bella; della quale ne partisce il Pavese, Tortonese, Genovese, e Monferrato'.

[47] This passage (and the one that follows) is also included, almost word for word, in Porta's *L'Alessandrina Tetracty*, pp. 9-10, interpolated with some additions: 'Il territorio restante [...] e suo contado tutto è culto e fecondo di preggiato formento e vino eccellente. Nodrisce con l'abbondanza de' pascoli e d'erbaggi saporiti e buoni animali in copia che, con poco meno del bisogno danno ottimo caso. E da su l'origlie de' fiumi isole frondose e folti boschi ne' colli. D'aver sì gloria oltre il Tanaro, due miglia da lei discosti, inver Settentrione, ameni colli dai quali raccoglie saporosi frutti, ottimi dolci e delicati vini, unica delizia della mente questi e celle dilette degli omerici [...]. Ora di questi preziosi liquori cortese dispensatrice, Alessandria ne manda a Milano'.

d'Alessandria stanno nella mediocrità cotanto lodata da Aristotele nel 4° della *Politica*,[48] et le ha convenienti alla magnanimità modesta. Felice Alessandria, aventurosi i suoi figli per tanto avute grazie dal Cielo! Et per esser favorita dal segno pesce casa di Giove più benigna d'ogni altra del zodiaco, eccetto che 'l saettario, che perciò si vede ch'esso manda a' suoi debiti tempi, e non fuori d'essi, le pioggie e nevi, et a misura. Et per disgrazia et di rado, grandini et venti oltre misura. Che però per lo più vi si vede una serenità d'aere soavissima et una mezza primavera, e le nebbie, eccetto che qualche volta al verno, vi hanno poca signoria, perché non vi sono paludi intorno, ma come sopra piacevoli rivoli con pesci d'ogni sorte et a l'*origlie, in particolare de' fiumi maggiori, frondose isole che danno ogni anno legna per poco men del bisogno. È proteggiata [p. 55], per particolar favore del Cielo, anco da Valerio l'Ispano et da San Baudolino,[49] dal beato Guglielmo Zucchi,[50] il beato Zanino Pederana e beato Pio V,[51] ancora sono patrizi; ma maggior reliquia è un pezzo della Santa Croce et una Santa Spina, oltre a molt'altre reliquie, come di Santo Stefano, di Sant'Orsola, di Sant'Alberto, di Santa Polonia,[52] in Santa Maria di Castello altre,[53] et in altre chiese altre in molto preggio tenute.

Il signor governatore di Alessandria per lo più ha titolo di mastro di campo generale et il comando oltra il Po e del Conseglio secreto,[54] et va con guardia

---

[48] Aristotle, *Politics*, IV, in particular IX. 1–10 (1295a–1296b).

[49] Saint Valerius is the patron saint of the Spanish city of Saragossa and his feast is celebrated there on 29 January (and by the Catholic Church on 22 January). He was a bishop of the city who lived between the third and fourth century. Saint Valerius the Martyr is the patron saint of the communes of Lu Monferrato and Occimiano, in the province of Alessandria. Saint Baudolino (712–744) is the patron saint of the city of Alessandria. A hermit who lived at the time of the Lombard King Liutprand in *Forum Fulvii* (now Villa del Foro, a suburb of Alessandria), he is said to have been the son of a noble family, but to have given all his wealth to the poor before moving to a miserable hut near the river. His feast is on 10 November. See Porta, *L'Alessandrina Tetracty*, pp. 216–19; Orlandi, *Delle città d'Italia*, I, p. 259; A-Valle, *Storia di Alessandria*, IV, pp. 206–07.

[50] Guglielmo Zucchi, from Alessandria, renowned for being generous to the poor, died in 1377, and was canonized in 1438. His remains are buried under the main altar of the city's cathedral. See Porta, *Esemplari*, pp. 148–50; Orlandi, *Delle città d'Italia*, I, pp. 264–65; A-Valle, *Storia di Alessandria*, IV, p. 569.

[51] On beato Zanino Pederana, of the convent of San Bernardino, see Giuseppe Antonio Chenna, *Del vescovato, de' vescovi e delle chiese della città e diocesi d'Alessandria. Libri quattro* (Alessandria: Ignazio Vimercati, 1785), I, p. 230; and Porta, *Esemplari*, p. 228; A-Valle, *Storia di Alessandria*, IV, pp. 477–78. Pope Pius V (Antonio Ghislieri, 1504–1572) was born in Bosco in the diocese of Tortona, Duchy of Milan (nowadays Bosco Marengo in the province of Alessandria). He was beatified by Clement X, and made a saint by Clement XI in 1712. See Porta, *Esemplari*, p. 228; Orlandi, *Delle città d'Italia*, I, p. 265–68; A-Valle, *Storia di Alessandria*, IV, pp. 485–93.

[52] It is Saint Apollonia, rather than Polonia, from Alexandria of Egypt, but the form Polonia, with aphaeresis, was very common in popular use.

[53] Santa Maria di Castello is the oldest church of the city of Alessandria.

[54] Created under Spanish rule, this was a consultative body that assisted the governor of the

di dodeci alabardieri avanti et dodeci gentiluomini della città stipendiati et privilegiati per questo da Sua Maestà, e vi son stati, essendo carico di molto onore, marchesi et altri titolati di alto grado. Gli abitatori sono cortesemente splendidi e ' politici de' ben allevati et, per lo più parlando con una certa modestia et amorevolezza di creanza, si fanno amar da' forastieri e gli albergano e danno ricetto volontieri; sono in generale di persona disposta, destrissimi in ogni sorte d'arme, e ne ponno far testimonianza i vicini che con Alessandria hanno guerreggiato, che per lo più hanno avuto la perdita, et tra essi i monferini et i genovesi et, particolarmente, come dice il signor Monte Merlo, libro 1, carta 225,[55] sotto il castello di Precipiano gli tortonesi ancora hanno avuto la perdita. E benché il medemo libro 2, capitolo 1, carta 55,[56] dichi che, [p. 56] entrati gli alessandrini in Tortona, scacciorono il vescovo, è da sapere che tali furono soldati di diverse nazioni che erano in quelle guerre con gli alessandrini, e non propriamente a questa azione gli alessandrini, i quali, di suo naturale, anzi, riveriscono i pastori di Santa Chiesa. Dall'antecedente adonque si vede che sono naturalmente più inclinati all'arme, ma si danno anco alle lettere et tengono buoni maestri, oltre alle scole sudette de' reverendi padri Giesuiti. Favoriscono et corteggiano volontieri i loro superiori e attendono con molta industria non solo a conservare, ma ad aumentare i religiosi, e ne può far fede appo messer Paravicino pastore,[57] ornato di quelle buone parti che dicono le dedicatorie del signor Galea[58] e signor Masobrio,[59] amato et riverito in generale,

---

state in his functions and whose members were chosen directly by him.

[55]   The reference in Montemerlo, *Raccoglimento*, is indeed in Book 1, but at p. 38 rather than 225, as indicated by Sori. Instead, the looting of the Castle of Precipiano is recorded under the year 1225.

[56]   Montemerlo, *Raccoglimento*, II, p. 55.

[57]   The reference is here not to the well-known Ottavio Parravicini (or Pallavicini, 1552–1611), who was made bishop of Alessandria in 1584 by Pope Gregory XIII, cardinal in 1591 by Gregory XIV, and papal nuncio to Switzerland, but rather to his nephew, Erasmo Parravicini, also bishop of Alessandria in 1611, after his uncle's death. He was nominated papal nuncio at Graz, at the court of the Archduke Ferdinand of Habsburg (later Holy Roman emperor in 1619), by Pope Paul V. The people of Alessandria pleaded with Pope Gregory XV for the bishop to return to Alessandria, and the Pope recalled him in 1622. Parravicini died in Alessandria in 1640 and is buried in the city's cathedral. See Chenna, *Del vescovato*, I, pp. 310–15; A-Valle, *Storia di Alessandria*, IV, p. 130.

[58]   The canon Agostino Galea, a Ligurian from Loano, theologian of the cathedral of Alessandria, author of the *Discorsi morali sopra i quindeci misteri del Santissimo Rosario della beatissima Vergine. Molto utili ad ogni stato di persone* [...] *Con due copiosissime tavole, una delli luoghi della Sacra Scrittura dichiarati; l'altra delle cose più notabili* (Alessandria: ad instanza di Giovanni Motti, 1621) and the *Predicabili discorsi sopra il santissimo rosario della gloriosa Vergine Maria, spiegati con varii, e nuovi concetti della Sacra Scrittura, et autenticati con la dottrina de' Santi Padri* (Turin: eredi Giovanni Domenico Tarino, 1628). Galea praises 'Erasmo Paravicino, Nonzio appresso Sua Maestà Cesarea' in 'L'autore a' lettori' of his *Discorsi morali*, fol. +2[r] and *Predicabili discorsi*, fol. +4[r].

[59]   Giovanni Antonio Massobrio's *Praxis habendi concursum ad vacantes parochiales eccl. ad stylum Curiae Romanae accomodata, elucubrata, & miro ordine disposita.* [...] *Accessit*

et in particolare da chi non abbia differenze con la Chiesa; e così ponno far fede li molto reverendi signor Lanzavecchia,[60] suo vicario, e signor Castiglione,[61] inquisitore, amati et onorati da tutta la città per aver con la loro buona diligenza congionta l'umanità. Onorano i vecchi et gli danno de' primi luoghi poi agli altri, secondo i gradi, e si fanno saluti ad ogni tempi et in ogni loco.

I nobili vestono per lo più di nero et alla longa le donne, quanto si può alla spagnola, alquanto polito, cioè con mediocre *attilatura, et hanno andar grave, tanto gli uomini principali però quanto le donne, e sono molto accorti et assai dissimulano [p. 57] e si vendicano, benché tardi, dell'offese ricevute. Tengono le case ben adobbate e bellissime carozze, e le donne son modeste et diligenti nel conservarsi, de l'accasate parlando la grazia de' loro mariti. Non stanno alle fenestre, né su le porte, né vanno, se non per occasione di qualche sposa, a' convitti, né a balli, ma sì volontieri si trovano agli sermoni, alle dottrine e vanno a gara alcune delle prime, massime nella Casa Grande, della cui scola degna vicepriora da multi lustri in qua è la signora Cattarina Sori,[62] mia zia et maestra onorandissima, virtuosissima nelle lettere e ne l'ago, e prima nella città nel lavorar de' pizzi a ossa,[63] vedova prudente, pia et pudica.

Però non è maraviglia per tante rare qualità che Alessandria sii per tutto il mondo con lode nominata e da altre città d'Italia invidiata, e che in essa abbi voluto alloggiare, anzi dimorare giorni e mesi, altissimi personaggi, come il pontefice sudetto, e prima altri, et una tale imperatrice,[64] e la passata regina di Spagna Margarita,[65] e gli esserciti intieri di circa quaranta milla persone,

Tractatus de Synodo Dioecesana (Rome: Giacomo Mascardi, 1625) is dedicated to Erasmo Parravicini. On the man of letters and Latin poet Giovanni Antonio Massobrio, archpriest of the cathedral of Alessandria, see Porta, *L'Alessandrina Tetracty*, p. 225; Porta, *Esemplari*, p. 111; A-Valle, *Storia di Alessandria*, IV, pp. 439. He died in 1638.

[60] Stefano Lanzavecchia, who in 1623 was involved in a dispute with the Jesuit abbé Paolo Inviziati of San Pietro in Bergoglio, on behalf of the bishop Erasmo Parravicini, whose general vicar he was. He is the author of *Oratione* [...]. *Da lui recitata nell'Accademia de gli Immobili di detta città in morte della serenissima regina di Spagna donna Margherita d'Austria* (1612). See Porta, *L'Alessandrina Tetracty*, p. 231; Porta, *Esemplari*, p. 217; Chenna, *Del vescovato*, pp. 81–83, 312. See Guasco, *Tavole genealogiche*, VI, 'Famiglia Lanzavecchia'.

[61] The Milanese friar Domenico Castiglioni, who died in 1643. See Ghilini, *Annali*, 1643. 46, p. 231.

[62] Cattarina Sori, Sori's aunt, 'vicepriora' of the Casa Grande in Alessandria, that is, the Confraternita di Santa Maria *Domus Magnae*, a lay fraternity founded between the end of the sixteenth and the beginning of the seventeenth centuries.

[63] Sori might be referring here to a particular kind of lace, made with bone bobbins.

[64] In October 1581, the Empress Mary of Austria (1528–1603), daughter of Charles V, sister of Philip II, and spouse of Maximilian II, Holy Roman emperor and king of Bohemia and Hungary, visited the city of Alessandria on her way to Portugal from Prague. On her state entrance, see Ghilini, *Annali*, 1581. 2–3, pp. 166–67; A-Valle, *Storia di Alessandria*, IV, p. 248.

[65] Margaret of Austria (1584–1611), sister of Ferdinand II, Holy Roman emperor. Betrothed to marry Philip III of Spain, she visited Alessandria on 7 February 1599 on her way to Spain to celebrate her wedding. Her state entrance to the city is described in Ghilini, *Annali*,

come del 1617 tempo del sudetto signor don Pietro,[66] che poi uscì con esso verso Vercelli. Così del 1625, tempo del signor Duca di Feria,[67] che poi uscì a far ritirare i francesi da' luochi del Genovese et Monferrato.

Quanto alle stirpi, da molte di esse sono usciti illustri [p. 58] et preggiati spiriti, nella Chiesa, nell'armi e nelle lettere; nella Chiesa, dico, se pur i preti fanno nobiltà, ché alcuni ne dubbiano, che, perché non hanno successori del lor corpo, non possono lo splendore che da loro comincia a' successori distenderlo; se vuole, dunque, come vuole il Mazella, vi son stati beati e santi sudetti e cardinali, appo il pontefice Pio,[68] e vescovi e abbati, e di presente vi è in Alemagna un vescovo della casata de' Rossi,[69] e 'l signor abbate de Camisoti,[70] e 'l signor abbate Paolo Inviziato,[71] di nobil famiglia, a cui è fratello il signor Mario, dottor di leggi,[72] che per le sue belle parti è molto adoperato ne' negozi principali et publici della città, dico di giudice, priore e ambasciatore al signor Duca di Feria, mentre dimorò in Novara, et a altri prencipi. E 'l signor

---

1599. 1-9, pp. 179-80; A-Valle, *Storia di Alessandria*, III, pp. 248-51. See also the description given in the 'aggiunta' of the 1603 edition of Spelta's *Historia* [...] *De' fatti notabili occorsi nell'universo, et in particolare del regno de' Ghoti, de' Longobardi, de i Duchi di Milano, & d'altre segnalate persone, dall'anno di nostra salute VL fino al MDIIIC. Nel qual tempo fiorirono i vescovi, che resero la Chiesa dell'antichissima, e Real Città di Pavia, le cui vite brevemente si narrano. Con una nuova aggiunta dell'istesso autore dell'anno 1596 all'anno 1602* (Pavia: Pietro Bartoli, 1603), pp. 90-92. See also Giulio Ieni, 'Gli apparati trionfali per il passaggio in Alessandria di Margherita di Stiria regina di Spagna (7 febbraio 1599)', *Antichità ed arte nell'Alessandrino, Atti del convegno, Alessandria 15-16 ottobre 1988*, ed. by Francesco Malaguzzi, *Bollettino della Società Piemontese di Archeologia e Belle Arti*, Nuova Serie, 43 (1989), 427-54.

[66] Pedro de Toledo, governor of the Duchy of Milan, mentioned earlier. See above, n. 17. On this episode, see Ghilini, *Annali*, 1617. 3-17, pp. 196-98.

[67] Gómez Suárez de Figueroa y Córdoba (1587-1634), the third duke of Feria, who, as we saw earlier (above, n. 21), in 1625 led the coalition that laid siege to the fortress of Verrua. On the episode recalled by Sori, see Ghilini, *Annali*, 1625. 1-43, pp. 202-08.

[68] Pope Pius V, as we saw earlier.

[69] In his *Storia di Alessandria*, IV, pp. 510-11, A-Valle writes: 'Rossi (Agostino) — Fu vescovo d'una città di Germania, di cui non ci venne fatto di trovare il nome. Isabella Sori, che nel suo Panegirico parla di questo prelato alessandrino, lo dà come vivente e tace perfino l'epoca della sua nomina alla dignità vescovile'.

[70] I have not been able to positively identify this 'abate Camisoti/Camisotti'.

[71] On Paolo Inviziati, appointed 'abate mitrato' of the Collegiata di San Pietro in Bergoglio by Pope Gregory XV, see Chenna, *Del vescovato*, I, p. 312. See also Guasco, *Tavole genealogiche*, III, 'Famiglia Inviziati', Table II.

[72] This is the jurisconsult Mario Inviziati. As Sori writes, he was 'molto adoperato ne' negozi principali et publici della città', and indeed, in 1636, a few years after the composition of the *Panegirico*, was among those in charge, on behalf of Alessandria, of welcoming the Duke of Alcalà to Genoa, when he was taking up his role as governor of the Duchy of Milan. Inviziati was also one of the bearers of the canopy of the Queen of Spain Maria Anna of Austria, wife of Philip IV, during her visit to Alessandria in 1649. See Guasco, *Tavole genealogiche*, III, 'Famiglia Inviziati', Table II.

suo padre, di cui si legge onorata menzione nel Moriggi,[73] come sono degni del
medemo altri signori Inviziati,[74] per altre virtù, di che sono ornati.

Nell'armi son stati generali d'esserciti, capitani d'uomini d'arme, e di
presente il signor Bonello signore di Salsi,[75] governatori et mastri di campo,[76]
e di presente il signor conte Luigi Trotto,[77] di gran valore et esperienza nelle
cose della guerra, nobilissimo et di antichissima et principal fameglia di quella
città, come sono nobilissimi altri Trotti in altri stati,[78] come del signor Duca
di Modona, il signor Cesare Trotto,[79] di cui fa menzione il Tasso nel *Dialogo*

---

[73] Giovanni Giacomo Inviziati, jurisconsult, was elected orator of the city in Milan in 1588.
He died in 1633. See Guasco, *Tavole genealogiche*, III, 'Famiglia Inviziati', Table II.
[74] On the Inviziati family of Alessandria, see A-Valle, *Storia di Alessandria*, IV, pp. 412–22
and Guasco, *Tavole genealogiche*, III, 'Famiglia Inviziati'.
[75] Antonio Pio Bonelli Ghislieri (1574–1630), duke of Salci, a small enclave in the Papal
States. He was also marquis of Cassano, count Del Bosco, knight of the Order of San
Giacomo, and cavalry captain. He was the nephew of Michele Bonelli Ghislieri, also called
'cardinale alessandrino'. See Guasco, *Tavole genealogiche*, I, 'Famiglia Guasco', Table XVI.
[76] The 'maestre de campo' was a Spanish military grade, roughly equivalent to a colonel,
given by royal appointment, which was hierarchically below the 'capitano general', but
above the 'sargento mayor'. The 'maestre de campo' had a personal guard of eight German
halberdiers and was the commanding officer of a *tercio*, the fearsome and efficient infantry
unit of the Habsburg Spanish rulers, which was deployed across Europe and dominated
battlefields between the sixteenth and seventeenth centuries. The tactical formation of the
tercio could consist of up to 3000 soldiers (though usually no more than 1500), subdivided
into companies originally composed of one third ('tercios') pikemen, one third swordsmen,
and one third arquebusiers (later musketeers), giving the infantry strong offensive and
defensive power. The *tercios* could rely on a core of professional, highly trained soldiers that
made them particularly efficient and loyal. They drew upon the traditions and organization
of the Roman legion and the Swiss infantry. The majority of the *tercios* were given names
related to the place or jurisdiction where they were cantoned or first deployed, hence the
Tercio de Italia, or *Tercio de Lombardía*, but other *tercios* were named after their recruitment
area, their commanding officer, or their main function, e.g. 'Terzo di fanteria lombarda' or
'Terzo di fanteria italiana'. See Christon I. Archer, John R. Ferris, Holger H. Herwig, and
Timothy H. E. Travers, *World History of Warfare* (London: Cassell, 2003), pp. 239–40, 273,
284.
[77] A renowned soldier in the service of Philip IV, Luigi Trotti (1566–1642) was made
'mastro di campo' in 1628, and played an important role in the siege of Nizza della Paglia
(*Nicea Palearum*, that is, Nizza Monferrato) together with Count Giovanni Sorbelloni, the
'commissario generale'. Trotti became governor of Monferrato in July of the same year,
and in 1630 led the assault against Casale. In 1635, he became governor of Novara, and the
following year was made governor of Como and 'regio consigliere segreto' in Milan. He died
in 1642. See Porta, *Esemplari*, pp. 163–65; Orlandi, *Delle città d'Italia*, I, pp. 228–339; Ghilini,
Annali, 1628. 3, p. 211; A-Valle, *Storia di Alessandria*, IV, pp. 560–61. See also Guasco, *Tavole
genealogiche*, V, 'Famiglie Trotti, Boidi-Trotti, Sandri-Trotti', Table XI.
[78] On the Trotti family of Alessandria, see A-Valle, *Storia di Alessandria*, IV, pp. 544–45. For
a biography of some of its members, pp. 545–64. See also the various tables in Guasco, *Tavole
genealogiche*, V, 'Famiglie Trotti, Boidi-Trotti, Sandri-Trotti'.
[79] Cesare Trotti was the illegitimate son of Ercole II d'Este and Diana Trotti. The Duke of
Modena at the time was Cesare d'Este, duke of Modena and Reggio (1562–1628). On Diana
Trotti, see Guasco, *Tavole genealogiche*, V, 'Famiglie Trotti, Boidi-Trotti, Sandri-Trotti',

della nobiltà,[80] così altrove, de' quali credo farà longa menzione [p. 59] il signor Ghilino nella sua *Historia*;[81] vi son stati d'altre stirpi coloneli et moltissimi capitani di cavalli e di fanti; di presente è capitano il signor Conte di Monte Castelo,[82] degno per sua nobiltà e valore di maggior carico, maggior onore; e così gli *affinati, dico gli signori capitani Guaschi,[83] e 'l signor capitano Vincenzo Andrea Trotto;[84] e marchesi vi sono e feudatari molti e cavalieri, dico, di San Iacomo,[85] e di presente il sudetto signor di Salsi; di Malta uno de' sudetti signori fratelli Guaschi, e 'l sudetto signor capitano Trotto; de l'Imperial Maestà il

---

Table XVII, where, not surprisingly, the illegitimate birth is not recorded. It simply says that Diana 'morì nubile'.

[80] Tasso, *Dialogo della nobiltà* (*Il Forno secondo*), in *Dialoghi et discorsi*, fols 73^r–129^v (fol. 128^v). Sori probably used an edition that included both the *Dialogo del maritarsi* and the *Dialogo della nobiltà* in the same volume (in its revised version, that is, the *Forno secondo*, as this includes the reference to Cesare Trotti, which was not in the first version).

[81] An interesting remark by Sori, indicating that Girolamo Ghilini was actually working, in those years, on what would become his *Annali di Alessandria, overo le cose accadute in essa città nel suo, e circonvicino territorio dall'anno dell'origine sua sino al 1659. I fatti memorabili de' suoi cittadini. Alcuni avvenimenti notabili altrove occorsi nell'istesso tempo. Et un breve trattato delle terre, che alla fabrica dell'istessa città concorsero. Con due tavole, una copiosissima di tutte le cose in questi annali contenute; & l'altra de gl'istorici, ed altri autori* (Milan: Giuseppe Marelli, 1666). The jurist and man of letters Ghilini (1589–1668) took up an ecclesiastical career after the death of his wife, Giacinta Bagliani, in 1630. He is remembered above all for his *Annali* and his *Teatro d'Huomini letterati* (1647). He was a member of the Accademia degli Immobili and of the Accademia degl'Incogniti. See Porta, *L'Alessandrina Tetracty*, pp. 223–24; Orlandi, *Delle città d'Italia*, I, pp. 296–98; A-Valle, *Storia di Alessandria*, IV, pp. 364–66, where his *Annali* is said to be 'La piu' ampia e sicura guida per chi voglia addentrarsi nello studio delle patrie fortune' (p. 365). See also Guasco, *Tavole genealogiche*, VI, 'Famiglia Ghilini', Table VI; Andrea Merlotti, 'Ghilini Girolamo', *DBI*, 53 (1999), 741–43.

[82] Guido Antonio Stampa, count of Montecastello, cavalry captain and nephew of the Marquis Lodovico Guasco. See Porta, *Esemplari*, p. 150. See also Antonella Perin, 'Una traccia per la storia dell'architettura del XVI secolo nell'Alessandrino. Cristoforo Lombardi, gli Stampa e i Sacco: precisazioni e problemi aperti', in *Uno spazio storico. Committenze, istituzioni e luoghi nel Piemonte meridionale*, ed. by Gelsomina Spione and Angelo Torre (Turin: UTET, 2007), pp. 99–133.

[83] Sori may be referring to Guarnero Guasco, military captain, who fought in the siege of Casale, in 1630, two years after the publication of the *Panegirico*, and to Giuseppe Guasco, who died in 1636 at the siege of the castle of Hirson in the Thirty Years' War. See A-Valle, *Storia di Alessandria*, IV, pp. 403 and 402, respectively. See also Porta, *L'Alessandrina Tetracty*, p. 226; Porta, *Esemplari*, pp. 142–43.

[84] Vincenzo Andrea Trotto was a 'Cavaliere gerosolimitano', captain of the infantry, who distinguished himself at the siege of Verrua. See Porta, *Esemplari*, p. 221.

[85] Sori refers to the twelfth-century Order of Saint James of the Sword (Ordine di San Giacomo della Spada; *Ordo Militaris Sancti Iacobi de la Spatha*). Admission to the order was highly selective, pure nobility being a strict requirement.

signor Scipion Galia di Santo Stefano,[86] il signor Tiburzio Milanesi,[87] e 'l signor suo figlio ad ambi i quali il nume della virtù resta obligato.[88] Alla schiera de' gloriosi nell'arme aggiungo, così portando nuove occasioni, che il signor conte Trotto sudetto è onorato di più del grado di governatore assoluto del Monferrato di qua dal Tanaro, con ducento ducati di stipendio al mese. Il signor Marco Antonio Belone,[89] signor accorto et feudatario ricchissimo, gode del grado et onore di mastro di campo del Terzo novo;[90] et il signor Luigi Barata è suo capitano;[91] e 'l sargente maggiore e suo capitano ancora è il signor Guastavino;[92] di tutta la milizia di qua dal Po e mastro di campo il signor Carlo Guasco,[93]

---

[86] Scipione Gallia, 'Cavaliere aurato di San Giorgio', of the family Gallia-Dal Pozzo, son of Lancillotto Gallia and Daria Arobba, and brother of Antonio (see below, nn. 108 and 118). See Guasco, *Tavole genealogiche*, VII, 'Famiglia Gallia-Dal Pozzo', Table 1.

[87] Tiburzio di Francesco Milanesi was a knight of Santo Stefano, captain of the army of Alessandria and lieutenant of Duke Bonelli. He died in 1646. He was also a refined man of letters who had put together a rich library. His son was Anton Francesco Milanesi. See Porta, *Esemplari*, pp. 218–19; A-Valle, *Storia di Alessandria*, IV, p. 459 (where he is called Tiberio). See also Giorgio Viviano Marchesi, *La galeria dell'onore, ove sono descritte le segnalate memorie del sagr'ordine militare di S. Stefano*, 2 vols (Forlì: Fratelli Marozzi, 1735), I, p. 24.

[88] This last sentence, from the name of Salsi until the full stop, is originally on p. 60 of the *Difese*, where it must have been misplaced in the composition of the text.

[89] The reference is to the wealthy Marco Antonio Belloni, 'mastro di campo d'un Terzo di fanteria italiana', who distinguished himself at the Battle of Susa in 1629, although his troops were heavily defeated. See Porta, *Esemplari*, p. 167; A-Valle, *Storia di Alessandria*, IV, pp. 210.

[90] On the 'terzo' (*tercio*), see above, n. 76.

[91] Luigi Francesco Baratta, one of the most distinguished military leaders of his time; an infantry captain in the service of the Spanish, he took part in the 1625 battle of Ottaggio, when the Duke of Savoy Carlo Emanuele I defeated the Spanish, who were led by Tommaso Caracciolo and the Marquis Lodovico Guasco. During the battle of Susa, which saw the Spanish oppose the French troops of Louis XIII, Baratta's courage in defending the stronghold of Montalbone in 1629 was admired both by the Spanish and by his Piedmontese and French enemies. Taken prisoner by the French, he was called to serve Carlo Emanuele soon after his release, and was made 'Sergente maggiore del Terzo de' moschettieri della guardia', and then a few months later 'Sergente maggiore generale di battaglia delle sue armate'. In 1631, he married Ippolita Arnuzzi, sister of Sperindia Arnuzzi (see below, n. 148). He died at the siege of Alessandria in 1657. See Porta, *Esemplari*, p. 161; Orlandi, *Delle città d'Italia*, I, pp. 350–52; Ghilini, *Annali*, 1629. 3–6, p. 212; A-Valle, *Storia di Alessandria*, IV, pp. 204–05. See also Guasco, *Tavole genealogiche*, IX, 'Famiglia Arnuzzi [De' Medici]', Table II and 'Famiglia Baratta', Table I.

[92] I have not been able to positively identify this 'signor Guastavino'.

[93] Carlo Guasco, 'capitano di grande riputazione [...] mastro di campo', governor of Low Monferrato in 1600, marquis of Solero, was the son of the Marquis Lodovico Guasco (on whom see below, n. 139). His valour in battle in Flanders and Alsace gained him the praise and recognition of Philip IV. In 1644, he married Henriette of Lorraine (1605–1660), sister of the dukes of Lorraine and Orléans. The dukes later had him imprisoned over inheritance issues, when Henriette made him (and his family, in the absence of any progeny) the sole heir of her wealth. He died in Antwerp in 1650. See Porta, *L'Alessandrina Tetracty*, p. 25; Orlandi, *Delle città d'Italia*, I, pp. 342–46; A-Valle, *Storia di Alessandria*, IV, pp. 387–89. For a more detailed account, see Porta, *Essemplari*, pp. 55–68. See also Guasco, *Tavole*

già nominato tra ' capitani; e sargente maggiore della medema milizia il signor Paolo Maria Castelano.[94] Il signor Giulio Guasco,[95] albergo di liberalità, a cui è degna moglie la prudente et tutta grazie signora Anna Catarina,[96] è onorato del grado di luogotenente d'uomini d'arme della compagnia del signor Prencipe di Guastalla e si spera,[97] mercé ad altre sue virtù e meriti del signor Lodovico suo padre,[98] che fu cavaliere di San Iacomo e senatore non togato, vederlo [p. 60] di maggior onore illustrato. Alla nobilissima schiera de' letterati aggiungo che degno di lode è ancora il signor dottor Alessandro Sappa,[99] onorato per suoi meriti del grado di podestà di Nizza et auditore generale della sudetta parte di Monferrato. Come così degno è ancora il signor Francesco Maria Pellati,[100] del cui giudizio, benché in età giovanile, fa grandissima stima tutta la città et viene molto adoperato ne' negozi importanti di essa, appo esser vicario di provisione e giudice de l'Aquila.

Alla illustre trionfante et gloriosa schiera del sesso feminile agiungo molte lodi et onori dati al signor Campana,[101] scrittor famoso, nel volume primo in particolare et particolarmente nel libro 11, ove ne loda molte di carità, liberalità, consilio e bel dire, contro il signor Ferro di Tortona,[102] a cui per modestia mia

---

genealogiche, I, 'Famiglia Guasco', Table XV.

[94] Paolo Maria Castellani, a renowned soldier, was made governor of Nizza della Paglia by Margherita of Gonzaga. He fought for Charles V and was elected 'luogotenente generale della cavalleria pontificia' of the Papal States by Pope Pius V (Ghislieri). He died in 1569. See A-Valle, *Storia di Alessandria*, IV, pp. 263.

[95] Giulio Maria Guasco, son of Lodovico Guasco, a 'senatore non togato', who had fought in Flanders (see below n. 98) and of Ippolita Clari (on whom, see below, nn. 98 and 131). He died in 1647. See Guasco, *Tavole genealogiche*, I, 'Famiglia Guasco', Table VII.

[96] Anna Catterina Lamborizio, wife of Giulio Maria Guasco (see above, n. 95). Guasco, *Tavole genealogiche*, I, 'Famiglia Guasco', Table VII.

[97] The duke of Guastalla from 1621 until 1632 was Ferrante II Gonzaga.

[98] Lodovico Guasco served at the court of Pius V as 'cameriere segreto' and then fought in Flanders for the Spanish. In recognition of his valour, he was made a knight of San Giacomo della Spada and of the order of St Augustine, as well as a 'senatore non togato' of the city of Milan. He acted as ambassador for Alessandria in Turin on the occasion of the marriage of Carlo Emanuele I and the Infanta Catalina in 1585. In 1583, he married Ippolita Clari, widow of Marco Antonio Arese, senator of Milan, and daughter of Giulio Claro, 'presidente del magistrato ordinario' of Milan. Giulio Maria Guasco (see above, n. 95) was one of their children. See Porta, *L'Alessandrina Tetracty*, p. 227; Porta, *Esemplari*, p. 153 (n. 2). See also Guasco, *Tavole genealogiche*, I, 'Famiglia Guasco', Table VII.

[99] Baldassarre Alessandro Sappa, jurisconsult and decurion of Alessandria. After his death in 1638, his wife Ippolita Arnuzzi married Luigi Francesco Baratta (see above, n. 91). See Guasco, *Tavole genealogiche*, IX, 'Famiglia Arnuzzi [De' Medici]', Table II, and ibid., IV, 'Famiglia Sappa', Table I.

[100] See Ghilini, *Annali*, p. 328; Pellati is also listed in A-Valle, *Storia di Alessandria*, IV, p. 99, among the 'oratori residenti' of the city of Alessandria.

[101] This may be a reference to *Della vita civile ovvero del Senno. Libri dieci* (Venice: Francesco Bolzetta, 1607), by Fabrizio Campani, where Book II, rather than 11, includes a 'lodi delle donne' (fol. 21r).

[102] This might be Father Ambrogio Ferro, from Tortona, author of *Ritratto d'amore, e*

non rispondo,[103] ch'altrimenti ben saprei trovar non solo materia per difender il sesso dall'accuse, fuori che le impugnate nelle mie *Difese*, ma anco saprei provare il contrario, cioè che anzi gl'uomini, salvando chi merita, sono gl'immersi nelle qualità ch'egli ha detto. E gli avrei dato per essempio di Brunello, Gano, Ulisse, Merlino, Nerone, Mida, Teseo, Giasone, l'Aretino, Martano, Martin Lutero, Bireno,[104] e molt'altri appo li mentovati nella *Fucina* del Passi.[105]

Aggiongo di più che queste mie composizioni erano molto più ricche di auttorità, massima de' dottori di Santa Chiesa, come dall'originale si può vedere, [p. 61] e molt'altre cose curiose che sono state levate da' superiori che, per così potere, si è compiacciuto, arguendo non più, se non che non conviene che le femine s'internino nella profonda scienza di teologia.[106]

Nelle lettere precedenti e di presente vive, che Iddio per molti anni lo mantenga, il signor Giovanni Battista Trotto,[107] gloria di Alessandria e del suo sangue e sua gemma suprema, corifeo de' letterati di questo tempo, riverito da chiunque lo maneggia per la satisfazione che dà, tuttoché in sublime uffizio, a chiunque negocia seco. Vi son stati regenti e molti senatori, et a questo tempo vive il signor Antonio Galia,[108] pratico d'ogni isquisito discorso, consiglier

---

martello delle femmine nel qual si discorre contro l'amor sensuale, e le femmine mondane. Opera curiosa e dilettevole (Tortona: Pietro Giovanni Calenzano, et Eliseo Viola compagni, 1627). As we saw in the Introduction, Ferro's text is not traceable on online catalogues, nor in paper catalogues consulted so far, but is mentioned in Giovanni Cinelli Calvoli's *Biblioteca volante* (Venice: Giambattista Albrizzi, 1735), II, p. 314. Besides criticizing the female sex, Ferro might have been also one of the critics of Sori's own *Ammaestramenti e ricordi*, whose attacks then prompted her to respond with her *Difese*. He also composed *Il trionfo delle sacre reliquie nuovamente ritrovate nelle grandi ruine fatte dal folgore nell'antichissima chiesa cathedrale posta nel castello della nobilissima città di Tortona l'anno 1609 alli 3 di settembre, descritto in verso heroico* (Tortona: Nicolò Viola, 1611) and a *Cronologia pontificale della città di Alessandria* (1622; unpublished, held at the Biblioteca Civica in Tortona). He died in 1627, according to Tommaso Vallauri, *Storia della poesia in Piemonte*, 2 vols, (Turin: Chirio e Mina, 1841), I, p. 228.

[103] This line echoes what Lucrezia Marinelli writes in *La nobiltà, et l'eccellenza delle donne* about the *Donneschi diffetti* by Passi, who composed it, she suggests, perhaps by 'invidia e sdegno, o altro [...] mosso', adding a laconic 'io non lo saprei ben dire, ma Dio gli perdoni' (p. 2).

[104] This list is a mix of historical (Nero, Martin Luther), mythological (Midas, Theseus), and literary figures (Brunello, Gano, Ulysses, Merlin, Martano, Bireno) with negative connotations.

[105] The reference is to Giuseppe Passi's own *La monstruosa fucina delle sordidezze de gl'huomini* (Venice: Antonio Giovanni Somaschi 1603), which he published a few years after *I donneschi diffetti*, his viciously misogynistic catalogue of women's purported vices, in an attempt to placate the hostility and controversy that his earlier work had stirred up.

[106] This is where the misplaced passage was originally (see above, n. 88).

[107] Giovanni Battista Trotti, senator of Milan, president of the 'magistrato ordinario' and president of the Senate in Milan from 1627. He died in 1640. See A-Valle, *Storia di Alessandria*, IV, pp. 557–58. See also Guasco, *Tavole genealogiche*, V, 'Famiglie Trotti, Boidi-Trotti, Sandri-Trotti', Table VI.

[108] Antonio Gallia, son of Lancillotto Gallia and Daria Arobba, and brother of Scipione

sincero et avocato incorrotto, gioia più cara della sua fameglia. E vi son stati d'Alessandria molti questori e scrittori, come gli autori del Statuto, il signor Giorgio Merula istorico, dice il Moriggi,[109] tenuto da Lodovico Sforza in molta stima. Il reggente signor Giulio Claro,[110] se fosse al suo tempo letterato supremo la sua criminal pratica ne rende chiara testimonianza, il signor Francesco Guasco mandò fuori ricordi per i cavalieri che portano croci,[111] e 'l signor Anibale, suo padre, dottissimo in varie scienze, volumi in versi et in prosa [p. 62] molto graditi.[112] Sono i Guaschi patrizi antichissimi, dice il signor Spelta,

---

(see below, n. 118, and above n. 86). A protégé of the Marchioness of Mortara, wife of the governor of Alessandria Rodrigo de Orozsco, he was appointed 'questore presso il magistrato ordinario', that is of civil lawsuits, of Milan in 1624, thanks to the marchioness's intercession with the queen of Spain. In 1627, he was made senator of Milan by Philip IV and in 1630 podestà of Cremona. He died in Milan in 1639, in utter poverty. See Ghilini, *Annali*, 1627. 12, p. 210 and 1630. 1, p. 213; Porta, *L'Alessandrina Tetracty*, p. 215; Porta, *Esemplari*, pp. 34–35; A-Valle, *Storia di Alessandria*, IV, p. 338. See also Guasco, *Tavole genealogiche*, VII, 'Famiglia Gallia-Dal Pozzo', Table 1.

[109] Moriggia, *Historia*, I, Ch. 28, p. 168. On Merula, see also Porta, *L'Alessandrina Tetracty*, pp. 224–25; Orlandi, *Delle città d'Italia*, I, pp. 273–76; A-Valle, *Storia di Alessandria*, IV, pp. 450–54. This is the renowned humanist Giorgio Merlano di Negro (Alessandria 1430/1431-Milan 1494). He produced a number of editions of and commentaries on Latin texts, and was commissioned by Lodovico il Moro to compose the *Historia Vicecomitum* (left unfinished).

[110] Giulio Claro (1525–1575), jurisconsult, was made a senator of the city of Milan by Philip II, then 'presidente del magistrato ordinario' (see above, n. 98). He became podestà of Cremona in 1559 and was then at the court of Madrid, as 'consigliere delle cose italiane'. Among his works are *Opera Juridica. Receptarum sententiarum opera omnia* and the *Tractatus de testamentis, de donationibus, iure emphiteotico, et de feudis*. See Porta, *L'Alessandrina Tetracty*, p. 226; Porta, *Esemplari*, pp. 138–40; Orlandi, *Delle città d'Italia*, I, pp. 283–84; A-Valle, *Storia di Alessandria*, IV, p. 274

[111] Francesco Guasco, son of Annibal Guasco (see below, n. 112), was 'fiscale di Pavia', then of Como, and Pavia, and was nominated podestà of Tortona in 1595. He sent to Philip III a proposal for the creation of a new Italian militia on the model of the Cavalieri di Gerusalemme (the 'ricordi per i cavalieri che portano le croci', as Sori writes), that is, the *Ordo Equestris Sancti Sepulcri Hierosolymitani* (in English, the Equestrian Order of the Holy Sepulchre of Jerusalem). This proposal was later, it seems, printed in Italian, and then translated into Spanish. He was subsequently made a senator of the city of Milan and died in 1623. See Guasco, *Tavole genealogiche*, I, 'Famiglia Guasco', Table XII. See also Spelta, *Historia*, p. 277, as well as Porta, *Esemplari*, p. 88 and A-Valle, *Storia di Alessandria*, IV, p. 396, which identify Francesco Guasco, Annibal Guasco's son, as a physician and soldier. There seems to be some confusion in historical repertories between two (or three) different Francesco Guascos. Besides Guasco's son, there was also Francesco Guasco d'Alice, 'consigliere secreto' and 'mastro di casa' of King Francis I (Porta, *L'Alessandrina Tetracty*, p. 221; Porta, *Esemplari*, p. 88) and possibly another Francesco Guasco, physician and soldier.

[112] Annibal Guasco (1540–1619), man of letters and politician, author of several works in different genres. He was elected president of the Accademia degli Immobili in 1610. As we saw in the Introduction, he is particularly remembered for his 1586 conduct text *Ragionamento* [...] *a D. Lavinia sua figliuola, della maniera del governarsi ella in corte; andando per Dama alla Serenissima Infante D. Caterina, Duchessa di Savoia*. On Guasco's life and works, see Giuseppe Girimonti Greco, 'Guasco Annibale Giuseppe', *DBI*, 60 (2003), 445–48; Helena Sanson, 'Introduzione', in Guasco, *Ragionamento* (2010), 61–140 (pp. 61–99);

dove ne parla sotto Guglielmo 43, vescovo di Pavia di molt'anni prima che fusse fondata Alessandria;[113] e così il Moriggi, libro 4, capitolo 6,[114] ove dice che questa famiglia è della prima nobiltà d'Alessandria e ne l'alfabeto delle famiglie pone i Guaschi tra le nobil famiglie di Milano, e 'l Tasso loda molto quel capitano Guasco di nome e di cognome che morì all'acquisto di Gierusalemme,[115] e 'l Guazzo nelle lettere loda un signor Nicolao Guasco,[116] e ' meglio de' Guaschi nel sudetto signor Spelta, e prima in altri auttori da lui allegati. Ha mandato fuori in stampa ancora il signor Emilio Ghilini,[117] luogotenente del signor commissario generale di questo stato. Di legge, il signor Lancilotto Galia,[118] e 'l signor Giovanni Filippo Pelati,[119] avocato di molto concerto e frequenza di *clientoli. Di medicina, il signor Fabrizio Boido,[120] e 'l signor Alberto suo figlio

---

Ead., 'Women, Culture and Conduct at Carnival Time in Annibal Guasco's *Tela cangiante* (1605)', *Letteratura Italiana Antica*, 16 (2015), 551–76.

[113] See Spelta, *Historia*, 'Guglielmo, XLIII Vescovo di Pavia', pp. 267–79.

[114] Morigia, *Historia*, IV, Ch. 6, pp. 549–50, mentions Francesco Guasco, 'nobilissimo gentiluomo della prima nobiltà d'Alessandria'.

[115] Scipione Guasco, who participated in the Crusade of 1099 in Jerusalem. He is remembered by Tasso in his *Gerusalemme liberata*, I. 56. 1; V. 75. 1; XX. 40. 4. See Spelta, *Historia*, p. 269; Porta, *L'Alessandrina Tetracty*, p. 230; Porta, *Esemplari*, pp. 213–14; Orlandi, *Delle città d'Italia*, I, pp. 304–06.

[116] See Guazzo, *Lettere volgari di diversi gentilhuomini*, fols 171ᵛ–72ᵛ. Niccolò Guasco, jurisconsult, was made senator by Amedeo VIII of Savoy, and was vicar to Cardinal Ghislieri, who later became pope, taking the name Pius V. He died in 1578 (or 1568, according to other sources). See A-Valle, *Storia di Alessandria*, IV, p. 406. See also Guasco, *Tavole genealogiche*, I, 'Famiglia Guasco', Table V.

[117] Emilio Ghilini (1602–1640) was made 'luogotenente del commissario generale della Provincia di qua del Po' in 1627, by Gonzalo Fernandez, governor of Milan, in recognition of his military valour and service in the Spanish army. He was subsequently appointed 'luogotenente del commissario generale delle armate' (that is, of Count Giovanni Serbelloni) of the Duchy of Milan, Piedmont, and Monferrato. He distinguished himself at the siege of Vercelli of 1638 and in 1640 became 'mastro di campo di un Terzo di fanteria italiana'. See Ghilini, *Annali*, 1627. 7, p. 210; Porta, *L'Alessandrina Tetracty*, p. 221; A-Valle, *Storia di Alessandria*, IV, pp. 359–60; Orlandi, *Delle città d'Italia*, I, pp. 336–38. See also Guasco, *Tavole genealogiche*, VI, 'Famiglia Ghilini', Table II (Emilio II).

[118] Lancillotto Gallia (1532–1595), father of Scipione and Antonio (see above, nn. 86 and 108), renowned jurist, member of the Collegio dei Giureconsulti of Alessandria, author of *In Consuetudinem alexandrinam prohibentem maritum ultra certum modum uxori relinquere Commentarium; Patrocinium pro republica alexandrina contra universum Mediolani statum in causa erogationis muneris praesidij on aspernendum*; and *Consiliorum sive responsorum Volumen*. See Porta, *L'Alessandrina Tetracty*, p. 227; Porta, *Esemplari*, pp. 151–52; Orlandi, *Delle città d'Italia*, I, pp. 287–88; A-Valle, *Storia di Alessandria*, IV, p. 339. See also Guasco, *Tavole genealogiche*, VII, 'Famiglia Gallia-Dal Pozzo', Table 1, and Giuseppe Stradella, *Un giurista alessandrino del maturo diritto comune Lancillotto Gallia (1532–1595)* (Alessandria: Società di Storia Arte e Archeologia, 2006).

[119] This is the jurisconsult Giovanni Filippo Pellati, who died in 1645. See A-Valle, *Storia di Alessandria*, IV, pp. 478–79.

[120] The physician Fabrizio Boidi Trotti, who distinguished himself during the plague of 1576–77 by preventing the disease from spreading and ravaging Alessandria as it had

in spiritual rima,[121] e così il signor Tiberio Gambaruti.[122] Di orazioni funerali, il signor Pozzo sudetto in lode del sudetto signor Anibal Guasco,[123] e 'l signor Signorino Cotica in lode della nobilissima famiglia de' Beloni,[124] e 'l signor Massobrio sudetto una prattica benefiziaria.[125] Di chirurgia, li sudetti Sori, da Sora città nobilissima del Regno di Napoli,[126] dove sono nobil casate, et in Genoa et in Savona et in Spagna, dice Fragoso nella *Chirurgia*,[127] dove fa menzione di

---

Milan. He published a work on the subject of the plague, entitled *Il modo di conoscere e preservarsi dal mal contagioso*. He died in 1593. See Porta, *L'Alessandrina Tetracty*, p. 221; Porta, *Esemplari*, pp. 79–80; Orlandi, *Delle città d'Italia*, I, p. 286; A-Valle, *Storia di Alessandria*, IV, p. 227–28. See also A-Valle, *Storia di Alessandria*, III, pp. 234–35; Guasco, *Tavole genealogiche*, V, 'Famiglie Trotti, Boidi-Trotti, Sandri-Trotti', Table XIII.

[121] Son of Fabrizio Boidi Trotti, he composed spiritual verses and a play for the martyrdom of St Agnes, the *Sacra rappresentatione del martirio di s.ta Agnese vergine, e martire*, published in Pavia in 1615, and again ten years later. On Alberto Boidi Trotti, see Porta, *Esemplari*, p. 22; A-Valle, *Storia di Alessandria*, IV, p. 226. See Guasco, *Tavole genealogiche*, V, 'Famiglie Trotti, Boidi-Trotti, Sandri-Trotti', Table XIII.

[122] The learned jurist and man of letters Tiberio Gambaruti (1571–1633) lived for thirty years in Rome, where he was secretary and auditor to three cardinals, before returning to Alessandria. Among his works are *La nova Amarilli, favola pastorale* (1605); *La regina Feano Tragedia* (1609); *Discorsi, ed osservazioni politiche* (1612); and *Oratione alla seren.ma regina d. Margarita d'Austria in raccomandatione d'Alessandria* (1599), as well as letters and verse. See Porta, *L'Alessandrina Tetracty*, p. 231; Porta, *Esemplari*, pp. 217–18; Orlandi, *Delle città d'Italia*, I, p. 290; A-Valle, *Storia di Alessandria*, IV, p. 345.

[123] This is the physician and man of letters Niccolò Dal Pozzo, who in 1619 composed and delivered the *Oratione […] nelle esequie fatte per il Signor Annibale Guasco*. See above, *Difese*, n. 22.

[124] Signorino Cuttica (1541–1586), jurisconsult, orator, and historian, produced, among others, the *Allegationes & consilia Juridica* and the *Historium Alexandrinarum libri duo*, which was used by Girolamo Ghilini to compose his *Annali di Alessandria* (1666). The oration Sori refers to in the text is *In cooptatione Ottonis Belloni J. C. ornatissimi Oratio*. See Porta, *L'Alessandrina Tetracty*, p. 231; Porta, *Esemplari*, p. 216; Orlandi, *Delle città d'Italia*, I, p. 285; A-Valle, *Storia di Alessandria*, IV, p. 291. See also Guasco, *Tavole genealogiche*, III, 'Famiglia Cuttica', Table I.

[125] See above, n. 59.

[126] The town of Sora is in Lazio, in the province of Frosinone.

[127] Sori refers to the Spanish physician Juan Fragoso (1539–1597) and his well-known *Cirugia universal* (1581), with various subsequent editions. I consulted the fifth edition, *Cirugia universal […]. Y mas otros tres tratados […] El primero es, Una summa de proposiciones contraciertos avisos de cirugia. El segundo, de las declaraciones acerca de diversas heridas y muertos. El tercero, de los Aphorismos de Hyppocrates tocantes a cirugia* (Alcalà: en casa de Juan Gracian, 1592). The reference to 'el commendador Solis' (rather than Soris) is at fol. 292[r]. As we saw earlier, the same information about this possible representative of the Soris family in Spain, at the court of Charles V, is provided by Giovanni Battista Sori in his *Consigli, et avisi*, p. 79 ('Fragoso […] atesta che in Madril [sic] vide morire il comendatore Solis (o sia Soris, affinato de' miei antecessori)'). Isabella Sori may have taken it directly from there, or possibly consulted the *Cirugia* in its Spanish original, as Fragoso's text was only translated into Italian in 1639, as *Della cirugia del licentiado Giovanni Fragoso parti due nelle quali di tutte le cose, che alla cirugia appartengono, essattamente si ragiona. Tradotte dalla lingua spagnola nella italiana da Baldassar Grasso alias Grassia. Con l'aggiunta di*

un commendatore Soris; et ciò sia vero, qui in San Marco il 1625 furono sepolti di tal cognome dua capitani [p. 63] di cavalli,[128] de' quali vi dimorano ancor l'arme, con le quali s'incontra per lo più la nostra. Altri uomini insigni, per tornare a filo, e degni d'onorati trofei d'altre nobili stirpi, vi fiorirono in tutti i tempi, come si vedrà nella sudetta *Historia* del signor Ghilini,[129] di famiglia principale et nobilissima di questa città, della cui fa menzione il signor Spelta e signor Moriggi,[130] che le pone tra le nobil famiglie di Milano.

Illustrissime et nobilissime dame che fra altre in catena d'onore hanno dato e danno gloria ad Alessandria, la fu signora Ippolita Aresi Guasca mi par degna d'eterna memoria,[131] sì perché dicono fu bellissima e di grate maniere, eccellente nello scriver lettere al Senato et a' prencipi, come perché fu figlia del sudetto Clari e degna moglie del cavaglier di San Iacomo, signor Lodovico Guasco, che fu albergo di liberalità et di magnificenza, et ancora perché fu degna madre de' signori fratelli Aresi, dico Monsignor et il Presidente, et conte Giulio,[132] di lode degni et d'illustre memoria.

Merita lodi ancora la fu donna Gieronima Granara,[133] terror de l'avarizia, che per altri suoi meriti fu moglie del signor don Roderico, nostro governatore,

---

altre [*sic*] *tre trattati utilissimi alla cirugia del secondo Gio. Fragoso* (Palermo: Antonio Martarello).

[128] The old church of San Marco, whose walls were incorporated into those of the new cathedral, built after the destruction of the old one in 1803. See Giulio Ieni, 'La nuova cattedrale dei Valizzone', in *La cattedrale di Alessandria*, ed. by Carlenrica Spantigati (Alessandria: Cassa di Risparmio, 1988), pp. 33–48.

[129] Another reference to Ghilini's *Annali*, which was still in progress and yet to be published. See above, n. 81.

[130] Spelta, *Historia*, p. 176; Paolo Morigia, *La nobiltà di Milano, divisa in sei libri* (Milan: Pacifico Da Ponte, 1595), pp. 161–62.

[131] As we saw above (n. 95), the reference is to Ippolita, daughter of the magistrate Giulio Claro. She first married Marco Antonio Arese in 1568, and then, widowed, married Giacomo Lodovico Guasco. See Gian Paolo Massetto, *Un magistrato e una città nella Lombardia spagnola: Giulio Claro pretore a Cremona* (Milan: A. Giuffrè, 1984), p. 362. She was the mother of the historian Paolo Arese, from whom Sori often quotes, and of the president of the Senate Bartolomeo Arese. Giulio Maria Guasco, whom Sori mentions earlier in her *Panegirico* (see above, n. 95), was her son from her second marriage. See *La Vita del Conte Bartolomeo Arese Presidente del Senato di Milano* (Cologne: Francesco della Torre, 1682), p. 4. See also Guasco, *Tavole genealogiche*, I, 'Famiglia Guasco', Table VII.

[132] See n. 131.

[133] Girolama Granari is mentioned in A-Valle, *Storia di Alessandria*, III, p. 257, and IV, p. 377. She was the daughter of Girolamo Granari, and sole heir to his wealth. She first married Scipione Guasco, brother of Annibale Guasco, then Ottaviano Guasco, and then, widowed once again, contracted a third marriage in 1588 with Rodrigo de Toledo (Rodrigo de Toledo y Valcárcel), first governor of Pavia (1574–1578) and, from 1578, of Alessandria. In 1593, after a military campaign in France, Rodrigo de Toledo was assassinated by some peasants on his way back to Alessandria. After his death, she devoted herself to acts of charity. She died in 1623. She is recalled as a benefactor of the hospital dei Santi Antonio e Biagio. See Guasco, *Tavole genealogiche*, I, 'Famiglia Guasco', Table XII (s.v. Scipione Guasco; on him see also Porta, *Esemplari*, p. 214).

poi del signor Barbò,[134] commissario general di questo stato. Così merita la fu
contessa Gieronima Ladrona Baratta,[135] che fu nido d'umiltà et d'ogni nobil
costume. [p. 64] La contessa donna Lavinia Guasca[136] fra le presenti merita
ancor lodi, sì per la sua rara bellezza e belle fatezze, grazia singolare et onestà,
come valore nel comporre e scriver lettere.[137] La contessa Francesca Guasca,[138]
già moglie del signor Conte di Monte Castello, ora del signor Giovanni Bravo,
già nostro governatore, merita così ancora, e per esser ornata di molta prudenza
et bontà, come per esser degna sorella del già capitano di corazze, poi mastro
di campo et feudatario, signor Lodovico Guasco,[139] signor di molto valore et

---

[134] Barnabò Barbò, 'commissario generale' of the Duchy of Milan, was Girolama Granari's
husband after the death of Rodrigo de Toledo in 1593, as we see in Giovanni Battista Sori's
Interrogatorio di flobotomia (1611), mentioned earlier, which is dedicated to both 'Il signor
mastro di campo Barnabò Barbò, commissario generale per sua Maestà Cattolica nello Stato
di Milano [...] et la signora donna Geronima sua dignissima consorte' (fol. †2ʳ). Sori also
claims to have 'antica devozione' towards 'donna Geronima [...] per la buona volontà che
sempre mostrò alla mia genitrice, mentre visse' (fol. †2ʳ).

[135] Girolama Ladrona Baratta. I have not been able to positively identify Girolama Baratta
in Guasco's *Tavole genealogiche*, IX, 'Famiglia Baratta', Table I, as the information is
incomplete, especially for some branches of the family. On the Baratta family, see A-Valle,
Storia di Alessandria, IV, pp. 202–03.

[136] Lavinia Guasco, daughter of Annibal Guasco and Laura Belloni, daughter of Luigi
Belloni, vice president of the Senate of Milan. In 1585, at the age of 11, she became one of
the maids-of-honour at the court of the Infanta Caterina, daughter of Philip II of Spain,
following the Infanta's marriage to Duke Carlo Emanuele I of Savoy. In 1591 Lavinia
married Count Guido Emanuele Langosco, who died in 1623. She remarried to Giovanni
Battista (called Prospero) Visconti (widower of Bianca Taverna), count of Castelletto, son
of Galeazzo, lord of Fontaneto, count of Breme, Vaprio, Cavaglio, and Castelletto di Momo,
who also died just a few years later, in 1627 (or 1625, according to other sources). See Guasco,
Tavole genealogiche, I, 'Famiglia Guasco', Table XII. As we saw earlier, Lavinia's father wrote
the *Ragionamento* (1586) to guide and assist her in her life at the Savoy court.

[137] This is an interesting remark, as Sori states that Lavinia was praised for her ability
in writing letters. We do not have any extant copies of letters written by her. Her father
Annibal Guasco published three volumes of his own letters in 1601 (reprinted in 1603), 1607,
and 1618, in which he writes to family members, friends, and dignitaries of his time. Several
letters are addressed to Lavinia, but the three volumes do not include any replies from
Guasco's correspondents.

[138] Francesca Guasco, sister of the Marquis Lodovico Guasco. In 1590, she married Cristiano
Stampa (Cristierno Stampa-Leyva), count of Montecastello, who died in battle during the
siege of Vercelli in 1617. In 1624, she married Giovanni Bravo de Laguna, 'mastro di campo'
and renowned soldier, governor of Alessandria between 1621 and 1625. He fought in Flanders
in 1625. See Porta, *L'Alessandrina Tetracty*, p. 573; Porta, *Esemplari*, p. 295; A-Valle, *Storia di
Alessandria*, IV, p. 167. See also Guasco, Tavole genealogiche, I, 'Famiglia Guasco', Table XIV.

[139] Lodovico Guasco fought in the service of the Catholic Spanish king, who rewarded him
with the title of marquis. He distinguished himself as a soldier first at Candia Lomellina
and then in the battle of Vercelli, where he was gravely wounded. He was made 'mastro
di campo' by Philip III and member of the 'Consiglio segreto', and in 1625 he was sent by
the Duke of Feira to rescue the city of Genoa where he managed to raise the siege of the
French and Savoy troops. He was taken prisoner by the Duke of Savoy in Ottaggio in the
same year. In 1635, he distinguished himself at the siege of Valenza, which he also managed

cognizione delle cose del mondo et colmo di presente dello splendore della sua fameglia; la marchesa Gieronima Caccia Guasca merita così ancora,[140] e la contessa sua sorella:[141]

> *Che patria stirpe et onore*
> *hanno di par di beltà e valore.*[142]

E la signora Barbara, terza sorella,[143] che la bellezza aviva et adorna di giusti fregi e titoli immortali, degna moglie del signor Claudio Pozzo, di famiglia nobilissima e principale, et onorato del grado di luogotenente della compagnia d'uomini d'arme del sudetto signor di Salsi.

La signora Paola Trotta Cutica merita così ancora per diverse virtù di che è ornata e sembianti divini,[144] come anche per esser degna sorella del signor marchese Cesare Cutica,[145] di famiglia nobilissima et principale di questa città, come anche dice il Moriggi in Milano.[146] Merita ancor lodi et onori la [p. 65]

---

to break with his troops. In October of the same year, he was marching to the defence of Montecastello. He died in 1643. Of his eight children with Violante Spinola, the daughter of Count Fabrizio di Tassarolo, his son Carlo is also included in Sori's list of illustrious figures from Alessandria (see above, n. 93). On Lodovico Guasco, see Porta, *L'Alessandrina Tetracty*, p. 227; Porta, *Esemplari*, pp. 153–55; Orlandi, *Delle città d'Italia*, I, pp. 339–42; A-Valle, *Storia di Alessandria*, IV, pp. 404–05.

[140] Girolama Guasco, daughter of Francesco Guasco dei Marchesi di Solero. In 1619 she married Agostino Caccia, count of Aprò. See Guasco, *Tavole genealogiche*, I, 'Famiglia Guasco', Table XVI.

[141] Isabella Guasco, daughter of Francesco Guasco dei Marchesi di Solero, sister of Girolama and Barbara (see, respectively, above n. 140 and below n. 143). In 1616, she married Count Carlo Ambrogio Arborio di Gattinara. See Guasco, *Tavole genealogiche*, I, 'Famiglia Guasco', Table XVI.

[142] Ariosto, *Orlando furioso*, LXII, 85. 7–8.

[143] Together with Girolama and Isabella, mentioned above, Barbara Guasco, born in 1593, was the daughter of Francesco Guasco dei Marchesi di Solero, and of his second wife Barbara Tornielli, the daughter of Manfredo Tornielli, count of Briona. In 1610, Barbara Guasco married Claudio Dal Pozzo, later marquis d'Annone and lord of Retorto. On the death of Count Tornielli in 1583, there were no male descendants, and his widow and his two daughters Barbara and Antonia lost the family castle of Briona. It was Barbara Guasco who managed to reclaim the castle in 1653. See Guasco, *Tavole genealogiche*, III, 'Famiglia Dal Pozzo', Table II.

[144] Paola Cuttica, daughter of Lorenzo II, lord of Cassine, and Maria Vivaldi, married Count Gian Galeazzo Trotti Bentivoglio (1599–1670) in 1624. He was one of the most renowned military leaders of his time, 'commendatore di San Giacomo' and 'mastro di campo generale'. See Guasco, *Tavole generalogiche*, III, 'Famiglia Cuttica', Table II, and ibid., v, 'Famiglie Trotti, Boidi-Trotti, Sandri-Trotti', Table XI. On Count Trotti Bentivoglio see Orlandi, *Delle città d'Italia*, I, pp. 354–60.

[145] Cesare Cuttica, brother of Paola Cuttica. In 1615, he was sent to Genoa with his father, Lorenzo Cuttica, as ambassadors of Alessandria to congratulate Pedro de Toledo on his appointment as governor of the city of Milan. In 1617 Cesare Cuttica married Margherita Caccia, on whom see below, n. 147. See Guasco, *Tavole genealogiche*, III, 'Famiglia Cuttica', Table II.

[146] In Morigia's *La nobiltà* we find a reference to Giovanni Battista and Giovanni Francesco

cognata,[147] moglie di esso signor marchese et sorella del signor marchese Caccia, perché è signora che di senno et di bontade non eccede ad altra di questa etade.

La signora Spiringa Manriches Arnuzia[148] e signora Anna Maria Arnuzia Milani,[149] per esser di belle parti e costumi nobili e rari onde ciascun s'ammira, meritano altri tanti onori e lodi per esser state mogli alli signori marchesi Malaspina, famiglia nobilissima della quale fa menzione il Moriggi,[150] il Guicciardini,[151] et altri istorici.

Altre illustrissime signore d'altre parti, ma accasate in Alessandria, per loro virtù e nobiltà di sangue ancora son degne di molte lodi et di eterni onori, come la signora donna Isabella, figlia del sudetto signor di Salsi, Marchese di Cassano et Conte del Bosco,[152] per esser bella, accorta, di molt'altezza d'animo e d'intelletto.

Degna del medemo è la cognata, dico la signora contessa,[153] moglie del già capitano signor Guarnerio Guasco,[154] ricchissimo feudatario, signor prudente e pronto a' bisogni della patria. Signor di quella nobiltà che, dice il Moriggi del

---

Cuttica, pp. 319–26. On the Cuttica family see A-Valle, *Storia di Alessandria*, IV, pp. 289–92. See also Guasco, *Tavole generalogiche*, III, 'Famiglia Cuttica'.

[147] Margherita Caccia, from Novara, had married Cesare Cuttica in 1617 (n. 145 above). She died in 1675.

[148] Sperindia Manriches Arnuzzi was the daughter of Giordano Arnuzzi and Caterina Violante Guasco. Her first marriage, in 1620, was to Don Juan Manriquez, a Spanish captain, and she later married the Marquis Ercole Malaspina. See Guasco, *Tavole Genealogiche*, IX, 'Famiglia Arnuzzi [De' Medici]', Table II. On the Arnuzzi family, see also A-Valle, *Storia di Alessandria*, IV, pp. 188 ff.

[149] Anna Maria Arnuzzi Milani was the daughter, and sole heir, of Bonifacio Milani, decurion of Alessandria, and Vittoria Pettenari. She was the widow of the Marquis Girolamo Malaspina, son of Corradino Malaspina, and then of Antonio Bagliani, decurion of Alessandria. In 1620, she married Giordano Arnuzzi De' Medici, from whom she separated in 1623. See Guasco, *Tavole Genealogiche*, IX, 'Famiglia Arnuzzi [De' Medici]', Table II, and ibid., VII, 'Famiglia Milani', Table I.

[150] Morigia, *Historia*, I, Ch. 4, pp. 19–20.

[151] Guicciardini, *Historia* [1610], fols 28[r], 56[v], 88[v]. Tommaso Porcacchi wrote a *Historia dell'origine et successione dell'illustrissima famiglia Malaspina* (Verona: Girolamo Discepolo, 1585).

[152] Isabella Bonelli, daughter of Antonio Pio, duke of Salci (see above, n. 75). In 1622, she married Francesco Ottavio Guasco, son of Francesco, who died in 1624. In 1634, she married Nicolò Castellani. See Guasco, *Tavole Genealogiche*, I, 'Famiglia Guasco', Table XVI.

[153] This is Angela Bianca Beccaria, on whom see below, n. 154.

[154] Guarnerio Guasco, born in 1595, son of Francesco Guasco, married Angela Bianca Beccaria, heir of Augusto Cesare, marquis of Incisa, lord of Mondondone and Pieve del Cairo in 1623. A captain of the Spanish army, Guarnerio Guasco later rose to the rank of 'mastro di campo'. In 1610 he became lord of Pieve del Cairo, after acquiring the castle and the estates of the fief. In 1649, he was among those chosen to act as ambassadors for Alessandria during the visit of Queen Maria Anna of Austria, second wife of Philip IV of Spain, to Milan. See Porta, *L'Alessandrina Tetracty*, p. 226; A-Valle, *Storia di Alessandria*, IV, p. 403; Guasco, *Tavole Genealogiche*, I, 'Famiglia Guasco', Table XVI.

signor Francesco Guasco suo padre,[155] è così degna ancora tal signora, perché è nobilissima, ricchissima et di molte virtù ornata.

La signora Paola Tassi,[156] albergo di benignità et altre virtù, per le quali si meritò di esser agiogata al signor marchese Iacomo Antonio Guasco,[157] poi al signor Matteo Togneseia,[158] nostro governatore, [p. 66] merita così ancora.

E così la signora Anna, figlia del Conte di Verzolo e moglie del signor Ottaviano Guasco,[159] nume di modestia et d'ogni nobil qualità.

La signora Margarita Varci Acerba,[160] sorella del signor marchese Acerbo,[161] merita il medemo, per risplender di nobili costumi e valor d'ago fra sì nobil schiera, a guisa che il *piropo fra gli altri raggi del sole.

---

[155] Morigia, *Historia*, IV, Ch. 6, pp. 549–50.

[156] The daughter of Prince Ruggero III Thurn und Taxis, marquis of Paullo, and Lucina Cattaneo. After the death of her first husband Giacomo Antonio Guasco in 1615, Paola Thurn und Taxis married Don Matteo Otañez (on whom see below, n. 158).

[157] The Marquis Giacomo Antonio Guasco distinguished himself in the war between the French and the Spanish as an infantry captain in the Spanish army. He was also a man of letters and historian: among his works were the *Istoria d'alcuni suoi maggiori di Casa Guasca* and the *Arbore gentilizio di più Guaschi, che s'illustrarono nell'armi*. He was 'Principe' of the Accademia degli Immobili. See Porta, *Esemplari*, p. 102, as well as Guasco, *Tavole Genealogiche*, I, 'Famiglia Guasco', Table XXI.

[158] This is Matteo Otañez, 'mastro di campo', governor of Alessandria and 'capitano generale' from 1625. He died on 13 March 1627. This helps us date the composition of the *Panegirico* to sometime before March 1627, given that the text indicates that Otañez was still alive when Sori was composing her praise of Alessandria. On Otañez, see Ghilini, *Annali*, 1627. 4, p. 209; Porta, *Esemplari*, pp. 295–96. Ghilini, *Annali*, 1625. 28, p. 206, Porta, *Esemplari*, p. 296, and A-Valle, *Storia di Alessandria*, IV, p. 167, report that the governor's wife was Margherita Vandernetti Tassi (Van der Net Taxis), who died on 25 July 1625, aged 42. If there was a second marriage with Paola Tassi (Thurn and Taxis), it must have taken place after that date, but I have not been able to find any record of it.

[159] Ottaviano Guasco, son of Cristoforo Guasco, married Anna Verzuolo, daughter of Francesco Renato di Saluzzo, count of Verzuolo, Cissone, and Lequio in 1604. Anna was the widow of Giovanni Antonio di Romagnano, count of Pollenzo, who had been killed in 1602. The son she had with Ottaviano Guasco married the daughter of Giacomo Antonio Guasco and Paola Thurn von Taxis (see above, n. 158), an indication of how marriages were arranged among related families, for political and inheritance reasons.

[160] Margherita Acerbi Varzi, daughter of the Milanese Borso II Acerbi, marquis of Cisterna (d'Asti). She married Bernardino Varzi of Alessandria, a jurisconsult who, in 1600, together with Annibal Guasco and Domenico Squarzafichi, was chosen to represent Alessandria to welcome the Count of Fuentes, the new governor of Milan, to Genoa. When in 1610 Alessandria created an army of citizens, subdivided into the 4 'quartieri', to resist the French, Bernardino Varzi was made the commander of the army of Gamondio. See Guasco, *Tavole genealogiche*, VIII, 'Famiglia Varzi', Table 1.

[161] Giovanni, son of Borso II Acerbi (see above, n. 160), who later sold the fief of Cisterna d'Asti to the family Dal Pozzo. Giovanni's uncle, Lodovico II, was the renowned 'Diavolo di Porta Romana', who lived a dissolute and sumptuous life in his luxurious palace, in an impoverished Milan. According to popular belief, he lived through the 1630 plague (despite the fact he died in 1622), untouched by the illness, and was said to be the embodiment of the Devil himself. Matteo Turconi Sormani, *Le grandi famiglie di Milano* (Milan: Newton Compton, 2015), s.v. 'Acerbi.'

Altre degne del medemo che vi sono non si dolghino se non ne fo menzione, perché io fo come il pelegrino che passi per un prato, il quale coglie alcuni pochi fiori e non se n'empie le mani, perciò che, s'io avessi voluto far corona delle lodi convenienti a ciascuna, morte e vive d'Alessandria, et accasate in Alessandria, non mi sarebbe bastato un anno intiero. Il poco che se n'è detto può destar in altro miglior ingegno desiderio di lodarle più lungamente in altra occasione. Però che mi vo apparecchiando, spero di sodisfar ad altre che ora paiono oscure e dimenticate, che con maggior gloria loro e de' discendenti si vedranno, se si lascieranno intendere di una in una ornate di quello che per particolari atti di virtù si doverà. Come spero di sodisfar ad altre persone di bocca dolce e cor amaro, così a quelle che dicono che gli alessandrini per natura i suoi deprimono,[162] così a quelle, come dice l'Ariosto canto 28,[163] che parlano più di quel che meno intendono.

[p. 67] Appresso vedo et così avisata che non bisogna ch'io lasci sotto silenzio alcune dame et gran signore dell'illustrissima città di Pavia, meritevoli (come prima disse il Bordoni nella dedicatoria de' *Trofei donneschi*),[164] e per virtù singolari e per nobiltà di sangue, d'eterno onore e di lodi e gloria.

E tra le più illustrissime che danno splendore e gloria alla città sudetta et al loro sangue è la signora marchesa Anna Francesca Isimbarda Beccaria,[165] d'età giovanile, sì, ma di cauto senno, signora costumatissima, prudente e bella, et con tant'altre grazie che ne può mill'altre arrichire: signora ch'all'alta fortuna agguaglia il merto, riverita a gara da' titolati e cavalieri, et a ragione, per esser solo l'onore, come disse Aristotele nella *Republica*,[166] di virtù premio; come ancora così merita, per esser accasata nella nobilissima stirpe Isimbarda ricchissima e principale di Pavia, e sì per esser del sangue della nobilissima

---

[162] See above, n. 27, Alessandria's motto 'Deprimit elatos levat Alexandria stratos'.

[163] Ariosto, XXVIII, 1. 8.

[164] Sori refers to the dedicatory letter of the printer Agostino Bordoni, 'All'Illustrissima signora et signora sempre mia colendissima, la signora Anna Francesca, Contessa di Satirana', in Spelta's *Donneschi trofei*, fol. +2^v.

[165] The Marchioness Anna Francesca Beccaria was the daughter of the Pavian nobleman Francesco Beccaria and of Ottavia Serbelloni. In 1624 she married Don Pietro Isimbardi (1603–1670), second marquis della Pieve del Cairo, lord of Cairo and Gallia from 1644. See Guasco, *Tavole genealogiche*, I, 'Famiglia Guasco', Table XVI.

[166] This concept of *honor praemium virtutis* ('honour is the reward for virtue') is in fact expressed rather in Aristotle's *Nicomachean Ethics* (*Ethica Nicomachea*), IV, 3. 10–11. 1123b. See also his *Rhetoric* (*Ars Rhetorica*), I, 5. 9. 1361a. Sori's immediate source might perhaps be Tasso's *Dialogo della nobiltà*, fol. 106^r, where we find a reference to honour and Aristotle's *Republic* (erroneously for '*Retorica*'): 'L'onore, se ben mi rammento, in tre modi è stato definito da Aristotele: premio di virtù, nel libro de' costumi. Nella *Republica*, segno d'opinione benefattiva, e ultimamente premio della virtù e della beneficenza, nella quale diffinizione congiunge le altre due'. On the question of honour as the reward for virtue, see also Tasso's *Dialogo della nobiltà*, fols 108^r, 162^r, and 163^r. Marinelli too touches upon this point in Ch. 4 of *La nobiltà, et l'eccellenza delle donne*, p. 25, where she recalls how, according to Aristotle in the *Ethics*, 'l'onor *est virtutis premium et benefitii*'.

e gloriosa famiglia Beccaria dal re di Caria,[167] dalla quale sono usciti quegli uomini d'alte virtù in Santa Chiesa, nell'armi e nelle lettere che si può vedere nella prefazione dell'*Historia* del signor Spelta,[168] corifeo degl'istorici di questa età, e meglio sotto Corrado Beccaria,[169] vescovo di essa città, e nel signor Marini.[170]

La signora contessa Lodovica Crivella Mezabarba è degna del medemo,[171] sì per esser ornata di tutte le parti che concorrono a fare una compita bellezza, [p. 68] dico belle fattezze, ben posti colori, aria et grazia, grazie ch'a pochi il Ciel concede, sì anco perché in lei risplendono altre virtù et, come raggi di sole in luce di specchio, i meriti onoratissimi de' suoi maggiori, de' quali ne fa onoratissima menzione, sotto Alessandro Sauli, il sudetto signor Spelta,[172] gloria della sua patria. Et sì merita lodi detta signora per essere congionta alla nobilissima in molte provincie stirpe Crivella, della quale ne dice il medemo,[173] e 'l Moriggi[174] et il Mazella prima.[175]

La signora Isabella Giorgio Landriana merita ch'amor l'onori e l'onor l'essalti,[176] per esser ornata di belle maniere, di fronte di rose e bel crine d'oro, e bellissime fattezze che apportano, come disse il Tasso, canto 6, stanza 68,

---

[167] Spelta, *Historia*, 'Corrado Beccaria LV vescovo di Pavia', pp. 331–35 (p. 31).

[168] Spelta, *Historia*, pp. 32–38.

[169] Spelta, *Historia*, pp. 331–35.

[170] In Spelta, *Historia*, pp. 332, the physician Stefano Marini is mentioned as having composed a 'libro posto in luce sotto gli auspicii del signor conte Alfonso Beccaria'. It is the *Beccariae gentis imagines ex eiusdem historijs Stephani Marini philosophi et medici industria fideliter excerptae, et emendatae, ac suo quaeque ordine illustratae. Cum additamentis de eiusdem insignibus, & de Beccaria sobole in Rhaetia superiore* (Ticino: Girolamo Bartoli, 1585).

[171] Lodovica Crivelli Mezzabarba was the daughter of Alessandro Mezzabarba and Caterina Pietra, and the second wife of Count Francesco Crivelli, whom she had married in 1625. See Chiara Porqueddu, *Il patriziato pavese in età spagnola. Ruoli familiari, stile di vita, economia* (Milan: Edizioni Unicopli, 2012), pp. 89, 147–50, 164, 305–06.

[172] Spelta, *Historia*, 'Alessandro Sauli, LXVIII vescovo di Pavia', pp. 530–72. On the Mezzabarbi family in particular, pp. 544–47.

[173] I could not find a reference to the Crivelli family in Spelta's *Historia*.

[174] Morigia, *Historia*, III, Ch. 20, p. 486. See also pp. 281, 464–70.

[175] Mazzella, *Descrittione del Regno di Napoli*, p. 344.

[176] Isabella Giorgi Landriani was the daughter of Fabrizio Landriani and Bianca Margherita Sclafenati. After the death of her father, her uncle Pompeo Giorgi (married to Alda Camilla Sclafenati) was seemingly in charge of her education and had placed her in the convent of the Annunciata in Pavia. In 1612, Pompeo Giorgi made an application with the 'fedecommesso' to adopt his sixteen-year-old niece, in light of a possible marriage to be concluded between her and Giovanni Antonio Tornielli, also making her his sole heir in 1615. Ultimately, Isabella married Fabio Giorgi, 'cavaliere di Santo Stefano'. See *Fondo Marozzi*, 'Famiglia Landriani', c. 442; *Fondo Marozzi*, 'Famiglia Giorgi', c. 440/A. I owe this information to Chiara Porqueddu and Alessandra Ferraresi, who shared with me their precious expertise and very kindly consulted local archives in Pavia to help me identify Isabella Giorgi Landriani.

titolo di primo onore,[177] e per il valor di lettere e d'ago, in che porta fama; onde dovrei per questi rispetti dire, se non fusse per far torto all'altre, che fosse unica di virtù, prima di grazie, sola di bellezze, et ancora per essere della fameglia Landriana tanto lodata e celebrata dal Moriggi, nel libro 3,[178] e dal signor Spelta,[179] sotto il sudetto Sauli, e per essere annodata alla famiglia Giorgi, della quale dirò a basso. E per il nome d'Isabella merita così ancora, ché arguisce bellezza e grandezza d'animo e d'ingegno, et altre che tralascio, perché conosco

> *Che per farne istorie belle*
> *mi bisognerìa carta il ciel,*
> *penna il mondo, e 'l mar inchiostro*
> *[p. 69] e scrivere in caratteri di stelle.*[180]

La signora Giulia Giorgia Pietra,[181] vedova gentile e degna ancora d'onore per essere specchio d'umiltà, essempio d'onore e d'onorata cortesia vanto. Né così degna, anzi miglior musa, ne canti alte lodi per esser della stirpe Pietra nobilissima e di quello splendore che si legge nel signor Spelta, sotto il vescovo Antonino di Monte.[182] E primo il Giovio nel libro 15,[183] e 'l Guicciardini nel libro 12,[184] che fanno menzione d'uomini di essa di virtù singolarissime. Come ancora n'è degna per esser stata accinta per l'imeneo al sangue Giorgi da' prencipi di Germania, dal quale sono usciti uomini valorosissimi in tutte le professioni, che danno splendore al sangue loro, come si può vedere nel sudetto onor di scrittori, sotto il sudetto Sauli.[185]

È poi conveniente che non sia discosta dalla sudetta signora la sua fida

---

[177] Tasso, *Gerusalemme liberata*, VI. 82 (rather than 68).

[178] Morigia, *Historia*, III, Ch. 6, pp. 437–41.

[179] Spelta, *Historia*, p. 544.

[180] We find a similar image in Andreini's *Le bravure del Capitano Spavento*, from which Sori quotes in the *Ammaestramenti*: 'dilli che per carta mi mandi il cielo della luna, per inchiostro il mare oceano, per penna il fuso dell'emispero, per cera il globo della terra, e per sigillo da sigillare l'ardentissimo fulmine di Giove' (fol. 21ʳ). I would like to thank Paolo Procaccioli for his help in tracing this possible source.

[181] This is Giulia Giorgi Pietra, the daughter of Marc'Antonio Giorgi. After her first marriage to Apollonio de Gringhellis (Ghiringhelli), she married the juriconsult Gerolamo Pietra, who died in 1626. See *Fondo Marozzi*, 'Famiglia Pietra', c. 448. As with n. 176 above, I owe this information to Chiara Porqueddu and Alessandra Ferraresi.

[182] Spelta, *Historia*, 'Antonio di Monte LXXIV Vescovo di Pavia', pp. 453–59, in particular pp. 457–58 on the Pietra family.

[183] We find a reference to an Alberto Pietra in Paolo Giovio, *La prima parte dell'historie del suo tempo [...] tradotta per Lodovico Domenichi [...] con un supplimento sopra le medesime historie, fatto da Girolamo Ruscelli* (Venice: Giovanni Maria Bonelli, 1560), Book XV, p. 404. There is also a reference to a Giorgio Pietra in Book II, p. 124. Sori may also have consulted the original Latin text, *Pauli Iouii Nouocomensis episcopi Nucerini Historiarum sui temporis tomus primus* (Florence: Lorenzo Torrentino, 1550). The first edition of the Italian translation was published in 1551.

[184] Guicciardini, *Historia*, XII, fol. 368ʳ.

[185] Spelta, *Historia*, pp. 541–44.

compagna, ch'è la signora Arcangela Beccaria Candiana,[186] le cui rare qualità da lunghi discorsi d'eloquenti oratori, non già da questo mio brieve compendio, meritano essere celebrate. Taccierò pertanto il vago splendore che in essa dalla famiglia Beccaria, quasi da sole in lucidissimo cristallo, si diffondeno. Non dirò quella rara prudenza che in questa signora con profonda umiltà è congionta, quell'insolita pietà da ugual giustizia accompagnata, quella cortese affabilità et affabile cortesia con leggiadra modestia annodata. Non posso però senz'ingiuria passar sotto silenzio [p. 70] quel segnalato favore della Benedizione Celeste, dico della fecondità nel parto, nella quale, se non avanza, aggualia almeno qual si voglia altra signora d'essa città, et pare apunto che la fecondità del corpo abbi emolato quella dell'animo, con questa differenza, però: che questa d'un sol dono è per arrichire il Cielo, quella, a un stuolo quasi di tante stelle, è per adornarlo.

La signora Daria Oppizzona Giorgia vedova,[187] bella, fresca e vezzosa come matutina rosa, merita anch'ella gloria et onore, e per esser di bellissimo ingegno e maniere nobili e pellegrine, e di buona fama e d'invidiabil fede — a che ogn'altra virtù s'inchina e cede — , e per altri suoi saggi costumi eccelsi che a noi tutte son specchio e luce. E per la sudetta nobiltà del sangue Giorgi e per l'incatenatura con la nobilissima stirpe Oppizzona, della quale mi pesa che non sia ora in poter mio tanto dirne quanto ho desío, pregandola per fine, e l'altre signore ancora, a ringraziar l'onorando stampatore della diligenza di procurar di renderle forsi prime gloriose di questo stato, essendo la gloria effetto della lode. E penso certo bene, per essere loro signore — come altre di Pavia delle quali in altra mia fatica menzion è[188] — degne che se ne scriva non poche parole

---

[186] Possibly Arcangela Beccaria Candiani, daughter of Sforza Beccaria (d'Arena) and Laura Beccaria. She was married to Gerolamo Candiani. Sori praises her 'fecondità nel parto' and we know from existing documents that Arcangela Beccaria Candiani had at least three sons, Sforza, Giovanni Battista, and Luigi. See *Fondo Marozzi*, 'Famiglia Candiani', c. 429. With thanks to Chiara Porqueddu and Alessandra Ferraresi for this information.

[187] Daria Opizzoni Giorgi, the daughter of Giovanni Angelo Opizzoni and Ippolita Torre, was married to Carlo Antonio Giorgi. After her husband's death, her father Giovanni Angelo had unsuccessfully asked for Daria's dowry to be returned to the family. She then married again, this time to Gerolamo dei Beccaria (called 'prevostini'). In 1628, after the death of her father and her first husband, she brought a lawsuit against her own brother Ambrogio over a dowry issue. See on this Porqueddu, *Il patriziato pavese*, pp. 118–20, and *Fondo Marozzi*, 'Famiglia Giorgi', c. 440/A. With sincere thanks to Chiara Porqueddu for her research in local archives to help me retrieve further information on Daria Opizzoni Giorgi.

[188] The original text presents the form *menzione*, which, unless it is considered an uncommon example of the present tense in *-e* for *-o* (unlikely, in light of the linguistic forms and choices in the rest of the text), could be an instance of an *omissis* in composing the text for print. Perhaps a suffix for the future tense was left out in the last syllable (for *menzionerò*) or, if we interpret *menzione* as a noun rather than a verb, what is missing from the text is a present or future verbal form (*faccio/farò*). It could also be, as it is interpreted here, an error in the composition of the word (*menzione* for *menzion è*). In any case, the text seems to suggest that Sori had written, or intended to write, elsewhere about the ladies of Pavia.

in carta, come ho fatt'io, ma che se ne scrivano con piume di diamanti, contro il tempo e la morte, elogi, encomi, panegirici, in bronzi, in marmi, in mausolei; e, con inchino, le bacio le mani.

Il fine.

Stampato in Pavia, per Giovanni Maria Magro, l'anno MDCXXVIII.
Con licenza de' Superiori

GLOSSARY

aerone 'Airone (ant. anche *areone*), sm. Trampoliere della famiglia degli Ardeidi [...]. L'airone bianco [...] è caratterizzato dal candore delle sue piume: le penne sono ricercate come ornamento (per feluche, berretti di parata, cappelli di donna, ecc. [...]). Penna dell'airone'. *GDLI*: s.v. 'airone'. But see also Venturelli, *Vestire e apparire*, p. 53: '*ayrone*, cioè piumaggi più o meno esotici affiancati in vario modo da altre componenti ornamentali'. See *Ammaestramenti e ricordi*, p. 77.

affinato, affinati From *affine*, with the meaning 'parente acquisito di un coniuge rispetto all'altro coniuge, ad es. il cognato o il suocero; estens. parente'. *GDLI*: s.v. 'affine'. See *Ammaestramenti e ricordi*, p. 22, and *Difese*, p. 59.

agucci Third-person singular, present subjunctive of the verb 'aguzzare', here used as a negative imperative, and with the meaning of 'rendere la voce acuta'. *GDLI*: s.v. 'aguzzare'. See *Ammaestramenti e ricordi*, p. 15.

anelito 'Anelito, sm. Respiro affannoso, ansito'; in Sori with the meaning of 'alito'. *GDLI*: s.v. See *Ammaestramenti e ricordi*, p. 66.

arugata Feminine of 'arugato', from 'Arrugare, intr. and rifl. Divenire rugoso, coprirsi di rughe'. *GDLI*: s.v. 'arrugare'. See *Ammaestramenti e ricordi*, p. 71.

attilatura 'Attillatura (ant. anche *attilatura*), sf. L'attillarsi; raffinata eleganza nel vestirsi, nel portamento. [...] Per estens. Squisita raffinatezza, eleganza studiata. [...] Vestito elegante; abbigliamento accurato, ricercato, raffinato'. *GDLI*: s.v. 'attillatura'. See *Ammaestramenti e ricordi*, p. 68.

avezze This could be either a typographical error (*avezze* for *vezze*), probably determined by the final *–a* of the preceding word, or it could be *vezza* with discretion of the article (*la veccia* > *l'aveccia*). See 'veccia (ant. *vèzza*), sf. (pl. *–ce* e *–cie*). Bot. Genere di piante erbacee della famiglia delle leguminose Papiglionacee, appartenente al genere *vicia*; comprende molte specie largamente coltivate e anche spontanee in Italia [...]; la pianta è usata come foraggio e i semi come mangime per animali da cortile (e, un tempo, nell'alimentazione umana sotto forma di farina per la panificazione)'. *GDLI*: s.v. 'veccia'. See also Carlo Battisti and Giovanni Alessio, *Dizionario etimologico italiano*, 5 vols (Florence: G. Barbera, 1948–57), v (1957), s.v. 'veccia': 'genere di leguminose, lat. sc. *vicia*; lat. *vicia*, ben rappresentato nei nostri dialetti, e cfr. fr. *vesce*, prov. *vesa*, catal. *vessa* (donde sp. *veza*). [...] Cfr. lat. med. *Vecia* [...] *vezza*'. See *Difese*, p. 54.

bambaso 'Bambagio (dial. *banbaso*). Ant. Bambagia', that is, 'Cascame della filatura del cotone; cotone a fiocchi, lieve e morbido'. *GDLI*: s.v. 'bambagio' and 'bambagia'. See *Ammaestramenti e ricordi*, p. 71.

becchine For *beghine*. A 'beghina' is a 'donna religiosissima e devota; bigotta, pinzochera; bacchettona, picchiapetto', with a negative connotation (Engl. 'beguine'). The more neutral meaning of the term indicates a woman who 'viveva (durante il Medioevo, nei sec. XII e XIII) in congregazioni devote (non propriamente monastiche, e assai spesso considerate dalla Chiesa come eterodosse e perfino eretical), conducendo vita povera e appartata'. *GDLI*: s.v. 'beghina'. See *Ammaestramenti e ricordi*, p. 62.

berettino 'Berrettino (anche *berettino*, ant. *bertino*), agg., sm. [...] di colore bigio, cinereo'. *GDLI*: s.v. 'berrettino'. See *Ammaestramenti e ricordi*, p. 74.

biggio 'Bigio, agg. (ant. anche *biso*), che ha colore della cenere (quindi di colore spento, incerto, che tende a confondersi con ciò che sta vicino), grigio'. Also, 'sm. panno, abito bigio, il saio di certi ordini religiosi e anche il vestito della gente umile (che era fatto del tessuto scuro e rozzo detto appunto bigello)'. *GDLI*: s.v. 'bigio'. See *Ammaestramenti e ricordi*, pp. 62, 74.

bindello, bindelli 'Dimin. Dial. Nastro, fettuccia'. *GDLI*: s.v. 'bindello'. See *Ammaestramenti e ricordi*, p. 69.

calce Plural of 'Calza (*calcea*), latino tardo *calcea*, da *calceus* [...], sf., indumento a maglia (di lana, cotone, di seta, di nailon) che ricopre il piede e parzialmente la gamba [...]. Indumento (generalmente di panno e molto aderente) che anticamene sostituiva i calzoni rivestendo completamente ciascuna gamba'. *GDLI*: s.v. 'calza'. See *Ammaestramenti e ricordi*, p. 70.

canta in banchi 'Cantambanco (cantimbanco, cantabanco, canta in panca, canta in banca), sm., ciarlatano, saltimbanco, chi canta e fa giochi sulla piazza, giocoliere, artista girovago'. *GDLI*: s.v. 'cantimbanco'. See *Ammaestramenti e ricordi*, p. 22.

caso 'Caseo (anche *casio, cascio, caso*), sm. Ant. Cacio, formaggio. Voce dotta dal lat. *caseus* 'cacio' (*cascio* is a Tuscan pronunciation of 'cacio'). *GDLI*: s.v. 'caseo'. See *Difese*, p. 54.

citella, citelle Citella is a diminutive of the form *citta*, sf. of *citto*, 'Disus. Bambino; ragazzo. [...] Dimin. cittello, cittarello'. *GDLI*: s.v. 'citto'. The meaning is that of a 'young girl, who is not yet married'. It does not have any of the negative connotations associated with the term *zitella*. In *GDLI*: s.v. 'zitella', we read: 'zitella (*zitella*; ant. *zitèla, zittèlla*). sf. ragazza, giovane donna in età da marito, fanciulla; vergine. Per estens.: donna nubile attempata (e può avere valore iron. o spreg.). [...] Per estens.: bambina. [...] Dimin. di *zita*'. See also *GDLI*: s.v. 'zita', where we read: '(*zita*), sf. Dial. Giovane donna, ragazza. Anche: donna nubile; giovane sposa'. It is worth noting here that in Piedmontese *cit* (sm.) and *cita* (sf.) mean 'child'. See *Ammaestramenti e ricordi*, pp. 21, 32, 37, 38, 66, 69, 70, 76, and *Difese*, pp. 9, 34.

clientoli Plural of 'Clientolo (*clièntulo*) sm. Ant. Cliente (e ha sfumatura spregiativa) [...]. Lat. Deriv. da *clientŭlus*, dim. di *cliens, -entis*, 'cliente'). *GDLI*: s.v. 'clientolo'. The term could have a derogatory meaning, but it seems unlikely Sori would use it in this sense, given that it is applied to the illustrious figures she is praising. See *Difese*, p. 62.

concie Plural of 'Concia, sf. [...] Ant. Sostanza conciante; la soluzione delle sostanze concianti in cui si immergono le pelli. [...] Pelle conciata [...]. Ant. Odore, profumo. Anche: l'operazione con cui si dava il profumo a oggetti di abbigliamento particolarmente eleganti'. *GDLI*: s.v. 'concia'. See *Ammaestramenti e ricordi*, p. 70.

conserve   Plural of 'conserva': 'Raro. Ghiacciaia'. *GDLI*: s.v. 'conserva'. See *Panegirico*, p. 49.

cubiti   'Cubito (rar. *gubito*), sm. Letter. Gomito'. *GDLI*: s.v. 'cubito'. See *Ammaestramenti e ricordi*, p. 24.

diaspro   'Diaspro, sm. Miner. Varietà di quarzo impuro, opaco, assai duro, variamente colorato a seconda delle impurità [...]. Le varietà ben colorate possono servire come materiale da decorazione (e anticamente era pregiato come pietra preziosa, mentre oggi viene utilizzato per gioielli di minor valore). [...] anche monile formato di diaspro'. *GDLI*: s.v. 'diaspro'. See also Paola Venturelli, *Glossario e documenti per la gioielleria milanese (1459–1631)* (Scandicci (Florence) and Milan: La nuova Italia, RCS, 1999), s.v. 'diaspro'. See *Ammaestramenti e ricordi*, p. 76.

diruginir   'Dirugginire (*disruginire*) [...] digrignare (i denti)'. *GDLI*: s.v. 'dirugginire'. See *Ammaestramenti e ricordi*, p. 16.

donzena   'Donzena, [...] *tenere in donzena*, vivere o tenere in una casa dove si dia il vitto mediante il pagamento d'un tanto al mese o simili'. See Francesco Cherubini, *Vocabolario mantovano-italiano* (Milan: Giovanni Battista Bianchi, 1827), s.v. 'donzena'. See also 'Dozzina (ant. e dial. *dozina, dozzena, dozena*), sf. [...] Prestazione di vitto e alloggio presso una famiglia privata; pensione; i locali stessi in cui si vive in pensione. [...]. *Avere, tenere a dozzina* [...]. *Essere, mandare, mettere, stare a dozzina, in dozzina*: essere, stare, mandare, mettere a pensione presso una famiglia'. *GDLI*: s.v. 'dozzina'. See *Ammaestramenti e ricordi*, p. 40.

essibì   From 'Esibire (ant. anche *essibire, esibeare*) [...]. Mostrare, fare vedere, presentare, rendere noto; mettere in mostra, esporre, produrre davanti (sia agli occhi, sia alla mente). [...] Rifl. Offrirsi, dichiararsi disposto a fare una determinata azione, a seguire un particolare comportamento (e indica prontezza e spontaneità); prestarsi, adoperarsi liberamente'. *GDLI*: s.v. 'esibire'. See *Difese*, p. 23.

faldiglia, faldiglie   'Faldiglia (*faldigia*), sf. Disus. Gonna resa rigida da stecche di giunco di balena o da funicelle indurite, portata dalle donne sotto il vestito a mo' di guardinfante'. [...] Ampia e ricca sopravveste'. From Spanish *faldilla*. *GDLI*: s.v. 'faldiglia'. See *Ammaestramenti e ricordi*, pp. 29, 72.

filastrocheria   From 'Filastrocca, sf. (ant. *filastroca, filistrocca, filostrocca*). Discorso prolisso, sconclusionato e poco costruttivo; chiacchierata o racconto particolarmente lungo sugli argomenti più disparati, senza una struttura unitaria; sproloquio'. *GDLI*: s.v. 'filastrocca'. Also, *GDLI*: s.v. 'filastroccola' (ant. anche *filastrocola, filistrocola, filistroccola, filostroccola*), sf. Discorso lungo, noioso; discussione o trattazione inconcludente; congerie inutile di parole'. See *Ammaestramenti e ricordi*, p. 15.

frezza   'Freccia (ant. e dial. *frezza, friccia, frizza*), sf.'. *GDLI*: s.v. 'freccia'. See *Ammaestramenti e ricordi*, p. 74.

gargantiglie   Plural of 'Gargantiglia, sf. Ant. Collana di pietre preziose, perle o coralli, di origine spagnola. Spagn. *gargantilla*, der. da *garganta*, 'gola', e anche 'collo'. *GDLI*: s.v. 'gargantiglia'. See also Achille Vitali, *La moda attraverso i secoli. Lessico ragionato* (Venice: Filippi, 1992), p. 199: 'Gargantiglie: erano collane, dallo spagnolo *gargantilla*, da *gargante*, gola, ed il termine era largamente in uso nel corso del '600, tanto a Venezia che altrove', and Venturelli, *Glossario e documenti*, s.v. 'gargantiglia': 'gioiello femminile da collo, piuttosto fastoso e aderente alla gola'. See *Ammaestramenti e ricordi*, p. 67.

gasse   Plural of 'Gassa, sf. Marin. [...] In senso generico: corda, fune, canapo; legaccia, nodo. [...] Voce marinaresca, documentata nel genovese e nel veneziano, *gassa* "cappio"; cfr. spagnolo *gaza* e *gasa* (sec. XVII): di etimo incerto'. *GDLI*: s.v. 'gassa'. See also 'Gassa, sf. Cappio [...] annodamento che, tirando l'un de' capi, si scioglie. [...] Cappio o staffa, per la parte stessa addoppiata del detto annodamento ch'esce e pende giù dal nodo. Gassa doppia; fiocco. [...] Gassa galano è un fiocco di nastro di seta, ma a quattro o più staffe e coi due capi uguali e curti, che portasi dalle donne nel cappello o sul vestimento per ornamento'. See Giovanni Casaccia, *Dizionario genovese-italiano* (Genoa: Gaetano Schenone, 1876), s.v. 'gassa'. See *Ammaestramenti e ricordi*, p. 69.

giupone   'Giuppone (*giupone, gioppone, iuppone*), sm. Ant. Abito maschile con funzione di sottoveste (a forma di tunica) o di sopravveste (a forma di giacca variamente ricamata); giubbone'. *GDLI*: s.v. 'giuppone'. Specifically, with reference to women's clothing, see Levi Pizetsky, *Storia del costume in Italia*, III, pp. 62 and 389, where we read: 'Qualche volta il vestito [...] si divide in due parti, e si può credere che la parte superiore sia l'investitura o vestura [...] cioè quel corpetto portato esternamente, con piccole basche che scendono un poco sotto la vita. Affin[e] [...] il giuppone [...] appuntito sul davanti e abbottonato fino al collo, talvolta unito alla veste ma anche staccato'; 'Il giuppone fittamente abbottonato sul davanti [...] assume una sua nuova fisionomia nel primo decennio del Seicento, con la punta arrotondata ancora non molto lunga, ma già chiaramente delineata, che scende dalla vita, e le guernizioni di lavorini (galloni) che orlano anche il sottanino al centro e all'orlo'. See *Ammaestramenti e ricordi*, p. 72.

granate   Plural of 'Granata, sf. pietra preziosa di colore rosso cupo, granato'. *GDLI*: s.v. 'granata'. See *Ammaestramenti e ricordi*, p. 77.

incarnato   'Agg. sm., simile al colorito della carnagione umana (e, in part., del volto), roseo, carnicino (un colore, una tinta)'. *GDLI*: s.v. 'incarnato'. See *Ammaestramenti e ricordi*, p. 72.

infiachischino   Third-person plural; from the verb *infiacchire*, in the intr. form, usually with the pron. particle: 'diventare debole, fiacco; perdere energia; forza fisica, svigorirsi'. *GDLI*: s.v. 'infiacchire'. See *Difese*, p. 46.

instata   Feminine, past participle, from the verb *instare*, 'Ant. e lett. Incombere, sovrastare; gravare, opprimere', also 'incalzare, stringere, premere da vicino', and 'insistere, sollecitare vivamente, reiteratamente, con ostinazione; fare premura, fare pressione per ottenere qualcosa o per far valere o ribadire la propria opinione, le proprie ragioni', 'pregare insistentemente, supplicare'. *GDLI*: s.v. 'instare'. See *Ammaestramenti e ricordi*, p. 47.

invescata   Past participle of 'Inviscare [...] d'amore, ardere di passione; lasciarsi trascinare o irretire in un rapporto amoroso'. *GDLI*: s.v. 'inviscare'. See *Ammaestramenti e ricordi*, pp. 7, 24, 28.

leonato   'Lionato (leonato), agg. Letter. Fulvo (fra il rosso, il giallo e il bruno);

affine al colore della criniera del leone. [...] Di colore fulvo o castano o bruno chiaro'. *GDLI*: s.v. 'lionato'. See *Ammaestramenti e ricordi*, pp. 61, 72.

liocorno   'Liocorno (*leocorno, lioncorno*), sm. Animale favoloso immaginato con corpo di cavallo, testa di cervo, zampe di elefante, coda di cinghiale, e con corno lungo e acuto sulla fronte; nel Medioevo fu considerato come simbolo della castità, perché poteva essere ammansito solo da una fanciulla vergine, sul cui petto si addormentava placidamente; unicorno'. *GDLI*: s.v. 'liocorno'. See *Ammaestramenti e ricordi*, p. 76.

lisci   Plural of 'Liscio, sm. Disus. Belletto, cosmetico. Per estens.: trucco, imbellettatura. Anche: eccessiva cura della propria persona (e il termine, presso gli scrittori religiosi e i moralisti, si carica di una forte connotazione negativa'. *GDLI*: s.v. 'liscio'. See *Ammaestramenti e ricordi*, p. 50.

lisciata   Feminine of 'Lisciato, sm. [...] Imbellettato, truccato. [...] Anche: ornato, abbellito', *GDLI*: s.v. 'lisciato'. Also 'coperto di liscio' (see above **lisci*). See *Ammaestramenti e ricordi*, p. 74.

manguardia   Hispanism, 'Disus. *Vanguardia*. [...] Parte de una fuerza armada, que va delante del cuerpo principal', but can be used figuratively. See the *Nuevo tesoro lexicográfico de la lengua española* (*NTLLE*): http://www.rae.es/recursos/diccionarios/diccionarios-anteriores-1726–1992/nuevo-tesoro-lexicografico, s.v. 'manguardia' and 'vanguardia' [last accessed 16 March 2017]. Cp. Italian *vanguardia*, '(*vanguarda*), sf. Ant. e letter. Unità militare dell'esercito o della marina, posta in posizione avanzata a scopo di protezione e difesa. [...] Per estens. Chi precede o si trova in posizione avanzata rispetto ad altre persone'. Sori is referring here to the front part of the church. *GDLI*: s.v. 'vanguardia'. See *Ammaestramenti e ricordi*, p. 40.

manigli   Plural of 'Maniglio, sm. Disus. Bracciale'. *GDLI*: s.v. 'maniglio'. See also Venturelli, *Glossario e documenti*, s.v. 'maniglio', where we read: 'ornamento da polso analogo all'odierno braccialetto. [...] nei documenti secenteschi milanesi è registrato sempre in coppia'. See *Ammaestramenti e ricordi*, p. 69.

manizza   'Manezza, sf. Ant. Manicotto di pelliccia'. *GDLI*: s.v. 'manezza'. See also Vitali, *La moda*, p. 232: 'Nell'Italia settentrionale in genere, ma particolarmente dal secolo XV, un manicotto di pelliccia'. See *Ammaestramenti e ricordi*, p. 69.

mazacare   Possibly from 'Mazzacchera, sf. Lenza di corda con esca costituita da un mazzo di vermi infilzati, usata soprattutto in bassi fondali e negli stagni per catturare anguille e rane. Anche: la sola esca o fiocco. [...] strumento da pigliare anguille. [...] Lat. tardo *mazacara*, salsiccia di interiora, verme'. *GDLI*: s.v. 'mazzacchera'. Sori therefore seems to be using the term figuratively, of course, just as she uses 'gassa' (see above) to indicate unnecessarily elaborate forms of hairdressing. Giovanni Battista Sori, too, uses the form *mazacre* (possibly a typographical error for *mazacare*) in his *Curioso, compendioso, et utilissimo trattato*, p. 98. Sori's 'mazacare' could also be related to 'zaccherella, sf. Tosc. Nastro, fettuccia. [...] Variante di *zagarella*'. *GDLI*: s.v. 'zaccherella' (under 'zagarella' we read 'sf. Ant. Nastro, fettuccia'). See *Ammaestramenti e ricordi*, pp. 69, 70. In the second instance, she might be referring to the increasing popularity of using various decorations, as well as buckles, on the shoe. See Levi Pizetsky, *Storia del costume in Italia*, III, p. 405: 've ne sono [i.e. scarpe] anche ornate di ricami, arricchite di perle, e di rosette di nastro fissate al centro da una preziosa fibbia'.

mendozza   The term is not recorded in dictionaries, but might be of Spanish origin (although it is not recorded in Spanish dictionaries either as such). Giovanni Battista Sori also uses *mendozze* in his *Curioso, compendioso, et utilissimo trattato*, p. 98. It seems to indicate some sort of ornament or decoration. See *Ammaestramenti e ricordi*, p. 69.

meriggio   'Meriggio, sm. [...] Geogr. Ant. e letter. Il punto cardinale del sud; meridione. Anche: regione meridionale; luogo esposto a sud'. *GDLI*: s.v. 'meriggio' See *Difese*, p. 50.

murtella   'Mortella, sf. Letter. e region. Mirto'. *GDLI*: s.v. 'mortella'. See *Ammaestramenti e ricordi*, p. 77.

origlie   Plural of 'Origlia, sf., Ant. Spiaggia, litorale. [...] Dallo spagn. *orilla* "orlo"; "spiaggia", deriv. dal lat. *orum*, forma secondaria del class. *ora*'. *GDLI*: s.v. 'origlia'. See *Difese*, p. 54.

pendenti   Plural of 'Pendente, sm. Gioiello, monile o pietra preziosa che pende da un orecchino, da una collana, da una spilla, ecc.; ciondolo, pendaglio. In part. con sineddoche: orecchino'. *GDLI*: s.v. 'pendente'. See also Venturelli, *Glossario e documenti*, s.v. 'pendente', where we read: 'termine generico che indica una pietra, o un gioiello, appeso a qualcosa'. See *Ammaestramenti e ricordi*, p. 67.

perdonanza   'Perdonanza (ant. *perdonansa, perdonanzia*), sf. Ant. e letter. [...] Eccles. Perdono delle colpe commesse dagli uomini in violazione della legge divina; remissione dei peccati. [...] Indulgenza delle pene temporali, ottenibili in determinati luoghi, in corrispondenza di particolari ricorrenze, mediante prescritte pratiche di culto [...] Anche il luogo, l'evento, l'insieme di pratiche devote e di manifestazioni religiose a cui è legata la concessione dell'indulgenza'. *GDLI*: s.v 'perdonanza'. See *Ammaestramenti e ricordi*, p. 40.

pianelle   'Le *pianèle*, in uso altrove almeno già nel XIV secolo, documentalmente risultano esistenti a Venezia nel corso del '400, ed erano una specie di zoccoli non alti; [...] di norma le pianèle erano basse'. The term refers to a 'calzatura aperta sfornita della parte che copre il calcagno; da "piano", perché senza tacco' (Vitali, *La moda*, p. 431). See *Ammaestramenti e ricordi*, pp. 40, 60.

piropo   'Piropo, sm. Miner. Varietà di granato che si presenta in cristalli monomentrici per lo più rombododecaedrici, di colore tendente al rosso fuoco o al rosso rubino [...]. Anche la gemma ricavata dalla lavorazione di tale minerale. [...] In espressioni comparative e iperboliche, con riferimento all'intensità del colore rosso della pietra, alla luminosità, alla preziosità. [...] Agg. rosso vivo'. *GDLI*: s.v. 'piropo'. See *Difese*, p. 66.

polaria   'Pollerìa (ant. *pollarìa*), sf. Rivendita di pollame e uova [...] polli, pollame'. *GDLI*: s.v. 'pollerìa'. See *Difese*, p. 54.

pompa, pompe   'Pompa (ant. *pompe, ponpa*), sf. Lusso, sfarzo (e la propensione, il gusto, il compiacimento che lo determina e lo accompagna); esigenza, richiesta, ostentazione, dimostrazione di lusso'. *GDLI*: s.v. 'pompa'. See *Ammaestramenti e ricordi*, pp. 11, 58, 60, 66, 68.

propose   This form is not recorded in any historical or dialectal dictionary. It might be linked with French *propos*, given the proximity of Alessandria to Savoy, where French was commonly used in everyday life. Sori seems to be using the term adverbially, to mean 'del tutto', 'in ogni modo', as well as an object noun. See *Ammaestramenti e ricordi*, pp. 30, 34, 45, 50.

rampogni   Plural of 'Rampogno, sm. Ant. Biasimo, rimprovero'. *GDLI*: s.v. 'rampogno'. See *Ammaestramenti e ricordi*, p. 62.

randelle   Plural of *randella* for 'Randiglia, sf. Bavero alto e increspato; gorgiera o collare alla spagnola. [...] Dalla voce della moda spagnola *randilla*, dim. di *randa*'. *GDLI*: s.v. 'randella'. It might also be a plural form of *randella*, dimin. of *randa*, 'Ant. Orlo, confine; (avanti 1639, Oudin), lavoro ad ago all'orlo del fazzoletto; [...] cfr. lo spagnolo *randa*, port. *rende*, guarnigione di pizzo'. See Battisti-Alessio, *Dizionario etimologico italiano*, v (1957), s.v. 'randa'. See *Ammaestramenti e ricordi*, p. 69.

rastro   'Rastro, sm. Letter. Rastrello'. *GDLI*: s.v. 'rastro'. 'A rastro', meaning 'a rastrello', that is, sweeping up dust from the street. Sori means the dress should not be too long. See *Ammaestramenti e ricordi*, p. 60.

sbofando   Present gerund, from *Sboffare*; see 'Sbuffare' (sboffare; ant. *sbofare*, *sbufare*) [...] essere rigonfio, vaporoso (un abito)'. *GDLI*: s.v. 'sbuffare'. See also 'Sbuffo (sboffo) [...]. Rigonfiamento o panneggiamento, per lo più di forma tondeggiante, di un tessuto o di un vestito (in part. in espressioni *maniche*, *calzoni*, *gonne*, ecc. *a sbuffo* o *a sbuffi*). *GDLI*: s.v. 'sbuffo'. Also 'Sboffo (var. region. di *sbuffo*), non com. Rigonfiamento, spec. in abiti femminili; sbuffo: *maniche a sboffi*'. See *Treccani 2014. Dizionario della lingua italiana* (Rome: Istituto dell'Enciclopedia Italiana fondata da Giovanni Treccani, 2013), s.v. 'sboffo'. See *Ammaestramenti e ricordi*, p. 70.

sbofati   Plural of 'Sbuffato (part. pass. di *sbuffare*), agg. (sboffato) [...] rigonfio, vaporoso, a sbuffi (abito)'. *GDLI*: s.v. 'sbuffato'. See *Ammaestramenti e ricordi*, p. 69.

scataciar   Possibly a local form for 'Scatizzare (*scatizar*), Tosc. Attizzare il fuoco. Variazione di area toscana di attizzare'. *GDLI*: s.v. 'scatizzare'. See *Ammaestramenti e ricordi*, p. 16.

sconciando   Present gerund of 'Sconciare (ant. *sconzare, scunciare*) [...] disturbare, importunare, scomodare, contrariare, indisporre'. *GDLI*: s.v. 'sconciare'. See *Ammaestramenti e ricordi*, p. 40.

sconciassi   Second-person singular, present subjunctive of the verb 'sconciare'. See above *sconciando. See *Ammaestramenti e ricordi*, p. 59.

sconciatura   'Sconciatura, sf. Ant. e letter. Aborto'. *GDLI*: s.v. 'sconciatura'. See *Ammaestramenti e ricordi*, p. 18.

silicio   'Cilicio (*ciliccio, cilizio*), sm. Panno grossolano di pelo di capra, che veniva usato come veste dai soldati romani o per proteggere dalle intemperie opere e macchine belliche. [...] Veste di pelo di capra, ruvida e grezza; cintura di crini di cavallo, aspra, a nodi (e veniva portata stretta sulla carne per penitenza e mortificazione)'. *GDLI*: s.v. 'cilicio'. See *Ammaestramenti e ricordi*, pp. 29, 63, 68.

smaltire   'Smaltire. Ant. Smaltare, tingere, colorare'. *GDLI*: s.v. 'smaltire'. See *Ammaestramenti e ricordi*, p. 67.

smamata Feminine of 'Smammato (part. pass. di *smammare*) agg. Svezzato; cresciuto, diventato adulto'; from 'Smammare, tr. Svezzare (anche al figur.); allontanare un bambino dalla madre'. The *GDLI*, s.v. 'smammare' explains: 'Voce di provenienza napoletana (*smammà*), probabilmente denominativo da *mamma* "mammella" con il prefisso latino *ex-*, con valore di allontanamento'. See *Ammaestramenti e ricordi*, p. 9.

solio 'Soglio (*solio*), agg. Region. Non tessuto o ornato con disegni o motivi, che ha tinta unica. [...] Che ha tinta unita (un colore). [...]. Voce di area veneta (ma anche piemontese, lombarda ed emiliana) di origine incerta forse da connettere con *sollo*'. *GDLI*: s.v. 'soglio'. Also 'Solio [...] *schietto*. Positivo nel vestire. *Vestir solio*, vestire alla buona, alla positiva. Con semplicità'. See Giuseppe Boerio, *Dizionario del dialetto veneziano* (Venice: Giovanni Cecchini, 1867, 3rd edn), s.v. 'solio'. See also Venturelli, *Glossario e documenti*, s.v. 'solio', where we read: 'Liscio, non lavorato'. See *Ammaestramenti e ricordi*, p. 38.

sotana 'Sottana (ant. *soctana*), sf. Indumento che anticamente faceva parte dell'abbigliamento sia maschile sia femminile ed era costituito da una tunica fornita di maniche, spesso di tessuto pregiato e riccamente ornato, che s'indossava sotto l'abito esterno o il mantello, sporgendone con funzione decorativa'. *GDLI*: s.v. 'sottana'. See *Ammaestramenti e ricordi*, p. 72.

struciar 'Strusciare (ant. *struçiare, strusiare, strussiare*)'. To mean 'sfregare un oggetto contro un altro o contro una superficie trascinandolo più volte in modo che faccia attrito, in particolare per rimuoverne lo sporco'. Also 'strofinare una parte del corpo contro o lungo una superficie o un'altra del corpo'. *GDLI*: s.v. 'strusciare'. See *Ammaestramenti e ricordi*, p. 17.

stuccicando Present gerund of 'Stuzzicare (*stuccicare, stuciccare, stuzicare*), punzecchiare una persona; [...] Stimolare o eccitare un animale, farlo muovere toccandolo o punzecchiandolo o incitandolo; disturbarlo o anche svegliandolo o anche facendolo infuriare; [...] Molestare con atti e parole, infastidire; cercare insistentemente e anche importunamente di indurre a compiere un'azione, a tenere un comportamento; provocare, chiamare in causa; istigare; sobillare. *GDLI*: s.v. 'stuzzicare'. See *Difese*, p. 5.

sturbare 'Sturbare (*storbare, storvare, strubare, sturbiare*), tr. Ant. e letter. Alterare una situazione di tranquillità, di pace, di prosperità materiale, singola o collettiva, interferendo in essa; guastare, rovinare. [...] Disturbare [...]. Intralciare o ostacolare il conseguimento di uno scopo'. *GDLI*: s.v. 'sturbare'. See *Ammaestramenti e ricordi*, pp. 40, 42.

suore The term is used in the text with the meaning of 'sisters': 'Suora, sf. Ant. Letter. Persona di sesso femminile che ha in comune con un'altra persona almeno un genitore; sorella'. *GDLI*: s.v. 'suora'. See *Ammaestramenti e ricordi*, p. 20.

tempora 'Tempora (popol. *tempore*), sf., pl. Latino liturgico. I tre giorni di mercoledì, venerdì e sabato, durante i quali, all'inizio di ciascuna stagione, la Chiesa prescriveva (anteriormente alla riforma liturgica Cattolica del 1969) il digiuno e la penitenza'. *GDLI*: s.v. 'tempora'. See *Ammaestramenti e ricordi*, p. 20.

tondo 'Tondo, sm. Piatto su cui si servono e si consumano le vivande'. *GDLI*: s.v. 'tondo'. See *Ammaestramenti e ricordi*, p. 25.

tostano   'Tostano (*tostanno*), agg. Ant. e letter. Compiuto, prestato o espresso con
sollecitudine, con prontezza e in modo rapido, senza indugi (un atto, un aiuto,
un parere, ecc.). [...] Vicino nel tempo, prossimo, imminente; che avviene o
si compie in un breve volgere di tempo; rapido, immediato. [...] Che si ode o
si diffonde in modo improvviso'. *GDLI*: s.v. 'tostano'. See *Ammaestramenti e
ricordi*, p. 58.

tremolanti   Plural of 'Tremolante, sm. Lega di rame e zinco simile per colore
all'oro, in sostituzione del quale viene usata per incastonare pietre preziose o per
decorare abiti, copricapi, finimenti di cavelli; orpello'. *GDLI*: s.v. 'tremolante'.
See also Venturelli, *Glossario e documenti*, s.v. 'tremolante', where we read:
'Veniva realizzato con sottili lamine metalliche avvolte a spirale, talvolta con
qualche pietra preziosa, ed era utilizzato prevalentemente per ornare stoffe, abiti,
copricapi [...] poteva tavolta anche completare le acconciature del capo'. See
Ammaestramenti e ricordi, p. 70.

unicorno   'Unicorno (unicornio), sm. Mitol. Animale favoloso dal corpo di
cavallo, con un unico corno sulla fronte; liocorno (e, secondo le credenze
medievali, era simbolo di castità, perché poteva essere ammansito solo da una
fanciulla vergine)'. *GDLI*: s.v. 'unicorno'. See *Ammaestramenti e ricordi*, p. 76.

vacchetta   'Vacchetta [...]. Libretto o registro, per lo più di forma allungata, che
anticamente era rilegato con tale pellame e veniva impiegato particolarmente
per l'annotazione di dati contabili e nelle parrocchie per segnare gli uffici divini
(e l'uso del termine è sopravvissuto in alcuni dialetti)'. *GDLI*: s.v. 'vacchetta'. See
Ammaestramenti e ricordi, p. 12.

vezzarde   Some kind of cereal or legume. The term is not recorded in common
dictionaries. A reference to 'farina, fave, vezzarda e segale' can be found in
Gazzetta dell'Associazione agraria, 4 (1846), p. 236. See *Difese*, p. 54.

viridari   Plural of 'Viridario (*viridiario*), sm. Letter. Nell'antica Roma, il giardino
con aiuole e fontane della dimora patrizia, situato nel peristilio o nel cortile
interno. In senso generico giardino'. *GDLI*: s.v. 'viridario'. See *Difese*, p. 53.

APPENDIX

From Giovanni Battista Sori, *Curioso, compendioso, et utilissimo trattato circa il reggimento, & conservatione della sanità* (Pavia: Giacomo Ardizzoni, 1616), pp. 96–101.

[p. 96] [F]ra le vergini, poi, voi cittelle d'Alessandria, osservate il stile della signora Guasca, della figlia del Marchese, dico, qual vive sì sola in Italia delle cose che son per dire come sola nel mondo la fenice, figlia, per cominciare, d'umiltà e onestà tale che né in queste mie, né in altre da scrittor più famoso può a bastanza esser lodata. Figlia, per dipinger il suo esser, i cui crini, tenendo a memoria quello che dell'onestà sua Laura, disse il Petrarca, in quelle:

> *Ma poiché Amor di me vi fece accorto*
> [p. 97] *Fur i biondi capelli all'or velati.*

Che fuor di casa sii per sole o per ombra di manto o velo mai si mostra scoperti, né rizzi, né conoscon pelatoi, bionde né unti. Figlia il cui capo fuori di bendel bianco in segno di castità e fede non porta piume, fiori, argento né oro: figlia il cui velo ugual giù pendente fuor di casa di continovo cuopre fino ai cigli. Figlia i cui occhi sereni e belli per non inciampar in amantino laccio, avendo a mente quelle del sudetto poeta:

> *Ovunque disdegnosa gli occhi gira*
> *che di luce privar mia vita spera,*
> *le mostrò i miei pien d'umiltà sì vera*
> *che a forza ogni suo sdegno a dietro tira.*

Con un poco d'un non so che di coroccio, seguendo l'autor di queste:

> *In donna ancor mi agrada*
> *che in vista undi sdegnosa,*
> *non superba né ritrosa.*

Mirano avanti al suo andare, e non a questo e quello, acciò non sian detti impudichi, perché, per esser gli occhi ambasciatori del cuore, sarebbe anco detto impudico il cuore. Figlia, la cui bocca onesta, per osservar quanto Giovanni dalla Casa nel *Galateo* dice, non dice mai 'baccio le mani' a niuno, fuor che a persone ben religiose.[1] Figlia, la cui rosata bocca, seguendo il Romei, non parla mai con gli uomini, fuor che con i parenti più primi, seguendo il Romei, dico che [p. 98] nella giornata terza scrisse che le vergini da bene non ponno senza pregiudizio dell'onor loro parlar con niuno, fuor il padre et il fratello, le

---

[1] See Sori, *Ammaestramenti e ricordi*, p. 19 ('Lettera seconda').

maritate padre, fratello, marito, et figlio; vergine e figlia, le cui orecchie non ascoltano suoni, né canti, né men per conto alcuno parolle d'amanti:

> Perché sa per il Petrarca che
> Non sì duro cor che lagrimando,
> pregando, amando, talor non si muova,
> né sì freddo volere che si scaldi.

Però fugge a più poter quest'occasioni e tanto più sapendo, per Leone Ebreo *Dialogo* primo, che negli amanti più abbonda la lingua che le passioni. Figlia, il cui collo e gola senza niun ornamento di perle, coralli, chiavastri, gargantiglie o simili con onestà coperto delle vesti, sì che in niuna parte si vede.[2] Figlia, il cui collo non portò mai randelle, né collane, né mendozze, o simili,[3] ma di radice di rose un picciol et divoto rosario;[4] figlia, i cui colari son più che altri bassi et per il più solî,[5] o con poco poco di pizzo. Figlia, le cui vesti non son di colori tiranti al vago, né alle sensualità, ma al casto et all'onesto. Figlia, la cui discrettezza, sendo in Chiesa con corona netta da mazacre et bindelli,[6] è di mettersi dove non puossi turbare, né esser turbata, col sguardo d'altri.[7] Figlia, la cui modestia è di non far finestra,[8] e men porta, e men conversazione per non trattener o dar scandalo a' [p. 99] passeggianti sui cantoni, per saper che, dove non può la speranza appoggiarsi, non può far Amor lunga dimora. Figlia, la cui saviezza seguendo i *Ricordi* del Saba, le *Lettere* del Frosino, le vitte delle donne illustri del Garzoni, et altre istorie, è di non lasciar andar dove si sia né comadri, né vecchie di malizia,[9] né men andar ella in altre case fuor dei più affinati, né conversar con altre sue pari, se non son più che di buona fama et tenute in credito. Figlia, il cui corpo nell'andar è svelto e dritto et stante sopra di sé,[10] ma non però con rigore, per non disubidir al Pastor Vicchi, atto secondo del suo *Tirsi*, qual di questo parlando disse:

> Rigor in bella donna
> e 'n bella donna amata
> d'onestà non è freggio,
> ma di fierezza sol, sembianza vera.

Figlia, le cui bianche mani non portano né anelli,[11] né manigli di niuna sorte,[12]

---

[2] See Sori, *Ammaestramenti e ricordi*, p. 67 ('Lettera undecima').
[3] See Sori, *Ammaestramenti e ricordi*, p. 69 ('Lettera undecima').
[4] See Sori, *Ammaestramenti e ricordi*, p. 69 ('Lettera undecima').
[5] See Sori, *Ammaestramenti e ricordi*, p. 69 ('Lettera undecima').
[6] See Sori, *Ammaestramenti e ricordi*, p. 69 ('Lettera undecima').
[7] See Sori, *Ammaestramenti e ricordi*, p. 39 ('Lettera sesta').
[8] See Sori, *Ammaestramenti e ricordi*, p. 51 ('Lettera nona').
[9] See Sori, *Ammaestramenti e ricordi*, p. 63 ('Lettera decima')
[10] See Sori, *Ammaestramenti e ricordi*, p. 17 ('Lettera seconda').
[11] See Sori, *Ammaestramenti e ricordi*, p. 38 ('Lettera quinta').
[12] See Sori, *Ammaestramenti e ricordi*, p. 69 ('Lettera undecima').

né ricamati guanti,[13] né fiori e simili. Figlia, il cui andare è un puoco lento, come a femine conviene et i cui piedi non vanno a balli,[14] né sbalzano nell'andar le vesti qua e là, né s'alzano troppo, ma van conforme a punto all'ordine del cittato *Gallateo*. Figlia, i cui piedi non son guerniti d'alte pantofole per parer grande, né con borie[15] e lavori, ma basse et solie. Figlia, per finir con questo, ch'ha una madre ch'è donna et figlia ch'a essempio posso dir [p. 100] d'Italia tutta inclina ogni scrittore che la conosca aver in sue lodi contra il tempo, e la morte voce di ferro, carte di oro et piuma di diamante. Una simile s'ha da seguir, oh donne, e lasciar le tante altre con tante usanze sì scandalose al corpo et dannose all'anima. Una simile ancor che sola che val più per testimonio del Trugillo nel *Discorso* 23, per l'Ecclesiastico in persona dello Spirito Santo, seguire il giudicio et usanze di due savie simili che di cento forsenate et ignorante. E per tornar di dove mi son partito, qui, donne, in quanto tocca a quello delle pompe, vi lascio, presto tornerò a voi con puoca voglia mia e men gusto vostro. Fuggite, ho detto, lettori questo sesso, et or di nuovo, fuorché le simili da me lodate per i cittati rispetti, io vel dico come quel che v'amo, perché donna da donna, cominciando sì per il Boccaccio, sì per il Bembo e altri vol dir danno e danno cagion di molti mali, e non danno cagion di bene, come nel *Trofeo* quinto e sesto il Spelta scrive. Donna, come già credo aver detto, per Averoè et l'Andreini, *Raggionamento* 26, et Leone, *Dialogo* 3, grandissimo errore di nattura, che, intendendo produr maschio produce essa. Or, se per questi è un errore come può esser danno, e in che può esser di molti beni, se vuole il Castiglioni nel 3° libro suo *Cortegiano*, da essa non si ha altra utilità che per generar i figliuoli, il che, se per nostra utilità [p. 101] a Dio forse piaciuto essere potea il nascer nostro anco senza loro, che perciò disse l'Ariosto nel canto 27:

> *Perché fatto non ha l'alma natura*
> *che senza te potesse nascer l'uomo,*
> *come s'inesta per umana cura*
> *l'un sopra l'altro il pero, il sorbo, e 'l pomo.*
> *Ma quelle non può far sempre a misura,*
> *anzi, s'io vo guardar come io la nomo,*
> *veggo che non può far cosa perfetta,*
> *poiché natura femina vien detta.*

Non può far cosa perfetta, disse, per accennare come sopra con gli altri al contrario del Spelta, *Trofeo* 12, che la donna non è più, ma men degna dell'uomo, perché ogni cosa che ha mancamento non è perfetta, e per conseguente chi non ha perfezione è monstro.

---

[13] See Sori, *Ammaestramenti e ricordi*, p. 38 ('Lettera quinta').
[14] See Sori, *Ammaestramenti e ricordi*, p. 19 ('Lettera seconda').
[15] *borle* in the text.

REFERENCES

Archival sources

APSMC-AL, Archivio Parrocchia Santa Maria del Carmine, Alessandria, *Libri della Parrocchia dei Santi Pietro e Dalmazzo*
In particular:
Liber Baptismorum Ecclesiae Parochialis SS. Petri et Dalmatii, Alexandriae:
vol. I, *ab anno 1566 usque ad annum 1608*
vol. II, *ab anno 1608 usque ad annum 1699*
Liber Matrimoniorum Ecclesiae Parochialis SS. Petri et Dalmatii, Alexandriae:
vol. I, *ab anno 1615 usque ad annum 1728*
Liber Mortuorum Ecclesiae Parochialis SS. Petri et Dalmatii, Alexandriae:
vol. I, *ab anno 1636 usque ad annum 1717*

Archivio Storico Civico, Pavia — Biblioteca Civica Bonetta, *Fondo Marozzi*

Reference editions used in the footnotes

ALIGHIERI, DANTE, *La Divina Commedia*, ed. by Natalino Sapegno (Milan: Ricciardi, 1957)

ARIOSTO, LUDOVICO, *I cinque canti*, in *Opere minori*, ed. by Cesare Segre (Milan: Ricciardi, 1957)

—— *Orlando furioso*, ed. by Lanfranco Caretti, 2 vols (Turin: Einaudi, 1992)

ARISTOTLE, *Aristotle in Twenty-Three Volumes*, vol. XIX: *The Nicomachean Ethics*, trans. by Harris Rackham (London: Heinemann; Cambridge, MA: Harvard University Press, 1968)

—— *The 'Art' of Rhetoric*, ed. by John H. Freese (London: Heinemann; Cambridge, MA: Harvard University Press, 1967)

—— *Historia Animalium*, vol. II; *Books IV-VI*, trans. by Arthur L. Peck (London: Heinemann; Cambridge, MA: Harvard University Press, 1970)

—— *Politics*, trans. by Harris Rackman (London: Heinemann; Cambridge, MA: Harvard University Press, 1967)

Bible: The Revised Standard Version Catholic Bible (Oxford: Oxford University Press, 2007)

BOCCACCIO, GIOVANNI, *Decameron*, ed. by Vittore Branca, 2 vols (Milan: Mondadori, 1985)

—— *De mulieribus claris*, in *Tutte le opere di Giovanni Boccaccio*, ed. by Vittore Branca (Milan: Mondadori, 1967), vol. X

DIOGENES LAERTIUS, *Lives of Eminent Philosophers*, vol. I, trans. by Robert D. Hicks (London: Heinemann; Cambridge, MA: Harvard University Press, 1966)

HERODOTUS, *Herodotus, in Four Volumes, Books VIII-IX*, trans. by Alfred D. Godley (London: Heinemann; Cambridge, MA: Harvard University Press, 1969)

HOMER, *Iliad*, trans. by Augustus T. Murray, 2 vols (Cambridge, MA: Harvard University Press, 1999)

—— *The Odyssey*, trans. by Augustus T. Murray, 2 vols (Cambridge, MA: Harvard University Press, 1995)

HORACE (QUINTUS HORATIUS FLACCUS), *Satires, Epistles and Ars Poetica*, trans. by Henry Rushton Fairclough (London: Heinemann; Cambridge, MA: Harvard University Press, 1978)

JEROME (SOFRONIUS EUSEBIUS HIERONYMUS), *Select Letters of St. Jerome*, trans. by Frederick A. Wright (London: Heinemann; Cambridge, MA: Harvard University Press, 1963)

LIVY (TITUS LIVIUS PATAVINUS), *Livy*, trans. by Benjamin O. Foster, 14 vols (London: Heinemann; Cambridge, MA: Harvard University Press, 1962–1969)

OVID (PUBLIUS OVIDIUS NASO), *Ovid in Six Volumes*, vol. I: *Heroides and Amores*, trans. by Grant Showerman, ed. by George P. Goold (Cambridge, MA: Harvard University Press; London: Heinemann, 1986)

—— *Ovid in Six Volumes*, vol. III: *Metamorphoses, Books I-VIII*, ed. and trans. by Frank J. Miller (Cambridge, MA: Harvard University Press; London: Heinemann, 1984)

PETRARCA, FRANCESCO, *Canzoniere*, ed. by Marco Santagata (Milan: Mondadori, 1996)

—— *Trionfi, Rime estravaganti, Codice degli abbozzi*, ed. by Vinicio Pacca and Laura Paolino (Milan: Mondadori, 1996)

PLATO, *Alcibiades*, in *Charmides, Alcibiades I and II, Hipparcus, The Lovers, Theages, Minos, Epinomis*, ed. by Walter R. M. Lamb (London: Heinemann; Cambridge, MA: Harvard University Press, 1964)

—— *Plato in Twelve Volumes*, X, *Laws*, vol. I: *Books I-VI*, trans. by Robert G. Bury (London: Heinemann; Cambridge, MA: Harvard University Press, 1967)

—— *Republic, Books I-V*, ed. and trans. by Chris Emlyn-Jones and William Preddy (Cambridge, MA: Harvard University Press, 2013)

PLINY (GAIUS PLINIUS SECUNDUS), *Natural History in Ten Volumes*, vol. IX: *Libri XXXIII-XXXV*, trans. by Harris Rackham (London: Heinemann; Cambridge, MA: Harvard University Press, 1968)

PLUTARCH, *Advice to Bride and Groom*, in *Moralia*, II, trans. by Frank Cole Babbitt (London: Heinemann; Cambridge, MA: Harvard University Press, 1962)

—— *Bravery of Women*, in *Moralia*, III, trans. by Frank Cole Babbitt (London: Heinemann; Cambridge, MA: Harvard University Press, 1968)

—— *Cleomenes*, in *Lives*, X, trans. by Bernadotte Perrin (London: Heinemann; Cambridge, MA: Harvard University Press, 1968)

—— *The Education of Children*, in *Moralia*, I, trans. by Frank Cole Babbit (London: Heinemann; Cambridge, MA: Harvard University Press, 1964)

—— *Lycurgus*, in *Lives*, I, trans. by Bernadotte Perrin (London: Heinemann; Cambridge, MA: Harvard University Press, 1957)

—— *Pyrrhus*, in *Lives*, IX, trans. by Bernadotte Perrin (London: Heinemann; Cambridge, MA: Harvard University Press, 1968)

—— *Quaestiones convivales* (Table-Talk), in *Moralia*, VIII, trans. by Paul A. Clement and Herbert B. Hoffleit (London: Heinemann; Cambridge, MA: Harvard University Press, 1969)

—— *Romulus*, in *Lives*, I, trans. by Bernadotte Perrin (London: Heinemann; Cambridge, MA: Harvard University Press, 1967)

—— *Solon*, in *Lives*, I, trans. by Bernadotte Perrin (London: Heinemann; Cambridge, MA: Harvard University Press, 1967)

PROPERTIUS (SEXTUS PROPERTIUS), *Elegies*, ed. and trans. by George P. Goold (Cambridge, MA and London: Harvard University Press, 1990)

TACITUS (PUBLIUS CORNELIUS TACITUS), *The Annals, IV, Books IV–VI, XI–XII*, trans. by John Jackson (London: Heinemann; Cambridge, MA: Harvard University Press, 1970)

—— *The Annals, V, Books XIII–XVI*, trans. by John Jackson (London: Heinemann; Cambridge, MA: Harvard University Press, 1969)

THOMAS AQUINAS, *Commentary on the Sentences, Book IV, 1–13*, trans. by Beth Mortensen (Lander, WY: The Aquinas Institute, 2017)

—— *Scriptum super Sententiis magistri Petri Lombardi*, IV, ed. by Fabien Moos (Paris: Lethielleux, 1947)

VALERIUS MAXIMUS, *Memorable Doings and Sayings*, ed. and trans. by David R. Shackleton Bailey, 2 vols (Cambridge, MA: Harvard University Press, 2000)

VIRGIL (PUBLIUS VERGILIUS MARO), *Aeneid VII–XII; Appendix vergiliana*, trans. by Homer Rushton Fairclough, revised by George P. Goold (Cambridge, MA and London: Harvard University Press, 2000)

—— *Eclogues; Georgics; Aeneid I–VI*, trans. by Homer Rushton Fairclough, revised by George P. Goold (Cambridge, MA and London: Harvard University Press, 1999)

XENOPHON, *Memorabilia, Oeconomicus*, trans. by Edgar C. Marchant (Cambridge, MA and London: Harvard University Press, 1997)

Primary sources

ACCETTO, TORQUATO, *Della dissimulazione onesta*, ed. by Salvatore Nigro (Genoa: Costa & Nolan, 1983)

AGOSTINO DA COLONNA, *Opera novamente composta del disprezamento del mondo in terza rima, & hystoriata. Partita in capituli XXXII & uno ternale de la nostra dona* (Venice: Niccolò Zoppino & Vincenzo di Paolo, 1515)

AGRIPPA VON NETTESHEIM, HEINRICH CORNELIUS, *Della nobiltà et eccellenza delle donne, nuovamente dalla lingua francese nella italiana tradotto* (Venice: Gabriele Giolito, 1544)

—— *Della nobiltà et eccellenza delle donne, dalla lingua francese nella italiana tradotto. Con una oratione di m. Alessandro Piccolomini in lode delle medesime* (Venice: Gabriele Giolito, 1545; also 1549)

ALBERTI, MARCELLO, *Istoria delle donne scienziate* (Naples: Felice Mosca, 1740)

ALDIMARI, BIAGIO, *Memorie historiche di diverse famiglie nobili, così napolitane come forastiere, così vive come spente, con le loro arme; e con un trattato dell'arme in generale. Divise in tre libri* (Naples: Giacomo Raillard, 1691)

ANDREINI, FRANCESCO, *Le bravure del Capitano Spavento, divise in molti ragionamenti in forma di dialogo* (Venice: Giacomo Antonio Somasco, 1607)

—— *Le bravure del Capitano Spavento, divise in molti ragionamenti in forma di dialogo. Et in questa terza impressione dal proprio Autore ricorrette; & aggiuntovi molti nuovi ragionamenti dilettevoli, e curiosi non più stampati* (Venice: Vincenzo Somasco, 1615)

——*Le bravure del capitano Spavento, divise in molti ragionamenti in forma di dialogo* [...]. *Et in questa quarta impressione dal proprio autore ricorrette, & aggiuntovi nel fine dieci nuovi ragionamenti dilettevoli, e curiosi* (Venice: Vincenzo Somasco, 1624)

——*La seconda parte delle bravure* [...] *Divisa in quaranta ragionamenti* (Venice: Vincenzo Somasco, 1618)

ANDREINI, ISABELLA, *Lettere* (Venice: Marcantonio Zaltieri ad instanzia di Gieronimo Bordon, 1607)

ARESE, PAOLO, *Della tribolatione e suoi rimedi. Lettioni* (Tortona: Nicolò Viola, 1624)

——*Imprese sacre con triplicati discorsi illlustrate & arricchite. A' predicatori, a gli studiosi della Scrittura Sacra, et a tutti quelli, che si dilettano d'Imprese, di belle lettere, e di dottrina non volgare, non men utili che dilettevoli*, 3 vols (Milan: erede di Pacifico Da Ponte et Giovanni Battista Piccaglia, vol. I; Milan: Impressori Archiepiscopali, vols II and III, 1625)

ARGELATI, FILIPPO, *Biblioteca degli volgarizzatori, o sia notizia dell'opere volgarizzate d'autori, che scrissero in lingue morte prima del secolo XV. Opera postuma* [...]. *Coll'addizioni, e correzioni di Angelo Teodoro Villa milanese*, 4 vols (Milan: Federico Agnelli, 1767)

ARNALDUS DE VILLA NOVA (but MAINO DE' MAINERI), *Opera utilissima di Arnaldo da Villanuova, di convervare la sanità, pur hora tradotta di latino in buona lingua italiana* (Venice: Michele Tramezzino, 1549)

A-VALLE, CARLO, *Storia di Alessandria dall'origine ai nostri giorni*, 4 vols (Turin: Fratelli Falletti, 1853–55)

BAIRO, PIETRO, *Secreti medicinali* [...]. *Ne' quali si contengono i rimedi che si possono usar in tutte l'infermità che vengono all'huomo, cominciando da capelli fino alle piante de piedi. Et questo libro per l'utilità sua si chiama. Vieni Meco* (Venice: Francesco Sansovino, 1561)

BARBIERI, GIOVANNI LUIGI, *Della morte, et dell'anime separate dialoghi otto.* [...] *Con una essortatione ad una sua figliuola spirituale, che era in agonia. Et alcune orationi dall'istesso di parola in parola tradotte di latino in volgare* (Bologna: Giovanni Rossi, 1593)

——*Dialoghi spirituali. Della patientia. Del peccato. Del pensiero. Della religione. Della croce* (Genoa: Girolamo Bartoli, 1589)

BARCITOTTI, GALERANA (ARCANGELA TARABOTTI), *Che le donne siano della spezie degli uomini. Difesa delle donne* [...] *contra Orazio Plata, il traduttore di quei fogli che dicono: le donne non essere della spezie degli uomini* (Nuremberg: Iuvann Cherchenbergher, 1651)

BARGAGLI, SCIPIONE, *I trattenimenti* [...] *dove da vaghe donne, e da giovani huomini rappresentati sono honesti, e dilettevoli giuochi: narrate novelle e cantate alcune amorose canzonette* (Venice: Bernardo Giunta, 1587)

BELMONTI, PIETRO, *Institutione della sposa* (Rome: Giovanni Osmarino Gigliotto, 1587)

——'*L'Instituzione della sposa del cavalier Pietro Belmonte ariminese* (1587)', ed. by Helena Sanson, *Letteratura Italiana Antica*, 9 (2008), 17–76

BETUSSI, GIUSEPPE, 'Additione', in Giovanni Boccaccio, *Libro di m. Gio. Boccaccio delle donne illustri, tradotto per Giuseppe Betussi. Con una additione fatta dal medesimo delle donne famose dal tempo di m. Giovanni fino a i giorni nostri & alcune altre state per inanzi; con la vita del Boccaccio & la tavola di tutte l'historie et cose principali che nell'opra si contengono* (Venice: Comin da Trino, ad instanza di Andrea Arrivabene, 1545), fols 150^v–238^r

BOCCACCIO, GIOVANNI, *Laberinto d'amore, di nuovo ristampato & corretto. Aggiontovi un Dialogo d'amore* (Venice: n. pub., 1611)

——*Laberinto d'amore* [...] *Di nuovo ristampato, & diligentemente corretto. Con le postille in margine, & con la tavola nel fine delle cose piu notabili. Aggiontovi nuovamente un Dialogo d'amore molto dilettevole* (Venice: Grazioso Percacino, 1611)

——*Laberinto d'amore,* [...] *Di nuovo ristampato, & diligentemente corretto. Con le postille in margine, & con la tavola nel fine delle cose più notabili. Aggiontovi nuovamente un Dialogo d'amore molto dilettevole* (Venice: Lucio Spineda, 1616)

——*Laberinto d'amore* [...] *Aggiontovi novamente un Dialogo d'amore molto dilettevole (tradotte [sic] di Latino in Volgare da M. A. Ambrosini)* (Venice: Gherardo Imberti, 1621)

——'Libro d'amore' attribuibile a Giovanni Boccaccio, ed. by Beatrice Barbiellini Amidei (Florence: Accademia della Crusca, 2013)

BOEHME, JOHANN (JOHANN BOHEMUS), *Gli costumi, le leggi et l'usanze di tutte le genti, raccolte qui insieme da molti illustri scrittori per Giovanni Boemo aubano alemanno, e tradotti per il Fauno in questa nostra lingua volgare. In questi tre libri si contiene l'Africa, l'Asia, l'Europa* (Venice: Michele Tramezzino, 1542)

——*Gli costumi, le leggi et l'usanze di tutte le genti, raccolte qui insieme da molti illustri scrittori per Giovanni Boemo aubano alemanno, e tradotti per il Fauno in questa nostra lingua volgare. In questi tre libri si contiene l'Africa, l'Asia, l'Europa* (Venice: Girolamo Giglio, 1558)

——*Gli costumi, le leggi, et l[']usanze di tutte le genti; raccolte, qui insieme da molti illustri scrittori per Giovanni Boemo Aubano Alemano; e tradotti per Lucio Fauno questa nostra lingua volgare. Aggiontovi di nuovo gli costumi, & l'usanze dell'Indie occidentali, ovvero Mondo Nuovo, da P. Gieronimo Giglio* (Venice: Francesco Lorenzini, 1560)

BOERIO, GIUSEPPE, *Dizionario del dialetto veneziano* (Venice: Giovanni Cecchini, 1867, 3rd edn)

BONINO, GIOANNI-GIACOMO, *Biografia medica piemontese*, 2 vols (Turin: Tipografia Bianco, 1824–25)

CABEI, GIULIO CESARE, *Ornamenti della gentil donna vedova. Opera* [...] *Nella quale ordinatamente si tratta di tutte le cose necessarie allo stato vedovile; onde potrà farsi adorno d'ogni habito virtuoso, & honorato* (Venice: Cristoforo Zanetti, 1574)

CALOGERÀ, ANGELO, *Biblioteca volante*, 4 vols (Venice: Giambattista Albrizzi, 1734–47)

CAMPANI, FABRIZIO, *Della vita civile ovvero del Senno. Libri dieci* (Venice: Francesco Bolzetta, 1607)

CANONICI FACHINI, GINEVRA, *Prospetto biografico delle donne italiane rinomate in letteratura dal secolo decimoquarto fino a' giorni nostri* (Venice: tipografia di Alvisopoli, 1824)

CAPORALI, CESARE, *Opere poetiche* [...] *cioè, La vita, L'essequie, et gli Horti di*

Mecenate. Il suo viaggio in Parnaso, Gli avvisi di Parnaso, Della corte, Del pedante (Venice: Bernardo Giunta & Giovanni Battista Ciotti, e compagni, 1608)

CASTIGLIONE, BALDASSAR, *Il libro del cortegiano* (Venice: eredi di Aldo Manuzio e Andrea Torresano, 1528)

——*Cortegiano del conte Baldassarre Castiglione. Riveduto et corretto da Antonio Ciccarelli* (Venice: Bernardo Basa, 1584; also Venice: Giunti)

CASTIGLIONE, SABBA DA, *Ricordi, overo ammaestramenti* (Bologna: Bartolomeo Bonardo, 1546[?])

——*Ricordi, overo ammaestramenti* [...] *ne quali con prudenti, e christiani discorsi si ragiona di tutte le materie honorate, che si ricercano a un vero gentil'huomo* (Milan: Giovanni Antonio degli Antoni, 1561)

CASTRECA BRUNETTI, ENRICO, *Aggiunte alla Biblioteca femminile italiana del Conte P. Leopoldo Ferri* (Rome: Tipografia delle Belle Arti, 1844)

CECCO D'ASCOLI, *L'acerba*, ed. by Achille Crespi (Ascoli Piceno: Cesari, 1927)

——*Lo illustre poeta Ceco d'Ascoli con comento diviso in sei libri* (Venice: Candido Bendoni, 1550)

CHENNA, GIUSEPPE ANTONIO, *Del vescovato, de' vescovi e delle chiese della città e diocesi d'Alessandria. Libri quattro* (Alessandria: Ignazio Vimercati, 1785)

CIMILOTI, ERCOLE, *I falsi dei. Favola pastorale piacevolissima dell'Estuante Academico Inquieto* (Milan: Pietro Martire Locarni, 1599)

CINELLI CALVOLI, GIOVANNI, *Biblioteca volante* (Venice: Giambattista Albrizzi, 1735)

CINO DA PISTOIA, *Le rime di Cino da Pistoia*, ed. by Guido Zaccagnini (Geneva: Olschki, 1925)

CLAUDIUS AELIANUS, *I quatordici libri Eliano di Varia historia, tradotti dal greco in italiano per Giacobo Laureo* (Venice: Bartolomeo Cesano, 1550)

CONTARINI CROCIFERO, LUIGI, *Il vago, e dilettevole giardino ove si leggono gli infelici fini de molti huomini illustri: i varij & mirabili essempi di virtù, & vitij de gli uomini: i fatti, & morte de profeti: il nome & opere delle dieci sibille: il discorso delle muse: l'origine & imprese dell'amazone: i maravigliosi essempij delle donne: gli inventori de tutte le scientie & arti: l'origine delle religioni, & cavallieri: l'eccellentia & virtù de molti naturali: alcune ordinationi de santi pontefici: le belle & vaghe pitture delle gratie, di amore, & del vero amico: le sette maraviglie del mondo* (Venice: Giorgio Perin et Greco, 1586)

——*Il vago, e dilettevole giardino ove si leggono* [...] *i meravigliosi esempi delle donne* (Vicenza: eredi Perin, 1589)

CORTESE, ISABELLA, *I secreti* [...] *ne' quali si contengono cose minerali, medicinali, arteficiose, & alchimiche, & molte de l'arte profumatoria, appartenenti a ogni gran signora* (Venice: Giovanni Bariletti, 1561)

CRESCI, FRANCESCO, *Essemplare di più sorti lettere* (Rome: Antonio Blado, 1560)

——*Il perfetto scrittore* (Rome: Francesco Aureri, 1570)

DAL POZZO, NICCOLÒ, *Oratione di Nicolò Pozzo dottor fisico Alessandrino. Da lui recitata il dì 16 Febraro 1619 nelle esequie fatte per il Signor Annibale Guasco morto il dì 4 del detto mese & anno. Con alcuni de' componimenti de' quali era ornato tutto l'apparato lugubre* (Alessandria: Dionisio Motti e Giovanni Soto, 1619)

DECIO, ANTONIO, *Acripanda* (Florence: Michelangelo Sermartelli, 1592)

——*Acripanda, tragedia* (Venice: Pietro Bertano, 1610)

—— *Due regine del teatro rinascimentale: Muzio Manfredi, La Semiramis; Antonio Decio, Acripanda*, ed. by Grazia Distaso (Taranto: Lisi, 2001)

DELLA CASA, GIOVANNI, *Galateo*, ed. by Ruggiero Romano (Turin: Einaudi, 1975)

—— *Rime et Prose* (Venice: Nicolò Bevilacqua, 1558)

—— *Trattato de gli uffici communi tra gli amici superiori et inferiori; scritto [...] in lingua latina, & dopo in volgare tradotto* (Milan: Giovanni Antonio degli Antoni, 1559)

DELLA CROCE, GIOVANNI ANDREA, *Della cirugia [...] libri sette: ne' quali si contiene la theorica et la vera prattica, et si vedono a i suoi luoghi moltissime figure di stromenti necessarij in questa professione, et finalmente con mirabile ordine si tratta tutto quello che ad ottimo cirugico nel curar ogni sorte di ferite si conviene* (Venice: Giordano Ziletti, 1574)

DOLCE, LODOVICO, *De gli ammaestramenti pregiatissimi, che appartengono alla educatione, & honorevole, et virtuosa vita virginale, maritale, e vedovile. Libri tre*, in *Le bellezze le lodi, gli amori, & i costumi delle donne; con lo discacciamento delle lettere, di Agnolo Firenzuola fiorentino, et di Alessandro Picolomini sanese. Giuntovi appresso i saggi ammaestramenti, che appartengono alla honorevole, e virtuosa vita virginale, maritale, e vedovile, di Lodovico Dolce [...]. Con copiosissime tavole delle cose più memorabili* (Venice: Barezzo Barezzi, 1622)

—— *Dialogo [...] della institutione delle donne. Secondo li tre stati, che cadono nella vita humana* (Venice: Gabriele Giolito, 1545)

—— *Dialogo della institution delle donne [...]. Da lui medesimo nuovamente ricorretto, et ampliato* (Venice: Gabriele Giolito, 1547)

—— *Dialogo della institution delle donne, secondo li tre stati che cadono nella vita umana* (1545), ed. by Helena Sanson (Cambridge: MHRA, 2015)

DOMENICHI, LODOVICO, *La nobiltà delle donne* (Venice: Gabriele Giolito, 1549)

DONI, ANTON FRANCESCO, *Tre libri di Pistolotti amorosi [...] con alcune altre lettere d'amore di diversi autori* (Venice: Gabriele Giolito, 1558)

ESPINOSA, JUAN DE, *Dialogo, en laude de las mujeres. Intitulado Ginaecepaenos. Diuiso en V partes. Interloqutores. Philalithes, y Philodoxo [...] y su indice copioso* (Milan: Michel Tini, 1580)

EUSEBIUS OF CAESAREA, *L'Historia ecclesiastica d'Eusebio Cesariense, tradotta dal latino nella lingua volgare* (Venice: Michele Tramezzino, 1547)

FARNESI, ENRICO, *De simulacro reip. siue De imaginibus politicae et oeconomicae virtutis. [...] Panegyrici lib. IIII absoluti. In quibus quam imperii faciem adumbrent quaedam illustrium familiarum insignia, apologi, emblemata, fabulae, adagia, hieroglyphica, breuiter ostenditur. Huc accedunt mores, leges, ritus antiquorum, synonima virtutum, paradoxa disputantium, exemplorum testimonia, ac denique orationes pro arte imperandi quinque* (Pavia: eredi Girolamo Bartoli, 1593; also Pavia: Andrea Viani, 1593)

FERRI, PIETRO LEOPOLDO, *Biblioteca femminile italiana, raccolta, posseduta e descritta* (Padua: Tipografia Crescini, 1842)

FERRO, AMBROGIO, *Ritratto d'amore, e martello delle femmine nel qual si discorre contro l'amor sensuale, e le femmine mondane. Opera curiosa e dilettevole* (Tortona: Pietro Giovanni Calenzano, et Eliseo Viola compagni, 1627)

FONTE, MODERATA (MODESTA POZZO), *Il merito delle donne [...] in due giornate. Ove chiaramente si scuopre quanto siano elle degne, e più perfette de gli huomini* (Venice: Domenico Imberti, 1600)

——*Il merito delle donne: ove chiaramente si scuopre quanto siano elle degne e più perfette de gli uomini*, ed. by Adriana Chemello (Mirano: Eidos, 1988)

—— *The Worth of Women: Wherein Is Clearly Revealed Their Nobility and Their Superiority to Men*, ed. by Virginia Cox (Chicago: University of Chicago Press, 1997)

FRAGOSO, JUAN, *Cirugia universal* [...]. *Y mas otros tres tratados* [...] *El primero es, Una summa de proposiciones contraciertos avisos de cirugia. El segundo, de las declaraciones acerca de diversas heridas y muertos. El tercero, de los Aphorismos de Hyppocrates tocantes a cirugia* (Alcalà: en casa de Juan Gracian, 1592)

——*Della cirugia del licentiado Giovanni Fragoso parti due nelle quali di tutte le cose, che alla cirugia appartengono, essattamente si ragiona. Tradotte dalla lingua spagnola nella italiana da Baldassar Grasso alias Grassia. Con l'aggiunta di altre* [sic] *tre trattati utilissimi alla cirugia del secondo Gio. Fragoso* (Palermo: Antonio Martarello, 1639)

FULGOSIO, BATTISTA (BATTISTA FREGOSO), *Baptistae Campofulgosi in libros dictorum factorumque memorabilium ad Petrum filium*, in *Exempla virtutum et vitiorum, atque etiam aliarum rerum maxime memorabilium, futura lectori supra modum magnus Thesaurus* (Basel: Heinrich Petri, 1555)

GALEA, AGOSTINO, *Discorsi morali sopra i quindeci misteri del Santissimo Rosario della beatissima Vergine. Molto utili ad ogni stato di persone* [...] *Con due copiosissime tavole, una delli luoghi della Sacra Scrittura dichiarati; l'altra delle cose più notabili* (Alessandria: ad instanza di Giovanni Motti, 1621)

——*Predicabili discorsi sopra il santissimo rosario della gloriosa Vergine Maria, spiegati con varii, e nuovi concetti della Sacra Scrittura, & autenticati con la dottrina de' Santi Padri* (Turin: eredi Giovanni Domenico Tarino, 1628)

GARZONI, TOMASO, *Piazza universale di tutte le professioni del mondo, e nobili et ignobili* (Venice: Giovanni Battista Somaschi, 1585)

——*Piazza universale di tutte le professioni del mondo*, ed. by Paolo Cherchi and Beatrice Collina, 2 vols (Turin: Einaudi, 1996)

——*Le vite delle donne illustri della Scrittura Sacra.* [...] *Con l'aggionta delle vite delle donne oscure, & laide dell'uno, & l'altro Testamento; et un discorso in fine sopra la nobiltà delle donne* (Venice: Giovanni Battista Somasco, 1586)

Gazzetta dell'Associazione agraria (Turin: Paravia, 1846)

GHILINI, GIROLAMO, *Annali di Alessandria, overo le cose accadute in essa città nel suo, e circonvicino territorio dall'anno dell'origine sua sino al 1659. I fatti memorabili de' suoi cittadini. Alcuni avvenimenti notabili altrove occorsi nell'istesso tempo. Et un breve trattato delle terre, che alla fabrica dell'istessa città concorsero. Con due tavole, una copiosissima di tutte le cose in questi annali contenute; & l'altra de gl'istorici, ed altri autori* (Milan: Giuseppe Marelli, 1666)

——*Teatro d'huomini letterati*, 2 vols (Venice: Guerigli, 1647)

GIOVIO, PAOLO, *Pauli Iouii Nouocomensis episcopi Nucerini Historiarum sui temporis tomus primus* (Florence: Lorenzo Torrentino, 1550)

——*La prima parte dell'historie del suo tempo* [...] *tradotta per Lodovico Domenichi* [...] *con un supplimento sopra le medesime historie, fatto da Girolamo Ruscelli* (Venice: Giovanni Maria Bonelli, 1560)

GIRALDI CINZIO, GIOVAN BATTISTA, *Arrenopia tragedia* (Venice: Giulio Cesare Cagnacini, 1583)

——*Arrenopia tragedia*, ed. by Davide Colombo (Turin: Edizioni RES, 2007)

—— *Cleopatra, tragedia* (Venice: Giulio Cesare Cagnacini, 1583)

—— *Cleopatra tragedia*, ed. by Mary Morrison and Peggy Osborn, with introduction and notes by Tiziana Menegus and Peggy Osborn (Exeter: University of Exeter, 1986)

—— *Euphimia, tragedia* (Venice: Giulio Cesare Cagnacini, 1583)

—— *Giudizio sopra la tragedia di Canace e Macareo, con molte utili considerationi circa l'arte tragica, et di altri poemi con la tragedia appresso* (Lucca: Vincenzo Busdraghi, 1550)

—— *Hecatommithi, overo Cento novelle [...] nelle quali non solo s'impara, & s'esercita il vero parlar toscano, ma ancora vengono rappresentate, come in vaghissima scena, & in lucidissimo specchio, le varie maniere del viver humano* (Venice: Evangelista Deuchino, & Giovanni Battista Pulciani, 1608)

GLAREANO, SCIPIO (ANGELICO APROSIO), *La Grillaia, curiosità erudite* (Naples: Novello de Bonis, 1668)

GRANADA, LUIS DE (LUIGI GRANATA), *Della introduttione al simbolo della fede. Parti quattro. 1. Della creatione del mondo, per venire, mediante le creature, al conoscimento del Creatore. 2. Della eccellenza della fede, & religion christiana. 3. Del misterio della redentione, co 'l lume della ragione. 4. Del medesimo, & d'altri misteri, & articoli, co 'l lume della fede [...]. Nuovamente dalla castigliana nella nostra lingua ridotta da M. Filippo Pigafetta* (Venice: Francesco de' Franceschi, 1596)

—— *Introducción del Símbolo de la Fe* (Salamanca: herederos de Matías Gast, 1583)

GREGORY THE GREAT, *Dialoghi, e vita del santissimo Gregorio papa, dottore di s. Chiesa, ne' quali oltre alla santa dottrina, si trovano ancora ad essempio del christianesimo assai vite di diversi, tanto giusti, come peccatori, utilissimi a chi desidera vivere christianamente. Tradotti di latino in volgare dal r.m. Torello Fola canonico della cathedrale chiesa di Fiesole. Con due tavole, una delle dette vite, e l'altra di tutte le materie più notabili, le quali nell'opera si contengono* (Venice: Cristoforo Zanetti, 1575)

—— *Historia del beatissimo Gregorio papa; nella quale, oltre alla santa dottrina, si truovano ancora, ad essempio di tutti i christiani, assai vite, cosi di buoni come di cattivi: altrimenti chiamata Dialoghi. Di nuovo ristampata, & riordinata dal r.m. Giovan Maria Tarsia fiorentino* (Venice: Antonio Ferrari, 1582)

GROTO, LUIGI (CIECO D'ADRIA), *La Hadriana, tragedia nova* (Venice: Domenico Farri, 1578)

GUARINI, GIOVANNI BATTISTA, *Pastor fido, tragicomedia pastorale* (Venice: Giovanni Battista Bonfadini, 1589 [but 1590 on the title page])

—— *Pastor fido, tragicomedia pastorale* (Venice: Giovan Battista Ciotti, 1602)

—— *Il Pastor fido*, ed. by Elisabetta Selmi, with an introduction by Guido Baldassarri (Padua: Marsilio, 1999)

GUASCO, ANNIBAL, *Discourse to Lady Lavinia, his Daughter: Concerning the Manner in Which She Should Conduct Herself When Going to Court as Lady-in-Waiting to the Most Serene Infanta, Lady Caterina, Duchess of Savoy*, ed. and trans. by Peggy Osborn (Chicago and London: University of Chicago Press, 2003)

—— *Ragionamento [...] a Donna Lavinia sua Figliuola, della maniera del governarsi ella in corte; andando per dama alla Serenissima Infante Donna Caterina, duchessa di Savoia* (Turin: Erede del Bevilacqua, 1586)

——'Ragionamento a D. Lavinia sua figliuola, della maniera del governarsi ella in corte; andando per Dama alla Serenissima Infante D. Caterina, Duchessa di Savoia (1586)', ed. by Helena Sanson, *Letteratura Italiana Antica*, 11 (2010), 61–140

——*Sotto il segno di Chirone. Il Ragionamento di Annibale Guasco alla figlia Lavinia*, ed. by Luisella Giachino, with an introductory essay by Blythe Alice Raviola (Turin: Nino Aragno, 2012)

GUASCO, FRANCESCO, *Tavole genealogiche di famiglie nobili alessandrine e monferrine dal secolo IX al XX*, 12 vols (Casale: Tipografia cooperativa, vols I–X; Tipografia Bellatore, Bosco e C., vols XI–XII, 1924–45)

GUAZZO, STEFANO, *La civil conversatione* [...] *divisa in quattro libri. Nel primo si tratta in generale de' frutti, che si cavano dal conversare* [...]. *Nel secondo si discorre primieramente delle maniere conveneuoli a tutte le persone nel conversar fuori di casa* [...]. *Nel terzo si dichiarano particolarmente i modi, che s'hanno a serbare nella domestica conversatione* [...]. *Nel quarto si rappresenta la forma della civil conversatione* (Brescia: Vincenzo Sabbio, a instanza di Tomaso Bozzola, 1574)

——*La civil conversatione* [...] *divisa in quattro libri* [...]. *Nuovamente dall'istesso auttore corretta, & in diversi luoghi di molte cose, non meno utili che piacevoli, ampliata* (Venice: Altobello Salicato, 1579)

——*La civil conversatione* [...] *divisa in quattro libri* (Venice: Altobello Salicato, 1590)

——*La civil conversatione*, ed. by Amedeo Quondam, 2 vols (Modena: Panini, 1993)

——*Dialoghi piacevoli* (Venice: Giovanni Antonio Bertano, ad instantia di Pietro Tini, 1586)

——*Dialoghi piacevoli* (Venice: Giovanni Antonio e Giacomo de Franceschi, 1604)

——*Lettere volgari di diversi gentilhuomini del Monferrato* (Brescia: Giovanni Battista Bozzola, 1566)

——*Lettere* [...]. *Ordinate sotto i capi seguenti. Di raguagli. Di lode. Di raccommandatione. Di essortatione. Di ringratiamenti. Di congratulatione. Di scusa. Di consolatione. Di complimenti misti* (Venice: Barezzo Barezzi, 1590)

GUEVARA, ANTONIO DE, *Delle lettere* [...]. *Libri quattro* [...]. *Con le tavole delli capitoli, et delle cose più notabili a ciascun libro aggiunte* (Venice: la Compagnia degli Uniti, 1585)

——*Le lettere*, 2 vols (Venice: Gabriele Giolito, 1546–47)

GUICCIARDINI, FRANCESCO, *La historia di Italia* (Florence: Lorenzo Torrentino, 1561, first 16 books; Venice: Gabriele Giolito, 1564, the remaining 4)

——*Historia d'Italia* [...] *divisa in venti libri. Riscontrata con tutti gli altri historici, & Auttori, che dell'istesse cose abbiano scritto, per Tommaso Porcacchi da Castiglione Arretino* (Venice: Niccolò Polo & Francesco Rampazetto, 1610)

IACOBILLI, VINCENZO, *Hippolito, tragedia* (Rome: Guglielmo Facciotto, 1601)

INFIAMMATO (pseudonym), *Gratiana. Favola boscareccia del Infiamato* (Padua: Giovanni Cantoni, 1588)

——*Gratiana. Favola boscareccia del Infiamato* (Venice: Giorgio Bizzardo, 1609)

——*Gratiana. Favola boscareccia del Infiamato* (Venice: Lucio Spineda, 1621)

INGRASSIA, GIOVANNI FILIPPO, *Iatrapologia liber quo multa aduersus barbaros medicos disputantur, collegijque modus ostenditur. ac multae quaestiones tam physicae quam chirurgicae discutiuntur.* [...] *Eiusdem Quaestio, quae capitis uulneribus ac phrenitidi medicamenta conueniant* (Venice: Giovanni Griffio, [1547])

INNOCENT III (GIOVANNI LOTARIO DEI CONTI DI SÉGNI), *Del dispregio del mondo. Tradotta dalla lingua latina alla toscana, a consolatione, di ogni fidel & vero christiano* (Venice: Venturino Ruffinelli, 1542)

——*Il divoto libro* [...] *del dispregio del mondo, & della miseria dell'humana conditione. Nuovamente dal latino in volgar tradotto* (Venice: Giovanni de Farri & fratelli, ad istanza di Giovanni dalla Chiesa, 1542)

——*Liber de contemptu mundi siue de miseria conditionis humanae* (Venice: Luigi Torti, 1538)

The Institutes of Justinian, ed. by Thomas Cooper (Philadelphia: P. Byrne, 1812)

JEHAN DE COURTOIS, *Trattato de i colori nelle arme, nelle livree, et nelle divise, di Sicillo Araldo del re Alfonso d'Aragona* (Venice: Domenico Nicolini da Sabbio, 1565; and Venice: Giorgio Cavalli, 1565)

——*Trattato dei colori nelle arme, nelle livree et nelle divise, di Sicillo Araldo del re Alfonso d'Aragon* (Venice: Comino Gallina, 1618)

Leggendario delle Santissime Vergini adornato di bellissime figure in rame di molta vaghezza et divotione non piu stampate agiontovi le vite d'alcune Sante Vergini (Venice: eredi Simone Galignani, 1594)

LOMBARDELLI, ORAZIO, *Dell'uffizio della donna maritata. Capi centoottanta* (Florence: Giorgio Marescotti, 1583)

MAFFEI, SCIPIONE, *Verona illustrata, contiene l'istoria della Città e insieme dell'antica*, 4 vols (Verona: Jacopo Vallarsi e Pierantonio Berno, 1731–32)

MALACARNE, VINCENZO, *Delle opere de' medici, e de' cerusici che nacquero, o fiorirono prima del secolo XVI negli stati della Real Casa di Savoja*, 2 vols (Turin: nella Stamperia Reale, 1786–89)

MANNO, ANTONIO, *Il patriziato subalpino. Notizie di fatto storiche, genealogiche, feudali ed araldiche desunte da documenti*, 2 vols (Florence: Civelli, 1895–1906)

MANSO, GIOVAN BATTISTA, *I paradossi, overo dell'amore. Dialogi* (Milan: Girolamo Bordoni, 1608)

MANTELLI, CRISTOFORO, *Piccola biografia di donne illustri alessandrine* (Alessandria: Guidetti, 1837; facsimile edition ed. by Anna Cavalli, Alessandria: iGrafismiBoccassi, 2002)

MARCHESI, GIORGIO VIVIANO, *La galeria dell'onore, ove sono descritte le segnalate memorie del sagr'ordine militare di S. Stefano*, 2 vols (Forlì: Fratelli Marozzi, 1735)

MARINELLI, GIOVANNI, *Le medicine partenenti alle infermità delle donne* [...] *divise in tre libri: nel primo de' quali si curano que' mali, che possono sciogliere il legame del matrimonio: nel secondo si rimove la sterilità: et nel terzo si scrive la vita della donna gravida fino, che sia uscita del parto, con l'ufficio della levatrice* (Venice: Giovanni Bonadio, 1563)

MARINELLI, LUCREZIA, *Essortationi alle donne et a gli altri, se a loro saranno a grado* (Venice: Francesco Valvasense, 1645)

——*Exhortations to Women and to Others if They Please*, ed. and trans. by Laura Benedetti (Toronto: Iter Inc., Centre for Reformation and Renaissance Studies, 2012)

——*Le nobiltà, et eccellenze delle donne, co' difetti e mancamenti de gli huomini. Discorso* [...] *in due parti diviso* (Venice: Giovanni Battista Ciotti, 1600)

——*La nobiltà, et eccellenza delle donne: et i diffetti, e mancamenti de gli huomini. Discorso* [...] *In due parti diviso* (Venice: Giovanni Battista Ciotti, 1601)

——*The Nobility and Excellence of Women, and the Defects and Vices of Men*, ed. and trans. by Anne Dunhill (Chicago: University of Chicago Press, 1999)

MARINI, STEFANO, *Beccariae gentis imagines ex eiusdem historijs Stephani Marini philosophi et medici industria fideliter excerptae, et emendatae, ac suo quaeque ordine illustratae. Cum additamentis de eiusdem insignibus, & de Beccaria sobole in Rhaetia superiore* (Ticino: Girolamo Bartoli, 1585)

MASSOBRIO, GIOVANNI ANTONIO, *Praxis habendi concursum ad vacantes parochiales eccl. ad stylum Curiae Romanae accomodata, elucubrata, & miro ordine disposita.* [...] *Accessit Tractatus de Synodo Dioecesana* (Rome: Giacomo Mascardi, 1625)

MAZZELLA, SCIPIONE, *Descrittione del Regno di Napoli* [...]. *Nella quale s'ha piena contezza così del sito d'esso, de' nomi delle provincie antichi e moderni, de' costumi de' popoli, delle qualità de' paesi, e de gli huomini famosi, che l'hanno illustrato: come de' monti, de' mari, de' fiumi, de' laghi, de' bagni, delle minere, e d'altre cose maravigliose, che vi sono* (Naples: Giovanni Battista Cappelli, 1586)

——*Descrittione del regno di Napoli: nella quale s'ha piena contezza, così del sito d'esso, de' nomi delle provintie antiche, e moderne, de' costumi de' popoli, delle qualità de' paesi, e de gli huomini famosi che l'hanno illustrato* [...]. *Con la tavola copiosissima, et altre cose notabili che nella prima impressione non erano* (Naples: Giovanni Battista Cappello, 1601)

MAZZUCHELLI, GIAMMARIA, *Gli scrittori d'Italia cioè notizie storiche, e critiche intorno alle vite, e agli scritti dei letterati italiani*, 6 vols (Brescia: Giambattista Bossini, 1753–63)

MENGHI, GIROLAMO, *Compendio dell'arte essorcistica, et possibilità delle mirabili & stupende operationi delli demoni, & de' malefici; con li rimedij opportuni alle infirmità maleficiali.* [...] *Opera non meno giovevole alli essorcisti, che dilettevole a lettori, a comune utilità nuovamente posta in luce* (Bologna: Giovanni Rossi, 1576)

——*Compendio dell'arte essorcistica, et possibilità delle mirabili & stupende operationi delli demoni, & de' malefici; con li rimedij opportuni alle infirmità maleficiali.* [...] *Opera non meno giovevole alli essorcisti, che dilettevole a lettori, a comune utilità nuovamente posta in luce* (Venice: Paolo Ugolino, 1601)

MERCURIO, SCIPIONE (GIROLAMO), *La comare o Ricoglitrice* [...] *divisa in tre libri. Nel primo si tratta del parto naturale dell'uomo, e dell'efficio della comare, che in esso è necessario. Nel secondo del parto preternaturale, illeggittimo, e vitioso, e di quei modi, con i quali può la comare aiutare così le madri, come le creature. Nel terzo delle principali infirmitadi, che accadono* [...] *e de i rimedij loro* (Venice: Giovanni Battista Ciotti, 1596)

——*De gli errori popolari d'Italia, libri sette, divisi in due parti. Nella prima si trattano gli errori, che occorrono in qualunque modo nel governo de gl'Infermi, e s'insegna il modo di correggerli. Nella seconda si contengono gl'errori quali si commettono nelle cause delle malattie, cioè nel modo del vivere* (Venice: Giovanni Battista Ciotti, 1603)

MEXÍA, PEDRO, *La selva di varia lettione* (Venice: Michele Tramezzino, 1544)

——*Selva di varia lettione di Pietro Messia, divisa in cinque parti. Nella quale sono utili cose, dotti ammaestramenti, et varij discorsi appartenenti cosi alle scientie, come alle historie degli huomini et de gli animali. Ampliata per Francesco Sansovino. Et di nuovo riveduta et corretta* (Venice: Compagnia degli Uniti, 1585)

——*Silva de varia lección* (Seville: Domingo de Robertis, 1540; also Seville: Juan Cronberger, 1540)

MONTEMERLO, NICOLÒ, *Raccoglimento di nuova historia dell'antica città di Tortona* [...] *diviso in sei libri. Ne' quali, cominciando dalla distruttione della medema città fatta da Federico Barbarossa, si narrano i successi a lei occorsi sino ai tempi presenti* (Tortona: Nicolò Viola, [1618])

MORATO, FULVIO PELLEGRINO, *Del significato dei colori* (Venice: Giovanni Antonio Nicolini da Sabbio, 1535)

MORIGIA, PAOLO, *Historia delle antichità di Milano, divisa in quattro libri* [...] *Nella quale si racconta brevemente, & con bell'ordine da quante nationi questa città è stata signoreggiata, dal principio della sua fondatione sino all'anno presente MDXCI* (Venice: Domenico Guerra et Giovanni Battista Guerra, 1592)

——*La nobiltà di Milano, divisa in sei libri* (Milan: Pacifico Da Ponte, 1595)

ORIBASIUS, *Oribasii Sardiani Synopseos ad Eustathium filium libri nouem: quibus tota medicina in compendium redacta continetur. Ioanne Baptista Rasario Nouariensi medico interprete* (Venice: Paolo Manuzio, 1554)

ORLANDI, CESARE, *Delle città d'Italia e sue isole adjacenti. Compendiose notizie sacre, e profane*, 5 vols (Perugia: Mario Riginaldi, 1770–78)

OVID (PUBLIUS OVIDIUS NASO), *Le metamorfosi di Ovidio dette da m. Giovanni Andrea dell'Anguillara in ottava rima* (Venice: Giovanni Griffio, 1553)

PANIGAROLA, FRANCESCO, *Il predicatore* [...] *overo Parafrase, Commento, e Discorsi intorno al libro dell'Elocutione di Demetrio Falereo* (Venice: Bernardo Giunta, Giovanni Battista Ciotti, & c., 1609)

PASSI, GIUSEPPE, *Continuatione della monstruosa fucina delle sordidezze degl'huomini* (Venice: Evangelista Deuchino & Giovanni Battista Pulciani, 1602)

——*Dello stato maritale, trattato* [...] *nel quale con molti esempi antichi, e moderni, non solo si dimostra quello, che una donna maritata deve schivare, ma quello ancora, che fare le convenga, se compitamente desidera di satisfare all'officio suo. Opera non meno utile, che dilettevole per ciascheduno* (Venice: Giacomo Antonio Somasco, 1602)

——*De statu maritali: tractatus Josephi Passi Ravennatis academici. In quo non solum, quid fugiendum, sed & quid sequendum sit foeminae maritatae, si officio suo satisfacere cupiat, multis, cum veteribus, tum recentioribus exemplis, demonstrantur.* [...] *ex Italico nunc primum Latine redditum, ab Henrico Salmuth* (Hamburg: ex officina typographica Michaelis Forsteri, 1612)

——*I donneschi diffetti* (Venice: Giovanni Battista Ciotti, 1599)

——*La monstruosa fucina delle sordidezze degl'uomini* (Venice: Antonio Giovanni Somaschi 1603)

PASTROVICCHI, LUCA, *Amaranta boscareccia* (Padua: Giovanni Cantoni, 1588)

——*Amaranta boscareccia* (Milan: compagnia de' Tini et Filippo Lomazzo, 1603)

——*Tirsi costante. Favola boschereccia* (Milan: Giovanni Giacomo Comi, 1607)

PETRARCA, FRANCESCO, *Il Petrarcha con l'espositione d'Alessandro Vellutello di novo ristampato con le figure a i Triomphi, et con piu cose utili in varii luoghi aggiunte* (Venice: Gabriele Giolito, 1544)

—— *Il Petrarcha con l'espositione d'Alessandro Vellutello di novo ristampato con le figure a i Triomphi, et con piu cose utili in varii luoghi aggiunte* (Venice: Gabriele Giolito, 1545)

PICCOLOMINI, ALESSANDRO, *Gli costumi lodevoli che a nobili gentildonne si convengono, descritti dal virtuoso signor Alessandro Piccolomeni Academico Intronato Sanese. Con una bellissima oratione in lode delle donne dello stesso autore*, in *Le bellezze le lodi, gli amori, & i costumi delle donne; con lo discacciamento delle lettere, di Agnolo Firenzuola fiorentino, et di Alessandro Picolomini sanese. Giuntovi appresso i saggi ammaestramenti, che appartengono alla honorevole, e virtuosa vita virginale, maritale, e vedovile, di Lodovico Dolce* [...]. *Con copiosissime tavole delle cose più memorabili* (Venice: Barezzo Barezzi, 1622)

Dialogo della bella creanza de le donne (Venice: Curzio Troiano Navò, et fratelli, 1539)

—— *Dialogo de la bella creanza de le donne. De lo Stordito Intronato* (n.p., n. pub., 1541)

—— *La Raffaella: dialogo della bella creanza delle donne di Alessandro Piccolomini* (Milan: Longanesi, 1969)

PORCACCHI, TOMMASO, *Historia dell'origine et successione dell'illustrissima famiglia Malaspina* (Verona: Girolamo Discepolo, 1585)

PORTA, GIULIANO, *L'Alessandrina Tetracty, ovvero la Quaternità d'Alessandria descritta, annalliggiata, illustrata e celebrata. Opera da varij auttori estratta* (Milan: stampa Archiepiscopale, 1670)

—— *Esemplari, e Simolacri dignissimi delle virtù, stimoli potenti alle medeme, cioè eroi, campioni, e personaggi celeberrimi alessandrini, quali rassembrano teatro nobilissimo nel nuovo tempio adunati d'Agrippa, eretto in perpetuo al mondo* [...] *con la Gionta dell'istesso a' medesimi delli vescovi e governatori della detta città* (Milan: eredi Ghisolfi, 1693)

Pregio della donna ove si notano alcune donne de' tempi antichi, mezzani, del presente secolo, e viventi celebri in virtù, e scienza (Turin: nella Stamperia Reale, Presso Bernardino Tonso libraio in Dora Grossa, 1783)

PUCCI, BENEDETTO, *L'idea di varie lettere usate nella segretaria d'ogni principe, e signore con diversi principii concetti e fini di lettere missive pronti da servirsene a luogo, e tempo. Aggiontovi una breve, e facile regola dell'Ortografia nella lingua volgare* (Venice: Giovanni Battista Ciotti, 1608)

RANIERO GIORDANI DA PISA (RAINERIUS DE PISIS), *Pantheologia, sive Summa universae theologiae*, 2 vols (Venice: Hermann Liechtenstein, 1486)

RANZA, GIOVANNI ANTONIO, *Poesie e memorie di donne letterate che fiorirono negli stati di S.S.R.M. il Re di Sardegna, raccolte, e date in luce ora la prima volta, con alcune antiche, e moderne poetiche iscrizioni di nobili donne vercellesi, non più pubblicate* (Vercelli: Giuseppe Panialis, 1769)

RIPA, CESARE, *Iconologia, overo descrittione dell'imagini universali cavate dall'antichità et da altri luoghi* (Rome: eredi Giovanni Gigliotti, 1593)

—— *Iconologia* [...] *nella quale si descrivono diverse imagini di virtù, vitij, affetti, passioni humane, arti, discipline, humori, elementi, corpi celesti, provincie d'Italia, fiumi, tutte le parti del mondo, ed altre infinite materie. Opera utile ad oratori, predicatori, poeti, pittori, scultori* [...] *ampliata ultimamente dallo stesso autore di* CC *imagini, e arricchita di molti discorsi pieni di varia eruditione; con nuovi intagli, e con indici copiosi nel fine* (Siena: eredi di Matteo Florimi, ad instanza di Bartolomeo Ruoti, 1613)

ROMEI, ANNIBALE, *Discorsi* [...]. *Divisi in cinque giornate* [...] *nelle quali, tra dame e cavaglieri ragionando, si tratta* [...] *con le risposte a tutti i dubbi che in simile materie proponer si pongono* (Venice: Francesco Ziletti, 1585)

——*Discorsi* [...] *di nuovo ristampati, ampliati, e con diligenza corretti. Divisi in sette giornate* (Ferrara: Vittorio Baldini, 1586)

ROSACCIO, GIUSEPPE, *Le sei età del mondo, nelle quali brevemente si tratta della creatione del cielo, & della terra* [...] *& altre cose avenute fino all'anno 1593.* [...] *in breve compendio ridotte* (Brescia: Vincenzo Sabbio, 1593)

——*Le sei età del mondo* [...] *con brevità descritte* (Venice: n. pub., 1597)

ROSSI, OTTAVIO, *Lettere* [...]. *Raccolte dal Bartolomeo Fontana. Con gli argomenti, & nella Tavola ridotte sotto a i loro Capi* (Brescia: Bartolomeo Fontana, 1621)

RUSCELLI, GIROLAMO, *Lettura* [...] *sopra un sonetto dell'illustriss. Signor marchese della Terza alla divina signora marchesa del Vasto. Ove con nuove et chiare ragioni si pruova la somma perfettione delle donne; et si discorrono molte cose intorno alla scala platonica dell'ascendimento per le cose create alla contemplatione di Dio. Et molte intorno alla vera bellezza, alla gratia, et alla lingua volgare. Ove ancora cade occasione di nominare alcune gentildonne delle più rare d'ogni terra principal dell'Italia* (Venice: Giovanni Griffio, 1552)

SANNAZARO, JACOPO, *Arcadia*, introduction and notes by Carlo Vecce (Rome: Carocci, 2013)

SORI, GIOVANNI BATTISTA, *Aforismi d'Hippocrate, tradotti in volgare* (Milan: Pandolfo Malatesta, [1615])

——*Consigli, et avisi piu suttili dell'arte di chirurgia, dotti, prattici, curiosi, & necessarij a' chirurghi. Col modo di far giudicij ne' mali, una tassa dell'honorario loro, delle fontanelle, del morbo gallico, & gli aforismi toccanti alla chirurgia* (Milan: Carlo Antonio Malatesta, 1628)

——*Curioso, compendioso, et utilissimo trattato circa il reggimento, & conservatione della sanità* (Pavia: Giacomo Ardizzoni, 1616)

——*Interrogatorio di flobotomia,* [...], *nel quale si dichiara il modo che deve tenere il fisico, per interrogare il flobotomista* [...]. *Opera giovevole a tutti, & à professori di flobotomia molto necessaria* (Milan: Graziadio Ferioli, 1615)

——*Tesoro di chirurgia di Gio. Battista Soris* [...] *Nel quale si contengono nove libri* (Pavia: eredi di Giovanni Maria Magri, 1632)

SORI, ISABELLA, *Ammaestramenti e ricordi, circa a' buoni costumi che deve insegnare una ben creata madre ad una figlia, da citella, d'accasata e da vedova, accioché sia onesta. Corretti et accresciuti, e del vestire e dell'imprese più lecite negli stati sudetti. Divisi in dodeci lettere, da Isabella Sori alessandrina. Con una particolare aggionta di dodeci Difese, fatte contro alcuni sinistri giudicii, fatti sopra degli medemi Ammaestramenti e del sesso donnesco. E nel fine un Panegirico delle cose più degne dell'illustrissima città d'Alessandria. Et di molti pelegrini ingegni usciti da essa* (Pavia: Giovanni Maria Magri, 1628)

SOSA, JERÓNIMO DE, *Noticia de la gran Casa de los Marqueses de Villafranca, y su parentesco con las mayores de Europa* (Naples: Novello de Bonis, 1676)

SPELTA, ANTONIO MARIA, *Donneschi trofei* [...] *ad honore delle donne cortesi, benigne e saggie, et a confusione delle ingrate, orgogliose, e rozze, gratiosamente eretti: opera molto esemplare, e di gran frutto, à fare, che i mariti amando, e rispettando le mogli, vivano lieti, e concordi nelle case loro. Con due tavole una de' capi, l'altra delle cose notabili* (Pavia: Pietro Bartoli, ad instanza di M. Angelo Bordoni, 1612)

——*Historia* [...] *De' fatti notabili occorsi nell'universo, et in particolare del regno de' Ghoti, de' Longobardi, de i Duchi di Milano, & d'altre segnalate persone, dall'anno di nostra salute VL fino al MDIIIC. Nel qual tempo fiorirono i vescovi, che resero la Chiesa dell'antichissima, e Real Città di Pavia, le cui vite brevemente si narrano. Con una nuova aggiunta dell'istesso autore dell'anno 1596 all'anno 1602* (Pavia: Pietro Bartoli, 1603)

SPERONI, SPERONE, *Canace tragedia* (Venice: Vincenzo Valgrisi, 1546)

——*Canace, tragedia* [...] *alla quale sono aggiunte alcune sue compositioni, et una apologia et alcune lettioni in difesa della tragedia* (Venice: Giovanni Alberti, 1597)

TARABOTTI, ARCANGELA, *Che le donne siano della spezie degli uomini: Women Are no less Rational than Men*, ed. by Letizia Panizza (London: Institute for Romance Studies, 1994)

——*Che le donne siano della spezie degli uomini: un trattato proto-femminista del 17. secolo*, ed. by Susanna Mantioni (Capua: Artetetra, 2015)

TASSO, BERNARDO, *Rime*, ed. by Domenico Chiodo, 2 vols (Turin: Res, 1995)

TASSO, TORQUATO, *Apologia del S. Torq. Tasso in difesa della sua Gierusalemme liberata a gli Accademici della Crusca. Con le accuse et difese dell'Orlando furioso dell'Ariosto* (Ferrara: Vittorio Baldini, ad instanza di Giulio Vasalini), 1586)

——*Discorso del maritarsi del Signor Torquato Tasso al Signor Hercole Tasso*, in *Dialoghi et discorsi* [...] *sopra diversi soggetti, di nuovo posti in luce, e da lui riveduti et corretti. Dialogo della poesia toscana. Per ordine alle sue prose. Quinta parte* (Venice: Giulio Vasalini, 1587), fols 190^v–203^v

——*Il forno, overo della nobiltà dialogo* (Vicenza: Giorgio Perin et Greco, 1581)

——*Il Forno, overo della nobiltà. Il Forno secondo overo della nobiltà*, ed. by Stefano Frandi (Florence: Le Lettere, 1999)

——*Il re Torrismondo. Tragedia* (Bergamo: Comin Ventura, 1587)

——*Le rime*, ed. by Bruno Basile (Rome: Salermo, 1994)

TIRABOSCHI, GIOVAN CARLO, *La famiglia Picenardi ossia notizie storiche intorno alla medesima* (Cremona: Giuseppe Ferraboli, 1815)

TIRABOSCHI, GIROLAMO, *Storia della letteratura italiana*, III: *Dall'anno MCCCC al MDC* (Milan: Nicolò Bettoni, 1833)

——*Storia della letteratura italiana* [...]. VII. 2: *Dall'anno MD all'Anno MDC* (Modena: Società Tipografica, 1791)

——*Storia della letteratura italiana* [...]. VII. 3: *Dall'anno MD all'Anno MDC* (Modena: Società Tipografica, 1792)

TOSCANELLA, ORAZIO, *Le bellezze del Furioso* [...] *con gli argomenti et le allegorie de i canti* (Venice: Pietro de Franceschi et nepoti, 1574)

TRISSINO, GIOVAN GIORGIO, *Epistola del Trissino de la vita, che dee tenere una donna vedova* (Rome: Ludovico degli Arrighi et Lautizio Perugino, 1524)

TROTTO, BERNARDO, *Dialoghi del matrimonio e vita vedovile* (Turin: Francesco Dolce, 1578)

TRUJILLO, TOMÁS DE, *Delle pompe o vero de gli abusi del vestire discorsi varii raccolti dalla Sacra scrittura, e da diversi auttori* (Venice: Bernardo Giunta & Giovanni Battista Ciotti, 1610)

—— *Libro llamado reprobacion de los trajes y abusos de juramentos, con un tratado de limosnas* (Estella: Adrian de Anvers, 1563)

VALIER, AGOSTINO, *Institutione d'ogni stato lodevole delle donne christiane* (Venice: Bolognino Zaltieri, 1575)

—— *Instituzione d'ogni stato lodevole delle donne cristiane* and *Ricordi di Monsignor Agostino alle monache nella sua visitazione fatta l'anno del santissimo Giubileo 1575*, ed. by Francesco Lucioli (Cambridge: MHRA, 2015)

VALLAURI, TOMMASO, *Storia della poesia in Piemonte*, 2 vols (Turin: Chirio e Mina, 1841)

VERDIZOTTI, GIOVANNI MARIO, *Cento favole morali de i più illustri antichi & moderni autori Greci & Latini, scielte & trattate in varie maniere di versi volgari* (Venice: Giordano Ziletti, 1570; also 1586)

La Vita del Conte Bartolomeo Arese Presidente del Senato di Milano (Cologne: Francesco della Torre, 1682)

VIVES, JUAN LUIS, *De institutione foeminae Christianae* [...] *libri tres*, [...] *vere Christiani, christianae in primis virgini, deinde maritae, postremo viduae* (Antwerp: apud Michaelem Hillenium Hoochstratanum, 1524)

—— *De institutione foeminae Christianae ad Inclytam D. Catharinam Hispanam Angliae Reginam, Libri tres* (Basel: per Robertum Winter, 1538)

—— *The Education of a Christian Woman: A Sixteenth-Century Manual*, ed. and trans. by Charles Fantazzi (Chicago: University of Chicago Press, 2000)

Secondary sources

ARBIZZONI, GUIDO, *'Un nodo di parole e di cose'. Storia e fortuna delle imprese* (Rome: Salerno Editrice, 2002)

ARCHER, CHRISTON I. , JOHN R. FERRIS, HOLGER H. HERWIG, and TIMOTHY H. E. TRAVERS, *World History of Warfare* (London: Cassell, 2003)

ARICÒ, DENISE, 'Corte rinascimentale e barocca', in *Luoghi della letteratura italiana*, ed. by Gian Mario Anselmi and Gino Ruozzi (Milan: Bruno Mondadori, 2003), pp. 169–79

ARIÈS, PHILIPPE, *L'Enfant et la vie familiale sous l'Ancien Régime* (Paris: Plon, 1960)

BALANI, DONATELLA, and MARINA ROGGERO, *La scuola in Italia dalla Controriforma al Secolo dei lumi* (Turin: Loescher, 1976)

BATTAGLIA, SALVATORE (and GIORGIO BÁRBERI SQUAROTTI), *Grande dizionario della lingua italiana*, 21 vols (Turin: UTET, 1961–2001)

BATTISTI, CARLO, and GIOVANNI ALESSIO, *Dizionario etimologico italiano*, 5 vols (Florence: G. Barbera, 1948–57)

BENSON, PAMELA, *The Invention of the Renaissance Woman: The Challenge of Female Independence in the Literature and Thought of Italy and England* (University Park: Pennsylvania State University Press, 1992)

BENZONI, ANTONIO, 'Un carme inedito di Laura Brenzoni in lode di Roberto Sanseverino', *Archivio Veneto*, 5, 24, 47/48 (1939), 187–229

BIANCHI, ALESSANDRO, *Alterità ed equivalenza: modelli femminili nella tragedia italiana del Cinquecento* (Milan: Unicopli, 2007)

Biblioteca dell'Avvocazia dei poveri di Alessandria, ed. by Cooperativa ARCA, archivi e biblioteche (Alessandria: Edizioni dell'Orso, 2009)

BIGA, EMILIA, *Una polemica antifemminista del '600. La Maschera scoperta di Angelico Aprosio* (Ventimiglia: Civica biblioteca Aprosiana, 1989)

BIMA, FAUSTO, 'Il collegio dei giureconsulti di Alessandria', *Rivista di storia, arte e archeologia della provincia di Alessandria*, 71 (1962), 142–59

BOCK, GISELA, and MARGARETE ZIMMERMANN, *Die europäische Querelle des Femmes. Geschlechterdebatten seit dem 15. Jahrhundert* (Stuttgart: Metzler, 1997)

BOLDRINI, FEDERICA, '*An mulieribus licitum sit ornare*: Female Appearance as an Emerging Object of Juridical Regulation between the Middles Ages and the Early Modern Times', in *Conduct Literature for and about Women in Italy*, ed. by Sanson and Lucioli, pp. 207–26

BRAMBILLA, ELENA, 'Dalle "conversazioni" ai salotti letterari', in *Salotti e ruolo femminile in Italia tra fine Seicento e primo Novecento*, ed. by Maria Luisa Betri and Elena Brambilla (Venice: Marsilio, 2004), pp. 545–52

BREGOLI-RUSSO, MAUDA, *L'impresa come ritratto del Rinascimento* (Naples: Loffredo, 1990)

BRUNDIN, ABIGAIL, DEBORAH HOWARD, and MARY LAVEN, *The Sacred Home in Renaissance Italy* (Oxford: Oxford University Press, 2018)

BURATO, LIVIO, and PIERANGELO COSCIA, *Gli 800 anni di Alessandria* (Turin: AEDA, Autori Editori Associati, 1968)

BURKE, PETER, *The Fortunes of the Courtier: The European Reception of Castiglione's 'Cortegiano'* (Cambridge: Polity Press, 1995)

CALORIO, GIANFRANCO, *Bergolium. Ricostruzione storico-iconografica del Borgo antico di Alessandria prima della costruzione della cittadella* (Castelnuovo Scrivia (Alessandria): Favolarevia, 2000)

CASACCIA, GIOVANNI, *Dizionario genovese-italiano* (Genoa: Gaetano Schenone, 1876)

CAVALLO, SANDRA, and TESSA STOREY, *Healthy Living in Late Renaissance Italy* (Oxford: Oxford University Press, 2013)

—— (eds), *Conserving Health in Early Modern Culture: Bodies and Environments in Italy and England* (Manchester: Manchester University Press, 2017)

CHEMELLO, ADRIANA, 'L'*Institution delle donne* di Lodovico Dolce ossia l'"insegnar virtù et honesti costumi alla Donna"', in *Trattati scientifici nel Veneto fra il XV e XVI secolo* (Vicenza: Neri Pozza, 1985), pp. 103–34.

—— 'Letteratura di condotta e vita delle donne nelle opere di Moderata Fonte e Lucrezia Marinelli', in *Conduct Literature for and about Women in Italy*, ed. by Sanson and Lucioli, pp. 137–58

CHERCHI, PAOLO, *Polimatia di riuso. Mezzo secolo di plagio (1539–1589)* (Rome: Bulzoni, 1998)

CHERUBINI, FRANCESCO, *Vocabolario mantovano-italiano* (Milan: Giovanni Battista Bianchi, 1827)

CHIARLE, ANGELO, NAPOLEONE ERNESTO GONNET, and FLAMINIO BUSCHETTI, *Vicende militari della città di Alessandria, 1168–1878*, ed. by Giovanni Jachino (Alessandria: Ferrari, 1929)

CIAN, VITTORIO, *Del significato dei colori e dei fiori nel Rinascimento italiano* (Turin: Roux, 1894)

COLLER, ALEXANDRA, 'How to Succeed at Court: Annibal Guasco's Advice to

His Daughter Lavinia and Renaissance Manuals of Conduct', *California Italian Studies*, 4.2 (2013), 1–31

—— *Women, Rhetoric, and Drama in Early Modern Italy* (New York and London: Routledge, 2017)

CORRY, MAYA, DEBORAH HOWARD, and MARY LAVEN, *Madonna and Miracles: The Holy Home in Renaissance Italy* (Cambridge: The Fitzwilliam Museum, 2017)

CORRY, MAYA, MARCO FAINI, and ALESSIA MENEGHIN, *Domestic Devotions in Early Modern Italy* (Leiden: Brill, 2019)

COSENTINO, PAOLA, *Le virtù di Giuditta: il tema biblico della 'mulier fortis' nella letteratura del '500 e del '600* (Rome: Aracne, 2012)

COSTA-ZALESSOW, NATALIA, 'Tarabotti's *La semplicità ingannata* and its Twentieth-Century Interpreters, with Unpublished Documents Regarding its Condemnation to the Index', *Italica*, 78 (2001), 314–25

COUDERT, ALISON P., 'Educating Girls in Early Modern Europe and America', in *Childhood in the Middle Ages and the Renaissance: The Results of a Paradigm Shift in the History of Mentality*, ed. by Albrecht Classen (Berlin-New York: Walter de Gruyter, 2005), pp. 389–413

COX, VIRGINIA, 'Members, Muses, Mascots: Women and Italian Academies', in *The Italian Academies 1525-1700: Networks of Culture, Innovation and Dissent*, ed. by Jane E. Everson, Denis V. Reidy, and Lisa Sampson (Cambridge: Legenda, 2016), pp. 132–63

—— *The Prodigious Muse: Women's Writing in Counter-Reformation Italy* (Baltimore: The Johns Hopkins University Press, 2011)

—— *Women's Writing in Italy, 1400-1650* (Baltimore: Johns Hopkins University Press, 2008)

CREMONINI, CINZIA, 'Il gran teatro della nobiltà. L'aristocrazia milanese tra Cinque e Seicento', in *Teatro genealogico delle famiglie nobili milanesi. Manoscritti 11500 e 11501 della Biblioteca Nacional di Madrid*, ed. by Cinzia Cremonini, 2 vols (Mantua: Gianluigi Arcari, 2003), I, pp. 1–56

—— *Le vie della distinzione: società, potere e cultura a Milano tra XV e XIX secolo* (Milan: EduCatt, 2012)

DAENENS, FRANCINE, 'Doxa e paradoxa: uso e strategia della retorica nel discorso sulla superiorità della donna', *Donnawomanfemme*, 25/26 (1985), 27–38 (special issue *Sulla scrittura. Percorsi critici su testi letterari del XVI secolo*)

—— 'Superiore perché inferiore: il paradosso della superiorità della donna in alcuni trattati italiani del Cinquecento', in *Trasgressione tragica e norma domestica. Esemplari di tipologie femminili della letteratura europea*, ed. by Vanna Gentili (Rome: Edizioni di Storia e Letteratura, 1983), pp. 41–50

DAMERI, ANNALISA, and ROBERTO LIVRAGHI, *Alessandria disegnata. Città e cartografia tra XV e XVIII secolo* (Alessandria: Collegio Costruttori ANCE, 2009)

—— *Il volto nuovo della città. Alessandria nel Settecento* (Alessandria: Soged, 2005)

DBI = *Dizionario biografico degli italiani* (Rome: Istituto dell'Enciclopedia Italiana, 1960–)

DEAN, TREVOR, and KATE LOWE, 'Introduction: Issues in the History of Marriage', in *Marriage in Italy, 1300-1650*, ed. by Trevor Dean and Kate J. P. Lowe (Cambridge: Cambridge Unversity Press, 1998), pp. 1–21

DIALETI, ANDRONIKI, 'The Publisher Gabriele Giolito de' Ferrari, Female Readers, and the Debate about Women in Sixteenth-Century Italy', *Renaissance and Reformation*, 28.4 (2004), 5–32

DURANTE, BARTOLOMEO, *L'Aprosiana sconosciuta: splendore, declino e segreti d'una grande 'Libraria' tra la Battaglia di San Pietro di Camporosso (1672) e la 'Strage del Convento' (1748)* (Pinerolo: Alzani, 2008)

DURANTE, BARTOLOMEO, and ALBERTO MASSARA, *La Biblioteca Aprosiana* (Cavallermaggiore: Gribaudo, 1994)

ELIAS, NORBERT, *Über den Prozess der Zivilisation*, 2 vols (Basel: Haus zum Falken, 1939)

ERBA, LUISA, ELISA GRIGNANI, and CARLA MAZZOLENI (eds), *Edizioni pavesi del Seicento 1631–1700* (Milan: Cisalpino, 2003)

EVANGELISTI, SILVIA, 'Vincenzo Nolfi's *Ginipedia* (1631): Household Management and Civic Femininity in Seventeenth–Century Italy', in *Conduct Literature for and about Women in Italy*, ed. by Sanson and Lucioli, pp. 63–80

FAHY, CONOR, 'Three Early Renaissance Treatises on Women', *Italian Studies*, 11.1 (1956), 30–55

—— 'Women and Italian Cinquecento Literary Academies', in *Women in Italian Renaissance Culture and Society*, ed. by Letizia Panizza (Oxford: Legenda, 2000), pp. 438–52

FAYER, CARLA, *La familia romana: aspetti giuridici ed antiquari*. II, *Sponsalia. Matrimonio. Dote* (Rome: 'L'Erma' di Bretschneider, 2005)

FERRERO, BRUNO, 'Il *Ragionamento* di Annibale Guasco. Una lettera d'*institutio* all'ombra della *Civil Conversazione*', in *Stefano Guazzo e Casale tra Cinquecento e Seicento, Atti del Convegno di studi nel quarto centenario della morte, Casale Monferrato, 22–23 ottobre 1993*, ed. by Daniela Ferrari (Rome: Bulzoni, 1997), pp. 357–74

FRIGO, DANIELA, '*Civil conversatione* e pratica del mondo: le relazioni domestiche', in *Stefano Guazzo e 'La Civil Conversazione'*, ed. by Giorgio Patrizi (Rome: Bulzoni, 1993), pp. 121–46

GASPAROLO, FRANCESCO, 'Magistrature ed offici del Comune di Alessandria', *Rivista di storia arte e archeologia della provincia di Alessandria*, 25 (1916), 3–183.

—— 'Notizie delle Confraternite di Alessandria e delle loro chiese', *Rivista di storia, arte, archeologia, Casale*, 19 (1921), 205–61, and 20 (1921), 323–87

—— 'Per l'Accademia degli Immobili di Alessandria', *Rivista di storia arte e archeologia della provincia di Alessandria*, 23 (1914), 85–123

GDLI = see BATTAGLIA, SALVATORE

GERBER, DOUGLAS E., *Greek Elegiac Poetry: From the Seventh to the Fifth Centuries B.C.* (Cambridge, MA: Harvard University Press, 2015)

GIRIMONTI GRECO, GIUSEPPE, 'Guasco Annibale Giuseppe', in *Dizionario Biografico degli Italiani* (Rome: Istituto della Enciclopedia Italiana, 1960–), 60 (2003), 445–48

GRAZIOSI, ELISABETTA, 'Arcadia femminile: presenza e modelli', *Filologia e critica*, 17 (1992), 321–58

GREEN, MONICA H., *The Trotula: A Medieval Compendium of Women's Medicine* (Philadelphia: University of Pennsylvania Press, 2001)

GRENDLER, PAUL F., *Schooling in Renaissance Italy: Literacy and Learning, 1300–1600* (Baltimore and London: Johns Hopkins University Press, 1989)

—— 'The Schools of Christian Doctrine in Sixteenth-Century Italy', *Church History*, 53 (1984), 319–31

GRIGNANI, ELISA AND CARLA MAZZOLENI (eds), *Edizioni pavesi del Seicento. Il primo trentennio* (Milan: Cisalpino, 2000)

HEMPFER, KLAUS, *Letture discrepanti. La ricezione dell''Orlando Furioso' nel Cinquecento. Lo studio della ricezione storica come euristica dell'interpretazione* (Modena: Panini, 2004)

HOSKER, LUCY, *'Donne sole' in Post-Unification Italy: The Works of Tommasina Guidi and Emilia Nevers*, unpublished PhD dissertation (University of Cambridge, 2015)

—— 'The Spinster in the Works of Neera and Matilde Serao: Other or Mother?', in *Women and Gender in Post-Unification Italy: Between Private and Public Spheres*, ed. by Katherine Mitchell and Helena Sanson (Oxford: Peter Lang, 2013), pp. 67–91

—— 'The Structures of Conduct Literature in Post-Unification Italy: La Marchesa Colombi's *La gente per bene*, Anna Vertua Gentile's *Come devo comportarmi?*, and Matilde Serao's *Saper vivere*', in *Conduct Literature for and about Women in Italy*, ed. by Sanson and Lucioli, pp. 159–83

HUNT, ALAN, *Governance of the Consuming Passions: A History of Sumptuary Laws* (Basingstoke: Macmillan Press, 1996)

IENI, GIULIO, 'Gli apparati trionfali per il passaggio in Alessandria di Margherita di Stiria regina di Spagna (7 febbraio 1599)', in *Antichità ed arte nell'Alessandrino, Atti del convegno, Alessandria 15–16 ottobre 1988*, ed. by Francesco Malaguzzi, *Bollettino della Società Piemontese di Archeologia e Belle Arti*, Nuova Serie, 43 (1989), 427–54

—— 'La nuova cattedrale dei Valizzone', in *La cattedrale di Alessandria*, ed. by Carlenrica Spantigati (Alessandria: Cassa di Risparmio, 1988), pp. 33–48

JACOBSON SCHUTTE, ANNE, *By Force and Fear: Taking and Breaking Monastic Vows in Early Modern Europe* (Ithaca, NY: Cornell University Press, 2011)

JONES, ANN ROSALIND, and PETER STALLYBRASS, *Renaissance Clothing and the Materials of Memory* (Cambridge: Cambridge University Press, 2000)

KELLY, JOAN, 'Early Feminist Theory and the "Querelle des Femmes", 1400–1789', *Signs*, 8.1 (1982), 4–28

KNOX, DILWYN, '"Disciplina": The Monastic and Clerical Origins of European Civility', in *Renaissance Society and Culture: Essays in Honor of Eugene F. Rice, Jr.*, ed. by John Monfasani and Ronald G. Musto (New York: Italica Press, 1991), pp. 107–35

KOLSKY, STEPHEN, 'Moderata Fonte, Lucrezia Marinella, Giuseppe Passi: An Early Seventeenth-Century Feminist Controversy', *Modern Language Review*, 96, (2001), 973–89

KOVESI KILLERBY, CATHERINE, *Sumptuary Law in Italy 1200–1500* (Oxford: Clarendon Press, 2002)

LEVI PIZETZKY, ROSITA, 'La moda spagnola a Milano', in *Storia di Milano*, 17 vols (Milan: Fondazione Treccani degli Alfieri, 1953–66), x (1957), pp. 877–927

—— *Storia del costume in Italia*, 5 vols (Milan: Istituto editoriale italiano, 1964–69)

LIVRAGHI, ROBERTO, 'Un'iscrizione spagnola del 1617 per il condottiero Julian

Romero nella Chiesa di San Giacomo della Vittoria ad Alessandria', *Rivista di storia arte e archeologia delle province di Alessandria e Asti*, 125 (2016), 313–31

—— *La libreria del Seminario di Alessandria. Nascita ed evoluzione di una biblioteca tra Sette e Ottocento* (Alessandria: Camera di Commercio, 1991)

LOMBARDI, DANIELA, 'Marriage in Italy', in *Marriage in Europe, 1400–1800*, ed. by Silvana Seidel Menchi (with the collaboration of Emlyn Eisenach) (Toronto: University of Toronto Press, 2016)

—— *Matrimoni di antico regime* (Bologna: Il Mulino, 2001)

—— *Storia del matrimonio: dal Medioevo ad oggi* (Bologna: Il Mulino, 2008)

LUCIOLI, FRANCESCO, 'L'*Orlando furioso* nel dibattito sulla donna in Italia in età moderna', *Italianistica*, 47.1 (2018), 99–129

LUDOVICI, CORRADO, 'Alessandria sotto la dominazione spagnola (1535–1707). Vita politica, economica, sociale, culturale', *Rivista di storia arte e archeologia della provincia di Alessandria*, 66–67 (1957–58), 3–139

MACLEAN, IAN, *The Renaissance Notion of Woman: A Study in the Fortunes of Scholasticism and Medical Science in European Intellectual Life* (Cambridge: Cambridge University Press, 1980)

MACONI, GIOVANNI, *Storia dell'Ospedale dei santi Antonio e Biagio di Alessandria* (Genoa: Le Mani, 2003)

MAESTRI, DELMO, 'Isabella Sori: una scrittrice alessandrina del Seicento', *Critica Letteraria*, 21 (1993), 225–41

MAGGI, ARMANDO, *Identità e impresa rinascimentale* (Ravenna: Longo, 1998)

MAJORANA, BERNADETTE, 'Finzioni, imitazioni, azioni: donne e teatro', in *Donne, disciplina, creanza cristiana al XV al XVII secolo: studi e testi a stampa*, ed. by Gabriella Zarri (Rome: Edizioni di Storia e Letteratura, 1996), pp. 121–39

MALPEZZI PRICE, PAOLA, and CHRISTINE RISTAINO, *Lucrezia Marinella and the 'Querelle des Femmes' in Seventeenth-Century Italy* (Madison: Fairleigh Dickinson University Press, 2008)

MAROTTA, ANNA (ed.), *La Cittadella di Alessandria. Una fortezza per il territorio dal Settecento all'Unità* (Alessandria: Cassa di Risparmio, 1991)

MASSETTO, GIAN PAOLO, *Un magistrato e una città nella Lombardia spagnola: Giulio Claro pretore a Cremona* (Milan: A. Giuffrè, 1984)

MAYLENDER, MICHELE, *Storia delle accademie d'Italia*, 5 vols (Bologna: A. Forni, 1926–30)

MAZZACURATI, GIANCARLO, and MICHEL PLAISANCE, *Scritture di scritture. Testi, generi, modelli nel Rinascimento*, 3 vols (Rome: Bulzoni, 1987)

MERLOTTI, ANDREA, 'Ghilini Girolamo', *DBI*, 53 (1999), 741–43

MUZZARELLI, MARIA GIUSEPPINA, and ANTONELLA CAMPANINI, *Disciplinare il lusso: la legislazione suntuaria in Italia e in Europa tra medioevo ed età moderna* (Rome: Carocci, 2003)

NATORP, PAUL, 'Arete (III)', in *Realencyclopädie der classischen Altertumswissenschaft*, ed. by August Pauly and Georg Wissowa, 79 vols [continued by von W. Kroll et al.] (Stuttgart: Metzler, 1890–1984), II, 1 (1895), col. 678.

NICOUD, MARILYN, *Les Régimes de santé au Moyen Âge: naissance et diffusion d'une écriture médicale en Italie et en France (XIIIe–XVe siècle)*, 2 vols (Rome: Publications de l'École française de Rome, 2007)

NOVELLIS, CARLO, *Dizionario delle donne celebri piemontesi* (Turin: Presso i principali librai, 1853; also facsimile edition Bolognese: Arnaldo Forni Editore, 2001)

Nuevo tesoro lexicográfico de la lengua española (NTLLE), http://www.rae.es/recursos/diccionarios/diccionarios-anteriores-1726–1992/nuevo-tesoro-lexicografico [last accessed 16 March 2018]

OWEN HUGHES, DIANE, *Sumptuary Law and Social Relations in Renaissance Italy: The Italian Renaissance. The Essential Readings*, ed. by Paula Findlen (Oxford: Blackwell, 2002)

PARENTI, MARINO, *Dizionario dei luoghi di stampa falsi, inventati o supposti in opere di autori e traduttori italiani: con un'appendice sulla data 'Italia' e un saggio sui falsi luoghi italiani usati all'estero, o in Italia, da autori stranieri* (Florence: Sansoni, 1951)

PAULICELLI, EUGENIA, *Writing Fashion in Early Modern Italy: From Sprezzatura to Satire* (Farnham, Surrey; Burlington, VT: Ashgate, 2014)

PAVONI, ROMEO, 'Le origini dello stemma di Alessandria', *Rivista di storia arte e archeologia della provincia di Alessandria*, 94–95 (1986), 117–23

PERIN, ANTONELLA, 'Una traccia per la storia dell'architettura del XVI secolo nell'Alessandrino. Cristoforo Lombardi, gli Stampa e i Sacco: precisazioni e problemi aperti', in *Uno spazio storico. Committenze, istituzioni e luoghi nel Piemonte meridionale*, ed. by Gelsomina Spione and Angelo Torre (Turin: UTET, 2007), pp. 99–133

PORQUEDDU, CHIARA, *Il patriziato pavese in età spagnola. Ruoli familiari, stile di vita, economia* (Milan: Edizioni Unicopli, 2012)

POZZI, GIOVANNI, 'Occhi bassi', in *Thematologie des Kleinen: petits thèmes littéraires*, ed. by Edgar Marsch and Giovanni Pozzi (Freiburg: Universitätsverlag, 1986), pp. 161–211

PRAZ, MARIO, *Studi sul concettismo* (Milan: La cultura, 1934)

PROSPERI, ADRIANO, 'Riforma cattolica, controriforma, disciplinamento sociale', *Storia dell'Italia religiosa*, ed. by Gabriele De Rosa, Tullio Gregory, and André Vauchez, 3 vols (Bari: Laterza, 1993–95), II (1994), pp. 3–48

RAY, MEREDITH K., *Daughters of Alchemy: Women and Scientific Culture in Early Modern Italy* (Cambridge, MA: Harvard University Press, 2015)

ROGGERO, MARINA, *L'alfabeto conquistato: apprendere e insegnare nell'Italia fra Sette e Ottocento* (Bologna: Il Mulino, 1999)

ROHLFS, GERARD, *Grammatica storica della lingua italiana e dei suoi dialetti*, 3 vols (Turin: Einaudi, 1966–69)

SALZA, ABD-EL-KADER, 'Imprese e divise d'arme e d'amore nell'*Orlando furioso*, con notizia di alcuni trattati del '500 sui colori', in Id., *Studi sull'Ariosto* (Città di Castello: Lapi, 1914), pp. 310–63

—— 'La letteratura delle *Imprese* e la fortuna di esse nel 500', in Id., *Luca Contile: uomo di lettere e di negozj del secolo XVI. Contributo alla storia della vita di corte e dei poligrafi del '500* (Firenze: Tipografia Carnesecchi, 1903), pp. 205–49

SANSON, HELENA, 'Conduct for the Real Widow: Giulio Cesare Cabei's *Ornamenti della gentildonna vedova* (1574)', in *Conduct Literature for and about Women in Italy*, ed. by Sanson and Lucioli, pp. 41–62

—— 'Dorotea a lezione di "creanza" nel *Dialogo* [...] *della institution delle donne* (1545) del Dolce', in *Per Lodovico Dolce. Miscellanea di Studi. I. Passioni e competenze del letterato*, ed. by Paolo Marini and Paolo Procaccioli (Manziana (Rome): Vecchiarelli, 2016), pp. 245–69

—— '"Femina proterva, rude, indocta […], chi t'ha insegnato a parlar in questo modo?" Women's "Voices" and Linguistic Varieties in Written Texts (Italy, 16th–17th Centuries)', in *Oral Culture in Early Modern Italy: Performance, Language, Religion*, ed. by Stefano Dall'Aglio, Luca Degl'Innocenti, Brian Richardson, Massimo Rospocher, and Chiara Sbordoni, special issue of *The Italianist*, 34 (2014), 400–17

—— 'Introduzione', in Guasco, *Ragionamento* [2010], pp. 61–99

—— '*Ornamentum mulieri breviloquentia*: donne, silenzi, parole nell'Italia del Cinquecento', *The Italianist*, 23, 2 (2003), 194–244

—— '"Orsù, non più Signora, […] tornate a segno": Women, Language Games and Debates in Cinquecento Italy', *Modern Language Review*, 105 (2010), 103–21

—— 'Teaching and Learning Conduct in Lodovico Dolce's *Dialogo della instituzion delle donne* (1545): An "Original" Plagiarism?', in Dolce, *Dialogo della institution delle donne* [2015], pp. 1–68

—— 'Widowhood and Conduct in Late-Sixteenth Century Italy: The Unusual Case of *La vedova del Fusco* (1570)', *The Italianist*, 35 (2015), 1–26.

—— 'Women and Conduct in the Italian Tradition, 1470–1900: An Overview', in *Conduct Literature for and about Women in Italy*, ed. by Sanson and Lucioli, pp. 9–38

—— 'Women, Culture and Conduct at Carnival Time in Annibal Guasco's *Tela cangiante* (1605)', *Letteratura Italiana Antica*, 16 (2015), 551–76

—— *Women, Language and Grammar in Italy, 1500–1900* (Oxford: Oxford University Press for the British Academy, 2011)

SANSON, HELENA, and FRANCESCO LUCIOLI (eds), *Conduct Literature for and about Women in Italy, 1470–1900: Prescribing and Describing Life* (Paris: Classiques Garnier, 2016)

SCHMITT, JEAN-CLAUDE, *La Raison des gestes dans l'Occident médiéval* (Paris: Gallimard, 1990)

SOWERS, BRIAN PATRICK, *Eudocia: The Making of a Homeric Christian* (Cincinnati: University of Cincinnati, 2008)

STÄUBLE, ANTONIO, 'Due panegirici di città tra Medioevo e Rinascimento', *Bibliothèque d'Humanisme et Renaissance*, 38.1 (1976), 157–64

ST CLAIR, WILLIAM, and IRMGARD MAASSEN, 'General Introduction' in *Conduct Literature for Women, 1500–1640*, ed. by William St Clair and Irmgard Haassen, 6 vols (London: Pickering & Chatto, 2000), I, pp. ix–xli

STRADELLA, GIUSEPPE, *Un giurista alessandrino del maturo diritto comune Lancillotto Gallia (1532–1595)* (Alessandria: Società di Storia Arte e Archeologia, 2006)

TANTILLO, IGNAZIO, 'Panegirici e altri "elogi" nelle città dell'impero tardoantiche', in *Dicere laudes: elogio, comunicazione, creazione del consenso. Atti del convegno internazionale, Cividale del Friuli, 23–25 settembre 2010*, ed. by Gianpaolo Urso (Pisa: Edizioni ETS, 2011), pp. 337–57

TOSELLI, LAURA, 'Il passaggio di Alessandria a Casa Savoia', *Rivista di storia arte e archeologia della provincia di Alessandria*, 47 (1938), 528–41

Treccani 2014. Dizionario della lingua italiana (Rome: Istituto dell'Enciclopedia Italiana fondata da Giovanni Treccani, 2013)

TURCONI SORMANI, MATTEO, *Le grandi famiglie di Milano* (Milan: Newton Compton, 2015)

UGOLINI, PAOLA, *Courtly Hell: Early Modern Italian Anti-Court Writings in Context* (unpublished PhD dissertation, New York University, 2011)

USHER, MARK DAVID, *Homeric Stitchings: The Homeric Centos of the Empress Eudocia* (Lanham, Boulder, New York and Oxford: Rowman & Littlefield Publishers, 1998)

VENTURELLI, PAOLA, *Gioielli e gioiellieri milanesi: storia, arte, moda: 1450–1630* (Milan: Silvana, 1996)

——*Glossario e documenti per la gioielleria milanese (1459–1631)* (Scandicci (Florence) and Milan: La nuova Italia, RCS, 1999)

——*Vestire e apparire: il sistema vestimentario femminile nella Milano spagnola (1539–1679)* (Rome: Bulzoni, 1999)

VIGO, GIOVANNI, 'Sulle rive del Tanaro: l'economia di Alessandria al tramonto del Cinquecento', *Rivista milanese di economia*, 64 (1997), 87–101

VITALI, ACHILLE, *La moda attraverso i secoli. Lessico ragionato* (Venice: Filippi, 1992)

WALLIS, FAITH, *Medieval Medicine: A Reader* (Toronto: Toronto University Press, 2010)

WEAVER, ELISSA (ed.), *Arcangela Tarabotti: A Literary Nun in Baroque Venice* (Ravenna: Longo, 2006)

ZANETTE, EMILIO, *Suor Arcangela: monaca del Seicento veneziano* (Venice: Istituto di storia della società e dello Stato veneziano, 1960)

ZANLONGHI, GIOVANNA, *Teatri di formazione. 'Actio', parola e immagine nella scena gesuitica del Sei-Settecento* (Milan: Vita e pensiero, 2002)

——'Il teatro nella pedagogia gesuitica: una "scuola di virtù"', in *I Gesuiti e la 'Ratio studiorum'*, ed. by Manfred Hinz, Roberto Righi and Danilo Zardin (Rome: Bulzoni, 2004), pp. 159–90

ZARRI, GABRIELLA, *Recinti: donne, clausura e matrimonio nella prima età moderna* (Bologna: Il Mulino, 2000)

ZIMMERMANN, MARGARETE, 'La "Querelle des Femmes" come paradigma culturale', in *Tempi e spazi di vita femminile tra medioevo ed età moderna*, ed. by Silvana Seidel Menchi, Anne Jacobson Schutte, and Thomas Kuehn Thomas (Bologna: Il Mulino, 1999), pp. 157–73

INDEX

Only names mentioned in the body of the text of the *Ammaestramenti e ricordi*, the *Difese*, and the *Panegirico* are included. Further information about the biblical, classical, mythological, and historical figures listed here is provided in the footnotes. The names are given in the form in which they appear in the original text.